€MOEDAS E €NOTAS

1999-2007

Com a colaboração de:

OLIVIER FOURNIER
MICHEL PRIEUR

Versão Portuguesa

REINALDO SILVA
DANIEL PACHECO
ANA SILVA
HELDER CARVALHO
VITOR CARVALHO

1999-2007

AGRADECIMENTOS

MANUEL ALVES DA SILVA
AGNÈS ANIOR
CHRISTIAN AUBRY
ALEXANDRE BALAŸ
DOUNIA BENHAMMOU
PATRICE CHEVY
JEAN-LUC CIRODDE
ARNAUD CLAIRAND
LAURENT COMPAROT
JOËL CORNU
JULIEN COUTHEILLAS
DIDIER DELANOË
JEAN-CLAUDE DEROCHE
STEPHANE DESROUSSEAUX
JEAN-MARC DESSAL
PHILIPPE GIBONE
SAMUEL GOUET
THOMAS HAGEMANN
SARO HAMPARSUMYAN
PIERRE DE KERANGUÉ
MAURICE KOLSKY
MARIELLE LEBLANC
JEAN-LUC LEFEBVRE
DIDIER LELUAN
CHRISTOPHE MARGUET
FATIMA MAHFOUDI
SYLVAINE MARCADET
ANDRÉ MILHORAT
JAN MOENS
REINALDO J. DA MOTA SILVA
NICOLAS PARISOT
FRANCESCO PASTRONE
JEAN-LUC PELLETAN
KARINE PRIEUR
ÉRIC PRIGNAC
FABIENNE RAMOS
FABRICE ROLLAND
FABIEN SLACHMUYLDERS
LAURENT SCHMITT
THIERRY VALET

E A TODOS OS AMIGOS DO EURO!

Os direitos de tradução para o €4 e €5 quer para Inglês quer para Alemão ou para outras línguas estão eventualmente disponíveis. Contactar: prieur@cgb.fr

€4 and €5 translation rights for English and German, as some other languages, are available worldwide. More informations at : prieur@cgb.fr

Os catálogos €4 com menção manuscrita pelo autor "AD AVGVSTA PER ANGVSTA" fazem parte de exemplares de homenagem.

N.N. Reinaldo Silva Unip. Lda. - NND - Rua da Madalena,89 * 1100-319 Lisboa
Tel : 00 351 218 875 113 / Fax : 00 351 218 872 037
E-mail : info@nnd.com.pt Internet : http://www.nnd.com.pt
Fotografia e Grafismo : Éric Prignac
Depósito legal n.º 262600/07
Impressão GTO2000 - Soc. Artes Gráficas Lda.

SUMÁRIO €4

INTRODUÇÃO

AS €MOEDAS

AS €NOTAS

EDITORIAL

€4 A presente edição do livro €4 é cada vez mais uma referência para o coleccionador.

Cada vez mais aparecem moedas comemorativas que circulam nos diversos países, já chegaram ao coleccionador da zona euro e não só. As primeiras cunhagens têm hoje grande procura : o euro ganha grande maturidade!!

O €uro estende-se pela entrada de novos países. As moedas da Eslovénia são agora as mais procuradas, dez novos países se preparam para a entrada na zona euro. O €4 dá uma informação mais detalhada.

Já são 1 532 moedas a circular, de 1 cent a 12 euro, em 4 diferentes estados de conservação e preços, comemorativos inclusivé, incluindo todas as de 2 euro comemorativas de 2006 até 2007.

O €uro estende-se pela sua variedade, cada vez mais completa, mais coleccionadores entusiastas, com cotações cada vez mais precisas: com um pouco de sorte pode estar no seu porta-moedas uma moeda com valor. "E nunca se sabe, basta ter um pouco de sorte".

Mas também as notas €uro, têm uma grande procura, pelas suas letras diferentes, pelos seus defeitos que já apareceram. Cada vez mais a sua colecção é maior .

O coleccionador de Euro é cada vez mais um apaixonado pelo futuro e o presente da sua colecção.

Olivier FOURNIER

€4, O QUE HÁ DE NOVO ?

TUDO O QUE SAIU OU FOI ANUNCIADO DESDE O €3

OS 2 EUROS COMEMORATIVOS CIRCULANTES

Depois do decréto de 30 de Setembro 2003, os paises da zona Euro foram autorizados a cunhar todos os anos uma moeda comemorativa de 2 euro com certas condições. No €3, nós apresentámos as quatorze primeiras moedas comemorativas cunhadas ou anunciadas. No €4, vamos apresentar não menos de 36! Certos paises estão na rotina de cunhar uma moeda comemorativa por ano (Italia, Luxemburgo...), outros paises pretendem começar somente em 2007 (caso da França e Portugal) ! Em 2007, sairá tambem a série dos 2 euro comemorativos alusivo ao cinquentenário do Tratado de Roma. Todos os paises têm a possibilidade de cunhar outra moeda, portanto as casas de cunho podem cunhar uma segunda moeda comemorativa em 2007 ; Certos paises como Portugal ou Alemanha utilizarão esse mesmo direito para cunhagem de uma outra moeda comemorativa em 2007.

A ESLOVÉNIA

A Eslovénia aderiu ao euro em Janeiro de 2007. No €4, vamos apresentar as fotos das moedas, dos starterkit e da BNC 2007. No €5, somaremos tudo, incluindo os novos paises aderentes ao Euro.

OS NOVOS TIPOS

Certos paises como a Alemanha ja anunciaram o que irão cunhar em 2007 de novo. Estas moedas correntes geram a criação de novos tipos monetários.Existe tambem o Vaticano e o Monaco que criaram desde €3 um anverso novo para as moedas correntes derivado da morte do soberano destes. Gera então, tambem, um novo tipo. Enfim, as numerosas moedas comemorativas circulantes permitiram criar um novo €4, com outros tipos que descobrirá na leitura das páginas seguintes.

AS VARIANTES

€3 apresentou pela primeira vez um descritivo preciso das variedades contadas desde 2002. Com ajuda das numerosas mensagens que nós especialmente recebemos pelo e-mail de endereço – varietes@amisdeleuro.org –, nós podemos actualizar estes dados que nós ilustramos e comentámos no corpo do catálogo. A quem detecte erros novamente, qualquer um por engano de tempo, ou por falta de "material" ; não hesite em contactar e nos transmitir a nós para a construção do € 5!

OS ARTEFACTOS

O nosso trabalho continua desde o € 3 relativo a artefactos : nós contamos hoje mais de 350 tipos de artefactos reagrupados em sete famílias grandes. Impossivel,claro, publicar tudo dentro do €4, derivado a espaço e volume, mas apresentamos um vasto programa do que existe incluindo ideias e cotações. Dificil de dizer « quanto vale » uma moeda onde exista dezenas de exemplares – ou que seja até unica –, mas nós indicamos o que nós pensamos ser razoável de pagar ou de ser vendida.

AS COMEMORATIVAS NÃO CIRCULANTES E AS CARTEIRAS PARA COLECCIONADORES

Continuamos a ter no €4 todas as BNCs e Proofs emitidas ou anunciadas pelas casas da moeda (as carteiras dos serviços de correios nacionais não estão incluidos), quer agrupando por carteiras por pais, quer separando por FDC/BU numa tabela, e as PROOFS numa outra. As carteiras UNC (kits que contêm as moedas normais de circulação) são incluidos

no €4 na condição de séries oficiais (ver a introdução na categoria « carteiras para coleccionadores »).
As moedas comemorativas não circulantes são novamente inseridas, mas o arquivo tem um tamanho fenomenal… Os Institutos que aparecem não ajudaram como esperariamos desde a saida do €3, seremos obrigados a aliviar este dossier no €5 : so as emissões saidas depois do €4 serão publicadas.

Enfim, em matéria de cotações, irão constatar, tanto para as carteiras como para as moedas comemorativas, certas diferenças de preços, não que as cotações do €3 tenham sido muito altas (!), mas certas carteiras foram produzidas em quantidades bastante importantes… os stocks não chegaram a escuar ou esgotar e os grandes grossistas fazem alguns preços descer. Poderão constactar uma descida de 40 a 50% num espaço de um ano e meio para alguns casos. Por outro lado, algumas carteiras (por exemplo as do Banco do Luxemburgo 2002 e 2004 tiragens de 1 500 exemplares por carteira ou mesmo a carteira BNC da Grécia 2004) deverão conhecer um bom futuro.

A FIABILIDADE DAS INFORMAÇÕES

Certos paises têm continuado a comunicar aos coleccionadores o que realmente cunharam (a Holanda por exemplo), outros pararam (caso da França), outros nos surpreendem agradávelmente respondendo depressa e com precisão ás nossas questões (INCM de Portugal ou mesmo a Austria). Compreende-se mal, o coleccionador cidadão europeu, que das cunhagens que são reveladas pelas contabilidades publicas, mais as leis e decretos, que ,pela sua massa, levam tempo à sua fabricação, tambem o deve ser anunciado, ou até mesmo ser confirmado.

Outra fonte de erros poderá vir da zona "cinzenta" entre os números das cunhagens circulantes e cunhagens em BNC, técnicamente idênticas, afim de fornecer aos coleccionadores a quantidade realmente disponivel. Muito normal tambem a falta de precisão em números pelas casas de cunho. Assim, nem sempre nos é possivel saber se estes numeros correspondem á cunhagem circulante ou se correspondem também ás carteiras BNC anuáis (ou até mesmo BNC especiais). Da mesma maneira que certas casas de cunho fornecem números das quantidades de carteiras BNC sem precisar se são para BNC anuais ou se já incluem as BNC especiais.

O GLOSSÁRIO

Afim de permitir uma mais facil compreensão das descrições e análises, nos incluimos no €4 um glossário especifico em termos numismáticos inserido nos fundos de página.

OS OBJECTOS DO EURO

Esta rubrica apareceu no €3 e se desenvolveu no €4 afim de, vos apresentar os novos objectos do euro (frequentemente postas em circulação) em vos fornecer, se possivel, uma ideia de um preço razoável a pagar pelos objectos: moedas, notas, carteiras de teste… e outros objectos surprendentes que encontrará lá !

AS NOTAS

Todas as chapas saidas depois do €3 foram incluidas (e são numerosas !) melhorámos e completámos a categoria « Numerologia » afim de melhor dar a compreender o quanto de apaixonante têm as notas.

… E MUITOS DETALHES NOVOS NAS NOTAS E OUTRAS ILUSTRAÇÕES !

Olivier FOURNIER – AD€ 002
president@amisdeleuro.org

VOCABULÁRIO NUMISMÁTICO

€.059300 20 cent JOÃO PAULO II - VATICANO

Concepção : Guido Veroi
Gravura : Uliana Pernazza
Ø 22,25 mm - 5,74 g - latão niquel « nórdico »
Data de criação : 3 maio 1998. CEE 975/98 e segundo a lei do Vaticano de 18 dezembro de 2001, art. 2
Bordo : liso com sete canuluras profundas
Total de cunhagem conhecida: 315 000

ANVERSO OU CARA
A/ CIDADE DO VATICANO seguido das doze estrelas da Europa. Às quatro horas contra o rebordo, a assinatura do gravador GV. UP Inc (Guido Veroi. Uliana Pernazza *incisiore*). Busto à esquerda de João Paulo II em quartos da face, tendo a calota pontificial.
No exergo,o ano de 2002 abaixo da marca do atelier, R para Roma.

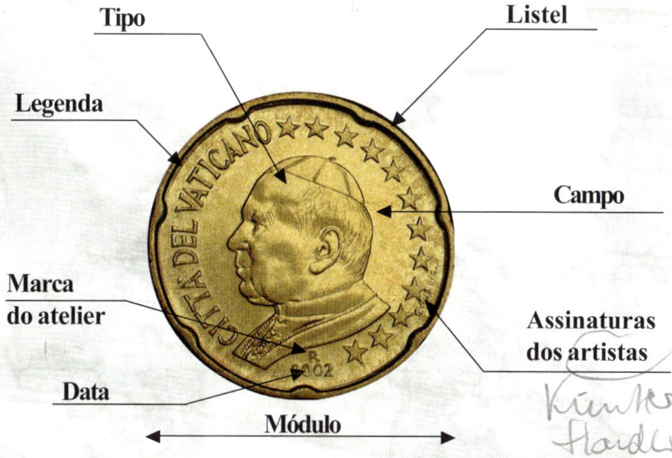

REVERSO
R/ 20 euro Cent ocupando a maior parte do campo. À esquerda, um mapa da Europa com os seus vários países circundos de alto a baixo pelas doze estrelas em pares sobre seis raios verticais interropendo-se para mostrar o mapa. Às cinco horas, dos L maiúsculos para a assinatura do gravador Luc Luycx.

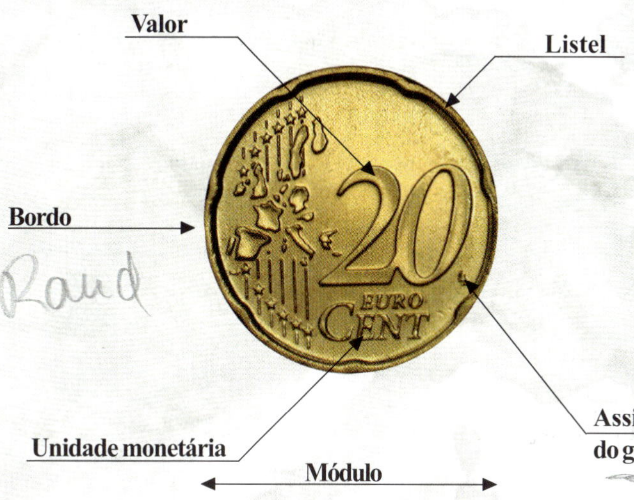

ABREVIAÇÕES UTILIZADAS

Proof	Prova Numismática	nm	Milímetro
BNC	Brilhante não circulada	nc	Não comunicado
FDC	Flor do cunho	UNC	Não circulado (não é FDC)
g	Grama(s)	±	Mais ou menos (tolerância)
inclusive	Quantidade incluída na linha anterior	Ø	Diâmetro / Módulo
mg	Milígrama	‰	Milésimas
µm	Micrómetros		

GLOSSÁRIO

Artefacto : erro na fabricação, ver no glossário as definições dos tipos e variantes.

Casa de Cunho : lugar onde são cunhadas as moedas.Quinze casas de cunho contribuem para cunhagem das moedas correntes da zona Euro dos 13 paises e dos 3 micro estados. Ver a rubrica « As €Casas de Cunhagem ».

Anverso : É o lado da moeda em que é colocado a representação da entidade emissora que garante o valor da moeda corrente. Esta regra nem sempre é respeitada para o Euro.

Eixo : Orientação das moedas de um lado em relação ao outro, é frequentemente expresso em horas. No século XIX e no XX o centro era geralmente as 6 horas, era sobre uma cunhagem denominada « moeda ». Com o Euro, nos passamos a cunhar as 12 horas, denominados « em medalha » de acordo com a tradição alemã. Para obter um eixo de uma moeda, pegue na moeda com o reverso virado para si,rode-a para o anverso,verificará então se existem caracteristicas estranhas no eixo.

Proof : Os cunhos, cuidadosamente gravados, são polidos, a cunhagem é feita peça a peça e as moedas são retiradas manualmente (com luvas, claro). O resultado são moedas com um fundo espelhado e com o relevo baço.

BNC :Os cunhos são polidos, sendo a superfície e os relevos das gravuras da moeda iguais. Os discos são muito bem limpos. O resultado é uma moeda brilhante denominada por não circulada, porque é logo embalada e nunca manuseada.

Recunhagem : Esta dupla cunhagem perfeita, deixou um reverso com dois « 2 » colados, daí o seu nome: 22 euro. Oriunda da Holanda e com data de 2000, já foram detectados dois exemplares iguais.

Cunho partido : A cara do Rei Albert II está partida na direcção cima para baixo, apresentando também excesso de metal na testa. Um cunho partido no anverso resultou neste caso de excesso de metal ao nível, para além de outras zonas, nomeadamente no nariz do Rei Albert...Reverso, dois locais característicos de excesso de metal nos 10 cent da Bélgica: a Noruega e o sul de Espanha.

Feld

Campo: Parte da moeda deixada por cunhar e lisa, sobre a qual nenhum motivo foi grav… De acordo com a preparação do atelier monetário e ou o estado do cunho, pode ter aspecto espelhado, ser brilhante ou descorado como os relevos.

Cunho: Pedaço de metal, geralmente em aço e cilíndrico, sobre o qual é gravado em partes concâvas a marca de uma moeda. As moedas são cunhadas com a ajuda de dois cunhos. À medida que se vai introduzindo as chapas para a sua cunhagem, os cunhos desgastam-se e passam do estado flor do cunho evidenciando cada vez mais um desgaste nos relevos. Assim, a expressão flor do cunho não designa a origem do estado de conservação da moeda mas sim do cunho. Deste modo conservamos a denominação FDC para as moedas, porque é atestado no dicionário Furetière pelo menos desde 1690, é de todo suficientemente antigo para merecer o nosso respeito. O estado de conservação dos cunhos é no entanto essencial na avaliação de uma moeda (de qualquer período), logo que se atinge e sobretudo excede-se o Esplêndido (FDC). Para avaliar o estado de conservação dos cunhos, observar à lupa os mais finos detalhes da moeda: pois são eles que determinam o seu estado de conservação através dos seus diferentes aspectos de uma moeda.

Moedas comemorativas:

Moeda corrente cujo a cunhagem é alusiva a um acontecimento preciso. Podendo estas circular pelo seu valor facial no País de origem, podendo as pessoas efectuar pagamentos. Estas moedas correntes perfeitamente legítimas são classificadas na categoria" Moedas correntes circulantes ". Elas também podem ser cunhadas só para coleccionadores, feitas em metais preciosos e vendidos mais caros que o valor facial delas, em embalagens FDC, BNC e Proof e contêm certificados de emissão. Embora seja oficialmente possível pagar com estas moedas pelo valor facial delas, estas são espécies ou provas numismáticas.

Cotação : Valor de referência próximo do preço de P.V.P. ao qual um particular pode razoávelmente comprar uma moeda. Uma cotação calculada implica a existência de um número razoável de compradores e vendedores bem como o número de exemplares da moeda em questão, disponíveis em quantidade suficiente. A escassez de compradores, vendedores ou moedas, não podemos considerar que existe uma cotação própria da mesma mas sim uma ou várias referências de preços. Estes podem ser muito diferentes uns dos outros, mesmo sendo para o mesmo exemplar. Obviamente, as cotações são referências para o grande público: o coleccionador especializado poderá sem prejuízo aumentar bastante acima a cotação da sua moeda, para assegurar a sua compra, porém a aquisição de um milésimo preço é mais importante para ele do que para um coleccionador que procura apenas um exemplar do tipo.

Coroa: sobre uma bimetálica, parte externa da moeda que cerca o coração (ou “insert”)..

Diferente : marca pessoal do gravador que anexou a moeda de um atelier. O diferente é indicado próximo a toda moeda corrente na categoria" Moedas correntes circulantes ". De acordo com as moedas correntes, esta pode ter mais que um gravador. Você achará informação diferente na categoria" Os €ateliers monetários ".

Deformação : Logo que uma moeda com erro é detectada no seu processo de fabrico, deve ser destruída através da « deformação » antes que seja encaminhada para ser novamente fundida para metal... Por vezes, certas moedas deformadas não voltam para a fundição.

Eixo desviado : é uma moeda corrente cujo eixo não é o eixo teórico. Convencionalmente, nós representamos o anverso no lado certo" esquerdo para cima" e o contrário à direita como é ele quando a pessoa faz a moeda corrente revolve de acordo com o diagrama da página 15. A pessoa mede o eixo em horas ou em graus: uma moeda corrente é dita" desiquilibrada às 4 horas" quando o contrário amanheceu às 4 horas quando o anverso amanheceu às 12 horas. Neste caso, pode dizer também a pessoa que a troca é de 120 graus.

Moeda desviada às 8 horas 30

Teste: moeda corrente cunhada em quantidade muito escassa com cunhos novos e planejada para apresentação ao público por um funcionário,de um tipo monetário novo depois da adopção. O teste não deve ser confundido com as pré-séries, teóricamente cunhada antes do fabrico do tipo adoptado, considerando que o teste é batido teoricamente uma vez tomada a decisão. Nós não sabemos de nenhum teste nas moedas de euro e não sabemos se alguma vez foi feito. Mais informações contacte pelo email: president@amisdeleuro.org.

Estados de conservação : Em Portugal existe vários estados de conservação : (MC, BC, MBC, BELA, SOBERBA E FDC), nós aconselhamos o coleccionador a coleccionar pelo menos no estado de conservação de BELA, porque estas moedas ainda estão a circular há poucos anos e uma colecção para ter valor deverá ter moedas pouco circuladas.

Medalha ou moeda : ver pagina 15.

FDC (Flor do Cunho) :
Moeda absolutamente impecável, sem apresentar o mais pequeno vestígio de manchas, mossas ou qualquer desgaste ou risco. Esta moedas são geralmente encontradas em carteiras FDC, a Imprensa Nacional Casa da Moeda começou a fabricar no ano de 2002 com o BÉBÉ e no ano de 2004 com uma carteira FDC com um preço mais acessivél. Têm tido grande procura porque são emissões pequenas, as FDC normais no ano de 2007 com uma emissão de 6000 unidades e a do BÉBÉ com uma emissão de 3500 unidades.

Chapa : pedaço de metal liso onde os cunhos batem para cunhar a moeda.

Estado de conservação : estado de conservação atribuido a uma moeda.

Gravador : autor de um cunho que permite alcançar uma gravura original. Os cunhos são gravados com ajuda de um punção pelo gravador.

Híbrida : moeda corrente que associa um anverso e um pertencendo inverso a moedas correntes de tipos diferentes. As moedas correntes híbridas que também associam dois anversos ou dois contrários de um mesmo tipo existentes.

Inserir(ou centro) : em uma parte bimetálica, interior da moeda corrente cercada pela coroa.

Incusa : cunhada numa chapa deformada, o reverso limpo que sobressai o incuso do anverso

Laminagem : os interiores dos 2 euro são cortados de bobines obtidas a partir da placagem de duas camadas de mistura de zinco e níquel sobre um âmago de níquel. Esta placagem é feita através de esmagamento de três camadas entre os cilíndros de um laminador, pode-se concluir que neste caso a laminagem não foi perfeita e uma da camadas tenha desolidarizado.

Moeda com problemas de laminação

Matriz : original em relevo alcançado pelo artista ou o gravador geral da qual fabrica os cunhos em buraco.

Data : ano de uma moeda corrente. A data escreve-se abaixo da moeda, não necessáriamente corresponde ao ano de emissão, nem para ano que é posta em circulação.

Peso : .as moedas correntes têm todos um peso teórico, diz-se "peso" por abuso de idioma. Cada fabrica faz uma moeda com um peso teórico, que pode dar um resultado diferente do seu peso teórico.

Punção : instrumento utilizado pelo gravador no cunho, para gravar com um motivo ou detalhe.

Poder liberatório : maximo de moedas que podem estar em circulação para uma moeda corrente.

Reverso : lado da moeda corrente á qual é colocado o valor facial .Não leva o nome do país emissor. Esta regra nem sempre é respeitada para o euro.

Titulo :Teor de metal fino, expresso em milésimos, contido numa moeda. Exemplo: uma moeda à 900 ‰ de dinheiro contem 900 milésimos de dinheiro e 100 milésimos de metal vil. No caso de uma moeda composta de vários metais "preciosos", indicamos em nota o título de cada metal.

Peso fino : peso de metal precioso que contem uma moeda corrente. Exemplo € .090402: peso da moeda: 10 g, percentagem: 800%., peso real da moeda: 8,00 g.

Peso teórico : peso oficial de uma moeda corrente definido por um texto legislativo. Uma tolerância é concedida porém aos directores dos ateliers.

Pré-série :Última fase da clarificação de uma serie monetária, geralmente cunhada em serie muito pequena para apresentação que leva á decisão conclusiva para a sua fabricação.

Especimen : moedas para o tipo standard , não levando nenhuma marca particular do atelier , além da quantidade autorizada, serve de amostra da produção. É uma herança do contador de tradição antiga que obrigava a pôr para as lojas monetárias de Regime, em caixas especiais, uma quantidade precisa de moedas destinadas a enviar ao Tribunal das Moedas correntes de qual elevou a atelier.

Fracção :Circunferência às vezes lisa, pode tocar a estrutura das inscrições... constituída pelas densidades da moeda corrente. Uma moeda de um estado de conservação excepcional deve ser segurada pelo rebordo, entre o polegar e o indicador.

Bordo A e **Bordo B** :
ver pagina

Valor facial :
valor que é indicado na moeda em circulação no reverso.

Rebordo : desde há vários séculos, as moedas correntes são cunhadas com rebordo; e passou para nosso tempo de anéis metálicos em que vem ajustar os cunhos antes de cunhar. . Notar que para as moedas de 2 euro, as cunhagens holandesas, finlandesas ou moedas correntes austríacas são marcadas no rebordo antes de cunhar; só as raias e as estrelas são gravadas então com ajuda do cunho.

TIPO - VARIANTE - CURIOSIDADE - ARTEFACT

É claro que todas essas definições são extensíveis somente, porém, com precisão, às séries monetárias estudadas.
Por exemplo, dado a invenção da duplicação de moedas por matrizes, inúmeras variantes podem surgir sob o mesmo tipo (definições através dos textos oficiais dos criadores).
É pois importante uma especialização para o estudo e apreciação destes casos.

1. Tipo monetário

Um **tipo monetário** define-se pelas gravuras de anverso **E** do reverso idênticos para as moedas destinadas à circulação, para além dos ensaios que pré-definem tais tipos.
Duas moedas são do mesmo tipo se provierem da mesma matriz tanto do reverso como do anverso. As matrizes são os modelos em relevo utilizado para fabricar as moedas como cruz. Hoje em dia, as quantidades utilizadas fazem com que existam grande número de moedas do mesmo tipo.

Cada tipo corresponde a um número do livro €4.

As distinções menores das matrizes não são habitualmente muito revelantes, salvo os casos em que contêm à príori informações que tornam estas especiais ou casos considerados já de si como particulares.Um exemplo de troca de matriz : as pequenas e grandes estrelas nas emissões belgas. Não se trata porém de uma roca de tipo pois os dois modelos são produzidos de forma igual e não houve intenção de diferenciar as moedas.

Porém, face a entrada de novos países na União Europeia 2007-2008 (ver pag. 26), provocou um novo tipo de moedas, com um novo mapa,dos novos países aderentes, há uma forma intencional e significante alteração das moedas correntes neste ano de 2007 dois tipos de cunho/matriz..

Pode-se falar de um nova **série de tipos**,para valores faciais, diâmetros, serrilhas ou metais diferentes, há uma unicidade de desenho e artista para o modelo inicial. É uma característica do euro terem um só tipo, mais comum (Irlanda, Belgica) ou vários tipos (França, Alemanha).

Fala-se de um **tipo híbrido** logo que os cunhos do anverso e reverso não sejam utilizados juntamente ou seja inadvertidamente por necessidade. Existem contudo erros de utilização de pares de moedas (como é o caso de moedas com faces iguais ou de 1 € sobre a chapa de 2 €), trata-se de artefactos que são sempre da mais alta raridade sobretudo sem possibilidade de circulação: o público em geral separa-as imediatamente das demaisoferecendo as mesmas em seguida a coleccionadores ou trocando-as no banco central por moedas normais, (*Errar é humano !*)

2. Variantes

Para um mesmo tipo monetário (mesma gravura de anverso e reverso), existem muitas vezes numerosas variantes que correspondem aos diferentes anos em que este tipo de moedas é utilizado. Estas variantes são intencionais e têm um significado. Encontra-se variantes tendo em conta: as datas, os ateliers, os diferentes mestres gravadores,

eventualmente variantes de qualidade no cunho, ateliers e diferentes cunhagens (FDC, Proof, etc...).
A regra absoluta será que estas variantes devem corresponder ao modelo, tipo das diferentes cunhagens e devem possuir um significado ou sentido numismático. Temos por exemplo um caso extremo que encontramos nas serrilhas A e B das moedas de 2€ que mesmo não tendo qualquer significado monetário tem certamente reconhecimento entre os coleccionadores como variantes.

A variante de um tipo terá uma linha própria no catálogo €4.

Note-se portanto que para as €comemorativas não circulantes, poucos coleccionadores têm interesse pela serrilha A e B, como tal, não há, para já relevância em formar sub-números suplementares.

As diferenças não intencionais de gravura são consideradas ora como variantes, ora como curiosidades, ora não se distinguem (veremos os dois últimos casos nos parágrafos seguintes)..

3. Curiosidade

Uma curiosidade é uma diferença não intencional de uma variante, sem justificação legal, presente na moeda. No **€2**, estas curiosidades são referidas em nota de rodapé. São por exemplo variedades das moedas mais finas ou mais grossas, com pesos diferentes que a normal, com mais ou menos pontos, para um numero escasso de exemplares, as qualidades de cunho erradas e repetitivas. As diferenças extremamente ténues de gravura são também curiosidades. Por outras palavras, uma curiosidade não deixa de o ser para se tornar variedade quando a diferença não se distingue a olho nu. Na realidade é o critério do público, que ao longo do tempo, decide qual a importância de uma variante ou se se considera uma simples curiosidade.

Não são assinaladas todas as curiosidades, mesmo produzidas por um cunho diferente, que não possam ser "isoladas" e "definidas". Por exemplo, as diferenças de largura dos centros das bimetalicas são praticamente impossíveis de catalogar : onde começa o "centro largo" e onde acaba o "centro curto" ?

4. Os Artefactos

São em suma defeitos de fabrico. Em primeiro lugar temos as peças resultantes de moedas, com fendas, partidas, raiadas etc... Depois, as falhas da máquina: desvio, descentro, dupla-cunhagem, dupla-moeda (quando duas chapas ficam sobrepostas e são cunhadas em aglomerado), chapa já com defeito, e outros erros de cunho. Enfim, são variações resultantes, não de propósito pelo técnico moedeiro mas sim

derivado ao mau funcionamento da máquina. Estes defeitos não estão ligados a nenhuma moeda em particular, nem descritos em algum texto oficial.
Uma peça pode passar de artefacto a curiosidade ou mesmo variante : para tal é suficiente encontrar uma quantidade considerável e que seja reconhecida pelos coleccionadores.

5. As falsas também servem

Fabricadas para enganar o público durante a circulação normal do modelo, estas podem ser coleccionáveis mas como falsas e não devem sobretudo servirem "falsas para os coleccionadores" produzidas hoje em dia para enganar o coleccionador.

O interesse por peças falsas tem sido tão grande e bem sucedido, que é parte integrante tanto da história económica, como da numismática em si, veja- se que se pode imitar uma moeda de tipo raríssimo, ou inventar uma data que nem exista como os 20 francos de ouro de 1915... Assim também se constacta para os euro que as falsas podem servir, nomeadamente as que se julgam ser artefactos!

6. As invenções

A colecção de euro criou uma nova categoria de peças a que podemos chamar de proto-ensaios ou mesmo de "invenções". Assim apelidamos todas as moedas com aparência de euros mas fabricadas por pessoas privadas como é o caso das "provas" da Dinamarca, Inglaterra, ensaios do Vaticano ou sabe-se mais lá o quê. As moedas deste tipo já existiram antes, como as moedas de pretendentes a tronos, ou mesmo as moedas apócrifas. Mas estas sempre tiveram um cariz ou motivação política ou metafísica. As invenções ligadas ao euro têm como motivação o lucro e exploração do coleccionador: por exemplo, a firma que produziu os euro "ingleses" sabe de antemão se está confirmado a integração ou não da Inglaterra na zona euro.

Estas produções não contêm nenhuma característica oficial, nem tão pouco constam de ensaios ou projectos oficiais não tendo desta forma nenhuma legitimidade. Aqueles que compram tais colecções devem sabê-lo.

Michel PRIEUR – AD€ 045
prieur@cgb.fr

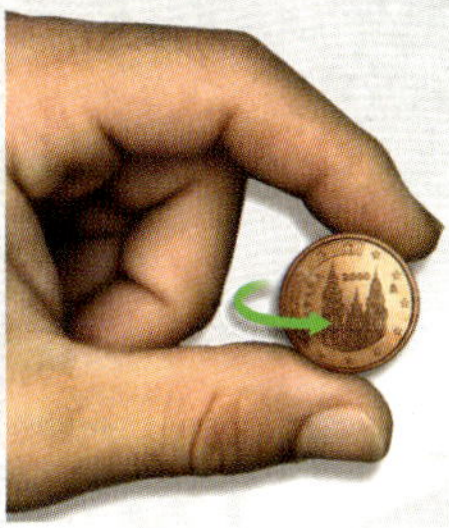

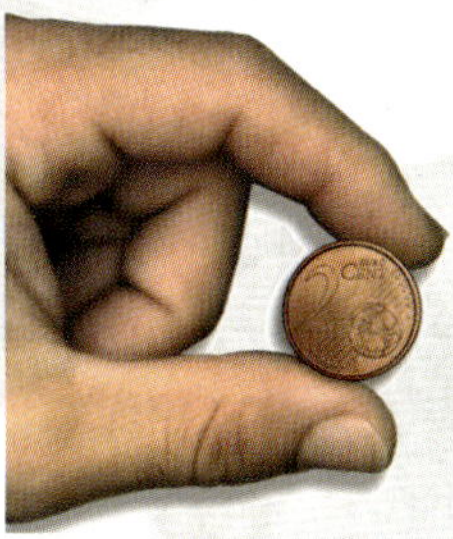

ORIENTAÇÃO DAS MOEDAS

Normalmente como para as moedas de escudo o eixo é normal às 6 horas.
Porém as €moedas temos um eixo normal às 12 horas como na tradição alemã.

Eixo às (6 h)

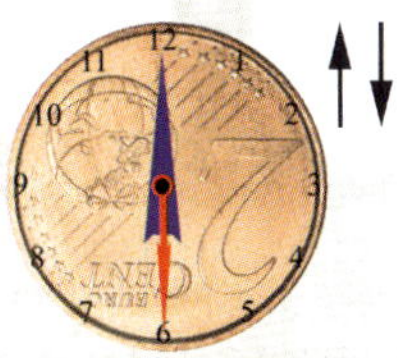

Eixo às (12 h)

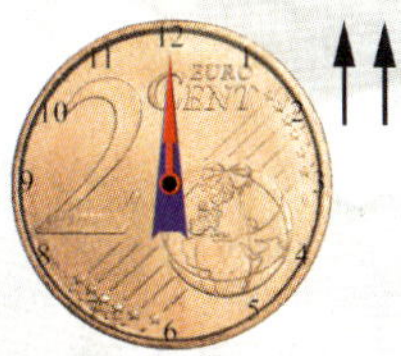

OS €ATELIERS MONETÁRIOS

Pode parecer muito estranho na nossa época de concentração industrial e de produção em massa, mas no último século e anteriormente, havia muitos ateliers monetários em cada país da Europa. O motivo desta dispersão era muito simples: o papel dos ateliers monetários era de transformar em moeda nacional as moedas estrangeiras, prata ou ouro, trazidos pelos mercadores que tinham vendido através da exportação. Era também em transformar as antigas moedas locais em moedas de tipo corrente. Era preciso a todo o custo evitar de transportar toneladas de metais preciosos entre as bancas locais e ateliers monetários.

Está claro, que as quantidades da época não se comparam com as tonelagens de moedas em euro, onde a unidade de conta é a dezena de milhares de toneladas, mas o estado de insegurança generalizada da Europa era tal que os transportes de fundos seriam extremamente perigosos. A França, por exemplo, começa com tantos ateliers tais como as tribos da época gaulesa, alguns ateliers da época romana, milhões de ateliers na época merovíngia onde os transportes eram bastantes perigosos e as autoridades múltiplas, dezenas na época real, trintenas sob Napoleão I (dos quais Roma, Turim e Utrecht !). A Alemanha possui centenas de ateliers diferentes, a Itália tantos quanto as cidades independentes, a Espanha muito poucos (o reino já era muito organizado), o Vaticano um só. Cada atelier tem um símbolo: esse símbolo é uma gravura extremamente fina que serve para desencorajar os falsificadores, a maioria das vezes uma letra. A tradição continua ainda hoje na maior parte dos ateliers.

ÁUSTRIA: com atelier em Viena, de antiga tradição, tem por nome "Munze Osterreich",(site internet : http://www.austrian-mint.com) desde muito tempo produz com arte, séries comemorativas austríacas em prata, primeiro as de 25 schillings, depois as de 50, 100, 500 schillings em prata e as de 200, 500, 1000 e 2000 schillings em ouro. As novas emissões em euro retomam a mesma estrutura com moedas de 20 € em prata e as de 50 € em ouro comemorativas. O atelier produz também moedas em ouro vendidas em função do seu peso e valor do ouro, a cunhagem não é limitada. A experiência dos "anos schillings" mostra que as cunhagens dos décimos, quartos, meios e onças, respectivamente 10, 25, 50 e 100 € de valor facial fica dentro dos limites razoáveis de algumas centenas de milhares de moedas cada ano (a ver, as tiragens definitivas 2002 - 2004, publicadas na rubrica «moedas comemorativas não circulantes»), vendidas com uma percentagem acima do peso em ouro contido.

As €séries correntes caracterizam-se, como na Grécia, pela presença do valor facial nas duas faces e por um pequeno símbolo distinto, uma dupla grelha que não se encontrava nas moedas em schillings. A qualidade da cunhagem não é óptima e as verdadeiras FDC irrefutáveis são muito difíceis de encontrar, mesmo em carteiras. Uma verdadeira FDC, controlada à lupa, é mais cara. O nome da Áustria não aparece em nenhuma €moeda em circulação

BÉLGICA: um atelier em Bruxelas, sem marca particular, a Moeda Real da Bélgica (site na internet http://treasury.fgov.be/intermunt/Fr/konmunt.htm). As €moedas belgas são obra de Jan Alfons Keustermans, director da Academia Municipal de Belas Artes de Turnhout. A qualidade da cunhagem não é óptima e as verdadeiras FDC irrefutáveis são muito difíceis de encontrar, mesmo em carteiras. Uma verdadeira FDC, controlada à lupa, é mais cara. A única marca particular dos €belgas em circulação é o monograma real, o A coroado de Albert II, sem a menção do nome do país. Contudo, a moeda de 2€ 2005 comemorativa de Luc Luycx , possui dois símbolos belgas normalmente utilizados para as comemorativas não circulantes: a cabeça com capacete do arcanjo Gabriel e o símbolo do comissário numismático belga, o sr. Romain Coenen: a balança romana.

capacete à esquerda
balança à direita

ALEMANHA: são em número de cinco, designados por letras, as mesmas desde o marco de ouro do séc. XIX : BERLIM (A), MUNIQUE (D), ESTUGARDA (F), KARLSRUHE (G), HAMBURGO (J). O atelier de Berlim orgulha-se de produzir moedas desde 1820. Precedentemente, os cinco ateliers produziram as moedas da RFA desde a criação de o "novo marco oeste" em 1948. Constate-se que a produção do atelier de Karlsruhe é mais fraca que a dos seus quatro irmãos, mas é pouco provável, atendendo às quantidades, que isto influencie na sua raridade. Não é usual que os gravadores assinem as suas obras. A qualidade da cunhagem é excelente para os cinco ateliers. O nome da Alemanha não aparece em nenhuma €moeda em circulação.

Os ateliers alemães

ESPANHA: o atelier nacional fica em Madrid, é a Casa de la Moneda, em que o M coroado, desde séculos, orna orgulhosamente as moedas e agora assina os €espanhóis. Essa marca, prestigioso emblema, foi reintroduzido em 1982. O atelier produz todos os euros nacionais e numerosas comemorativas, bem como ajuda em parte na cunhagem dos 20 cent da Grécia. O invulgar valor facial de 12 €, tem equivalência com as moedas de 2.000 pesetas cunhadas com o mesmo tema e diâmetro. A moeda de 50 € substitui a de 10.000 pesetas, a de 20 € a moeda de 5.000 pesetas, sempre no mesmo metal e diâmetro. A moeda de 400 € toma o lugar das de 80.000 pesetas, todos estes valores são consubstanciados em textos jurídicos que os definem.. A qualidade da cunhagem é muito boa e as carteiras contêm verdadeiras FDC. O nome do país está presente nas €moedas em circulação : ESPAÑA.. É usual as moedas serem distribuídas em rolos ou saquetas (bolsa).
O organismo que se ocupa da distribuição das moedas circulantes é a FNMT (FABRICA NACIONAL DE MONEDA Y TIMBRE): site internet : http://www.fnmt.es.

FINLÂNDIA: o atelier é uma firma privada, a Rahapaja Moneta, fundada em 1860, que fabrica as moedas em circulação e as comemorativas assim como jóias e medalhas. A sua capacidade de produção é de um milhar de moedas diferentes por ano e ganhou o prémio da "Moeda do Ano" cinco vezes consecutivas. A qualidade de cunhagem é muito boa. Segundo a língua, o nome da cidade onde se encontra o atelier é Vantaa ou Vanda. O atelier fornece também uma parte das 1 e 2 € da Grécia. A marca do Mestre, Raimo Makkonen, é um M que encontrámos no punho da espada sobre a qual se ergue o leão para as de 1, 2, 5, 10, 20 e 50 cent , à esquerda sobre a linha do horizonte nas de 1€ e à direita das flores nas de 2 €. O nome do país não está inscrito nas €moedas em circulação, salvo no bordo das moedas de 2€. Encontra-se por vezes, nas moedas comemorativas sigla « MM » simbolizando a inicial do mestre e a do gravador Pertti Mäkinen. O símbolo utilizado nas moedas , o leão coroado sob um sabre é muito antigo e remonta às numerosas guerras que os Finlandeses conduziram . O sabre que o leão empunha e sob o qual marcha, é um sabre russo. Desde de 2005, o atelier Finlandês cunha também as moedas para o Luxemburgo; encontrando-se nas moedas luxemburguesas os símbolos do atelier de Vantaa : o S (para *Suomi*, Finlândia em Finlandês) e o logotipo do atelier (fotos destas marcas na página 14).

FRANÇA: A Monnaie de Paris existe há cinco séculos e cunha na fábrica de Pessac as moedas de circulação, e os €sets BNC e Proof e assim a totalidade da sua produção pois também cunha as moedas comemorativas não circulantes. Quem assinava, durante séculos, as moedas tinha o título de Gravador Geral.

Infelizmente, hoje em dia já ninguém é titular dessa honra pois não consegue reunir todas as tarefas então necessárias. Os assinantes das moedas francesas também já não são « Chefe do Serviço de gravura ». O último Gravador Geral foi Pierre Rodier : os euros de 1999 e 2000 têm o seu símbolo: "abelha". O primeiro destes «Chefes» foi Gérard Buquoy que assina com uma ferradura os euro de 2001 e 2002. Este será substituído em 2003 por Serge Levet cuja marca é um coração com as suas iniciais. Serge Levet retirou-se em finais de 2003 e as moedas desde2004 possuem o símbolo de seu sucessor Hubert Larivière: uma corneta de caça, ondas e um esboço de um peixe, que em conjunto significam o seu nome.

É de uso corrente que os artistas autores dos modelos das moedas assinem as suas obras. O nome da França somente aparece com um RF muito discreto nas €moedas em circulação.A qualidade da cunhagem não é óptima e as verdadeiras FDC irrefutáveis são muito difíceis de encontrar, mesmo em carteiras. Uma verdadeira FDC, controlada à lupa, é mais cara.

Em 1880, a "régie des monnaies" substitui todos os antigos ateliers monetários, numerosos nos tempos dos reis e Napoleão I. Reparemos que diferentes punções são utilizados e que podemos distingui-los, por exemplo, no punção utilizado para os euros franceses, onde os frutos que fogem da cornucópia estão bem gravados, do punção utilizado pelo Mónaco, onde os frutos não estão distintos.

A 'Monnaie de Paris', para além das suas próprias produções, assegura uma parte das moedas de 1, 2, 5, 10 e 50 cent da Grécia e a totalidade das cunhagens do Mónaco. Contrariamente ao habitual, as cunhagens para a Grécia não são assinadas mas distinguem-se com um F dentro de uma estrela.

A VISITAR SEM FALTA : a fabrica de Pessac e o fabrico dos euro no site de internet da Monnaie de Paris (http://www.monnaiedeparis.fr) : apaixonante, ilustrado, inteligentemente conhecido, permite aprender o que está na base dos erros e curiosidades, onde se tem acesso a imagens de grande qualidade e permite vislumbrar cenas de um atelier.

GRÉCIA: o Banco da Grécia (site internet : http://www.bankofgreece.gr) marca as suas moedas com uma folha vertical mesmo que ela não as cunhe. De facto, mesmo nas moedas com um F cunhado dentro de uma estrela, encontramos a sua marca apesar de que para essas moedas cunhadas em França, deveríamos encontrar a cornucópia (nos 20 dracmas de ouro da última união monetária europeia antes do euro, União Latina, as moedas cunhadas em Paris trazem a cornucópia e a marca monetária do gravador geral de Paris). Passa-se o mesmo para as moedas cunhadas com um E para Espanha e com um S para (Suomi, Finlândia em finlandês). Os gravadores assinam as suas obras salvo para as de 5 cent onde não conseguimos encontrar assinatura. A qualidade da cunhagem não é óptima e as verdadeiras FDC irrefutáveis são muito difíceis de encontrar, mesmo em carteiras. Uma verdadeira FDC, controlada à lupa, é mais cara. O nome do país não aparece nas €moedas em circulação, e apesar de que €uro e cent sejam invariáveis na Europa, os cêntimos gregos, na sua face nacional, conservam a marca da nomenclatura grega(moeda de 1 lepton , 2-5-10-20-50 lepta).

Assinaturas, diferentes e letras do atelier das moedas de euro gregas

IRLANDA: este país com um longo passado monetário tem um atelier situado em Dublin-Sandyford, no Banco Central da Irlanda(site internet : http://www.centralbank.ie), e que não tem marca particular a não ser uma harpa, que é o símbolo das moedas da Irlanda que toma lugar desde a Independência em 1928. A qualidade de cunhagem é todavia conveniente, as carteiras BNC contêm verdadeiras FDC mas de um custo tão elevado que nem se põe em questão retirá-las. O nome da Irlanda aparece sob forma irlandesa: EIRE. !

ITÁLIA: o atelier de Roma é certamente um dos ateliers monetários mais antigos do mundo, apesar que Atenas tenha cunhado, em outros locais, tetradracmas muito antes que Roma tenha cunhado os denários. O atelier cunha também para São Marino e para o Vaticano. O seu nome oficial é *Istituto Poligrafico e Zecca dello Stato* (site internet : http://www.ipzs.it). Instalado em Roma, produz maravilhosas medalhas em que a qualidade é muito superior à produção das suas moedas correntes, muito menos cuidadas. É de tradição que os gravadores assinem as suas obras. As tiragens deste Instituto é entre os restantes um dos mais difíceis de obter, mas um e-mail do *IPZS,* informou-nos sobre todas as quantidades de 2002 a 2004. A qualidade da cunhagem não é óptima e as verdadeiras FDC irrefutáveis são muito difíceis de encontrar, mesmo em carteiras. Uma verdadeira FDC, controlada à lupa, é mais cara.
A sua assinatura é um R, a não confundir com o R e o I sobrepostos que significa Republica Italiana e assina as €moedas correntes. Devemos reparar que existem vários punções e R variados.

Les R de Rome

Em baixo, as assinaturas dos artistas

LUXEMBURGO: as moedas de Luxemburgo, quer sejam as cunhagens correntes ou as carteiras BNC, são produzidas pela Moeda dos Países-Baixos (Holanda), através de um acordo com a Bélgica. As marcas de mestres e símbolos do atelier eram os mesmos que na Holanda. Desde 2005, porém, as moedas do Luxemburgo são cunhadas pelo atelier de Vantta (Finlândia), possivelmente devido a uma melhor oferta de preço de custo em relação ao anterior. Os símbolos serão doravante o «S» finlandês e o logotipo do Instituto Finlandês, ambos ilustrados aqui ao lado. As gravuras realizadas para o retrato do Grão-Duque são assinadas pelo monograma da artista Yvette Gastauer-Claire. Encontrámo-las em cima do colarinho nas de 1, 2 e 5 cent,

em baixo do colarinho para as de 10, 20 e 50 cent, e na coroa para as de 1 e 2 €. A qualidade da cunhagem é holandesa, ou finlandesa e portanto melhor desde 2005. O nome do país aparece sob a forma luxemburguesa: LËTZBUERG. A observação dos diferentes simbolos monetários mostra que estas peças foram feitas em 2000, porém datadas com 2002. Em contra partida as cunhagens de 2003 e 2004 foram feitas mesmo no ano indicado. É preciso denotar que o *Banque Centrale du Luxembourg* (site internet : http://www.bcl.lu), tem uma qualidade de comunicação perante o público em geral na qual todos os restantes Intitutos se deveriam inspirar. No entanto, o BCL já não distribui moedas de circulação, em rolos, sem um pagamento adicional de direitos: 6 euro por rolo! Se um rolo de 2€ custa mais 12% que o valor facial, já para os rolos de 1 cent o preço multiplica cada moeda por 13! Os correios do Luxemburgo emitem todos os anos as carteiras contendo os oito valores faciais a par com vários selos (normalmente quatro). Essas carteiras não são cotadas no €3, pois só cotamos as carteiras oficiais dos Bancos e Institutos Oficiais.

MONACO : As moedas do Monaco são produzidas pela Monnaie de Paris, tanto as cunhagens correntes como os restantes €sets, e tem sido assim desde o início das cunhagens mecânicas do sec XIX. As diferentes marcas dos mestres são assim, iguais às utilizadas na Monnaie de Paris. A qualidade de cunhagem não é perfeita e as verdadeiras Flôr-de-cunho são extremamente dificéis de encontrar, mesmo nas carteiras. O nome do país aparececom todas as letras. Quem comprou a Proof 2004 através dos meios oficiais teve sorte em adquiri-la: quem quisesse comprar tal set tinha que preencher um formulário. Depois o Instituto francês reuniu todos e sorteou aqueles que pagariam apenas 198 euro para obter tal colecção. Desde desta emissão (Proof 2004, com uma moeda de 5€ prata), e com a morte do Príncipe Reinier, cunharam moedas com a esfince do Prince Albert II, as moedas são em Proof de 1cent até 2 euro.

HOLANDA: é o atelier monetário de Utrecht que realiza as cunhagens nacionais e que se encarrega dos euros de Luxemburgo. Sustida por uma clientela de numerosos coleccionadores, realiza várias carteiras. Atelier monetário muito antigo que remonta quase sem interrupção ao século X, que por essa altura, cunhava as moedas do bispo de Utrecht, ele cunhou também francos em ouro no período napoleonista. A marca do atelier é um caduceu, símbolo de Mercúrio, deus do comércio. A qualidade das cunhagens de Utrecht é absolutamente impecável. A tradição quer que seja colocada uma estrela quando o posto do Mestre não está provido de um titular. É o caso em 2000 e 2002. O facto de ser um reino é reeinvidicado sobre as moedas que se dão pelo nome da Rainha: BEATRIX KONINGIN DER NEDERLANDEN : Beatriz, Rainha dos holandeses. A comercialização das carteiras e moedas comemorativas esta a cargo da KNM (Koninklijke Nederlandse Munt - site internet : http://www.knm.nl)

Os símbolos são:

- 1999, o arco de Christian Draanen

- em 2000, o posto está livre e o Mestre seguinte é W. J. van Schauwenburg ; temos um arco e uma pequena estrela.

- em 2001, o Mestre titular é R. Bruens que adopta como diferente um meio cacho de uva colado a uma meia folha de vinha.

- em 2002, o posto está disponível e é Maarten Brouwer que ocupa o posto como sucessor. O meio cacho mantêndo, com mais uma pequena estrela.

- em 2003, Maarten Browers é nomeado titular e escolheu como símbolo as velas .

PORTUGAL : O atelier português, em Lisboa, está encarregue de todas as produções portuguesas em euro. O seu nome oficial, Imprensa Nacional e Casa da Moeda (INCM - site internet : http://www.incm.pt), encontra-se nas suas produções sob a forma de assinatura INCM. A assinatura encontra-se acima de um dos escudos. Acima de um outro escudo encontra-se a assinatura do artista, V. S. (Victor Santos). O nome do país e data é intercalado, letra por letra, entre os sete castelos. Os cinco escudetes e os sete castelos simbolizam a *reconquista* efectuada contra os muçulmanos que ocuparam o país de 711 a 1147.

ESLOVÉNIA : Eslovénia, entrou na zona euro em 1 de Janeiro de 2007, a cunhagem é feita pelo instituto finlandês, bem como para o Luxemburgo e para as moedas finlandesas de 2007, a marca do instituto para as moedas correntes é " Fi". A qualidade da cunhagem finlandesa é exelente; para as FDC. Mais informações no Site da internet do Banco da Eslovenia : http://www.bsi.si.

SÃO MARINO: todas as moedas são produzidas pelo atelier de Roma onde se encontra a assinatura, R, sobre todas as moedas. Reparemos que a letra R utilizada pelo atelier de Roma é sempre do modelo de perna comprida à frente. A qualidade da cunhagem não é óptima mesmo nas carteiras com a menção « Fior di Conio », e as verdadeiras FDC irrefutáveis são muito difíceis de encontrar, mesmo em carteiras. Desta forma, não damos as cotações acima de soberba. Uma verdadeira FDC, controlada à lupa, é mais cara. O nome do país aparece com todas as letras : SAN MARINO. Note-se que *Azienda Autonoma di Stato Filatelica e Numismatica* (AASFN - site internet : http://www.aasfn.sm), para além das carteiras anuais a AASFN, vende cada ano um "mini-kit", que contém variávelmente duas, três ou quatro moedas circulantes do ano respectivo. Estas carteiras normalmente não são vendidas ao público em geral.

VATICANO : As moedas são cunhadas no atelier de Roma, mas tanto estas como as carteiras são comercializadas pelo *Ufficio Filatelico e Numismatico* (UFN - site internet : http://www.vatican.va/vatican_city_state/services/stamps_coins). A gravura é assinada pela artista e a letra R é utilizada para marcar o atelier de Roma tal como na de 2 € tipo "João-Paulo II", por vezes o R tem a perna longa, outras é mais larga ou mesmo quadrada A qualidade de cunhagem não é óptima e as verdadeiras FDC são difíceis de encontrar, mesmo que estejam nas carteiras. Não cotamos para além de soberba. As FDC autênticas terão assim um valor superior ao cotado. O emissor é a CITTA DEL VATICANO : a cidade do Vaticano. Segundo os textos jurídicos publicados no Vaticano, a autorização de emissão acordada pela Comissão Europeia em função da *Convenzione monetaria tra la Repubblica Italiana e lo Stato della Città del Vaticano,* de 3 de Dezembro de 1991, modificada pelo artigo L267/27 de 7 outubro de 2003 é de 1.000.000 de euros. Segundo os mesmos artigos, é também permitido ao Vaticano marcar o período de «Sede Vacante», durante o qual podem emitir um valor global de 300 000 euros, nos quais não figura nenhum papa. Em 2005, figuram nestas moedas de «Sede Vacante» as armas do Cardeal Camerlengo e da Câmara Apostólica em todas as 9 moedas de 1 cent à 5 euro.

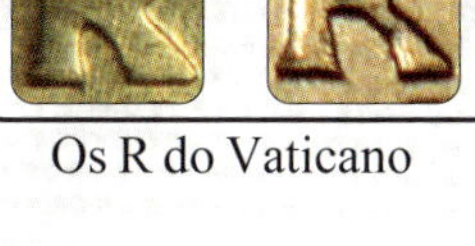

Os R do Vaticano

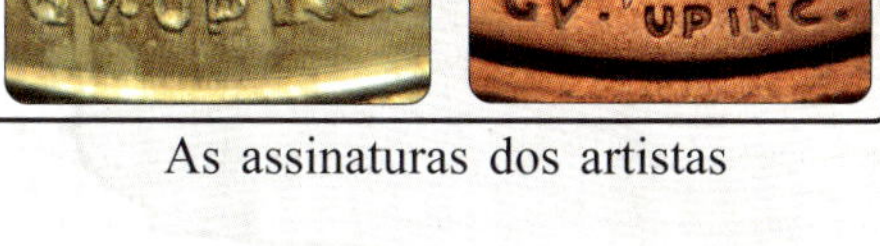

As assinaturas dos artistas

OS AD€... JÁ SÃO MAIS DE 500 ADERENTES !

A grande associação numismática, dedicada exclusivamente ao euro aumenta a cada dia : os" Amigos do euro" já contam mais de 500 aderentes ! Com o site de internet – http://www.amisdeleuro.org – conta com mais de 2 500 páginas acessíveis aos membros aquando da sua entrada, e mais de 8 000 mensagens foram já deixadas no fórum da associação (http://www.forum-ade.org contém as 3600 mais recentes).

Antes de tudo, os AD€ têm por objectivo, reagrupar, registar e publicar no seu site todas as informações sobre €moedas e €notas que existem, moedas circulantes, carteiras BNC, cunhagens comemorativas, erros de fabrico, notas, variantes ou starter-kits. Logo que uma moeda surja a circular ou quando uma carteira é anunciada pelo Instituto emissor oficial, esta será apresentada e ilustrada no site nos dia seguintes.

A associação fornece na parte privada, as moradas, telefones, faxes e email´s dos Institutos monetários, bem como outras informações que poderão ajuda-lo a fazer encomendas directamente a estes Institutos.

Mas os *Amis De l'euro*, é também um site exclusivamente consagrado às encomendas em grupo : http://www.commandes-groupees-ade.org no qual a associação reagrupa as encomendas dos aderentes das carteiras emitidas recentemente e para os 2€ comemorativos circulantes. Os preços obtidos serão assim mais vantajosos. Exemplos:

- 2 euro comemorativos da Finlandia 2006 : 2,30 euros
- BNC Finlandia 2006 II : 19,00 euros
- BNC Grécia 2006 : 24,00 euros

A oferta limita-se a duas carteiras (ou moedas) por aderente e os gestores do site ocupam-se da gestão e expedição das encomendas. Este serviço é por agora reservado aos membros conectados que são prevenidos por e-mail pessoal da saída de uma nova série e da organização do grupo de encomenda. Permite obter o preço mais baixo para cada um, graças às informações dos membros, onde se encontra o preço mais em conta da Europa e os custos de porte serão mais reduzidos (pelo menos para os habitantes de França) pelo facto de ser em quantidade de grupo.

A cada mês, os Amigos do Euro publicam no Boletim Numismatico CGB/ CGF (http://www.cgb.fr/bn/index.html) o « Forum dos Amigos do Euro ». Reagrupando um certo número de informações que são comunicadas pelos membros no forum ou por e-mail. Esta publicação em paralelo com a do site dos AD€ permite :

- informar os aderentes não conectados sobre as últimas informações do euro.
- Sintetizar as informações mais importantes para aqueles que não dispõem de tempo para ler tudo que se vai falando no fórum da associação, cada um pode em seguida ir ao site para complementar estas informações, consultar as fotos correspondentes aos artigos publicados e intervir em cada assunto através do fórum.

Sem fronteiras geográficas e graças à internet: já contamos com aderentes na Alemanha, na Holanda, nos Estados Unidos, Grécia... até no Senegal! Não hesite: a cotização são 10 euro por ano para que todos possam aderir aos AD€ e desta feita juntar-se a uma associação dinâmica.

Contacto internet : info@amisdeleuro.org

Boletim de adesão para 2005/2006- copiar e enviar acompanhado de um cheque de 10 € à morada seguinte :
« Les Amis de l'Euro » - 46 rue Vivienne - 75002 Paris
Nome : ______________________________________
____
Morada : ______________________________________
____
E-mail : ______________________________________

CHAVES DE LEITURA, DEFINIÇÃO DAS CLASSIFICAÇÕES

ESCOLHA DA CLASSIFICAÇÃO

Numerosas são as moedas de circulação que não levam claramente o nome do país emissor: a Itália com RI, a Bélgica com o A coroado, a Alemanha com apenas a marca de atelier…devemos pensar ainda nos países que devem vir juntar-se aos treze primeiros, mais os três microestados.A classificação por valor facial, já adoptada para o ESCUDO, era mais simples para o novato e permite doravante completar logicamente com as novas emissões e os novos países que adoptam o euro.

A NUMERAÇÃO

A numeração desde €3 doravante é adoptada e funcional. Mantemos por conseguinte em todos os pontos para €4. Permitiu inserir sem dificuldade as moedas eslovenas, as moedas com a face comum ou ainda as comemorativas (12 euro ½ ou ainda 300 euro).

Para a ordem dos países, utilizamos a ordem alfabética dos códigos de países definidos para Internet pelo IANA: Áustria 04, Bélgica 06, Alemanha 15, Espanha 28, Finlândia 38, França 41, Grécia 49, Irlanda 53, Itália 56, Luxemburgo 61, Mónaco 63, Países Baixos 70, Portugal 77, Eslovénia 83, São Marino 85, Vaticano 93.Iremos atribuir desde já os numeros aos novos paises aderentes.Bulgaria 9, Chipre 13, Républica Checa 14, Estónia 17, Hungria 52, Lituânia 60, Letonia 62, Malta 68, Polonia 72, Romenia 79 e Eslovaquia 84.

O método de numeração que circula continua a ser a seguinte: o valor facial é codificado pelos dois primeiros números: 1 cent: 01, 2 cent: 02, 5 cent: 03... Os dois números seguintes representam o número do país. A última sequência define os diferentes tipos na mesma facial. **Exemplo**: **os 20 cent. eslovenos CAVALOS LIPPIZANS. O 20 cent são o 05 de valor facial, a Eslovénia o país 83 e o tipo CAVALOS LIPPIZANS é o 00; esta peça leva por conseguinte como número 058300 (058300/1 para 2007, 058300/2 para 2008…).**

As carteiras BNC e Proof são agrupadas por país, mas separamos contudo em dois quadros as duas qualidades de cunhagem. Para a numeração, vem sempre o número do país seguido do número do estojo, o número do país precedido por "Proof" se o estojo é Proof…

Para as comemorativas, utilizamos uma numeração "de determinação" cuja regra é a seguinte: os cinco primeiros números representam o valor facial (de 00025 para os quartos de euro francês à 50000 para o 500 euro francês Europa 2004) ;os dois números seguintes são o número do país seguidamente dois números para o milésimo da série à qual pertence a peça (02 para 2002, 03 para 2003…). Um último número de ordem, hà dois números, vem diferenciar as séries de um mesmo país, de um mesmo ano por um mesmo valor facial mas sobre assuntos diferentes. Vêm, após uma barra oblíqua, os números "valor" habituais para as diferentes qualidades de introdução por cunhagem ou diferentes peças de uma mesma série…
Exemplo, o 100 € alemão "Quedlinburg, cidade do património mundial": valor facial 10000, paíse 15, série "Cidades mundiais - UNESCO" datada de 2003, esta série o 07e para 2003. O número do tipo é por conseguinte 10000150307. Os 100 € em atelier A é a primeira peça da série; tem por conseguinte o número 10000150307/1.Pensamos que este tipo de numeração é particularmente interessante para os utilizadores de computadores e para os profissionais, tanto mais que temos sempre o mesmo número de caracteres quaisquer que sejam as moedas comemorativas.

A numeração dos bilhetes faz-se por valor facial seguidamente por sobnúmero, cada trio país/impressor/assinatura que determina uma linha específica.

AS QUANTIDADES CUNHADAS E AS RARIDADES DE CIRCULAÇÃO

Os números de introdução inseridos no €4 não correspondem sempre às quantidades definitivas; continua, contudo, a ser muito difícil saber se os números comunicados pelos institutos são definitivos ou previsionais ; indicamos-lo quando temos a certeza; no caso contrário, o número indicado é o mais recentemente possível, fornecido pelos institutos, ou o que julgamos mais fiável.Um trabalho de investigação particularmente acentuado foi efectuado desde €3 a fim de obter números mais precisos: assim pudemos receber numerosos faxes ou correios electrónicos com números precisos e detalhados. Se apesar de todos os esforços para incluir os números e informações tomadas, algumas parecem-vos inexactas, não hesitam a assinalar-nos por correio electrónico,president@amisdeleuro.org. As introduções em BNC são acrescentadas às introduções correntes, uma introdução corrente não circulada não apresenta teoricamente nenhuma diferença com uma BNC. As introduções Proof antes consideradas como medalhas quanto a elas não são acrescentadas às introduções destinadas à circulação... As distribuições "em introdução para circulação" e "de introdução para BNC" tomariam demasiado texto a detalhar €em 4, mas todas as informações estão acessiveis no site : http://www.amisdeleuro.org.

Devido à sobreprodução em toda a Europa de vários mil milhões de peças até em 2003, as quantidades de introdução por teclado foram reexaminadas em baixa para os anos 2004 à 2006 como poderá constatá-lo nas páginas seguintes. O comportamento dos institutos não deveria alterar por os anos próximos... as existências são ainda muito importante!

AS COTAÇÕES

As cotações correspondem ao preço que deveria "razoavelmente" pagar um coleccionador que deseja adquirir uma moeda, em caso algum ao preço que um comerciante profissional poderia pagar esta moeda. Tomamos o partido de cotar as moedas separadamente mais caro proporcionalmente às caixas BNC ou FDC porque o número de coleccionadores é provavelmente vinte vezes mais elevado que o número coleccionadores de estojos.Os preços podem evoluir para cima como para baixo, todos os numismáticas conheceram as duas situações: não esqueçam que coleccionar é sobretudo "o prazer", deixem a especulação aos financeiros.

Naturalmente, o preço mínimo de uma moeda em euro é o que pagaria no Banco Central do país em causa: o valor facial.Infelizmente, as coisas não são tão simples e os Bancos Centrais preocupam-se geralmente com uma linha de coleccionismo, excepto para vender-lhes moedas comemorativas e estojos BNC ou Proof. É por conseguinte, é frequentemente necessário adquirir umas gordas quantidades do mesmo valor facial, género " comerciante". Às vezes, não se pode mesmo saber o milésimo disponível porque o caixa do banco ignora-o. Os interesses de um Banco Central, um Instituto de Emissão e o coleccionador não são os mesmos. Encontrará as vossas €Moedas e €Notas menos caras se comprar uma quantidade significativa: séries completas de um país, rolos de origem de um mesmo valor facial... Devem por conseguinte prever-se quer das possibilidades de troca, quer de comprar mais caro à peça. Os preços são concebidos sobre uma base "europeia".Naturalmente, parecer-vos -ão elevados para o país onde reside: o vosso banco pode fornecer-vos as moedas do vosso país ao facial, o que não é o caso para os leitores dos quinze outros países ou estados.

OS PESOS E TÍTULOS DO COMEMORATIVOS

Certos ateliers têm costume de dar o peso de metal final contido por moeda, outros o peso bruto mas nem uns nem outros assinalam geralmente a sua escolha. Damos peso bruto e título sempre que estas informações estão disponíveis.

Os PREÇOS de EMISSÃO E as QUANTIDADES dos €COMEMORATIVOS E os €ESTOJOS

Os preços de emissão doravante são assinalados à cada nova saída de estojos ou de moedas comemorativas pela equipa dos Amigos do Euro, de modo que podemos fornecê-los para assim dizer todos os números nas páginas seguintes ; permite assim mostrar a evolução da cotação em relação ao preço inicial. Não hesitem em comunicar-nos, president@amisdeleuro.org, alguns números em falta.

No que respeita às quantidades fabricadas, certos institutos continuam publicar os números dos estojos que determinaram para vender, ao exemplo da Moeda da Espanha ou ainda a dos Países Baixos… Estas informações são por conseguinte preciso às unidades e saberá distinguir estes números dos outros “mais redondos”. Outros institutos como a "Moeda de Paris" no entanto teve inicialmente boas bases mas interromperam infelizmente as suas comunicações.

É necessário apreciar as quantidades fabricadas em função do número de coleccionadores em cada país: 100.000 exemplares fabricados para a Alemanha são abaixo do número de coleccionadores, por conseguinte, de ligeira escassez imediata. 100.000 exemplares para a França estariam largamente acima o número de coleccionadores existente: declínio das vendas e fraqueza imediata do segundo mercado.

A DEFINIÇÃO DO ANVERSO E REVERSO

Geralmente, as emissões não têm em conta a velha regra que define o anverso e o reverso. Teóricamente, o anverso leva a representação e o nome da potência emissora e o reverso leva o assunto eventual da moeda, o valor facial e às vezes uma divisa. A pergunta põe-se por conseguinte, imediatamente de saber, para as moedas correntes, se a potência emissora é o BCE, por conseguinte face comum ao anverso, ou o banco central do país considerado, por conseguinte face nacional ao anverso legal, é a face nacional que é o anverso porque as moedas estão sob a responsabilidade dos bancos centrais nacionais enquanto que a responsabilidade das notas retorna ao BCE.

No que diz respeito às comemorativas, desde numerosos anos já, e particularmente na França, eram construídas simbólicamente como medalhas, que são na prática dado que não circulam “realmente”. Tentamos escolher a mais lógica, de respeitar as apresentações fornecidas pelos institutos de emissão mas, naturalmente, uma interpretação oposta é livre.

Convencionalmente, ilustramos o anverso à esquerda e reverso à direita.

A NUMERAÇÃO

Com vista a uniformizar a numeração das moedas circulantes e das moedas comemorativas não circulantes, fomos forçados a revê-la: daqui por diante são seis dígitos para os números dos euros em circulação… e sempre onze para as moedas comemorativas não circulantes. Este foi o preço a pagar para que no futuro, salvo algo completamente novo surja, possamos obter uma numeração rigorosa e coerente.

Olivier FOURNIER –

AD€ 002

president@amisdeleuro.org

Constactamos sobre o €uro, como para as moedas nacionais dos últimos cinquenta anos, um mau conhecimento completo das regras que regem o verso e o reverso.

De uma maneira geral, o verso é o país emissor, nele encontramos, quando defenido, o valor facial.

A face comum das moedas de euro contêm o valor facial (a Grécia e a Áustria têm o valor facial nos dois lados...) e é teoricamente a face nacional que está no verso e representa o poder soberano do emissor. Este ponto de vista pode ser discutido. Sabendo que as cunhagens são decididas, repartidas e agregadas pelo BCE, submetidas à Comissão Europeia em Bruxelas, podemos também considerar que a face comum é a do poder emissor, ou seja o anverso.

O alargamento da União Europeia impõe a escolha de uma face comum nova para as moedas da U. Europeia. Esta escolha foi rectificada por uma legislação européia (19 de setembro de 2006). Isto é (face comum que representa a Europa no mundo). Assim sendo, um tipo de face comum para o 1, 2 e 5 cent, dois tipos de face comum para os 10, 20 e 50 cent e dois tipos de face comum para o 1 e 2 euro.
Todos os modelos das faces europeias foram gravadas por Luc Luycx que assina com dois L maiúsculos sobrepostos.

1, 2 e 5 cent são idênticos, salvo o valor facial, e representam um globo terrestre euro-cêntrico, e a Europa no mundo.

10, 20 e 50 cent são idênticos, salvo o valor facial e representam as fronteiras separadas dos países membros da €lândia.
É a Europa como um agrupamento de nações.

Os 10, 20 e 50 cent 2º tipo é idêntico, exclui o valor facial, e representa a Europa geográfica. O Leste da Europa vem-se confundir com um semi-círculo que ocupa a parte certa da moeda corrente.

As moedas de 1 e 2 euro são idênticas, salvo o valor facial, e representam um mapa justaposto dos países da €lândia. A supressão da Noruega (não pertencente à €lândia) neste mapa os traços das fronteiras dão uma forma particular à Suécia, o que originou protestos nesse país e piadas de mau gosto por parte dos jornais ingleses e dos internautas espanhóis.
As faces comuns evoluirão com a entrada de novos países: estes pediram para que figurem nos mapas. Nós consideraremos que se trata de um novo modelo de face.

O 1 e 2 euro 2º tipo é idêntico, exclui o valor facial e representa a Europa geográfica. A pessoa notará que a Escandinávia recupera a Noruega e acaba com os protestos da Suécia (ver página prévia). O Leste da Europa vem se afogar aqui na coroa, até as estrelas.

Os Bordos

Lembramos que o bordo de 2 € é standard com inscrições diferentes em certos países e o bordo de 2 cent com a sua única ranhura, muito particular.
Existe certamente variantes, particularmente na de 2 €, por desvios na cunhagem..

Bordo A / Bordo B

Todas as moedas que possuem uma inscrição no bordo, ou se quisermos serrilha, apresentam sempre duas formas diferentes: moeda com bordo A e moeda com bordo B.

A distinção faz-se facilmente: basta ler nas páginas seguintes as indicações para cada tipo, como se deve definir « a direcção do bordo » e como é preciso pôr a moeda de forma a que esteja no « **lugar/ direcção certa**», ou seja- **que se leia da esquerda para a direita**.

Se, logo que se tenha a sua moeda com o anverso ao alto, como demonstra a foto seguinte e cujo bordo se encontra na direcção acima descrita, temos um bordo tipo A. Por outro lado, se é necessário virar a moeda para se ler correctamente, temos então, um bordo B.

Quanto à definição de anverso e reverso, esta clarificação é feita na página anterior. E em todas as circunstâncias, ilustramos como a direcção certa o anverso à esquerda e o reverso à direita... Assim não se deve enganar!!

As variantes nos bordos dos 2 euro

O bordo ou serrilha das moedas de 2 euro francesas, belgas, espanholas, irlandesas, luxemburguesas e monegascas apresentam seis grupos de duas estrelas e de um 2 (ou com sentido inverso).
Para todos estes países, temos notado a presença sistemática de uma, e só uma, estrela específica, que é diferente das restantes onze. Esta estrela será uma marca para detectar possíveis falsificações destas moedas.

França

As estrelas normais apresentam um centro evidente.
A estrela específica pode ser de dois tipos :
- Tipo 1 : o centro da estrela tem um relevo em forma de outra estrela
- Tipo 2 : o centro da estrela não está em evidência (sendo trespassado pelas estrias da serrilha)

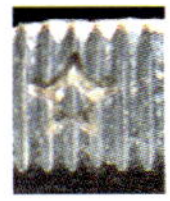

estrela normal *tiipo 1* *tipo 2*

Por outro lado, a estrela específica pode-se encontrar com duas disposições :
- Disposição A: a estrela está a esquerda de um 2 direito (que se leia normalmente da esquerda para direita)
- Disposição B: a estrela está à direita de um 2 direito

Disposição A

Disposição B

Estes dois esquemas correspondem a bordos A; para se obter bordo B, basta virar a página ao contrário!

O conjunto destes critérios permitem definir as três variantes (ou seis se considerarmos as alternativas bordo A, bordo B): tipo 1 A, tipo 1 B e tipo 2 A (uma disposição B nunca foi vista para uma estrela do tipo2).

As proporções variam em função dos anos; assim observámos nas moedas francesas:
- 1999 (em 600 moedas) : 43 % tipo 1 A, 55 % tipo 1 B e 2 % tipo 2 A
- 2000 (em 500 moedas) : 78 % tipo 1 A, 2 % tipo 1 B e 20 % tipo 2 A
- 2001 (em 1 200 moedas) : 76 % tipo 1 A e 24 % tipo 2 A (nenhuma do tipo 1B)
- 2002 (poucas moedas) : tantas do tipo 1 A que do tipo 2 A (nenhuma do tipo 1B)

Em algumas carteiras BNC observadas (1999 à 2005), todas apresentam o tipo 1 A.

Nota: a qualidade de cunhagem é variável o que poderia induzir que a pequena estrela em relevo do tipo 1 adquire-se « um montão de formas » . Por outro lado, uma cunhagem mais forte das estrias, que poderiam marcar a estrela do tipo 1, poderia, por outro lado acabar com a distinção entre os dois tipos.
Este facto faria com que se duvidasse da real existência da diferença entre tipo 1 e tipo 2. Todavia, como jamais foi observado uma disposição B com um tipo 2, propomos que se aceite a existência de dois tipos diferentes.

Bélgica - Espanha - Irlanda - Luxemburgo - Mónaco

Para estes países, observámos os tipos 1 A e 2 A para todas as datas de circulação até 2004, incluindo os 2 euro comemorativos luxemburgueses 2004, à excepção de:
- Espanha 2004: só foi observado o tipo 2 A
- Irlanda 2003 : só foi observado o tipo 1 A
- Luxemburgo 2002 tipo 1: só foi observado o tipo 2 A
- Mónaco 2001: só foi observado o tipo 2 A

Possivelmente a pequena quantidade observada poderá estar na base destas « falhas ».
Entre as moedas não francesas não encontramos o tipo 1 B a não ser nas escassas 2 euros belgas 2000.
Por fim, desde o início de 2005, a cunhagem do Luxemburgo foi confiada à Finlândia. Assim, não haverá no futuro estas variantes para o Luxemburgo.

Jean-Luc CIRODDE – AD€ 041
Philippe GIBONE – AD€ 051

€.010400 1 cent GENCIANA ÁUSTRIA

Gravura : Joseph Kaiser
Ø 16,25 mm - 2,30 g - aço cobreado
Data de criação : 3 maio 1998. CE 975/98
Bordo : liso
Total de cunhagem conhecida : 627 525 000

010400	Data	Atelier	Quantidade	MBC	BELA	SOB	FDC
1	2002		*378 500 000*	-	0,5	1,3	4
2	2003		*10 925 000*	-	1	2,5	5
3	2004		*115 100 000*	-	0,5	1,3	4
4	2005		*123 000 000*	-	0,5	1,3	4
5	2006		*nc*	-	0,5	1,3	4
6	2007		*nc*	-	-	-	-

€.010600 1 cent ALBERTO II BELGICA

Gravura : Jan Alfons Keustermans
Ø 16,25 mm - 2,30 g - aço cobreado
Data de criação : 3 maio 1998. CE 975/98
Bordo : liso
Total de cunhagem conhecida : 540 662 000

010600	Data	Atelier	Quantidade	MBC	BELA	SOB	FDC
1*	1999		*235 240 000*	-	0,3	1	-
2*	1999		*inclus*	-	0,3	1	-
3*	2000		*40 000*	-	-	16	-
4	2001		*99 840 000*	-	0,6	1,5	-
5*	2002		*140 000*	-	-	7	-
6	2003		*10 185 000*	-	0,3	1	-
7	2004		*180 102 000*	-	0,3	1	-
8*	2005		*60 000*	-	-	5	-
9*	2006		*15 055 000*	-	0,3	1	-
10	2007		*nc*	-	-	-	-

010600/1 : Pequenas estrelas
010600/2 : Grandes estrelas
010600/3, 5 e 8 : As datas 2000 e 2002 encontram-se somente em BNC.
010600/9 : Nenhuma moeda em circulação até ao momento.

€.010600/1

€.010600/2

€.011500 1 cent RAMO DE CARVALHO ALEMANHA

Gravura : Rolf Lederbogen
Ø 16,25 mm - 2,30 g - aço cobreado
Data de criação : 3 maio 1998. CE 975/98
Bordo : liso
Total de cunhagem conhecida : 6 450 225 000

011500	Data	Atelier	Quantidade	MBC	BELA	SOB	FDC
1*	2002	A	*800 135 000*	-	0,3	1	2,5
2*	2002	A	*inc.*	-	0,4	1,2	3
3	2002	D	*840 135 000*	-	0,3	1	2,5
4*	2002	F	*960 135 000*	-	0,3	1	2,5
5*	2002	F	*inc.*	0,3	0,8	2,5	6
6*	2002	G	*560 135 000*	-	0,3	1	2,5
7*	2002	G	*inc.*	0,4	1	3	7
8*	2002	J	*840 135 000*	-	0,3	1	2,5
9*	2002	J	*inc.*	-	0,5	1,5	3,5
10*	2002	J	*inc.*	15	20	30	40
11*	2003	A	*180 000*	-	-	4	6
12*	2003	D	*180 000*	-	-	4	6
13*	2003	F	*180 000*	-	-	4	6
14*	2003	G	*180 000*	-	-	4	6
15*	2003	J	*180 000*	-	-	4	6
16	2004	A	*280 140 000*	-	0,3	1	2,5
17	2004	D	*294 140 000*	-	0,3	1	2,5
18	2004	F	*336 140 000*	-	0,3	1	2,5
19	2004	G	*196 140 000*	-	0,3	1	2,5
20	2004	J	*294 140 000*	-	0,3	1	2,5
21	2005	A	*120 100 000*	-	0,3	1	2,5
22	2005	D	*126 100 000*	-	0,3	1	2,5
23	2005	F	*144 100 000*	-	0,3	1	2,5
24	2005	G	*84 100 000*	-	0,3	1	2,5
25	2005	J	*126 100 000*	-	0,3	1	2,5
26*	2006	A	*90 000*	-	-	3,5	5
27*	2006	D	*90 000*	-	-	3,5	5
28*	2006	F	*90 000*	-	-	3,5	5
29*	2006	G	*90 000*	-	-	3,5	5
30*	2006	J	*90 000*	-	-	3,5	5

NOTA : Descrição completa das variantes de 1 cent 2002 .
011500/1 : 2002 A reverso 1
011500/2 : 2002 A reverso 2
011500/4 : 2002 F reverso 1
011500/5 : 2002 F reverso 2
011500/6 : 2002 G reverso 1
011500/7 : 2002 G reverso 2
011500/8 : 2002 J reverso 1
011500/9 : 2002 J reverso 2
011500/10 : 2002 J reverso 3
011500/11 à 15, 26 à 30 : Estas moedas encontram-se só em BNC.
011500/31 à 35 : Dados provisórios. Até ao momento não há moedas em circulação.

011500	Data	Atelier	Quantidade	MBC	BELA	SOB	FDC
31*	2007	A	*89 400 000*	-	-	-	-
32*	2007	D	*93 870 000*	-	-	-	-
33*	2007	F	*107 280 000*	-	-	-	-
34*	2007	G	*62 580 000*	-	-	-	-
35*	2007	J	*93 870 000*	-	-	-	-

1 cent 2002

As variantes comuns distinguem-se pelo reverso ; fotos em grande formato em: http://www.amisdeleuro.org :

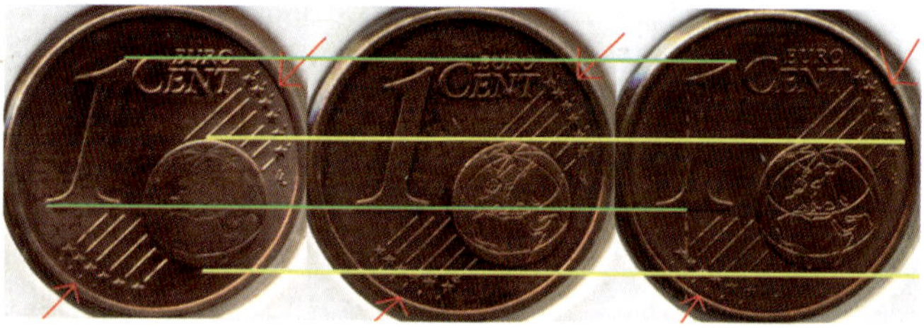

Reverso 1
Ateliers A, D, F, G e J

Gravura normal 1
- O globo e o 1 são de tamanho normal: o lado do globo e a cabeça do 1 está próximo do listel.
- Próximo do listel, as extremidades das características são muito curtas (reduzido a pontos para o baixo).
- A costa ocidental de África é certa.

Reverso 2
Ateliers A, F, G e J

Gravura pequena
- O globo e o 1 são de tamanho pequeno: o lado do globo e a cabeça do 1 é distante do listel
- As características estão magras e as extremidades longas e distantes do listel.
- A costa ocidental de África está curvada.

Reverso 3
Ateliers J

Gravura normal 2
- O globo e o 1 são de tamanho normal: lado do globo e cabeça do 1 está perto de bastante do listel.
- As características estão magras e as extremidades longas e próximas do listel.
- A costa ocidental de África está curvada.

As variantes comuns

As 2 variantes dos ateliers A, F e G
As moedas destes três apresentam um reverso R1 ou R2 que define as duas variantes 1 e 2.

A variedade 2, muito conhecida dos coleccionadores alemães, debaixo da abreviação de KMB (respectivamente 0,6% e 0,2%) o (kleines de Münzbild) é pequeno e frequente para ateliers (aproximadamente 6%) e raro para os ateliers F e G.

As 3 variantes do atelier J
As moedas do atelier J, apresentam três reversos R1, R2 ou R3 que definem as três variantes 1, 2 e 3.
A variante 2 é pequena e frequente (1,6%) e Ted Hoogendoorn (AD € 347) que descobriu a variedade 3 indica isto como sendo extremamente raro (0,02%).

Atelier D : a variante
As moedas do atelier D apresentam o reverso R1.

€.012800 1 cent S. COMPOSTELA

ESPANHA

Gravura : Garcilano Rollan
Ø 16,25 mm - 2,30 g - aço cobreado
Data de criação : 3 maio 1998. CE 975/98
Bordo : liso
Tota de cunhagem conhecida : 2 782 249 586

012800	Data	Atelier	Quantidade	MBC	BELA	SOB	FDC
1	1999		*721 049 030*	-	0,3	1	3
2	2000		*83 449 600*	-	0,6	1,3	3
3	2001		*130 949 426*	-	0,3	1	3
4	2002		*141 199 301*	-	0,3	1	3
5	2003		*670 659 306*	-	0,3	1	2,5
6	2004		*206 743 000*	-	0,3	1	2,5
7	2005		*444 249 923*	-	0,3	1	2,5
8	2006		*383 950 000*	-	0,3	1	2,5
9	2007		*nc*	-	-	-	-

€.013800 1 cent LEÃO

HÉRALDICO
PRIMEIRO TIPO
FINLÂNDIA

Gravura : Heikki Haïväoja
Ø 16,25 mm - 2,30 g - aço cobreado
Data de criação : 3 maio 1998. CE 975/98
Bordo : liso
Total de cunhagem conhecida : 44 026 000

013800	Data	Atelier	Quantidade	MBC	BELA	SOB	FDC
1	1999		*8 175 000*	-	0,7	1,5	3
2	2000		*7 675 000*	-	2	3	4,5
3	2001		*575 000*	-	4	7	9
4	2002		*792 000*	-	3	4	6
5	2003		*7 031 000*	-	1	2	4
6	2004		*9 808 000*	-	1,5	2,5	4
7	2005		*5 877 000*	-	1,5	2,5	4
8	2006		*4 093 000*	-	1,5	2,5	4

€.013801 1 cent LEÃO

HÉRALDICO SEGUNDO TIPO
FINLÂNDIA

Gravura : Heikki Haïväoja
Ø 16,25 mm - 2,30 g - aço cobreado
Bordo : liso
Total de cunhagem conhecida : nc

013801	Data	Atelier	Quantidade	MBC	BELA	Sob	FDC
1	2007		*nc*	-	-	-	-

€.014100 1 cent NOVA
MARIANA
FRANÇA

Gravura : Fabienne Courtiade
Ø 16,25 mm - 2,30 g - aço cobreado
Data de criação : 3 maio 1998. CE 975/98
Bordo : liso
Total de cunhagem conhecida : 3 144 064 655

014100	Date	Atelier	Quantidade	MBC	BELA	SOB	FDC
1*	1999		*794 051 013*	-	0,3	0,6	-
2*	1999		*inc.*	0,2	0,6	1,2	-
3*	1999		*inc.*	-	0,3	0,6	-
4*	1999		*inc.*	-	0,3	0,6	-
5*	1999		*inc.*	0,3	0,8	1,5	-
6*	1999		*inc.*	0,3	0,8	1,5	-
7*	1999		*inc.*	-	0,3	0,6	-
8*	1999		*inc.*	-	0,3	0,6	-
9*	2000		*605 267 013*	4	6	10	-
10*	2000		*inc.*	-	0,3	0,6	-
11*	2001		*300 681 593*	-	0,4	0,8	-
12*	2001		*inc.*	-	0,4	0,8	-
13*	2002		*225 000*	4	7	11	-
14	2003		*160 192 009*	-	0,3	0,6	-
15	2004		*400 192 009*	-	0,3	0,6	-
16	2005		*240 326 009*	-	0,3	0,6	-
17	2006		*343 080 009*	-	0,3	0,6	-
18	2007		*300 050 000*	-	-	-	-

NOTA : Descrição completa das variantes de 1 cent 1999, 2000 e 2001.
014100/1 : 1999 tipo 1 A
014100/2 : 1999 tipo 1 B
014100/3 : 1999 tipo 2 A
014100/4 : 1999 tipo 2 B
014100/5 : 1999 tipo3 C
014100/6 : 1999 tipo 3 D
014100/7 : 1999 tipo 4 C
014100/8 : 1999 tipo 4 D
014100/9 : 2000 tipo 1
014100/10 : 2000 tipo 2
014100/11 : 2001 tipo A
014100/12 : 2001 tipo B
014100/13 : A data de 2002 não deveria sair se não em BNC; porém encontra-se a circular... A Monnaie de Paris anuncia no seu site à volta de 100 000 moedas fora das BNC,assim teremos uma tiragem total de 225 000 exemplares se incluirmos as 125 000 BNC.

Para alguns ateliers de qual a produção, até mesmo em BNC, apresentam golpes pequenos ou riscos freqüentes, nós citamos em FDC, o que corresponde a um próximo da moeda perfeita: uma moeda realmente perfeita merecerá um preço distintamente mais elevado seguramente.

1 cent 1999

As oito variantes conhecidas distinguem-se pela combinação de dois reversos, dois anversos e quatro disposições dos símbolos (abelha e cornocópia); fotos em grade formato em http://www.bncgb.net/pdf/bn009.pdf :

Reverso1 : os traços e caracteres são espessos, as extremidades são longas.

Reverso 2 : os traços e caracteres são finos , as extremidades dos traços são curtas.

Anverso 1 : as estrelas são próximas do listel, a assinatura está afastada do listel e o E da assinatura (CourtiadE) esta próxima da estrela às 4 horas.

Anverso 2 : as estrelas estão afastadas do listel, a assinatura está proxima do listel e o E da assinatura (CourtiadE) está afastada da estrela 4h.

Disposição A : o eixo da abelha está orientada em direcção às 2h 15 eo eixo da cornucopia para as 10h. A cornucopia está alta, perto da face.

Disposição B : o eixo da abelha está orientado em direcção às 2h15 da cornucópia para às 10h. A cornucópia é baixa, com igual distancia entre a face e a data.

Disposição C : o eixo da abelha esta orientado em direcção as 3h e o da cornucópia em direcção 10h.

Disposição D : o eixo da abelha está orientado em direcção às 2h30 e o da cornucópia às 9h30.

As diferentes combinações conhecidas determinam oito variantes cuja a frequência correspode à cunhagem de cerca de 6 200 moedas :
Tipo 1 A (22 %) : reverso 1 + anverso 1 + disposição A
Tipo1 B (0,7 %) : reverso 1 + anverso 1 + disposição B
Tipo 2 A (12 %) : reverso 2 + anverso 1 + disposição A
Tipo 2 B (21 %) : reverso 2 + anverso 1 + disposição B
Tipo 3 C (0,2 %) : reverso 1 + anverso 2 + disposição C
Tipo 3 D (0,3 %) : reverso 1 + anverso 2 + disposição D
Tipo 4 C (17 %) : reverso 2 +anverso 2 + disposição C
Tipo 4 D (27 %) : reverso 2 + anverso 2 + disposição D
Representando menos de 1%, três dos oito tipos são pois, pouco frequentes: 1 B, 3 C e 3 D.
o tipo observado nas carteiras BNC é do tipo 4 D

Dois dos critérios, facéis de desmonstrar, são suficientes para determinar rápidamente as diferentes variantes: orientação da abelha e longitude, curta ou não, e das extremidades dos traços no reverso.

1 cent 2000

As duas variantes conhecidas distinguem-se pelos dois reversos diferentes:

Reverso1: extremidade e traços longos.

Reverso 2 : extremidade e traços curta, reduzida a simples pontos em baixo.

O tipo 1 é excepcional: só encontrámos um exemplar em 1200 e outro exemplar em mais 1 400 moedas examinadas, e um outro exemplar foi-nos comunicado..
O tipo que consta das carteiras BNC é o tipo 2.

1 cent 2001

As duas variantes conhecidas distinguem-se pela disposição dos símbolos e dos caracteres da data:

Disposição A : a ferradura está à mesma distância da data e do pé do R. O eixo do corno está orientado às 10h15. Os caracteres das datas são espessos.

Disposição B : a ferradura está situada mais perto do R que da data. o eixo do corno está orientado às 10h30. Os caracteres da data são mais finos.

Nenhuma variante é rara. O tipo A representa 60 % e o tipo B 40 % das 620 moedas examinadas.
O tipo observado nas BNC é tipo B.

A diferença de espessura dos caracteres é suficiente para determinar duas variantes.

Fotos em formato grande em: http://www.bncgb.net/pdf/bn010.pdf.

€.014900 1 cent TRI-REMO GRÉCIA

Gravura : Georgios Stamatopoulos
Concepção : Areti Michelioudaki
Ø 16,25 mm - 2,30 g - aço cobreado
Data de criação : 3 maio 1998. CE 975/98
Bordo : liso
Total de cunhagem conhecida : 256 484 245

014900	Data	Atelier	Quantidade	MBC	BELA	SOB	FDC
1	2002		*101 054 945*	-	0,5	1,3	-
2*	2002	☆	*15 000 000*	-	2,5	5	-
3	2003		*35 299 300*	-	0,5	1,3	-
4	2004		*45 030 000*	-	0,5	1,3	-
5	2005		*15 050 000*	-	0,5	1,3	-
6	2006		*45 050 000*	-	0,5	1,3	-
7	2007		*nc*	-	-	-	-

NOTA : A assinatura do gravador está entre os remos e a estrela.
014900/2 : O F encontra-se na estrela à esquerda da data. Normalmente mal gravado.

014900/2 : Estas 15 000 000 moedas encontram-se exclusivamente nos starter-kits.

€.015300 1 cent HARPA

IRLANDA

Gravura : Jarlath Hayes
Ø 16,25 mm - 2,30 g - aço cobreado
Data de criação : 3 maio 1998. CE 975/98
Bordo : liso
Total de cunhagem conhecida : 808 011 080

015300	Data	Atelier	Quantidade	MBC	BELA	SOB	FDC
1*	2002		*404 359 788*	-	0,5	1,3	-
2	2003		*67 967 182*	-	0,5	1,3	4
3	2004		*174 873 634*	-	0,5	1,3	4
4	2005		*127 069 391*	-	0,5	1,3	4
5	2006		*33 741 085*	-	0,5	1,3	4
6	2007		*nc*	-	-	-	-

015300/1 : A data de 2002 encontra-se em estado de FDC nas carteiras BNC. Estas são bastante caras, porém, não cotamos estas moedas nesse estado.

€.015600 1 cent CASTELO DEL MONTE

ITÁLIA

Gravura : Eugenio Driutti
Ø 16,25 mm - 2,30 g - aço cobreado
Data de criação : 3 maio 1998. CE 975/98
Bordo : liso
Total de cunhagem conhecida: 1 797 713 500

015600	Data	Atelier	Quantidade	MBC	BELA	SOB	FDC
1	2002	R	*1 348 899 500*	-	0,3	1	-
2	2003	R	*9 629 000*	-	1	2	-
3	2004	R	*100 065 000*	-	0,3	1	-
4	2005	R	*180 070 000*	-	0,3	1	-
5	2006	R	*159 050 000*	-	0,5	1,5	-
6	2007	R	*nc*	-	-	-	-

€.016100 1 cent GRÃO DUQUE

HENRI

LUXEMBURGO

Gravura : Yvette Gastauer-Claire
Ø 16,25 mm - 2,30 g - aço cobreado
Data de criação : 3 maio 1998. CE 975/98
Bordo : liso
Total de cunhagem conhecida : 68 288 500

016100	Data	Atelier	Quantidade	MBC	BELA	SOB	FDC
1	2002		*34 557 500*	-	0,5	1,3	4
2	2003		*1 600 000*	-	0,8	1,6	4
3	2004		*21 061 000*	-	0,5	1,3	4
4	2005	S	*7 040 000*	-	0,5	1,3	4
5	2006	S	*4 030 000*	-	0,8	1,6	4
6	2007	S	*nc*	-	-	-	-

€.016300 1 cent BRASÃO GRIMALDI PRIMEIRO TIPO MONACO

Gravura : Atelier de gravura da Monnaie de Paris
Concepção : Robert Cochet
Ø 16,25 mm - 2,30 g - aço cobreado
Data de criação : 3 maio 1998. CE 975/98
Bordo : liso
Total de cunhagem conhecida : 387 200

016300	Data	Atelier	Quantidade	MBC	BELA	SOB	FDC
1	2001		*347 200*	-	40	55	-
2*	2002		*40 000*	-	-	80	-
3*	2004		*Proof*	-	-	-	-
4*	2005		*Proof*	-	-	-	-

NOTA : Nenhuma moeda de 1 cent 2003 do Monaco foi cunhada, nem para circulação, nem em BNC ou PROOF.
016300/2 : As datas de 2002 encontram-se só em BNC.
016300/3 : As poucas moedas 1 cent 2004 são as 14 999 das colecções PROOF.
016300/4 : As poucas moedas 1 cent 2005 são as 35 000 mini-caixas PROOF. Entretanto, 300 exemplares suplementares destas moedas foram cunhados mas não sabemos onde se encontram.

€.016301 1 cent BRASÃO GRIMALD SEGUNDO TIPO MONACO

Ø 16,25 mm - 2,30 g - aço cobreado
Data de criação : JO EU C316/21 de 22/12/2006
Bordo : liso
Total de cunhagem conhecida : 0

016301	Data	Atelier	Quantidade	MBC	BELA	SOB	FDC
1*	2006		*Proof*	-	-	-	-

016301/1 : As poucas moedas 1 cent 2006 são 11 180 em PROOF, entretanto há 80 exemplares não sabemos o que foi feito.

€.017000 1 cent RAÍNHA BEATRIX HOLANDA

Gravura : Bruno Ninaber van Eyben
Ø 16,25 mm - 2,30 g - aço cobreado
Data de criação : 3 maio 1998. CE 975/98
Bordo : liso
Total de cunhagem conhecida : 678 614 020

017000	Data	Atelier	Quantidade	MBC	BELA	SOB	FDC
1	1999		*47 865 000*	-	0,3	1	4
2	2000		*276 868 000*	-	0,3	1	4
3	2001		*179 380 000*	-	0,3	1	4

4*	2002		1 050 502	-	4,5	6	8

017000	Data	Atelier	Quantidade	MBC	BELA	SOB	FDC
5	2003		58 327 003	-	0,3	1	3,5
6	2004		114 035 004	-	0,3	1	4
7*	2005		549 005	-	0,3	1	4
8*	2006		539 506	-	0,7	1,6	4
9	2007		nc	-	-	-	-

017000/4 : Estas moedas não foram postas em circulação.... Só se encontram nas caixas de coleccionador com um rolo de cada valor facial vendidas em 2002. Ver foto ao lado (caixa de coleccionador 2004).
017000/7 : Estas moedas não foram postas em circulação... Só se encontram nas caixas de coleccionador com um rolo de cada valor facial vendidas em 2005 .
017000/8 : Tiragem provisória.

€.017700 1 cent SELO REAL DE 1134
PORTUGAL

Gravura : Vitor Santos
Ø 16,25 mm - 2,30 g - aço cobreado
Data de criação : 3 maio 1998. CE 975/98
Bordo : liso
Total de cunhagem conhecida : 423 386 672

017700	Data	Atelier	Quantidade	MBC	BELA	SOB	FDC
1	2002		278 161 172	-	0,3	1	4
2*	2003		70 000	-	-	12	15
3	2004		75 070 000	-	0,3	1	4
4	2005		40 060 000	-	0,3	1	4
5	2006		30 025 500	-	0,6	1,4	4
6	2007		nc	-	-	-	-

017700/2 : Esta moeda de 2003 só se encontra em BNC/PROOF.

€.018300 1 cent CEGONHA
ESLOVÉNIA

Gravura : Miljenko Licul, Maja Licul e Janez Boljka
Ø 16,25 mm - 2,30 g - aço cobreado
Data de criação : JO EU C254/6 de 20/10/2006
Bordo : liso
Total de cunhagem conhecida : 44 800 000

018300	Data	Atelier	Quantidade	MBC	BELA	SOB	FDC
1	2007		44 800 000	-	0,5	1,3	4

€.018500 1 cent MONTALE SÃO-MARINO

Gravura : Ettore Lorenzo Frapiccini
Concepção : Frantisek Chochola
Ø 16,25 mm - 2,30 g - aço cobreado
Data de criação: 3 maio 1998. CE 975/98
Bordo : liso
Total de cunhagem conhecida : 4 625 000

018500	Data	Atelier	Quantidade	MBC	BELA	SOB	FDC
1*	2002	R	*120 000*	-	-	25	30
2*	2003	R	*70 000*	-	-	12	15
3	2004	R	*1 570 000*	-	1,5	2	3
4*	2005	R	*70 000*	-	-	6	8
5*	2006	R	*2 795 000*	-	-	1,8	2
6	2007	R	*nc*	-	-	-	-

018500/1, 2, 4 e 5 : As moedas de 2002, 2003, 2005, 2006 e 2007 só se encontram em BNC.

€.019300 1 cent JOÃO PAULO II VATICANO

Gravura : Uliana Pernazza
Concepção : Guido Veroi
Ø 16,25 mm - 2,30 g - aço cobreado
Data de criação : 3 maio 1998. CE 975/98 e segundo a lei do Vaticano de 18 dezembro de 2001, art. 2
Bordo : liso
Total de cunhagem conhecida : 315 000

019300	Data	Atelier	Quantidade	MBC	MBC	SOB	FDC
1*	2002	R	*80 000*	-	-	75	-
2*	2003	R	*65 000*	-	-	25	-
3*	2004	R	*85 000*	-	-	20	-
4*	2005	R	*85 000*	-	-	20	-

019300/1 : Poucas moedas foram distribuídas, fora das carteiras a população do Vaticano. É rarissímo encontrar esta moeda em circulação.
019300/2, 3 e 4 : As moedas 2003, 2004 e 2005 só se encontram em BNC.

€.019301 1 cent SEDE VACANTE VATICANO

Gravura : Maria Angela Cassol
Concepcão: Daniela Longo
Ø 16,25 mm - 2,30 g - aço cobreado
Data de criação : Segundo JO EU L267/27 de 17 outobro 2003
Bordo : liso
Total de cunhagem conhecida: 60 000

019301	Data$	Atelier	Quantidade	MBC	BELA	SOB	FDC
1*	2005	R	*60 000*	-	-	25	-

NOTA : O R encontra-se à direita das armas do Cardeal camerlengo.
NOTA : A data é apresentada em letras romanas (« MMV »).

019301/1 : As moedas de 2005 só se enc em BNC.

€.019302 1 cent BENTO XVI

VATICANO

Gravura : Luciana De Simoni
Concepção : Daniela Longo
Ø 16,25 mm - 2,30 g - aço cobreado
Data de criação : 3 maio 1998. CE 975/98 segundo a lei do vaticano de 18 dezembro de 2001, art. 2
Bordo : liso
Total de cunhagem conhecida : 85 000

019302	Data	Atelier	Quantidade	MBC	BELA	SOB	FDC
1*	2006	R	*85 000*	-	-	20	-
2	2007	R	*nc*	-	-	-	-

019302/1 : A data 2006 só se encontra em carteira oficial.

Tabela de 1 cent

	Numero €4	1999	2000	2001	2002	2003	2004	2005	2006	2007
Áustria	€.010400									
Bélgica	€.010600									
Alemanha A	€.011500									
Alemanha D	€.011500									
Alemanha F	€.011500									
Alemanha G	€.011500									
Alemanha J	€.011500									
Espanha	€.012800									
Finlândia	€.013800									
Finlândia	€.013801									
França	€.014100									
Grécia	€.014900									
Grécia F	€.014900									
Irlanda	€.015300									
Itália	€.015600									
Luxemburgo	€.016100									
Mónaco	€.016300									
Mónaco	€.016301									
Holanda	€.017000									
Portugal	€.017700									
Eslovénia	€.018300									
São Marino	€.018500									
Vaticano JPII	€.019300									
Vaticano SV	€.019301									
Vaticano B XI	€.019302									

Legenda :

- Não Existe
- Só em BNC - Proof
- Em circulação
- Sem Informação

€.020400 2 cent EDELWEISS
ÁUSTRIA

Gravura : Joseph Kaiser
Ø 18,75 mm - 3,06 g - aço cobreado
Data de criação : 3 maio 1998. CE 975/98
Bordo : liso com ranhura circular
Total de cunhagem comum : 714 725 000

020400	Data	Atelier	Quantidade	MBC	BELA	SOB	FDC
1	2002		*326 500 000*	-	0,5	1,3	4
2	2003		*118 625 000*	-	0,5	1,3	4
3	2004		*156 500 000*	-	0,5	1,3	4
4	2005		*113 100 000*	-	0,5	1,3	4
5	2006		*nc*	-	0,5	1,3	4
6	2007		*nc*	-	-	-	-

€.020600 2 cent REI ALBERT II
BÉLGICA

Gravura : Jan Alfons Keustermans
Ø 18,75 mm - 3,06 g - aço cobreado
Data de criação : 3 maio 1998. CE 975/98
Bordo : liso com ranhura circular
Total de cunhagem conhecida : 547 662 000

020600	Data	Atelier	Quantidade	MBC	BELA	SOB	FDC
1*	1999		*40 000*	-	-	16	-
2	2000		*337 040 000*	-	0,3	1	-
3*	2001		*40 000*	-	-	14	-
4*	2002		*140 000*	-	-	7	-
5	2003		*40 185 000*	-	0,3	1	-
6	2004		*140 102 000*	-	0,3	1	-
7*	2005		*60 000*	-	-	5	-
8	2006		*30 055 000*	-	0,3	1	-
9	2007		*nc*	-	-	-	-

020600/1, 3, 4 e 7 : As datas 1999, 2001, 2002 e 2005 só se encontram em BNC.

€.021500 2 cent RAMO DE CARVALHO
ALEMANHA

Gravura : Rolf Lederbogen
Ø 18,75 mm - 3,06 g - aço cobreado
Data de criação : 3 maio 1998. CE 975/98
Bordo : liso com ranhura circular
Total de cunhagem conhecida : 4 778 225 000

021500	Data	Atelier	Quantidade	MBC	BELA	SOB	FDC
1*	2002	A	*360 135 000*	-	0,3	1	2,5

021500	Data	Atelier	Quantidade	MBC	BELA	SOB	FDC
2*	2002	A	*inc.*	15	20	30	40
3*	2002	D	*483 135 000*	-	0,3	1	2,5
4*	2002	D	*inc.*	-	0,5	1,5	3,5
5	2002	F	*507 935 000*	-	0,3	1	2,5
6*	2002	G	*311 935 000*	-	0,3	1	2,5
7*	2002	G	*inc.*	-	0,5	1,5	3,5
8*	2002	J	*419 535 000*	-	0,3	1	2,5
9*	2002	J	*inc.*	-	0,5	1,5	3,5
10*	2002	J	*inc.*	15	20	30	40
11	2003	A	*200 180 000*	-	0,3	1	2,5
12	2003	D	*105 180 000*	-	0,3	1	2,5
13	2003	F	*164 380 000*	-	0,3	1	2,5
14	2003	G	*80 380 000*	-	0,3	1	2,5
15	2003	J	*168 780 000*	-	0,3	1	2,5
16	2004	A	*127 140 000*	-	0,3	1	2,5
17	2004	D	*133 490 000*	-	0,3	1	2,5
18	2004	F	*152 540 000*	-	0,3	1	2,5
19	2004	G	*89 040 000*	-	0,3	1	2,5
20	2004	J	*133 490 000*	-	0,3	1	2,5
21	2005	A	*73 100 000*	-	0,3	1	2,5
22	2005	D	*76 750 000*	-	0,3	1	2,5
23	2005	F	*87 700 000*	-	0,3	1	2,5
24	2005	G	*51 200 000*	-	0,5	1,4	3
25	2005	J	*76 750 000*	-	0,3	1	2,5
26	2006	A	*108 090 000*	-	0,5	1,4	2,5
27	2006	D	*113 490 000*	-	0,5	1,4	2,5
28	2006	F	*129 690 000*	-	0,5	1,4	2,5
29	2006	G	*75 690 000*	-	0,5	1,4	2,5
30	2006	J	*148 490 000*	-	0,5	1,4	2,5
31*	2007	A	*80 000 000*	-	-	-	-
32*	2007	D	*84 000 000*	-	-	-	-
33*	2007	F	*96 000 000*	-	-	-	-
34*	2007	G	*56 000 000*	-	-	-	-
35*	2007	J	*84 000 000*	-	-	-	-

NOTA : Descrição completa das variantes de 2 cent 2002 .
021500/1 : 2002 A reverso 1
021500/2 : 2002 A reverso 2
021500/3 : 2002 D reverso 1
021500/4 : 2002 D reverso 2
021500/6 : 2002 G tipo 1A
021500/7 : 2002 G tipo 1B
021500/8 : 2002 J tipo 1A
021500/9 : 2002 J tipo 1B
021500/10 : 2002 J tipo 2
021500/31 à 35 : Números provisórios

2 cent 2002

As variantes conhecidas distinguem-se pelo reverso e a posição da letra do atelier ; fotos em formato grande em: http://www.amisdeleuro.org :

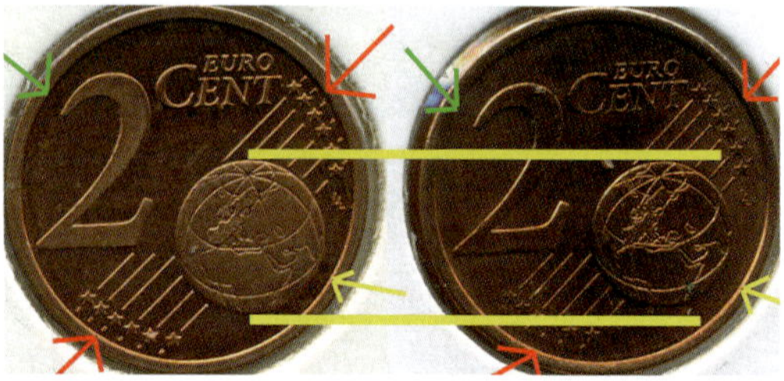

Reverso 1
Ateliers A, D, F, G et J

Gravura normal
- O globo e o 2 são de tamanho normal : o bordo do globo e a cabeça do 2 estão proximas do listel.
- As características são largas e as extremidades aproximam-se do listel.

Reverso 2
Ateliers A, D et J

Gravura pequena
- O globo e o 2 de pequeno tamanho : o bordo e o 2 estão distantes do listel.
- Características são finas e as extremidades estão distantes do listel.

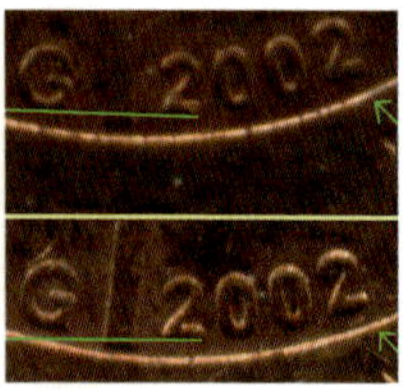

Atelier G, Posição A : a letra e a data estão finas e distantes do círculo interior.

Atelier G, Posição B : a letra e a data são grossas e proxímas do círculo interior.

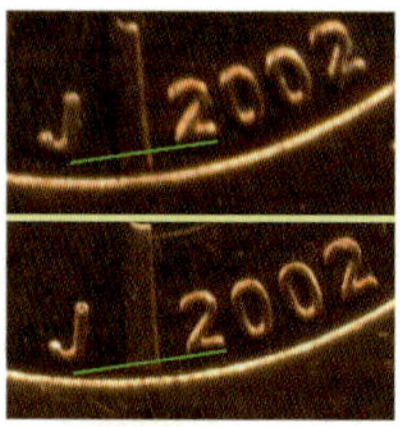

Atelier J, Posição A : a letra e a data são grossas e distantes do círculo interior

Atelier J, Posição B : a letra e a data são finas e próximas do círculo interior.

As variantes comuns

As 2 variantes dos ateliers A e D
As moedas destes dois ateliers apresentam R1 ao contrário ou R2 que define as duas variedades 1 e 2.
A variedade 2, muito conhecida dos coleccionadores alemães debaixo da abreviação de KMB é (kleines de Münzbild) muito raro para ateliers (0,02%) e frequente para o atelier D. (aproximadamente 1%)

As 2 variantes dos ateliers G
As moedas deste atelier só apresentam ao contrário de R1 que, associado às posições para A ou B, defina as duas variedades 1A e 1B.
A variedade 1B é bastante rara: menos 1% de acordo com Ted Hoogendoorn (AD€ 347).

As 3 variantes dos ateliersJ
As moedas deste atelier apresentam o R1 invertido ou R2 que define as duas variedades 1 e 2.
A combinação da posição A ou B para o contrário de R1 define as duas variedades 1A e 1B.
A variedade 1B é bastante rara de acordo com Ted Hoogendoorn.
A variedade 2 é extraordinariamente rara (só algumas moedas encontradas).

Atelier F : nenhuma variante
As moedas do atelier F apresentam todas o reverso R1.

€.022800 2 cent SANTIAGO DE COMPOSTELA ESPANHA

Gravura : Garcilano Rollan
Ø 18,75 mm - 3,06 g - aço cobreado
Data de criação: 3 maio 1998. CE 975/98
Bordo : liso com ranhura circular
Total de cunhagem conhecida: 2 246 349 586

022800	Data	Atelier	Quantidade	MBC	BELA	SOB	FDC
1	1999		*291 749 030*	-	0,3	1	3
2	2000		*711 349 600*	-	0,3	1	3
3	2001		*463 149 426*	-	0,3	1	3
4	2002		*4 199 301*	-	0,8	2	3,5
5	2003		*31 759 306*	-	0,3	1	2,5
6	2004		*206 743 000*	-	0,3	1	2,5
7	2005		*275 149 923*	-	0,3	1	2,5
8	2006		*262 250 000*	-	0,3	1	2,5
9	2007		*nc*	-	-	-	-

€.023800 2 cent LEÃO HERÁLDICO PRIMEIRO TIPO FINLÂNDIA

Gravura : Heikki Haïväoja
Ø 18,75 mm - 3,06 g - aço cobreado
Data de criação : 3 maio 1998. CE 975/98
Bordo : liso com ranhura circular
Total de cunhagem conhecida : 42 382 000

023800	Data	Atelier	Quantidade	MBC	BELA	SOB	FDC
1	1999		*1 860 000*	-	2	3	4,5
2	2000		*14 012 000*	-	0,7	1,5	3
3	2001		*575 000*	-	4	7	9
4	2002		*792 000*	-	3	4	6
5	2003		*7 031 000*	-	1	2	4
6	2004		*8 142 000*	-	1,5	2,5	4
7	2005		*5 877 000*	-	1,5	2,5	4
8	2006		*4 093 000*	-	1,5	2,5	4

€.023801 2 cent LEÃO HERÁLDICO SEGUNDO TIPO FINLÂNDIA

Gravura : Heikki Haïväoja
Ø 18,75 mm - 3,06 g - aço cobreado
Bordo : liso com ranhura circular
Total de cunhagem conhecida **: nc**

023801	Data	Atelier	Quantidade	MBC	BELA	SOB	FDC
1	2007		*nc*	-	-	-	-

€.024100 2 cent NOVA MARIANNE

FRANÇA

Gravura : Fabienne Courtiade
Ø 18,75 mm - 3,06 g - aço cobreado
Data de criação : 3 maio 1998. CE 975/98
Bordo : liso com ranhura circular
Total de cunhagem conhecida : 2 665 352 655

024100	Data	Atelier	Quantidade	MBC	BELA	SOB	FDC
1*	1999		*702 104 013*	0,3	0,8	1,5	-
2*	1999		*inc.*	-	0,3	0,6	-
3*	1999		*inc.*	-	0,5	0,9	-
4*	1999		*inc.* 4	6	10	-	
5*	1999		*inc.*	-	0,3	0,6	-
6*	1999		*inc.*	0,3	0,8	1,5	-
7*	1999		*inc.*	4	6	10	-
8*	1999		*inc.*	3	5	8	-
9*	1999		*inc.*	-	0,4	0,8	-
10*	1999		*inc.*	-	0,5	0,9	-
11*	1999		*inc.* 4	6	10	-	
12*	1999		*inc.*	-	0,4	0,8	-
13	2000		*510 155 013*	-	0,3	0,6	-
14*	2001		*249 110 593*	-	0,4	0,8	-
15*	2001		*inc.*	-	0,4	0,8	-
16*	2002		*125 000*	-	-	11	-
17	2003		*160 237 009*	-	0,3	0,6	-
18	2004		*300 184 009*	-	0,3	0,6	-
19	2005		*260 307 009*	-	0,3	0,6	-
20	2006		*283 080 009*	-	0,3	0,6	-
21	2007		*200 050 000*	-	-	-	-

NOTA : Descrição completa de 2 cent 1999 e 2001.
024100/1 : 1999 tipo 1
024100/2 : 1999 tipo 2
024100/3 : 1999 tipo 3
024100/4 : 1999 tipo4
024100/5 : 1999 tipo 5 A
024100/6 : 1999 tipo 5 B
024100/7 : 1999 tipo 5 D
024100/8 : 1999 tipo 5F
024100/9 : 1999 tipo 6
024100/10 : 1999 tipo 7
024100/11 : 1999 tipo 8
024100/12 : 1999 tipo 9
024100/14 : 2001 tipo A
024100/15 : 2001 tipo B
024100/14 e 15 : 9 000 exemplares cunhados em 2002 com a data 2001.
024100/16 : A data de 2002 encontra-se em BNC.

Para alguns ateliers em que a produção das moedas, mesmo em carteiras BNC apresentam a maioria das vezes pequenas mossas e riscos, damos uma cotação SOB ou FDC, o que corresponde a uma moeda quase perfeita. Uma moeda perfeita deve ser cotada com um elevado preço.

2 cent 1999

As doze variantes comuns distinguem-se por três variedades de reverso, quatro anversos e seis posições diferentes (abelha e cornucópia) ; fotos em formato grande http://www.bncgb.net/pdf/bn009.pdf :

Reverso 1 : **« gravura grande »**
1 - o bordo da costa de sudoeste de África (debaixo do equador) está curvada.
2 - as extremidades das características estão muito próximas do listel (como também o globo e o "joelho" dos 2).
3 - o alívio de UE fraco. A Irlanda e mar Báltico são marcados pequeno.
4 - o "joelho" do 2 é grande.
5 - os 33° nortes alcances paralelos o lado do globo (para o Leste) distintamente sobre a base do menor das características do topo.
6 - as duas características menores do topo são distantes do globo.

Reverso 2 : **«gravura pequena »**
1 - o bordo da costa de sudoeste de África (debaixo do equador) é direita.
2 - as extremidades das características são distantes do listel (como também o globo e o "joelho" do 2).
3 - o alívio de UE é forte. A Irlanda e mar Báltico são bem marcados.
4 - o "joelho" do 2 é pontiagudo.
5 - os 33° nortes alcances paralelos o lado do globo (para o Leste) para o nível da base do menor das características do topo.
6 - as duas características menores do topo são distantes do globo.

Reverso 3 : **« gravura media »**
1 - o bordo da costa de sudoeste de África (debaixo do equador) está curvada.
2 - as extremidades das características estão perto de bastante do listel (como também o globo e o "joelho" do 2).
3 - o alívio de UE é fraco. A Irlanda e mar Báltico são marcados a pequeno.
4 - o "joelho" do 2 é pouco pontiagudo.
5 - os 33° nortes alcances paralelos o lado do globo (para o Leste) distintamente sobre a base do menor das características do topo.
6 - as duas características menores do topo estão muito próximas do globo.

Anverso 1 :
1 - o bordo do boné é fundo e regular.
2 - as estrelas e a assinatura estão muito próximas do listel (a estrela para 12h quase toca o listel).

Anverso 3 :
1 - o bordo do boné é normal (não é fundo).
2 - as estrelas e a assinatura são distantes do listel.
3 - a assinatura está alinhada em base das filiais das estrelas adjacentes.

Anverso 2 :
1 - o bordo do boné é fundo.
2 - as estrelas e a assinatura estão próximas do listel.
3 - presença de um golpe muito pequeno na borda superior do "fundo (para a calma do pavio)."
4 - as bordas do "fundo" são irregulares.

Anverso 4 :
1 - o bordo do boné é normal (não é fundo).
2 - as estrelas e a assinatura são distantes do listel.
3 - a assinatura é confundida (para o listel) em relação à base das filiais das estrelas adjacentes.
4 - a roseta é pequena, as estrelas também.

Disposição A :
o eixo da abelha está orientado para as 3h e o da cornucópia para as 9h45. O corno está baixo.

Disposição B :
o eixo da abelha está orientado para as 2h45 e o da cornucópia para as 9h45. A cornucópia está mais alta.

Disposição C :
o eixo da abelha está orientado para as 2h15 e o da cornucópia para as 9h45.

Disposição D :
o eixo da abelha está orientado para as 2h30 e o da cornucópia para as 10h15. O corno está alto.

Disposição E :
o eixo da abelha está orientado para as 2h15, e o da cornucópia para as 10h15. O corno está alto

Disposição F :
o eixo da abelha está orientado para as 2h00, e o da cornucópia para as 9h30. O corno está baixo.

As diferentes combinações que derterminam as doze variantes :

réf.	réf.	classification		combinaisons			fréquence
€uro 3	€uro 4	€3	€4	Av	Re	P	TH
024100 / 1	**024100 / 1**	*1*	1	1	1	B	0,08 %
024100 / 2	**024100 / 2**	*2*	2	1	2	B	62,60 %
024100 / 1	**024100 / 3**	*1*	3	2	1	B	1,90 %
-	**024100 / 4**	-	4	2	3	B	< 0,01 %
024100 / 3	**024100 / 5**	*3 A*	5 A	3	1	A	16,60 %
-	**024100 / 6**	-	5 B	3	1	B	0,12 %
024100 / 5	**024100 / 7**	*3 C*	5 D	3	1	D	< 0,01 %
-	**024100 / 8**	-	5 F	3	1	F	0,02 %
024100 / 6	**024100 / 9**	*4 A*	6	3	2	A	9,10 %
024100 / 4	**024100 / 10**	*3 B*	7	3	3	B	2,10 %
-	**024100 / 11**	-	8	4	1	E	< 0,01 %
024100 / 7	**024100 / 12**	*4 D*	9	4	2	C	7,40 %

As frequências indicadas são o resultado da escolha de cerca de 46 000 moedas de regiões diferentes de França, por TH (Ted Hoogendoorn - AD€ 347).

Seis variantes são comuns (mais de 1 %) : 2, 3, 5A, 6, 7 e 9.
Seis variantes são raras (menos de 0,2%) : 1, 4, 5B, 5D, 5F e 8.

As carteiras
As carteiras BNC observadas contêm a variante 2. AS carteiras Proof contêm a variante 13.

2 cent 2001

As duas variantes conhecidas distinguem-se pelos caracteres da data; fotos em grande formato em http://www.bncgb.net/pdf/bn010.pdf :

Caracteres A : os caracteres da data são espessos

Caracteres B : os caracteres da data são finos.

Nenhuma é rara. O tipo A representa 64 % e o tipo B 36 % das 400 moedas examinadas.
O tipo presente nas carteiras BNC é o A.

€.024900 2 cent CORVETA

GRÉCIA

Gravura : Georgios Stamatopoulos
Concepção : Areti Michelioudaki e Nikos Nikolaou
Ø 18,75 mm - 3,06 g - aço cobreado
Data de criação : 3 maio 1998. CE 975/98
Bordo : liso com ranhura circular
Total de cunhagem conhecida : 288 784 245

024900	Data	Atelier	Quantidade	MBC	BELA	SOB	FDC
1	2002		*176 054 945*	-	0,5	1,3	-
2*	2002		*18 000 000*	-	2,5	5	-
3	2003		*9 599 300*	-	0,5	1,3	-
4	2004		*25 030 000*	-	0,5	1,3	-
5	2005		*15 050 000*	-	0,5	1,3	-
6	2006		*45 050 000*	-	0,5	1,3	-
7	2007		*nc*	-	-	-	-

NOTA : A assinatura do gravador está abaixo da popa.
024900/2 : O F encontra-se na estrela à direita da data. Está gravado em côncavo (incuso) e normalmente mal cunhado.
024900/2 : Estas 18 000 000 de moedas encontram-se exclusivamente em starter-kits.

€.025300 2 cent HARPA

IRLANDA

Gravura : Jarlath Hayes
Ø 18,75 mm - 3,06 g - aço cobreado
Data de criação : 3 maio 1998. CE 975/98
Bordo : liso com ranhura circular
Total de cunhagem conhecida : 774 386 595

025300	Data	Atelier	Quantiade	MBC	BELA	SOB	FDC
1*	2002		*354 663 386*	-	0,5	1,3	-
2	2003		*177 355 034*	-	0,5	1,3	4
3	2004		*143 044 694*	-	0,5	1,3	4
4	2005		*72 649 884*	-	0,5	1,3	4

025300	Data	Atelier	Quantidade	MBC	BELA	SOB	FDC
5	2006		*26 673 597*	-	0,5	1,3	4
6	2007		*nc*	-	-	-	-

025300/1 : A data de 2002 no estado de FDC só se encontram em BNC. Este preço terá contudo, um preço bastante elevado.

€.025600 2 cent ANTONELLIANA ITÁLIA

Gravura : Luciana de Simoni
Ø 18,75 mm - 3,06 g - aço cobreado
Data de criação : 3 maio 1998. CE 975/98
Bordo : liso com ranhura circular
Total de cunhagem conhecida : 1 557 168 250

025600	Data	Atelier	Quantidade	MBC	BELA	SOB	FDC
1	2002	R	*1 099 166 250*	-	0,3	1	-
2	2003	R	*21 817 000*	-	0,5	1,5	-
3	2004	R	*120 065 000*	-	0,3	1	-
4	2005	R	*120 070 000*	-	0,3	1	-
5	2006	R	*196 050 000*	-	0,5	1,5	-
6	2007	R	*nc*	-	-	-	-

€.026100 2 cent GRÃO-DUQUE HENRI LUXEMBURGO

Gravura : Yvette Gastauer-Claire
Ø 18,75 mm - 3,06 g - aço cobreado
Data de criação : 3 maio 1998. CE 975/98
Bordo : liso com ranhura circular
Total de cunhagem conhecida : 74 688 500

026100	Data	Atelier	Quantidade	MBC	BELA	SOB	FDC
1	2002		*35 957 500*	-	0,5	1,3	4
2	2003		*1 600 000*	-	0,8	1,6	4
3	2004		*20 061 000*	-	0,5	1,3	4
4	2005	S	*13 040 000*	-	0,5	1,3	4
5	2006	S	*4 030 000*	-	0,8	1,6	4
6	2007	S	*nc*	-	-	-	-

€.026300 2 cent BRASÃO GRIMALDI PRIMEIRO TIPO MONACO

Gravura : Atelier de gravura da Monnaie de Paris
Concepção : Robert Cochet
Ø 18,75 mm - 3,06 g - aço cobreado
Data de criação : 3 maio 1998. CE 975/98
Bordo : liso com ranhura circular
Total de cunhagem conhecida : 433 400

026300	Data	Atelier	Quantidade	MBC	BELA	SOB	FDC
1	2001		*393 400*	-	25	35	-

026300	Data	Atelier	Quantidade	MBC	BELA	SOB	FDC
2*	2002		*40 000*	-	-	80	-
3*	2004		*Proof*	-	-	-	-
4*	2005		*Proof*	-	-	-	-

NOTA : Os 2 cent 2003 do Monaco não cunhados, nem para circulação nem como para BNC ou Proof.

€.026301 2 cent BRASÃO

GRIMALDI SEGUNDO TIPO

MONACO

Ø 18,75 mm - 3,06 g - aço cobreado
Data de criação : JO EU C316/21 de 22/12/2006
Bordo : liso com ranhura circular
Total de cunhagem conhecida : 0

026301	Data	Atelier	Quantidade	MBC	BELA	SOB	FDC
1*	2006		*Proof*	-	-	-	-

026301/1 : A moeda de 2 cent 2006 existem 11 180 em Proof. Entretanto não sabemos onde se encontram 80 exemplares.

€.027000 2 cent RAÍNHA

BEATRIX

HOLANDA

Gravura : Bruno Ninaber van Eyben
Ø 18,75 mm - 3,06 g - aço cobreado
Data de criação : 3 maio 1998. CE 975/98
Bordo : liso com ranhura circular
Total de cunhagem conhecida : 698 714 020

027000	Data	Atelier	Quantidade	MBC	BELA	SOB	FDC
1*	1999		*109 065 000*	-	0,3	1	4
2*	1999		*inc.*	-	0,3	1	4
3	2000		*122 068 000*	-	0,3	1	4
4	2001		*145 880 000*	-	0,3	1	4
5	2002		*53 350 502*	-	0,3	1	4
6	2003		*151 427 003*	-	0,3	1	3,5
7	2004		*115 835 004*	-	0,3	1	4
8*	2005		*549 005*	-	0,3	1	4
9*	2006		*539 506*	-	0,7	1,6	4
10	2007		*nc*	-	-	-	-

027000/1 : Os caracteres de BEATRIX e os números da data são espessos.
027000/2 : Os caracteres de BEATRIX e os números da data são mais finos. O arco e o caduceo estão situados um pouco mais abaixo.
NOTA : Se por um lado, os sitíos do arco e o caduceo, são difíceis de notar a olho nu, já o símbolo mais largo, é fácil de se ver.
027000/8 : Esta tiragem provisória parece indicar que esta moeda não se encontra em circulação, mas somente nas «caixas de coleccionador».
027000/9 : Números provisórios.

Fotos em grande no sitio http://www.amisdeleuro.org

€.027000/1

€.027000/2

€.027700 2 cent SELO REAL DE 1134 PORTUGAL

Gravura : Vitor Santos
Ø 18,75 mm - 3,06 g - aço cobreado
Data de criação : 3 maio 1998. CE 975/98
Bordo : liso com ranhura circular.
Total de cunhagem conhecida : 336 657 090

027700	Dat	Atelier	Quantidade	MBC	BELA	SOB	FDC
1	2002		*324 431 590*	-	0,3	1	4
2*	2003		*70 000*	-	-	12	15
3	2004		*1 070 000*	-	0,3	1	4
4	2005		*10 060 000*	-	0,3	1	4
5	2006		*1 025 500*	-	0,3	1	4
6	2007		*nc*	-	-	-	-

027700/2 : A data de 2003 só se encontram em FDC, BNC e Proof..

€.028300 2 cent TÚMULO DO PRÍNCIPE ESLOVÉNIA

Gravura : Miljenko Licul, Maja Licul et Janez Boljka
Ø 18,75 mm - 3,06 g - aço cobreado
Data de criação : JO EU C254/6 de 20/10/2006
Bordo : liso com ranhura circular
Total de cunhagem conhecida : 44 350 000

028300	Data	Atelier	Quantidade	MBC	BELA	SOB	FDC
1	2007		*44 350 000*	-	0,5	1,3	4

€.028500 2 cent GALETTI SÃO-MARINO

Gravura : Ettore Lorenzo Frapiccini
Concepção : Frantisek Chochola
Ø 18,75 mm - 3,06 g - aço cobreado
Data de criação : 3 maio 1998. CE 975/98
Bordo : liso com ranhura circular
Total de cunhagem conhecida: 4 660 000

028500	Data	Atelier	Quantidade	MBC	BELA	SOB	FDC
1*	2002	R	*120 000*	-	-	25	30

028500	DatA	Atelier	Quantidade	MBC	BELA	SOB	FDC
2*	2003	R	*70 000*	-	-	14	17
3	2004	R	*1 465 000*	-	1,5	2	3
4*	2005	R	*210 000*	-	-	3	4
5*	2006	R	*2 795 000*	-	-	1,8	2
6	2007	R	*nc*	-	-	-	-

028500/1, 2, 4 e 5 : As datas de 2002, 2003, 2005 e 2006 só se encontram em BNC.

€.029300 2 cent JOÃO PAULO II

VATICANO

Gravura : Uliana Pernazza

Concepção : Guido Veroi
Ø 18,75 mm - 3,06 g - aço cobreado
Data de criação : 3 maio 1998. CE 975/98 e segundo a lei do Vaticano de 18 dezembro de 2001, art. 2
Bordo : liso com ranhura circular
Total de cunhagem conhecida : 315 000

029300	Data	Atelier	Quantidade	MBC	BELA	SOB	FDC
1*	2002	R	*80 000*	-	-	75	-
2*	2003	R	*65 000*	-	-	25	-
3*	2004	R	*85 000*	-	-	20	-
4*	2005	R	*85 000*	-	-	20	-

029300/1 : Somente algumas moedas foram postas em circulação fora das carteiras, contudo é raríssimo encontrá-las fora das carteiras.

029300/2, 3 e 4 : As datas de 2003, 2004 e 2005 só se encontram em carteiras BNC.

€.029301 2 cent SEDE VACANTE

VATICANO

Gravura : Luciana De Simoni
Concepção : Daniela Longo
Ø 18,75 mm - 3,06 g - aço cobreado
Data de criação : Segundo a JO EU L267/27 de 17 outubro de 2003
Bordo : liso com ranhura circular
Total de cunhagem conhecida: 60 000

029301	Data	Atelier	Quantidade	MBC	BELA	SOB	FDC
1*	2005	R	*60 000*	-	-	25	-

NOTE : O R encontra-se á direita do brasão do Cardeal Camerlengo.
NOTE : Os números da data estão em letra romana (« MMV »)

029301/1 : A data 2005 só se encontra em BNC.

€.029302 2 cent BENTO XVI
VATICANO

Gravura : Luciana De Simoni
Concepção : Daniela Longo
Ø 18,75 mm - 3,06 g - aço cobreado
Data de criação : 3 maio 1998. CE 975/98 e segundo a lei do Vaticano de 18 de dezembro de 2001, art. 2
Bordo : liso com ranhura circular
Total de cunhagem conhecida: 85 000

029302	Data	Atelier	Quantidade	MBC	BELA	SOB	FDC
1*	2006	R	*85 000*	-	-	20	-
2	2007	R	*nc*	-	-	-	-

029302/1 : A data de 2006 só se encontra em BNC.

Tabela de 2 cent

	Numero €4	1999	2000	2001	2002	2003	2004	2005	2006	2007
Áustria	€.020400	Não Existe	Não Existe	Não Existe	Em circulação	Em circulação	Em circulação	Em circulação	Em circulação	Sem Informação
Bélgica	€.020600	Só em BNC - Proof	Em circulação	Só em BNC - Proof	Só em BNC - Proof	Em circulação	Em circulação	Só em BNC - Proof	Em circulação	Sem Informação
Alemanha A	€.021500	Não Existe	Não Existe	Não Existe	Em circulação	Em circulação	Em circulação	Em circulação	Em circulação	Em circulação
Alemanha D	€.021500	Não Existe	Não Existe	Não Existe	Em circulação	Em circulação	Em circulação	Em circulação	Em circulação	Em circulação
Alemanha F	€.021500	Não Existe	Não Existe	Não Existe	Em circulação	Em circulação	Em circulação	Em circulação	Em circulação	Em circulação
Alemanha G	€.021500	Não Existe	Não Existe	Não Existe	Em circulação	Em circulação	Em circulação	Em circulação	Em circulação	Em circulação
Alemanha J	€.021500	Não Existe	Não Existe	Não Existe	Em circulação	Em circulação	Em circulação	Em circulação	Em circulação	Em circulação
Espanha	€.022800	Em circulação	Em circulação	Em circulação	Em circulação	Em circulação	Em circulação	Em circulação	Em circulação	Sem Informação
Finlândia	€.023800	Em circulação	Em circulação	Em circulação	Em circulação	Em circulação	Em circulação	Em circulação	Em circulação	Não Existe
Finlândia	€.023801	Não Existe	Não Existe	Não Existe	Não Existe	Não Existe	Não Existe	Não Existe	Não Existe	Em circulação
França	€.024100	Em circulação	Em circulação	Em circulação	Só em BNC - Proof	Em circulação	Em circulação	Em circulação	Em circulação	Em circulação
Grécia	€.024900	Não Existe	Não Existe	Não Existe	Em circulação	Em circulação	Em circulação	Em circulação	Em circulação	Sem Informação
Grécia F	€.024900	Não Existe	Não Existe	Não Existe	Em circulação	Não Existe	Não Existe	Não Existe	Não Existe	Não Existe
Irlanda	€.025300	Não Existe	Não Existe	Não Existe	Em circulação	Em circulação	Em circulação	Em circulação	Em circulação	Sem Informação
Itália	€.025600	Não Existe	Não Existe	Não Existe	Em circulação	Em circulação	Em circulação	Em circulação	Em circulação	Sem Informação
Luxemburgo	€.026100	Não Existe	Não Existe	Não Existe	Em circulação	Em circulação	Em circulação	Em circulação	Em circulação	Sem Informação
Monaco	€.026300	Não Existe	Não Existe	Em circulação	Só em BNC - Proof	Não Existe	Só em BNC - Proof	Só em BNC - Proof	Não Existe	Não Existe
Mónaco	€.026301	Não Existe	Não Existe	Não Existe	Não Existe	Não Existe	Não Existe	Não Existe	Só em BNC - Proof	Sem Informação
Holanda	€.027000	Em circulação	Em circulação	Em circulação	Em circulação	Em circulação	Em circulação	Em circulação	Em circulação	Sem Informação
Portugal	€.027700	Não Existe	Não Existe	Não Existe	Em circulação	Só em BNC - Proof	Em circulação	Em circulação	Em circulação	Sem Informação
Eslovénia	€.028300	Não Existe	Não Existe	Não Existe	Não Existe	Não Existe	Não Existe	Não Existe	Não Existe	Em circulação
São Marino	€.028500	Não Existe	Não Existe	Não Existe	Só em BNC - Proof	Só em BNC - Proof	Em circulação	Só em BNC - Proof	Só em BNC - Proof	Sem Informação
Vaticano JP II	€.029300	Não Existe	Não Existe	Não Existe	Em circulação	Só em BNC - Proof	Só em BNC - Proof	Só em BNC - Proof	Não Existe	Não Existe
Vaticano SV	€.029301	Não Existe	Não Existe	Não Existe	Não Existe	Não Existe	Não Existe	Só em BNC - Proof	Não Existe	Não Existe
Vaticano B XVI	€.029302	Não Existe	Não Existe	Não Existe	Não Existe	Não Existe	Não Existe	Não Existe	Só em BNC - Proof	Sem Informação

Legenda :
- Não Existe
- Só em BNC - Proof
- Em circulação
- Sem Informação

€.030400 5 cent PRIMAVERA
ÀUSTRIA

Gravura : Joseph Kaiser
Ø 21,25 mm - 3,92 g - aço cobreado
Data de criação: 3 maio 1998. CE 975/98
Bordo : liso
Total de cunhagem conhecida : 481 325 000

030400	Data	Atelier	Quantidade	MBC	BELA	SOB	FDC
1	2002		*217 100 000*	-	0,5	1,3	4
2	2003		*108 625 000*	-	0,5	1,3	4
3	2004		*89 400 000*	-	0,5	1,3	4
4	2005		*66 200 000*	-	0,5	1,3	4
5	2006		*nc*	-	0,5	1,3	4
6	2007		*nc*	-	-	-	-

€.030600 5 cent ALBERTO II
BÉLGICA

Gravura : Jan Alfons Keustermans
Ø 21,25 mm - 3,92 g - aço cobreado
Data de criação : 3 maio 1998. CE 975/98
Bordo : liso
Total de cunhagem conhecida : 555 662 000

030600	Data	Atelier	Quantidade	MBC	BELA	SOB	FDC
1	1999		*300 040 000*	-	0,3	1	-
2*	2000		*40 000*	-	-	14	-
3*	2001		*40 000*	-	-	14	-
4*	2002		*140 000*	-	-	7	-
5	2003		*30 185 000*	-	0,3	1	-
6	2004		*80 102 000*	-	0,3	1	-
7	2005		*110 060 000*	-	0,3	1	-
8	2006		*35 055 000*	-	0,6	1,5	-
9	2007		*nc*	-	-	-	-

030600/2, 3 e 4 : As datas de 2000, 2001 e 2002 só se encontram em BNC.

€.031500 5 cent RAMO DE CARVALHO
ALEMANHA

Gravura : Rolf Lederbogen
Ø 21,25 mm - 3,92 g - aço cobreado
Data de criação : 3 maio 1998. CE 975/98
Bordo : liso
Total de cunhagem conhecida : 3 555 225 000

031500	Data	Atelier	Quantidade	MBC	BELA	SOB	FDC
1	2002	A	*480 135 000*	-	0,3	1	2,5
2*	2002	D	*504 135 000*	-	0,3	1	2,5

031500	DatA	Atelier	Quantidade	MBC	BELA	SOB	FDC
3*	2002	D	*inc.*	15	20	30	40
4*	2002	D	*inc.*	-	0,5	1,5	3,5
5*	2002	F	*576 135 000*	-	0,3	1	2,5
6*	2002	F	*inc.*	-	0,3	1	2,5
7	2002	G	*336 135 000*	-	0,3	1	2,5
8	2002	J	*504 135 000*	-	0,3	1	2,5
9*	2003	A	*180 000*	-	-	4	6
10*	2003	D	*180 000*	-	-	4	6
11*	2003	F	*180 000*	-	-	4	6
12*	2003	G	*180 000*	-	-	4	6
13*	2003	J	*180 000*	-	-	4	6
14	2004	A	*112 140 000*	-	0,3	1	2,5
15	2004	D	*117 740 000*	-	0,3	1	2,5
16	2004	F	*134 540 000*	-	0,3	1	2,5
17	2004	G	*78 540 000*	-	0,3	1	2,5
18	2004	J	*117 740 000*	-	0,3	1	2,5
19	2005	A	*44 100 000*	-	0,3	1	2,5
20	2005	D	*46 300 000*	-	0,3	1	2,5
21	2005	F	*52 900 000*	-	0,3	1	2,5
22	2005	G	*30 900 000*	-	0,3	1	2,5
23	2005	J	*46 300 000*	-	0,3	1	2,5
24	2006	A	*27 090 000*	-	0,5	1,4	2,5
25	2006	D	*28 440 000*	-	0,5	1,4	2,5
26	2006	F	*32 490 000*	-	0,5	1,4	2,5
27	2006	G	*18 990 000*	-	0,5	1,4	2,5
28	2006	J	*28 440 000*	-	0,5	1,4	2,5
29*	2007	A	*47 400 000*	-	-	-	-
30*	2007	D	*49 770 000*	-	-	-	-
31*	2007	F	*56 880 000*	-	-	-	-
32*	2007	G	*33 180 000*	-	-	-	-
33*	2007	J	*49 770 000*	-	-	-	-

NOTA : Descrição completa dos 5 cent 2002 .
031500/2 : 2002 D tipo 1A
031500/3 : 2002 D tipo 1B
031500/4 : 2002 D tipo 2
031500/5 : 2002 Ftipo 1A
031500/6 : 2002 F tipo1B

031500/9 à 13 : Estas moedas só se encontram em BNC.
031500/29 à 33 : Números provisórios.

Para alguns ateliers em que a produção das moedas, mesmo em carteiras BNC apresentam a maioria das vezes pequenas mossas e riscos, damos uma cotação SOB ou FDC, o que corresponde a uma moeda quase perfeita. Uma moeda perfeita deve ser cotada com um elevado preço.

5 cent 2002

As variantes comuns distinguem-se pelo reverso e a posíção da letra do atelier ; fotos em formato grande no sitio http://www.amisdeleuro.org :

Reverso 1
Ateliers A, D, F, G et J

Reverso 2
Ateliers D

Gravura normal
- O globo e os 5 são de tamanho normal: o lado do globo e a cabeça dos 5 está próximo do listel.
- Próximo do listel, as extremidades das características são muito pequenas (reduzido a pontos para o baixo).

Pequena gravura
- O globo e os 5 são de tamanho pequeno: o lado do globo e a cabeça dos 5 é distante do listel.
- Distante do listel, as extremidades das características são bastante grossas.

Atelier D, Disposição A : os caracteres da data e da letra são grandes.

Atelier D, Disposição B : os caracteres da data e da letra são pequenos (tamanho dos 2 cent).

Atelier F, Disposição A : a data e letra são finos e distantes do círculo interior.

Atelier F, Disposição B : a data e a letra são grossas e próximas do círculo interior.

As variantes comuns

As 3 variantes do atelier D
As moedas deste atelier apresentam o reverso R1 ou R2 que define as duas variantes 1 e 2.
A combinação da posição A ou B para o reverso de R1 define as duas variantes 1A e 1B.
A variante 1B é extremamente rara (0,03%).
A variante 2 é pequena frequente (1,2%).

As 2 variantes do atelier F
As moedas deste atelier aqui presente, o reverso de R1 que, associado às posições A ou B, define as duas variantes 1A e 1B.
De acordo com Ted Hoogendoorn (AD € 347), a variante 1A é o mais frequente, nenhum dos dois é raro.

Ateliers A, G e J : nenhuma variante
As moedas destes ateliers apresentam todos o reverso R1.

€.032800 5 cent SANTIAGO DE COMPOSTELA ESPANHA

Gravura : Garcilano Rollan
Ø 21,25 mm - 3,92 g - aço cobreado
Data de criação : 3 maio 1998. CE 975/98
Bordo : liso
Total de cunhagem conhecida : 2 248 849 586

032800	Data	Atelier	Quantidade	MBC	BELA	SOB	FDC
1	1999		*483 549 030*	-	0,3	1	3
2	2000		*399 949 600*	-	0,3	1	3
3	2001		*216 149 426*	-	0,3	1	3
4	2002		*8 399 301*	-	0,8	2	3,5
5	2003		*327 759 306*	-	0,3	1	2,5
6	2004		*258 743 000*	-	0,3	1	2,5
7	2005		*411 449 923*	-	0,3	1	2,5
8	2006		*142 850 000*	-	0,3	1	2,5
9	2007		*nc*	-	-	-	-

€.033800 5 cent LEÃO HERÁLDICO PRIMEIRO FINLÂNDIA

Gravura : Heikki Haïväoja
Ø 21,25 mm - 3,92 g - aço cobreado
Data de criação : 3 maio 1998. CE 975/98
Bordo : liso
Total de cunhagem conhecida: 439 726 000

033800	Data	Atelier	Quantidade	MBC	BELA	SOB	FDC
1	1999		*63 455 000*	-	0,5	1,5	3
2	2000		*56 735 000*	-	0,5	1,5	3
3	2001		*213 831 000*	-	0,5	1,5	3
4	2002		*101 957 000*	-	0,5	1,5	4
5	2003		*1 031 000*	-	2	3	5
6	2004		*747 000*	-	1,5	2,5	4
7	2005		*877 000*	-	1,5	2,5	4
8	2006		*1 093 000*	-	1,5	2,5	4

€.033801 5 cent LEÃO HERÁLDICO SEGUNDO TIPO FINLÂNDIA

Gravura : Heikki Haïväoja
Ø 21,25 mm - 3,92 g - aço cobreado
Bordo : liso
Total de cunhagem conhecida : nc

033801	Date	Atelier	Quantité	TTB	SUP	SPL	FDC
1	2007		*nc*	-	-	-	-

€.034100 5 cent NOVA

MARIANNE

FRANÇA

Gravura : Fabienne Courtiade
Ø 21,25 mm - 3,92 g - aço cobreado
Data de criação : 3 maio 1998. CE 975/98
Bordo : liso
Total de cunhagem conhecida : 1 713 956 565

034100	Data	Atelier	Quantidade	MBC	BELA	SOB	FDC
1*	1999		*616 227 013*	-	0,3	0,6	-
2*	1999		*inc.*	-	0,3	0,6	-
3*	1999		*inc.*	-	0,3	0,6	-
4*	1999		*inc.*	3	5	8	-
5	2000		*280 099 013*	-	0,3	0,6	-
6	2001		*217 324 490*	-	0,5	1	-
7	2002		*186 408 013*	-	0,3	0,6	-
8	2003		*101 152 009*	-	0,3	0,6	-
9	2004		*60 322 009*	-	0,3	0,6	-
10	2005		*20 294 009*	-	0,3	0,6	-
11	2006		*132 080 009*	-	0,3	0,6	-
12	2007		*100 050 000*	-	-	-	-

NOTA : Descriçao completa das variantes de 5 cent 1999.
034100/1 : 1999 tipo 1 A
034100/2 : 1999 tipo 1 B
034100/3 : 1999 tipo 2
034100/4 : 1999 tipo 3

5 cent 1999

As quatro variantes conhecidas distinguem-se pelas combinações de dois reversos, dois anversos e três disposições dos símbolos (abelha e cornucópia); fotos em grande formato em http://www.bncgb.net/pdf/bn009.pdf

Reverso 1: a extremidade dos traços é longo e espesso.

Anverso 1 : a assinatura está afastada do listel e do E da assinatura (CourtiadE) está próxima da estrela situada às 4 h

Reverso 2 : a extremidade dos traços são curtos e finos, reduzidos a pontos em baixo).

Anverso 2 : a assinatura está próxima do listel e do E da assinatura (CourtiadE) está afastada da estrela às 4 h.

Disposição A : o eixo da abelha está orientado para as 2 h 45 e o da cornucópia para as 10 h 45. A cornucópia está alta.

Disposição B : o eixo da abelha está orientado para as 2 h 15 e a cornucópia 10 h 15. A cornucópia está menos alta.

Disposição C : o eixo da abelha está orientado para as 3 h e a cornucópia para as 10 h 30. A cornucópia está baixa.

As diferentes combinações conhecidas determinam quatro variantes cuja frequência indicada corresponde à contagem de cerca de 1 500 moedas :
Tipo 1 A (21 %) : reverso 1 + anverso 1 + disposição A
Tipo 1 B (9 %) : reverso 1 + anverso 1 + disposição B
Tipo 2 (70 %) : reverso 2 + anverso 1 + disposição A
Tipo 3 (0,1 %) : reverso 1 + anverso 2 + disposição C

Só o tipo 3 é raro: o 0,1 % indicado corresponde aos 2 exemplares únicos que se encontrou nesta contagem.
O tipo observado nas carteiras BNC é o tipo 3;

Três dos critérios demonstrativos são suficientes para determinar as diferentes variantes: a longitude dos traços do reverso, a orientação da abelha e a posição da cornucópia.

€.034900 5 cent PETROLEIRO GRÉCIA

Gravura : Georgios Stamatopoulos
Concepção : Maria Antonatou
Ø 21,25 mm - 3,92 g - aço cobreado
Data de criação : 3 maio 1998. CE 975/98
Bordo : liso
Total de cunhagem conhecida : 353 284 245

034900	Data	Atelier	Quantidade	MBC	BELA	SOB	FDC
1	2002		*211 054 945*	-	0,5	1,3	-
2*	2002		*90 000 000*	-	0,5	1,3	-
3	2003		*849 300*	-	2	3,5	-
4	2004		*280 000*	-	2,5	4	-
5	2005		*1 050 000*	-	0,5	1,3	-
6	2006		*50 050 000*	-	0,5	1,3	-
7	2007		*nc*	-	-	-	-

NOTA : A assinatura do artista, está situada atrás e em baixo do Petroleiro.
034900/2 : O F encontra-se na estrela à direita do valor facial.

€.035300 5 cent HARPA

IRLANDA

Gravura : Jarlath Hayes
Ø 21,25 mm - 3,92 g - aço cobreado
Data de criação : 3 maio 1998. CE 975/98
Bordo : liso
Total de cunhagem conhecida : 675 355 638

035300	Data	Atelier	Quantidade	MBC	BELA	SOB	FDC
1*	2002		*456 290 848*	-	0,5	1,5	-
2	2003		*48 417 370*	-	0,5	1,5	4
3	2004		*80 394 322*	-	0,5	1,5	4
4	2005		*56 559 380*	-	0,5	1,5	4
5	2006		*33 693 718*	-	0,5	1,5	4
6	2007		*nc*	-	-	-	-

035300/1 : As datas de 2002 encontram-se por vezes no estado FDC nas carteiras BNC. Porém pela sua difilculdade em encontrá-las neste estado, não as cotamos em FDC.

€.035600 5 cent COLISEU

ITÁLIA

Gravura : Ettore Lorenzo Frappiccini
Ø 21,25 mm - 3,92 g - aço cobreado
Data de criação : 3 maio 1998. CE 975/98
Bordo : liso
Total de cunhagem cohecida : 1 543 033 204

035600	Data	Atelier	Quantidade	MBC	BELA	SOB	FDC
1	2002	R	*1 341 742 204*	-	0,3	1	-
2	2003	R	*2 106 000*	-	6	8	-
3	2004	R	*10 065 000*	-	0,3	1	-
4	2005	R	*70 070 000*	-	0,3	1	-
5	2006	R	*119 050 000*	-	0,3	1	-
6	2007	R	*nc*	-	-	-	-

€.036100 5 cent GRÃO-DUQUE

HENRI
LUXEMBURGO

Gravura : Yvette Gastauer-Claire
Ø 21,25 mm - 3,92 g - aço cobreado
Data de criação : 3 maio 1998. CE 975/98
Bordo : liso
Total de cunhagem conhecida : 60 688 500

036100	Data	Atelier	Quantidade	MBC	BELA	SOB	FDC
1	2002		*28 957 500*	-	0,5	1,3	4
2	2003		*4 600 000*	-	0,5	1,3	4
3	2004		*16 061 000*	-	0,5	1,3	4
4	2005		*6 040 000*	-	0,5	1,3	4
5	2006		*5 030 000*	-	0,8	1,6	4
6	2007		*nc*	-	-	-	-

€.036300 5 cent BRASÃO GRIMALDI PRIMEIRO TIPO MONACO

Gravura : Atelier de gravura da Monnaie de Paris
Concepçaõ : Robert Cochet
Ø 21,25 mm - 3,92 g - aço cobreado
Data de criação : 3 maio 1998. CE 975/98
Bordo : liso
Total de cunhagem conhecida : 360 000

036300	Data	Atelier	Quantidade	MBC	BELA	SOB	FDC
1	2001		*320 000*	-	40	55	-
2*	2002		*40 000*	-	-	80	-
3*	2004		*Proof*	-	-	-	-
4*	2005		*Proof*	-	-	-	-

€.036301 5 cent BRASÃO GRIMALDI SEGUNDO TIPO MONACO

Ø 21,25 mm - 3,92 g - aço cobreado
Data de criação : JO EU C316/21 de 22/12/2006
Bordo : liso
Total de cunhagem conhecida: 0

036301	Data	Atelier	Quantidade	MBC	BELA	SOB	FDC
1*	2006		*Proof*	-	-	-	-

036301/1 : Os 5 cent 2006 só se encontram em Proof e a emissão é de 11 180.

€.037000 5 cent RAINHA BEATRIX HOLANDA

Gravura : Bruno Ninaber van Eyben
Ø 21,25 mm - 3,92 g - aço cobreado
Data de criação : 3 maio 1998. CE 975/98
Bordo : liso
Total de cunhagem conhecida : 737 714 020

037000	Data	Atelier	Quantidade	MBC	BELA	SOB	FDC
1*	1999		*213 065 000*	-	0,3	1	4
2*	1999		*inc.*	-	0,3	1	4
32000		*184 268 000*	-	0,3	1	4	
4	2001		*205 980 000*	-	0,3	1	4
5*	2002		*1 150 502*	-	4,5	6	8
6*	2003		*1 627 003*	-	0,8	1,5	3,5

037000	Data	Atelier	Quantidade	MBC	BELA	SOB	FDC
7*	2004		*535 004*	-	1,2	2	5
8	2005		*80 549 005*	-	0,3	1	4
9*	2006		*50 539 506*	-	0,3	1	4
10	2007		*nc*	-	-	-	-

037000/1 : O eixo do caduceo está inclinado; atravessando a estrela situada acima, em direcção do G de KONINGIN.
037000/2 : O eixo do caduceo está inclinado; passando à direita da estrela acima, em direcção ao terceiro N de KONINGIN.

037000/5, 6 e 7 : Estas moedas, na sua maior parte, foram somente postas no mercado através das caixas de coleccionador.
037000/9 : Números provisórios.

€.037000/1

€.037000/2

€.037700 5 cent SELO DE PORTUGAL DE 1134
PORTUGAL

Gravura : Vitor Santos
Ø 21,25 mm - 3,92 g - aço cobreado
Data de criação : 3 maio 1998. CE 975/98
Bordo : liso
Total de cunhagem conhecida : 324 792 547

037700	Data	Atelier	Quantidade	MBC	BELA	SOB	FDC
1	2002		*234 567 047*	-	0,3	1	4
2*	2003		*70 000*	-	-	12	15
3	2004		*40 070 000*	-	0,3	1	4
4	2005		*30 060 000*	-	0,3	1	4
5	2006		*20 025 500*	-	0,6	1,4	4
6	2007		*nc*	-	-	-	-

037700/2 : A data 2003 só se encontram em FDC, BNC e PROOF.

€.038300 5 cent SEMEADOR
ESLOVÉNIA

Gravura : Miljenko Licul, Maja Licul et Janez Boljka
Ø 21,25 mm - 3,92 g - aço cobreado
Data de criação: JO EU C254/6 de 20/10/2006
Bordo : liso
Total de cunhagem conhecida : 43 900 000

038300	Data	Atelier	Quantidade	MBC	BELA	SOB	FDC
1	2007		*43 900 000*	-	0,5	1,3	4

€.038500 5 cent GUAITA
SÃO MARINO

Gravura : Ettore Lorenzo Frapiccini
Concepção : Frantisek Chochola
Ø 21,25 mm - 3,92 g - aço cobreado
Data de criação : 3 maio 1998. CE 975/98
Bordo : liso
Total de cunhagem conhecida: 4 275 000

038500	Data	Atelier	Quantidade	MBC	BELA	SOB	FDC
1*	2002	R	*120 000*	-	-	25	30
2*	2003	R	*70 000*	-	-	14	17
3	2004	R	*1 070 000*	-	1,5	2	3
4*	2005	R	*70 000*	-	-	6	8
5	2006	R	*2 945 000*	-	-	1,8	2
6*	2007	R	*nc*	-	-	-	-

038500/1, 2, 4 e 6 : As datas 2002, 2003, 2005, 2006 e 2007 só se encontram em BNC.

€.039300 5 cent JOÃO PAULO II
VATICANO

Gravura : Uliana Pernazza
Concepção : Guido Veroi
Ø 21,25 mm - 3,92 g - aço cobreado
Data de criação : 3 maio 1998. CE 975/98 segudo a lei do Vaticano de 18 dezembro de 2001, art. 2
Bordo : liso
Total de cunhagem conhecida : 315 000

039300	Data	Atelier	Quantidade	MBC	BELA	SOB	FDC
1*	2002	R	*80 000*	-	-	75	-
2*	2003	R	*65 000*	-	-	25	-
3*	2004	R	*85 000*	-	-	20	-
4*	2005	R	*85 000*	-	-	20	-

039300/1 : Tal como as moedas de 1 e 2 cent apenas algumas moedas foram distribuídas às pessoas do Vaticano, sendo esta moeda da mais alta raridade.

039300/2, 3 e 4 : As datas 2003, 2004 e 2005 só se encontram em BNC.

€.039301 5 cent SEDE VACANTE
VATICANO

Gravura : Ettore Lorenzo Frapiccini
Concepção : Daniela Longo
Ø 21,25 mm - 3,92 g - aço cobreado
Data de criação : Segundo a lei JO EU L267/27 de 17 de outubro de 2003
Bordo : liso
Total de cunhagem conhecida : 60 000

039301	Data	Atelier	Quantidade	MBC	BELA	SOB	FDC
1*	2005	R	*60 000*	-	-	25	-

NOTE : O R encontra-se à direita do brasão do Cardinal Camerlengo.
NOTE : A data encontra-se em letras romanas (« MMV »)
039301/1 : A data de 2005 só se encontra em BNC.

€.039302 5 cent BENTO XVI

VATICANO

Gravura : Ettore Lorenzo Frapiccini
Concepção : Daniela Longo
Ø 21,25 mm - 3,92 g - aço cobreado
Data de criação : 3 maio 1998. CE 975/98 e segundo a lei do Vaticano de 18 dezembro 2001, art. 2
Bordo : liso
Total de cunhagem conhecida : 85 000

039302	Date	Atelier	Quantité	TTB	SUP	SPL	FDC
1*	2006	R	*85 000*	-	-	20	-
2	2007	R	*nc*	-	-	-	-

039302/1 : A data de 2006 só se encontram em BNC.

Tabela dos 5 cent

	Numero €4	1999	2000	2001	2002	2003	2004	2005	2006	2007
Áustria	€.030400	Não Existe	Não Existe	Não Existe	Em circulação	Em circulação	Em circulação	Em circulação	Em circulação	Sem Informação
Bélgica	€.030600	Em circulação	Só em BNC - Proof	Só em BNC - Proof	Só em BNC - Proof	Em circulação	Em circulação	Em circulação	Em circulação	Sem Informação
Alemanha A	€.031500	Não Existe	Não Existe	Não Existe	Em circulação	Só em BNC - Proof	Em circulação	Em circulação	Em circulação	Em circulação
Alemanha D	€.031500	Não Existe	Não Existe	Não Existe	Em circulação	Só em BNC - Proof	Em circulação	Em circulação	Em circulação	Em circulação
Alemanha F	€.031500	Não Existe	Não Existe	Não Existe	Em circulação	Só em BNC - Proof	Em circulação	Em circulação	Em circulação	Em circulação
Alemanha G	€.031500	Não Existe	Não Existe	Não Existe	Em circulação	Só em BNC - Proof	Em circulação	Em circulação	Em circulação	Em circulação
Alemanha J	€.031500	Não Existe	Não Existe	Não Existe	Em circulação	Só em BNC - Proof	Em circulação	Em circulação	Em circulação	Em circulação
Espanha	€.032800	Em circulação	Em circulação	Em circulação	Em circulação	Em circulação	Em circulação	Em circulação	Em circulação	Sem Informação
Finlândia	€.033800	Em circulação	Em circulação	Em circulação	Em circulação	Em circulação	Em circulação	Em circulação	Em circulação	Não Existe
Finlândia	€.033801	Não Existe	Não Existe	Não Existe	Não Existe	Não Existe	Não Existe	Não Existe	Não Existe	Em circulação
Frånça	€.034100	Em circulação	Em circulação	Em circulação	Em circulação	Em circulação	Em circulação	Em circulação	Em circulação	Em circulação
Grécia	€.034900	Não Existe	Não Existe	Não Existe	Em circulação	Em circulação	Em circulação	Em circulação	Em circulação	Sem Informação
Grécia F	€.034900	Não Existe	Não Existe	Não Existe	Em circulação	Não Existe	Não Existe	Não Existe	Não Existe	Não Existe
Irlanda	€.035300	Não Existe	Não Existe	Não Existe	Em circulação	Em circulação	Em circulação	Em circulação	Em circulação	Sem Informação
Itália	€.035600	Não Existe	Não Existe	Não Existe	Em circulação	Em circulação	Em circulação	Em circulação	Em circulação	Sem Informação
Luxemburgo	€.036100	Não Existe	Não Existe	Não Existe	Em circulação	Em circulação	Em circulação	Em circulação	Em circulação	Sem Informação
Mónaco	€.036300	Não Existe	Não Existe	Em circulação	Só em BNC - Proof	Não Existe	Só em BNC - Proof	Só em BNC - Proof	Não Existe	Não Existe
Mónaco	€.036301	Não Existe	Não Existe	Não Existe	Não Existe	Não Existe	Não Existe	Não Existe	Só em BNC - Proof	Sem Informação
Holanda	€.037000	Em circulação	Em circulação	Em circulação	Em circulação	Em circulação	Em circulação	Em circulação	Em circulação	Sem Informação
Portugal	€.037700	Não Existe	Não Existe	Não Existe	Em circulação	Só em BNC - Proof	Em circulação	Em circulação	Em circulação	Sem Informação
Eslóvenia	€.038300	Não Existe	Não Existe	Não Existe	Não Existe	Não Existe	Não Existe	Não Existe	Não Existe	Em circulação
São Marino	€.038500	Não Existe	Não Existe	Não Existe	Só em BNC - Proof	Só em BNC - Proof	Em circulação	Só em BNC - Proof	Só em BNC - Proof	Sem Informação
Vaticano JP II	€.039300	Não Existe	Não Existe	Não Existe	Em circulação	Só em BNC - Proof	Só em BNC - Proof	Só em BNC - Proof	Não Existe	Não Existe
Vaticano SV	€.039301	Não Existe	Não Existe	Não Existe	Não Existe	Não Existe	Não Existe	Só em BNC - Proof	Não Existe	Não Existe
Vaticano B XVI	€.039302	Não Existe	Não Existe	Não Existe	Não Existe	Não Existe	Não Existe	Não Existe	Só em BNC - Proof	Sem Informação

Legenda :
- Não Existe
- Só em BNC - Proof
- Em circulação
- Sem Informação

€.040400 10 cent SAINT-ÉTIENNE
ÁUSTRIA

Gravura : Joseph Kaiser
Ø 19,75 mm - 4,10 g - Latão níquel
Data de criação : 3 maio 1998. CE 975/98
Bordo : serrilha larga
Total de cunhagem conhecida : 452 425 000

040400	Data	Atelier	Quantidade	MBC	BELA	SOB	FDC
1	2002		*441 700 000*	-	0,8	1,5	5
2*	2003		*125 000*	-	-	8	10
3	2004		*5 300 000*	-	0,8	1,5	5
4	2005		*5 300 000*	-	0,8	1,5	5
5	2006		*nc*	-	0,8	1,5	5
6	2007		*nc*	-	-	-	-

040400/2 : A data de 2003 só se encontra em BNC.

€.040600 10 cent ALBERTO II
BÉLGICA

Gravura : Jan Alfons Keustermans
Ø 19,75 mm - 4,10 g - Latão níquel
Data de criação : 3 maio 1998. CE 975/98
Bordo : serrilha larga
Total de cunhagem conhecida : 357 037 000

040600	Data	Atelier	Quantidade	MBC	BELA	SOB	FDC
1*	1999		*180 990 000*	-	0,4	1,3	-
2*	1999		*inc.*	-	0,5	1,5	-
3*	1999		*inc.*	-	0,7	2	-
4*	2000		*40 000*	-	-	14	-
5	2001		*145 790 000*	-	0,4	1,3	-
6*	2002		*nc*	-	3,5	5	-
7*	2003		*nc*	-	3,5	5	-
8	2004		*20 102 000*	-	0,4	1,3	-
9	2005		*10 060 000*	-	1,5	3	-
10*	2006		*55 000*	-	-	5	-
11	2007		*nc*	-	-	-	-

NOTA : Descrição completa dos 10 cent 1999.
040600/1 : Anverso 1
040600/2 : Anverso 2
040600/3 : Anverso 3
040600/4 e 10 : As datas de 2000 e 2006 só se encontram BNC.
040600/6 e 7 : Estas moedas deveriam ser encontradas em BNC; vários coleccionadores tiveram a sorte de a encontrar a circular. Daí o motivo pelo qual cotamos no estado de BELA, e porque não conhecemos qual a sua suposta tiragem.

10 cent 1999

As variantes distinguem-se pelo anverso; fotos em formato grande : http://www.amisdeleuro.org

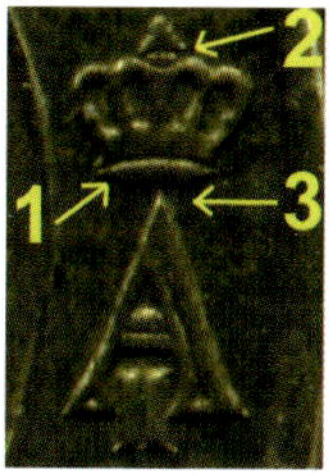

Anverso 1: a gravura é grossa
1 - a base da coroa é curva.
2 - o apoio da cruz é estreito e junto à coroa.
3 - a ponta do A é muito perto da coroa.

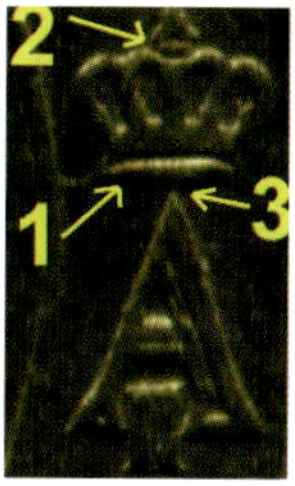

Anverso 2: a gravura é grossa
1 - a base da coroa é aplainado.
2 - o apoio da cruz é estreito e juntou à coroa.
3 - a ponta do A é muito perto da coroa.

Anverso 3: a gravura está bem
1 - a base da coroa é regularmente muito curva.
2 - o apoio da cruz é grande e vai ligeiramente a coroa.
3 - a ponta do A é distante da coroa.

Estas três variantes foram encontradas por Ted Hoogendoorn (DC € 347) que especifica que a maior parte das variantes nas estrelas do 1 e 2 é pequeno e regular e essas variantes a 3 é maior e irregular..

Os três monogramas diferentes definem as 3 variantes para as quais Ted Hoogendoorn dá as avaliações seguintes :
variante 1: 95 %
variante 2: 5 %
variante 3: < 1% (raro)

€.041500 10 cent PORTA DE BRANDEBOURG ALEMANHA

Gravura : Reinhart Heinsdorff
Ø 19,75 mm - 4,10 g - Latão níquel
Data de criação : 3 maio 1998. CE 975/98
Bordo : serrilha larga
Total de cunhagem conhecida : 3 737 235 000

041500	Data	Atelier	Quantidade	MBC	BELA	SOB	FDC
1	2002	A	*696 285 000*	-	0,4	1,3	3,5
2	2002	D	*722 085 000*	-	0,4	1,3	3,5
3	2002	F	*838 935 000*	-	0,4	1,3	3,5
4	2002	G	*494 435 000*	-	0,4	1,3	3,5
5	2002	J	*758 775 000*	-	0,4	1,3	3,5
6	2003	A	*50 840 000*	-	0,4	1,3	3,5
7	2003	D	*34 180 000*	-	0,4	1,3	3,5
8	2003	F	*6 180 000*	-	2	4	6
9	2003	G	*13 180 000*	-	0,4	1,3	3,5
10	2003	J	*25 680 000*	-	0,4	1,3	3,5
11*	2004	A	*140 000*	-	-	3,5	5
12*	2004	D	*28 330 000*	-	-	3,5	5

041500	Data	Atelier	Quantidade	MBC	BELA	SOB	FDC
13*	2004	F	*51 500 000*	-	-	3,5	5
14*	2004	G	*15 600 000*	-	-	3,5	5
15*	2004	J	*140 000*	-	-	3,5	5
16*	2005	A	*100 000*	-	-	4	6
17*	2005	D	*100 000*	-	-	4	6
18*	2005	F	*100 000*	-	-	4	6
19*	2005	G	*100 000*	-	-	4	6
20*	2005	J	*100 000*	-	-	3,5	5
21*	2006	A	*90 000*	-	-	3,5	5
22*	2006	D	*90 000*	-	-	3,5	5
23*	2006	F	*90 000*	-	-	3,5	5
24*	2006	G	*90 000*	-	-	3,5	5
25*	2006	J	*90 000*	-	-	3,5	5

041500/11, 15 a 25 : Estas moedas encontram-se em BNC.

041500/12, 13 e 14 : Estas moedas foram cunhadas supostamente para circulação, como indica a tiragem. Contudo, ainda não surgiram no mercado nas quantidades previstas, o que, ao acontecer fará baixar o preço.

€.041501 10 cent PORTA DE BRANDEBOURG - Segundo reverso ALEMANHA

Gravura : Reinhart Heinsdorff
Ø 19,75 mm - 4,10 g - Latão níquel
Data de criação : 3 maio 1998. CE 975/98
Bordo : serrilha larga
Total de cunhagem conhecida : nc

041501	Data	Atelier	Quantidade	MBC	BELA	SOB	FDC
1*	2007	A	*nc*	-	-	-	-
2*	2007	D	*nc*	-	-	-	-
3*	2007	F	*nc*	-	-	-	-
4*	2007	G	*nc*	-	-	-	-
5*	2007	J	*nc*	-	-	-	-

€.042800 10 cent CERVANTES ESPANHA

Gravura : Begoña Castellanos Garcia
Ø 19,75 mm - 4,10 g - Latão níquel
Data de criação : 3 maio 1998. CE 975/98
Bordo : serrilha larga
Total de cunhagem conhecida : 1 933 249 586

042800	Data	Atelier	Quantidade	MBC	BELA	SOB	FDC
1	1999	M	*588 149 030*	-	0,4	1,3	4

042800	Data	Atelier	Quantidade	MBC	BELA	SOB	FDC
2	2000		*243 949 600*	-	0,4	1,3	4
3	2001		*160 149 426*	-	0,4	1,3	4
4	2002		*113 199 301*	-	0,4	1,3	4
5	2003		*292 659 306*	-	0,4	1,3	3,5
6	2004		*121 943 000*	-	0,4	1,3	3,5
7	2005		*321 349 923*	-	0,4	1,3	3,5
8	2006		*91 850 000*	-	0,4	1,3	3,5
9	2007		*nc*	-	-	-	-

€.043800 10 cent LEÃO HERÁLDICO PRIMEIRO TIPO FINLÂNDIA

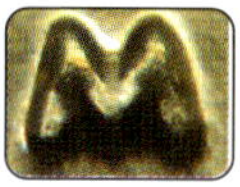

Gravura : Heikki Haïväoja
Ø 19,75 mm - 4,10 g - Latão níquel
Data de criação: 3 maio 1998. CE 975/98
Bordo : serrilha laga
Total de cunhagem conhecida : 321 304 000

043800	Data	Atelier	Quantidade	MBC	BELA	SOB	FDC
1	1999		*133 595 000*	-	1	2	4
2	2000		*167 524 000*	-	1	2	4
3	2001		*14 805 000*	-	1,5	3	5
4	2002		*1 632 000*	-	3,5	5	8
5	2003		*1 031 000*	-	2	3	5
6	2004		*747 000*	-	1,5	3	5
7	2005		*877 000*	-	1,3	2,5	5
8	2006		*1 093 000*	-	1,3	2,5	5

€.043801 10 cent LEÃO HERÁLDICO SEGUNDO TIPO FINLÂNDIA

Gravura : Heikki Haïväoja
Ø 19,75 mm - 4,10 g - Latão níquel
Bordo : serrilha larga
Total de cunhagem conhecida : nc

043801	Data	Atelier	Quantidade	MBC	BELA	SOB	FDC
1	2007		*nc*	-	-	-	-

€.044100 10 cent NOVA
SEMEADORA PRIMEIRO TIPO
FRANÇA

Gravura : Laurent Jorio
Ø 19,75 mm - 4,10 g - Latão níquelData de criação : 3 maio 1998. CE 975/98
Bordo : serrilha fina
Total de cunhagem conhecida : nc

044100	Data	Atelier	Quantidade	MBC	BELA	SOB	FDC
1	1999		*nc*	-	140	170	-

NOTA : Este primeiro tipo previsto com serrilha fina foi modificado aquando o prazo de distribuição, pois Bruxelas decidira que a serrilha deveria ser larga. A produção porém já tinha começado, e os prazos que eram já de si apertados fizeram com que houvesse milhões de moedas produzidas. Contudo estas foram sujeitas a uma deformação de cancelamento, enviadas à fonte e destruídas. Algumas moedas foram recuperadas da empresa que comprara o metal para fundir, e isto é tudo quanto se sabe deste inédito tipo dos «10 cent França 1º tipo».

€.044101 10 cent NOVA
SEMEADORA SEGUNDO TIPO
FRANÇA

Gravura : Laurent Jorio
Ø 19,75 mm - 4,10 g - Latão níquel
Data de criação : 3 maio 1998. CE 975/98
Bordo : serrilha larga
Total de cunhagem conhecida : 1 382 173 590

044101	Data	Atelier	Quantidade	MBC	BELA	SOB	FDC
1	1999		*447 284 613*	-	0,5	0,8	-
2	2000		*297 467 013*	-	0,5	0,8	-
3	2001		*144 513 274*	-	0,5	0,8	-
4	2002		*206 771 013*	-	0,5	0,8	-
5	2003		*180 892 009*	-	0,5	0,8	-
6*	2004		*nc*	-	3	5	-
7	2005		*45 165 659*	-	0,5	0,8	-
8	2006		*60 080 009*	-	0,5	0,8	-

044101/6 : A data de 2004 encontra-se somente nas carteiras BNC, mas ja foram detectados por Pierre Bonnet que vive na Guyana francesa, (AD€ 345), dois destes exemplares a circular.

Para alguns ateliers em que a produção das moedas, mesmo em carteiras BNC apresentam a maioria das vezes pequenas mossas e riscos, damos uma cotação SOB ou FDC, que corresponde a uma moeda quase perfeita. Uma moeda perfeita deve ser cotada com um preço mais elevado.

€.044102 10 cent NOVA
SEMEADORA - Segundo reverso
FRANÇA

Gravura : Laurent Jorio
Ø 19,75 mm - 4,10 g - Latão níquel
Data de criação : 3 maio 1998. CE 975/98
Bordo : serrilha larga
Total de cunhagem conhecida : 60 050 000

044102	Date	Atelier	Quantité	TTB	SUP	SPL	FDC
1	2007		*60 050 000*	-	-	-	-

€.044900 10 cent RIGAS
VELESTINLIS-FERREOS
GRECIA

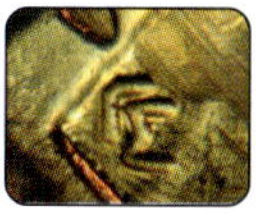

Gravura : Georgios Stamatopoulos
Concepção : Pericles Sotiriou
Ø 19,75 mm - 4,10 g - latão-níquel
Data de criação : 3 maio 1998. CE 975/98
Bordo : Serrilha larga
Total de cunhagem conhecida : 319 884 245

044900	Data	Atelier	Quantidade	MBC	BELA	SOB	FDC
1	2002		*139 054 945*	-	0,8	1,5	-
2*	2002	☆	*100 000 000*	-	0,8	1,5	-
3*	2003		*699 300*	-	1	1,70	-
4	2004		*10 030 000*	-	0,8	1,5	-
5	2005		*25 050 000*	-	0,8	1,5	-
6	2006		*45 050 000*	-	0,8	1,5	-
7	2007		*nc*	-	-	-	-

NOTA : A assinatura do gravador à direita, perto da estrela no lenço, no ombro da personagem
044900/2 : O F está na estrela abaixo da data.
044900/3 : A tiragem anunciada pelo Ministro da Economia e das Finanças para esta moeda é no minímo estranho, já que se encontram estes exemplares quase com a mesma frequência que as datas de 2004 e 2005...

€.045300 10 cent HARPA
IRLANDA

Gravura : Jarlath Hayes
Ø 19,75 mm - 4,10 g - Latão níquel
Data de criação : 3 maio 1998. CE 975/98
Bordo : Serrilha larga
Total de cunhagem conhecida : 458 053 100

045300	Data	Atelier	Quantidade	MBC	BELA	SOB	FDC
1*	2002		*275 933 284*	-	0,8	1,5	-
2	2003		*133 880 907*	-	0,8	1,5	5
3	2004		*34 172 712*	-	0,8	1,5	5
4	2005		*4 757 786*	-	0,8	1,5	5

045300	Data	Atelier	Quantidade	MBC	BELA	SOB	FDC
5	2006		*9 308 411*	-	0,8	1,5	5
6	2007		*nc*	-	-	-	-

€.045600 10 cent BOTTICELLI
ITÁLIA

Gravura : Claudia Momoni
Ø 19,75 mm - 4,10 g - Latão-níquel
Data de criação : 3 maio 1998. CE 975/98
Bordo : serrilha larga
Total de cunhagem conhecida : 1 457 544 000

045600	Data	Atelier	Quantidade	MBC	BELA	SOB	FDC
1*	2002	R	*1 142 383 000*	-	0,4	1,3	-
2*	2002	R	*inc.*	-	0,5	1,5	-
3*	2002	R	*inc.*	-	0,4	1,3	-
4	2003	R	*29 976 000*	-	0,4	1,3	-
5	2004	R	*5 065 000*	-	3,5	5	-
6	2005	R	*100 070 000*	-	0,4	1,3	-
7	2006	R	*180 050 000*	-	0,4	1,3	-
8	2007	R	*nc*	-	-	-	-

045600/1 : O CM de Claudia Momoni é pequeno e largo ; e está «acima» da ponta da estrela à esquerda. A perna esquerda do M é muito inclinado.
045600/2 : O CM de Claudia Momoni é em comparação médio, fino e encontra-se ao nível da ponta da estrela à esquerda. O C e o M estão mais afastados um do outro. O cimo do M é mais plano..
045600/3 : O CM de Claudia Momoni é grande, fino, as pernas são particularmente longas, atingindo o nível da ponta da estrela à esquerda.
NOTA : O tipo 1 (045600/1) é menos frequente, mas pode-se procurar sempre 3 tipos diferentes !

€.045600/1

€.045600/2

€.045600/3

€.046100 10 cent GRÃO DUQUE HENRI LUXEMBURGO

Gravura : Yvette Gastauer-Claire
Ø 19,75 mm - 4,10 g - Latão-níquel
Data de criação : 3 maio 1998. CE 975/98
Bordo : serrilha larga
Total de cunhagem conhecida : 44 888 500

046100	Data	Atelier	Quantidade	MBC	BELA	SOB	FDC
1	2002		*25 157 500*	-	0,8	1,5	5
2	2003		*1 600 000*	-	1,2	2,2	5
3	2004		*12 061 000*	-	0,8	1,5	5
4	2005		*2 040 000*	-	0,8	1,5	5
5	2006		*4 030 000*	-	0,8	1,5	5
6	2007		*nc*	-	-	-	-

€.046300 10 cent CAVALEIRO GRIMALDI MONACO

Gravura : Atelier de gravura da Monnaie de Paris
Concepçao : Roger Baron
Ø 19,75 mm - 4,10 g - Latão níquel
Data de criação : 3 maio 1998. CE 975/98
Bordo : serrilha larga
Total de cunhagem conhecida : 828 000

046300	Data	Atelier	Quantidade	MBC	BELA	SOB	FDC
1	2001		*320 000*	-	12	20	-
2	2002		*407 200*	-	8	12	-
3	2003		*100 800*	-	10	14	-
4*	2004		*Proof*	-	-	-	-

046300/4 : Os 10 cent 2006 só se encontra em Proof e a emissão é de 11 180.

€.046301 10 cent MONOGRAMA DO PRÍNCIPE ALBERTO II MÓNACO

Ø 19,75 mm - 4,10 g - Latão-níquel
Data de crição : JO EU C316/21 de 22/12/2006
Bordo : serrilha larga
Total de cunhagem conhecida : 0

046301	Data	Atelier	Quantidade	MBC	BELA	SOB	FDC
1*	2006		*Proof*	-	-	-	-

046301/1 : Os 10 cent 2006 só se enconta em Proof e a emissão é de 11 180.

€.047000 10 cent RAINHA BEATRIX HOLANDA

Gravura : Bruno Ninaber van Eyben
Ø 19,75 mm - 4,10 g - Latão-níquel
Data de criação : 3 maio 1998. CE 975/98
Bordo : serrilha larga
Total de cunhagem conhecida : 504 064 020

047000	Data	Atelier	Quantidade	MBC	BELA	SOB	FDC
1*	1999		*149 765 000*	-	0,4	1,3	4,5
2*	1999		*inclus*	-	0,4	1,3	4,5
3	2000		*156 768 000*	-	0,4	1,3	4,5
4	2001		*193 580 000*	-	0,4	1,3	4,5
5*	2002		*1 050 502*	-	5	7	9
6*	2003		*1 427 003*	-	0,4	1,3	4,5
7*	2004		*535 004*	-	2	3,5	5
8*	2005		*449 005*	-	1,2	2	5
9*	2006		*489 506*	-	0,4	1,3	4,5
10	2007		*nc*	-	-	-	-

NOTA : Descrição completa das variantes de 10 cent 1999.
047000/1 : 1999 Posição A do caduceo
047000/2 : 1999 Posição B do caduceo
047000/5, 6, 7 e 8 : 047000/4, 5 e 6 : Estas moedas saíram para o mercado na sua maior parte nas «caixas de coleccionador».
047000/9 : Numeros previsórios.

10 cent 1999

As variantes comuns distinguem-se pelo anverso ; fotos em formato grande no sitio http://www.amisdeleuro.org :

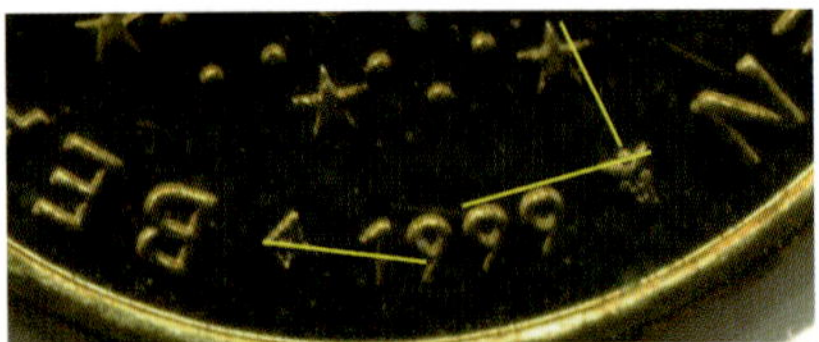

Posição A :
- O caduceu é alto.
- O seu eixo é inclinado para a direita (isto é cruza a estrela situada acima).
- O arco é alto (sua seta é dirigida acima do corpo do 1).

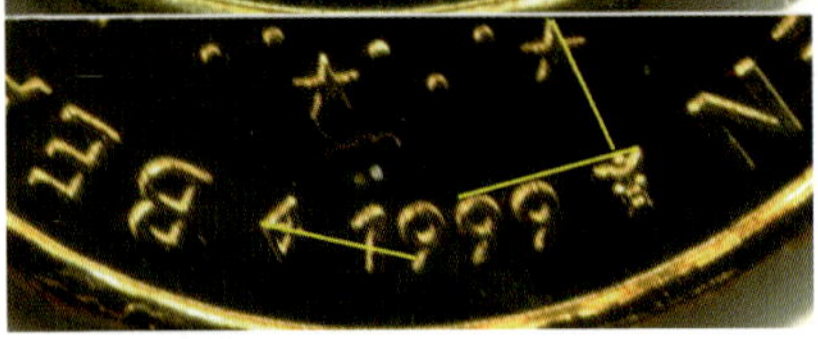

Posição B :
- O caduceu é baixo.
- Seu eixo é inclinado para a esquerda (isto é cruza o interior da estrela).
- O arco é baixo (sua seta é dirigida para o meio do corpo do 1).

Nós não temos um meio para dar proporções definitivas, mas nenhuma das duas variantes são raras. As deduções alcançadas por Ted Hoogendoorn (DC € 347) que descobriu estas variantes indicam isso :
A variante 1 representa aproximadamente 80%.
A variante 2 representa aproximadamente 20 %.

A variante 2 esta presente nas carteiras BNC.

€.047700 10 cent SELO DE PORTUGAL DE 1142 PORTUGAL

Gravura : Vitor Santos
Ø 19,75 mm - 4,10 g - Latão-níquel
Data de criação : 3 maio 1998. CE 975/98
Bordo : serrilha larga
Total de cunhagem conhecida : 229 902 335

047700	Data	Atelier	Quantidade	MBC	BELA	SOB	FDC
1	2002		*220 344 835*	-	0,4	1,3	5
2	2003		*6 402 000*	-	0,4	1,3	5
3	2004		*1 070 000*	-	0,4	1,3	5
4	2005		*1 060 000*	-	0,4	1,3	5
5	2006		*1 025 500*	-	0,4	1,3	5
6	2007		*nc*	-	-	-	-

€.048300 10cent PARLAMENTO ESLOVÉNIA

Gravura : Miljenko Licul, Maja Licul et Janez Boljka
Ø 19,75 mm - 4,10 g - Latão-níquel
Data de criação : JO EU C254/6 du 20/10/2006
Bordo : serrilha larga
Total de cunhagem conhecida : 42 900 000

048300	Data	Atelier	Quantidade	MBC	BELA	SOB	FDC
1	2007		*42 900 000*	-	0,8	1,5	5

€.048500 10 cent BASÍLICA SÃO MARINO

Gravura : Ettore Lorenzo Frapiccini
Concepção : Frantisek Chochola
Ø 19,75 mm - 4,10 g - Latão-níquel
Data de criação : 3 maio 1998. CE 975/98
Bordo : serrilha larga
Total de cunhagem conhecida : 575 000

048500	Data	Atelier	Quantidade	MBC	BELA	SOB	FDC
1*	2002	R	*120 000*	-	-	30	40
2*	2003	R	*70 000*	-	-	30	35
3*	2004	R	*250 000*	-	-	22	30
4*	2005	R	*70 000*	-	-	22	30
5*	2006	R	*65 000*	-	-	25	35
6	2007	R	*nc*	-	-	-	-

048500/1, 2 ,4 e 5 : As datas 2002, 2003,2005e 2006 encontram-se somente em carteiras BNC.
048500/3 : Estas 250 000 moedas repartem-se em 70 000 nas carteiras, 140 000 nas carteiras turísticas de 3 moedas e através do Instituto de São Marino, e 40 000 moedas serão distribuídas pelos bancos.

€.049300 10 cent JOÃO PAULO II
VATICANO

Gravura : Uliana Pernazza
Concepção : Guido Veroi
Ø 19,75 mm - 4,10 g - Latão-níquel
Data de criação : 3 maio 1998. CE 975/98 segundo a lei do Vaticano de18 de dezembrode 2001, art. 2
Bordo : serrilha larga
Total de cunhagem conhecida : 315 000

049300	Data	Atelier	Quantidade	MBC	BELA	SOB	FDC
1*	2002	R	*80 000*	-	-	85	-
2*	2003	R	*65 000*	-	-	25	-
3*	2004	R	*85 000*	-	-	20	-
4*	2005	R	*85 000*	-	-	20	-

049300/1 : Somente algumas moedas foram distribuídas à «população» fora da carteira BNC. Contudo é raríssimo de encontrar estas moedas a circular.
049300/2, 3 e 4 : As datas 2003, 2004 e 2005 só se encontram em carteiras.

€.049301 10 cent SEDE VACANTE
VATICANO

Gravura : Maria Carmela Colaneri
Concepção : Daniela Longo
Ø 19,75 mm - 4,10 g - Latão-níquel
Data de criação : segundo a JO EU L267/27 de 17 de outubro de 2003
Bordo : serrilha larga
Total de cunhagem conhecida : 60 000

049301	Data	Atelier	Quantidade	MBC	BELA	SOB	FDC
1*	2005	R	*60 000*	-	-	25	-

NOTA : O R encontra-se à direita das armas do Cardeal Camerlengo.
NOTA : A data encontra-se em letras romanas (« MMV »).
049301/1 : A data de 2005 encontra-se só em BNC.

€.049302 10 cent BENTO XVI
VATICANO

Gravura : Maria Carmela Colaneri
Concepção : Daniela Longo
Ø 19,75 mm - 4,10 g - Latão-níquel
Data de criação : 3 maio 1998. CE 975/98 e segundo a lei do Vaticano de 18 de dezembro de 2001, art. 2
Bordo : serrilha larga
Total de cunhagem conhecida : 85 000

049302	Data	Atelier	Quantidade	MBC	BELA	SOB	FDC
1*	2006	R	*85 000*	-	-	20	-

049302	Data	Atelier	Quantidade	MBC	BELA	SOB	FDC
2	2007	R	*nc*	-	-	-	-

049302/1 : A data de 2006 só se encontra em BNC.

Tabela dos 10 cent

	Numero €4	1999	2000	2001	2002	2003	2004	2005	2006	2007
Áustria	€.040400	Não Existe	Não Existe	Não Existe	Em circulação	Só em BNC - Proof	Em circulação	Em circulação	Em circulação	Sem Informação
Bélgica	€.040600	Em circulação	Só em BNC - Proof	Em circulação	Em circulação	Em circulação	Em circulação	Em circulação	Só em BNC - Proof	Sem Informação
Alemanha A	€.041500	Não Existe	Não Existe	Não Existe	Em circulação	Em circulação	Só em BNC - Proof	Só em BNC - Proof	Só em BNC - Proof	Não Existe
Alemanha D	€.041500	Não Existe	Não Existe	Não Existe	Em circulação	Em circulação	Em circulação	Só em BNC - Proof	Só em BNC - Proof	Não Existe
Alemanha F	€.041500	Não Existe	Não Existe	Não Existe	Em circulação	Em circulação	Em circulação	Só em BNC - Proof	Só em BNC - Proof	Não Existe
Alemanha G	€.041500	Não Existe	Não Existe	Não Existe	Em circulação	Em circulação	Em circulação	Só em BNC - Proof	Só em BNC - Proof	Não Existe
Alemanha J	€.041500	Não Existe	Não Existe	Não Existe	Em circulação	Em circulação	Só em BNC - Proof	Só em BNC - Proof	Só em BNC - Proof	Não Existe
Alemanha A	€.041501	Não Existe	Não Existe	Não Existe	Não Existe	Não Existe	Não Existe	Não Existe	Não Existe	Sem Informação
Alemanha D	€.041501	Não Existe	Não Existe	Não Existe	Não Existe	Não Existe	Não Existe	Não Existe	Não Existe	Sem Informação
Alemanha F	€.041501	Não Existe	Não Existe	Não Existe	Não Existe	Não Existe	Não Existe	Não Existe	Não Existe	Sem Informação
Alemanha G	€.041501	Não Existe	Não Existe	Não Existe	Não Existe	Não Existe	Não Existe	Não Existe	Não Existe	Sem Informação
Alemanha J	€.041501	Não Existe	Não Existe	Não Existe	Não Existe	Não Existe	Não Existe	Não Existe	Não Existe	Sem Informação
Espanha	€.042800	Em circulação	Em circulação	Em circulação	Em circulação	Em circulação	Em circulação	Em circulação	Em circulação	Sem Informação
Finlãndia	€.043800	Em circulação	Em circulação	Em circulação	Em circulação	Em circulação	Em circulação	Em circulação	Em circulação	Não Existe
Finlãndia	€.043801	Não Existe	Não Existe	Não Existe	Não Existe	Não Existe	Não Existe	Não Existe	Não Existe	Em circulação
Frãnça tipo 1	€.044100	Ver Informação	Não Existe	Não Existe	Não Existe	Não Existe	Não Existe	Não Existe	Não Existe	Não Existe
Frãnça	€.044101	Em circulação	Em circulação	Em circulação	Em circulação	Em circulação	Em circulação	Em circulação	Em circulação	Não Existe
Frãnça	€.044102	Não Existe	Não Existe	Não Existe	Não Existe	Não Existe	Não Existe	Não Existe	Não Existe	Em circulação
Grécia	€.044900	Não Existe	Não Existe	Não Existe	Em circulação	Em circulação	Em circulação	Em circulação	Em circulação	Sem Informação
Grécia F	€.044900	Não Existe	Não Existe	Não Existe	Em circulação	Não Existe	Não Existe	Não Existe	Não Existe	Não Existe
Irlanda	€.045300	Não Existe	Não Existe	Não Existe	Em circulação	Em circulação	Em circulação	Em circulação	Em circulação	Sem Informação
Itália	€.045600	Não Existe	Não Existe	Não Existe	Em circulação	Em circulação	Em circulação	Em circulação	Em circulação	Sem Informação
Luxemburgo	€.046100	Não Existe	Não Existe	Não Existe	Em circulação	Em circulação	Em circulação	Em circulação	Em circulação	Sem Informação
Monaco	€.046300	Não Existe	Não Existe	Em circulação	Em circulação	Em circulação	Só em BNC - Proof	Não Existe	Não Existe	Não Existe
Monaco	€.046301	Não Existe	Não Existe	Não Existe	Não Existe	Não Existe	Não Existe	Não Existe	Só em BNC - Proof	Sem Informação
Holanda	€.047000	Em circulação	Em circulação	Em circulação	Em circulação	Em circulação	Em circulação	Em circulação	Em circulação	Sem Informação
Portugal	€.047700	Não Existe	Não Existe	Não Existe	Em circulação	Em circulação	Em circulação	Em circulação	Em circulação	Sem Informação
Eslóvenia	€.048300	Não Existe	Não Existe	Não Existe	Não Existe	Não Existe	Não Existe	Não Existe	Não Existe	Em circulação
São Marino	€.048500	Não Existe	Não Existe	Não Existe	Só em BNC - Proof	Só em BNC - Proof	Em circulação	Só em BNC - Proof	Só em BNC - Proof	Sem Informação
Vaticano JP II	€.049300	Não Existe	Não Existe	Não Existe	Em circulação	Só em BNC - Proof	Só em BNC - Proof	Só em BNC - Proof	Não Existe	Não Existe
Vaticano SV	€.049301	Não Existe	Não Existe	Não Existe	Não Existe	Não Existe	Não Existe	Só em BNC - Proof	Não Existe	Não Existe
Vaticano B XVI	€.049302	Não Existe	Não Existe	Não Existe	Não Existe	Não Existe	Não Existe	Não Existe	Só em BNC - Proof	Sem Informação

Legenda :

- Não Existe
- Só em BNC - Proof
- Em circulação
- Sem Informação

€.050400 20 cent BELVEDERE
ÁUSTRIA

Gravura : Joseph Kaiser
Ø 22,25 mm - 5,74 g - Latão-níquel
Data de criação : 3 maio 1998. CE 975/98
Bordo : Liso com sete côncavidades
Total de cunhagem conhecida : 313 625 000

050400	Data	Atelier	Quantidade	MBC	BELA	SOB	FDC
1	2002		*203 500 000*	-	1	1,8	5
2	2003		*51 025 000*	-	1	1,8	5
3	2004		*54 900 000*	-	1	1,8	5
4	2005		*4 200 000*	-	1	1,8	5
5	2006		*nc*	-	1	1,8	5
6	2007		*nc*	-	-	-	-

€.050600 20 cent ALBERTO II
BÉLGICA

Gravura : Jan Alfons Keustermans
Ø 22,25 mm - 5,74 g - Latão-níquel
Data de criação : 3 maio 1998. CE 975/98
Bordo : Liso com sete côncavidades
Total de cunhagem conhecida : 435 662 000

050600	Data	Atelier	Quantidade	MBC	BELA	SOB	FDC
1	1999		*40 000*	-	-	16	-
2	2000		*181 040 000*	-	0,7	1,5	-
3	2001		*40 000*	-	-	14	-
4*	2002		*104 140 000*	-	0,7	1,5	-
5*	2002		*inclus*	-	0,7	1,5	-
6*	2002		*inclus*	-	0,7	1,5	-
7	2003		*30 185 000*	-	0,7	1,5	-
8	2004		*70 102 000*	-	0,7	1,5	-
9	2005		*10 060 000*	-	1,5	3	-
10	2006		*40 055 000*	-	0,9	1,7	-
11	2007		*nc*	-	-	-	-

050600/1 e 3 : As datas de 1999 e 2001encontram-se em BNC.
NOTA : Descrição completa dos 20 cent 2002.
050600/4 : Anverso 1 (Estrelas pequenas)
050600/5 : Anverso 2 (Estrelas grandes)
050600/6 : Anverso 3 (Tres estrelas grandes)

Para alguns ateliers em que a produção das moedas, mesmo em carteiras BNC apresentam a maioria das vezes pequenas mossas e riscos, damos uma cotação SOB ou FDC, que corresponde a uma moeda quase perfeita. Uma moeda perfeita deve ser cotada com um preço mais elevado.

20 cent 2002

As variantes comuns distinguem-se pelo anverso ; fotos em formato grande em : http://www.amisdeleuro.org :

Anverso 1: as estrelas são pequenas e de forma regular. Eles estão preparados para igualar distância do listel e o círculo interior.

Anverso 2: as estrelas são grandes e de forma irregular. Eles são organizados mais próximo ao listel que do círculo interior.

Anverso 3: as estrelas são muito grandes e de forma irregular. Eles são organizados um pequeno mais próximo ao listel que do círculo interior.

Para as primeiras duas variedades conhecidas para um de longo tempo de observação" para as estrelas pequenas ou para estrelas grandes ", chega a ser acrescentado um terço" a estrelas muito grandes ". O nossos resultados são estes mas pode ser que se encontre algum tipo raro o que não são estes casos.
a variante 1" para estrelas pequenas" representa aproximadamente 75 %
a variante 2" para estrelas grandes" representa aproximadamente 15 %
a variante 3" para estrelas muito grandes" representa 10% aproximadamente.

€.051500 20 cent PORTA DE BRANDEBOURG ALEMANHA

Gravura : Reinhart Heinsdorff
Ø 22,25 mm - 5,74 g - Latão-níquel
Data de criação : 3 maio 1998. CE 975/98
Bordo : Liso com sete côncavidades
Total cunhagem conhecida : 2 338 095 000

051500	Data	Atelier	Quantidade	MBC	BELA	SOB	FDC
1	2002	A	*378 285 000*	-	0,7	1,5	3,5
2	2002	D	*367 135 000*	-	0,7	1,5	3,5
3	2002	F	*421 735 000*	-	0,7	1,5	3,5
4	2002	G	*252 035 000*	-	0,7	1,5	3,5
5	2002	J	*441 135 000*	-	0,7	1,5	3,5
6	2003	A	*42 040 000*	-	0,7	1,5	3,5
7	2003	D	*74 180 000*	-	0,7	1,5	3,5
8	2003	F	*82 580 000*	-	0,7	1,5	3,5
9	2003	G	*42 280 000*	-	0,7	1,5	3,5
10*	2003	J	*180 000*	-	-	4	6
11*	2004	A	*140 000*	-	-	3,5	5
12*	2004	D	*nc*	-	0,7	1,5	3,5
13*	2004	F	*140 000*	-	-	3,5	5

051500	Data	Atelier	Quantidade	MBC	BELA	SOB	FDC
14*	2004	G	*140 000*	-	-	3,5	5
15*	2004	J	*140 000*	-	-	3,5	5
16	2005	A	*8 100 000*	-	0,7	1,5	3,5
17	2005	D	*8 500 000*	-	0,7	1,5	3,5
18	2005	F	*9 700 000*	-	0,7	1,5	3,5
19	2005	G	*5 700 000*	-	2	4	6
20	2005	J	*8 500 000*	-	0,7	1,5	3,5
21	2006	A	*39 090 000*	-	0,7	1,6	3,5
22	2006	D	*41 040 000*	-	0,7	1,6	3,5
23	2006	F	*46 890 000*	-	0,7	1,6	3,5
24	2006	G	*27 390 000*	-	0,7	1,6	3,5
25	2006	J	*41 040 000*	-	0,7	1,6	3,5

051500/10, 11, 13, 14 e 15 : Estas moedas encontram-se apenas nas carteiras BNC.

€.051501 20 cent PORTA DE BRANDEBOURG - Segundo reverso ALEMANHA

Gravura : Reinhart Heinsdorff
Ø 22,25 mm - 5,74 g - Latão-níquel
Data de criação : 3 maio 1998. CE 975/98
Bordo : Liso com sete côncavidade
Total de cunhagem conhecida : 98 000 000

051501	Data	Atelier	Quantidade	MBC	BELA	SOB	FDC
1*	2007	A	*19 600 000*	-	-	-	-
2*	2007	D	*20 580 000*	-	-	-	-
3*	2007	F	*23 520 000*	-	-	-	-
4*	2007	G	*13 720 000*	-	-	-	-
5*	2007	J	*20 580 000*	-	-	-	-

€.052800 20 cent CERVANTES ESPANHA

Gravura : Begoña Castellanos Garcia
Ø 22,25 mm - 5,74 g - Latão-níquel
Data de criação : 3 maio 1998. CE 975/98
Bordo : Liso com sete côncavidades
Total de cunhagem conhecida : 1 144 249 586

052800	Data	Atelier	Quantidade	MBC	BELA	SOB	FDC
1	1999	M	*762 349 030*	-	0,7	1,5	4
2*	2000	M	*29 349 600*	-	4	5,5	7
3	2001	M	*146 649 426*	-	0,7	1,5	4

052800	Data	Atelier	Quantidade	MBC	BELA	SOB	FDC
4	2002		*91 599 301*	-	0,7	1,5	4
5	2003		*4 259 306*	-	0,7	2	3,5
6	2004		*3 943 000*	-	0,7	2	3,5
7	2005		*4 049 923*	-	0,7	2	3,5
8	2006		*102 050 000*	-	0,7	1,5	3,5
9	2007		*nc*	-	-	-	-

€.053800 20 cent LEÃO HERÁLDICO PRIMEIRO TIPO FINLÂNDIA

Gravura : Heikki Haïväoja
Ø 22,25 mm - 5,74 g - Latão-níquel
Data de criação : 3 maio 1998. CE 975/98
Bordo : Liso com sete côncavidades
Total de cunhagem conhecida : 269 478 000

053800	Data	Atelier	Quantidade	MBC	BELA	SOB	FDC
1	1999		*42 425 000*	-	1	2	4
2	2000		*575 000*	-	10	14	17
3	2001		*121 838 000*	-	1	2	4
4	2002		*100 892 000*	-	1	2	5
5	2003		*1 031 000*	-	3	4	6
6	2004		*747 000*	-	1,5	2,5	5
7	2005		*877 000*	-	1	2	5
8	2006		*1 093 000*	-	1	2	5

€.053801 20 cent LEÃO HERÁLDICO SEGUNDO TIPO FINLÂNDIA

Gravura : Heikki Haïväoja
Ø 22,25 mm - 5,74 g - Latão-níquel
Bordo : Liso com sete côncavidades
Total de cunhagem conhecida : nc

053801	Data	Atelier	Quantidade	MBC	BELA	SOB	FDC
1	2007		*nc*	-	-	-	-

Para alguns ateliers em que a produção das moedas, mesmo em carteiras BNC apresentam a maioria das vezes pequenas mossas e riscos, damos uma cotação SOB ou FDC, que corresponde a uma moeda quase perfeita. Uma moeda perfeita deve ser cotada com um preço mais elevado.

€.054100 20 cent NOVA SEMEADORA FRANÇA

Gravura : Laurent Jorio
Ø 22,25 mm - 5,74 g - Latão-níquel
Data de criação : 3 maio 1998. CE 975/98
Bordo : Liso com sete côncavidades
Total de cunhagem conhecida : 1 052 312 960

054100	Data	Atelier	Quantidade	MBC	BELA	SOB	FDC
1*	1999		*454 326 213*	-	0,6	0,9	-
2*	1999		*inclus*	-	0,7	1	-
3	2000		*148 988 613*	-	0,6	0,9	-
4	2001		*256 342 121*	-	0,6	0,9	-
5	2002		*192 121 013*	-	0,6	0,9	-
6*	2003		*175 000*	-	-	6	-
7*	2004		*160 000*	-	-	6	-
8*	2005		*120 000*	-	-	6	-
9*	2006		*80 000*	-	-	6	-

NOTA : Descrição dos tipos de 20 cent 1999 .
054100/1 : 1999 tipo A
054100/2 : 1999 tipo B
054100/6 à 9 : As datas de 2003, 2004, 2005 e 2006 só se encontram em BNC.

20 cent 1999

As duas variantes distinguem-se por duas disposições dos símbolos (abelha e cornucópia); fotos em grande formato em http://www.bncgb.net/pdf/bn010.pdf :

Disposição A : a abelha está baixa. O seu eixo esta orientado para as 2h30, o da cornucópia para as 8h45.

Disposição B : a abelha está numa posição mais alta. O seu eixo está orientado para as 2h45, o da cornucópia para as 8h30.

Nenhuma variante é rara. O tipo A representa 93 % e o tipo B 7 % das 1100 moedas examinadas.
O tipo observado nas carteiras BNC é do tipo B.

A posição da abelha é suficiente para determinar as duas variantes.

€.054101 20 cent NOVA SEMEADORA - Segundo Reverso FRANÇA

Gravura : Laurent Jorio
Ø 22,25 mm - 5,74 g - Latão-níquel
Data de criação : 3 maio 1998. CE 975/98
Bordo : Liso com sete côncavidades
Total de cunhagem conhecida : 40 050 000

054101	Data	Atelier	Quantidade	MBC	BELA	SOB	FDC
1*	2007		*40 050 000*	-	-	-	-

€.054900 20 cent

CAPODISTRIAS

GRÉCIA

Gravura : Georgios Stamatopoulos
Concepção : Maria Antonatou
Ø 22,25 mm - 5,74 g - Latão-níquel
Data de criação : 3 maio 1998. CE 975/98
Bordo : Liso com sete côncavidades
Total de cunhagem conhecida : 332 584 245

054900	Data	Atelier	Quantidade	MBC	BELA	SOB	FDC
1	2002		*209 054 945*	-	1	1,8	-
2*	2002	★	*120 000 000*	-	1	1,8	-
3	2003		*899 300*	-	2	3,5	-
4	2004		*530 000*	-	2,5	4	-
5	2005		*1 050 000*	-	1	1,8	-
6	2006		*1 050 000*	-	1	1,8	-
7	2007		*nc*	-	-	-	-

NOTA : A assinaturra do gravador está à esquerda,sob a veste da personagem.

054900/2 : O E está na estrela abaixo da data.

€.055300 20 cent HARPA

IRLANDA

Gravura : Jarlath Hayes
Ø 22,25 mm - 5,74 g - Latão-níquel
Data de criação : 3 maio 1998. CE 975/98
Bordo : Liso com sete côncavidades
Total de cunhagem conhecida : 372 630 401

055300	Data	Atelier	Quantidade	MBC	BELA	SOB	FDC
1*	2002		*234 595 562*	-	1	1,8	-
2	2003		*57 207 221*	-	1	1,8	5
3	2004		*32 461 447*	-	1	1,8	5
4	2005		*37 903 942*	-	1	1,8	5
5	2006		*10 462 229*	-	1	1,8	5
6	2007		*nc*	-	-	-	-

055300/1 : A data 2002 só se encontra em estado FDC nas carteiras tal como as restantes moedas desta série, e como elas não cotamos em FDC, porque é rara a carteira aberta para se poder cotar nesse sentido.

€.055600 20 cent BOCCIONI

ITÁLIA

Gravura : Maria Angela Cassol
Ø 22,25 mm - 5,74 g - Latão-níquel
Data de criação : 3 maio 1998. CE 975/98
Bordo : Liso com sete côncavidades
Total de cunhagem conhecida : 1 453 176 000

055600	Data	Atelier	Quantidade	MBC	BELA	SOB	FDC
1	2002	R	*1 411 836 000*	-	0,7	1,5	-

055600	Data	Atelier	Quantidade	MBC	BELA	SOB	FDC
2	2003	R	*26 155 000*	-	0,9	1,7	-
3	2004	R	*5 065 000*	-	1,2	2	-
4	2005	R	*5 070 000*	-	2	3	-
5	2006	R	*5 050 000*	-	4	6	-
6	2007	R	*nc*	-	-	-	-

€.056100 20 cent GRÃO DUQUE HENRI LUXEMBURGO

Gravura : Yvette Gastauer-Claire
Ø 22,25 mm - 5,74 g - latão-níquel
Data de criação : 3 maio 1998. CE 975/98
Bordo : Liso com sete côncavidades
Total de cunhagem conhecida : 54 488 500

056100	Data	Atelier	Quantidade	MBC	BELA	SOB	FDC
1	2002		*25 757 500*	-	1	1,8	5
2	2003		*1 600 000*	-	1,5	2,5	5
3	2004		*14 061 000*	-	1	1,8	5
4	2005		*6 040 000*	-	1	1,8	5
5	2006		*7 030 000*	-	1	1,8	5
6	2007		*nc*	-	-	-	-

€.056300 20 cent CAVALEIRO GRIMALDI MÓNACO

Gravura : Atelier de gravura da Monnaie de Paris
Concepção : Roger Baron
Ø 22,25 mm - 5,74 g - latão-níquel
Data de criação : 3 maio 1998. CE 975/98
Bordo : Liso com sete côncavidades
Total de cunhagem conhecida : 862 400

056300	Data	Atelier	Quantidade	MBC	BELA	SOB	FDC
1	2001		*386 400*	-	10	14	-
2	2002		*376 000*	-	8	12	-
3	2003		*100 000*	-	10	14	-
4*	2004		*BE*	-	-	-	-

NOTA : Os 20 cent 2005 do Monaco não há para circulação nem em carteira BNC ou Proof..

056300/4 : Os 20 cent 2004 só se encontram em carteira Proof e são14 999.

€.056301 20 cent
MONOGRAMA DO PRÍNCIPE ALBERTO II
MONACO

Ø 22,25 mm - 5,74 g - latão-níquel
Data de criação : JO EU C316/21 de 22/12/2006
Bordo : Liso com sete côncavidades
Total de cunhagem conhecida : 0

056301	Data	Atelier	Quantidade	MBC	BELA	SOB	FDC
1*	2006		*Proof*	-	-	-	-

056301/1 : Os 20 cent 2006 só se enconta em Proof e a emissão é de 11 180.

€.057000 20 cent BEATRIX
HOLANDA

Gravura : Bruno Ninaber van Eyben
Ø 22,25 mm - 5,74 g - latão-níquel
Data de criação : 3 maio 1998. CE 975/98
Bordo : Liso com sete côncavidades
Total de cunhagem conhecida : 383 264 020

057000	Data	Atelier	Quantidade	MBC	BELA	SOB	FDC
1	1999		*86 565 000*	-	0,7	1,5	5
2	2000		*67 568 000*	-	0,7	1,5	5
3	2001		*97 680 000*	-	0,7	1,5	5
4	2002		*51 450 502*	-	0,7	1,5	5
5	2003		*58 427 003*	-	0,7	1,5	5
6	2004		*20 635 004*	-	0,7	1,5	5
7*	2005		*449 005*	-	1,3	2,6	5
8*	2006		*489 506*	-	0,7	1,5	5
9	2007		*nc*	-	-	-	-

057000/7 : Estas moedas não foram postas em circulação...só há moedas em caixas de coleccionador.

057000/8 : Números provisórios.

€.057700 20 cent SELO REAL
DE 1142
PORTUGAL

Gravura: Vitor Santos
Ø 22,25 mm - 5,74 g - latão-níquel
Data de criação : 3 maio 1998. CE 975/98
Bordo : Liso com sete côncavidades
Total de cunhagem conhecida : 203 185 138

057700	Data	Atelier	Quantidade	MBC	BELA	SOB	FDC
1	2002		*147 466 038*	-	0,7	1,5	5
2	2003		*9 563 600*	-	0,7	1,5	5
3	2004		*1 070 000*	-	0,7	1,5	5

057700	Data	Atelier	Quantidade	MBC	BELA	SOB	FDC
4	2005		*25 060 000*	-	0,7	1,5	5
5	2006		*20 025 500*	-	1	1,8	5
6	2007		*nc*	-	-	-	-

€.058300 20 cent CAVALOS DE LIPPIZANS ESLOVÉNIA

Gravura : Miljenko Licul, Maja Licul et Janez Boljka
Ø 22,25 mm - 5,74 g - latão-níquel
Data de criação : JO EU C254/6 de 20/10/2006
Bordo : Liso com sete côncavidades
Total de cunhagem conhecida :37 350 000

058300	Data	Atelier	Quantidade	MBC	BELA	SOB	FDC
1	2007		*37 350 000*	-	1	1,8	5

€.058500 20 cent SÃO MARINO SÃO MARINO

Gravura : Ettore Lorenzo Frapiccini
Concepção : Frantisek Chochola
Ø 22,25 mm - 5,74 g - latão-níquel
Data de criação : 3 maio 1998. CE 975/98
Bordo : Liso com sete côncavidades
Total de cunhagem conhecida : 1 237 400

058500	Data	Atelier	Quantidade	MBC	BELA	SOB	FDC
1	2002	R	*302 400*	-	4	6	8
2	2003	R	*430 000*	-	4	6	8
3*	2004	R	*70 000*	-	-	15	20
4	2005	R	*370 000*	-	3,5	4,5	6
5*	2006	R	*65 000*	-	-	6	9
6	2007	R	*nc*	-	-	-	-

058500/3 e 5 : As datas de 2004 e 2006 só se encontam em BNC.

€.059300 20 cent JOÃO PAULO II VATICANO

Gravura : Uliana Pernazza
Concepção : Guido Veroi
Ø 22,25 mm - 5,74 g - latão-níquel
Data de criação : 3 maio 1998. CE 975/98 e segundo a lei Vaticano de 18 dezembro 2001, art. 2
Bordo : Liso com sete côncavidades
Total de cunhagem conhecida : 315 000

059300	Data	Atelier	Quantidade	MBC	BELA	SOB	FDC
1*	2002	R	*80 000*	-	-	85	-
2*	2003	R	*65 000*	-	-	25	-

059300	Data	Atelier	Quantidade	MBC	BELA	SOB	FDC
3*	2004	R	*85 000*	-	-	20	-
4*	2005	R	*85 000*	-	-	20	-

059300/1 : Somente algumas moedas foram distribuídas à «população» fora da carteira BNC. Contudo é raríssimo encontrar estas moedas a circular.

059300/2, 3 e 4 : As datas de 2003, 2004 e 2005 encontram-se só em BNC.

€.059301 20 cent SEDE VACANTE

VATICANO

Gravura : Maria Angela Cassol
Concepção : Daniela Longo
Ø 22,25 mm - 5,74 g - latão-níquel
Data de criação : Segundo JO EU L267/27 de 17 outubro de 2003
Bordo : Liso com sete côncavidades
Total de cunhagem conhecida : 60 000

059301	Data	Atelier	Quantidade	MBC	BELA	SOB	FDC
1*	2005	R	*60 000*	-	-	25	-

NOTA : O R encontra-se à direita das armas do Cardeal Camerlengo.
NOTA : A data encontra-se em números romanos («MMV»)

059301/1 :As datas de 2005 encontram-se só em BNC.

€.059302 20 cent BENTO XVI

VATICANO

Gravura : Maria Angela Cassol
Concepção : Daniela Longo
Ø 22,25 mm - 5,74 g - latão-níquel
Data de criação : 3 maio 1998. CE 975/98 e segundo a lei vaticano de 18 dezembro 2001, art. 2
Bordo : Liso com sete côncavidades
Total de cunhagem conhecida : 85 000

059302	Data	Atelier	Quantidade	MBC	BELA	SOB	FDC
1*	2006	R	*85 000*	-	-	20	-
2	2007	R	*nc*	-	-	-	-

059302/1 : As datas de 2006 encontram-se só em BNC.

Tabela dos 20 cent

	Numero €4	1999	2000	2001	2002	2003	2004	2005	2006	2007
Áustria	€.050400	Não Existe	Não Existe	Não Existe	Em circulação	Em circulação	Em circulação	Em circulação	Em circulação	Sem Informação
Bélgica	€.050600	Só em BNC	Em circulação	Só em BNC	Em circulação	Em circulação	Em circulação	Em circulação	Em circulação	Sem Informação
Alemanha A	€.051500	Não Existe	Não Existe	Não Existe	Em circulação	Em circulação	Só em BNC	Em circulação	Em circulação	Não Existe
Alemanha D	€.051500	Não Existe	Não Existe	Não Existe	Em circulação	Em circulação	Em circulação	Em circulação	Em circulação	Não Existe
Alemanha F	€.051500	Não Existe	Não Existe	Não Existe	Em circulação	Em circulação	Só em BNC	Em circulação	Em circulação	Não Existe
Alemanha G	€.051500	Não Existe	Não Existe	Não Existe	Em circulação	Em circulação	Só em BNC	Em circulação	Em circulação	Não Existe
Alemanha J	€.051500	Não Existe	Não Existe	Não Existe	Em circulação	Só em BNC	Só em BNC	Em circulação	Em circulação	Não Existe
Alemanha A	€.051501	Não Existe	Não Existe	Não Existe	Não Existe	Não Existe	Não Existe	Não Existe	Não Existe	Em circulação
Alemanha D	€.051501	Não Existe	Não Existe	Não Existe	Não Existe	Não Existe	Não Existe	Não Existe	Não Existe	Em circulação
Alemanha F	€.051501	Não Existe	Não Existe	Não Existe	Não Existe	Não Existe	Não Existe	Não Existe	Não Existe	Em circulação
Alemanha G	€.051501	Não Existe	Não Existe	Não Existe	Não Existe	Não Existe	Não Existe	Não Existe	Não Existe	Em circulação
Alemanha J	€.051501	Não Existe	Não Existe	Não Existe	Não Existe	Não Existe	Não Existe	Não Existe	Não Existe	Em circulação
Espanha	€.052800	Em circulação	Em circulação	Em circulação	Em circulação	Em circulação	Em circulação	Em circulação	Em circulação	Sem Informação
Finlãndia	€.053800	Em circulação	Em circulação	Em circulação	Em circulação	Em circulação	Em circulação	Em circulação	Em circulação	Não Existe
Finlãndia	€.053801	Não Existe	Não Existe	Não Existe	Não Existe	Não Existe	Não Existe	Não Existe	Não Existe	Em circulação
França	€.054100	Em circulação	Em circulação	Em circulação	Em circulação	Só em BNC	Só em BNC	Só em BNC	Só em BNC	Não Existe
França	€.054101	Não Existe	Não Existe	Não Existe	Não Existe	Não Existe	Não Existe	Não Existe	Não Existe	Em circulação
Grécia	€.054900	Não Existe	Não Existe	Não Existe	Em circulação	Em circulação	Em circulação	Em circulação	Em circulação	Sem Informação
Grécia E	€.054900	Não Existe	Não Existe	Não Existe	Em circulação	Não Existe	Não Existe	Não Existe	Não Existe	Não Existe
Irlanda	€.055300	Não Existe	Não Existe	Não Existe	Em circulação	Em circulação	Em circulação	Em circulação	Em circulação	Sem Informação
Italia	€.055600	Não Existe	Não Existe	Não Existe	Em circulação	Em circulação	Em circulação	Em circulação	Em circulação	Sem Informação
Luxemburgo	€.056100	Não Existe	Não Existe	Não Existe	Em circulação	Em circulação	Em circulação	Em circulação	Em circulação	Sem Informação
Monaco	€.056300	Não Existe	Não Existe	Em circulação	Em circulação	Em circulação	Só em BNC	Não Existe	Não Existe	Não Existe
Monaco	€.056301	Não Existe	Não Existe	Não Existe	Não Existe	Não Existe	Não Existe	Não Existe	Só em BNC	Sem Informação
Holanda	€.057000	Em circulação	Em circulação	Em circulação	Em circulação	Em circulação	Em circulação	Em circulação	Em circulação	Sem Informação
Portugal	€.057700	Não Existe	Não Existe	Não Existe	Em circulação	Em circulação	Em circulação	Em circulação	Em circulação	Sem Informação
Eslovénia	€.058300	Não Existe	Não Existe	Não Existe	Não Existe	Não Existe	Não Existe	Não Existe	Não Existe	Em circulação
São Marino	€.058500	Não Existe	Não Existe	Não Existe	Em circulação	Em circulação	Só em BNC	Em circulação	Só em BNC	Sem Informação
Vaticano JP II	€.059300	Não Existe	Não Existe	Não Existe	Em circulação	Só em BNC	Só em BNC	Só em BNC	Não Existe	Não Existe
Vaticano SV	€.059301	Não Existe	Não Existe	Não Existe	Não Existe	Não Existe	Não Existe	Só em BNC	Não Existe	Não Existe
Vaticano B XVI	€.059302	Não Existe	Não Existe	Não Existe	Não Existe	Não Existe	Não Existe	Não Existe	Só em BNC	Sem Informação

Legenda :

- **Não Existe**
- **Só em BNC - Proc**
- **Em circulação**
- **Sem Informaçã**

€.060400 50 cent EDIFÍCIO DA SECESSÃO ÁUSTRIA

Gravura : Joseph Kaiser
Ø 24,25 mm - 7,80 g - Latão-níquel
Data de criação : 3 maio 1998. CE 975/98
Bordo : serrilha larga
Total de cunhagem conhecida : 184 825 000

060400	Data	Atelier	Quantidade	MBC	BELA	SOB	FDC
1	2002		*169 200 000*	-	1,2	2	5
2	2003		*9 225 000*	-	1,2	2	5
3	2004		*3 200 000*	-	1,2	2	5
4	2005		*3 200 000*	-	1,2	2	5
5	2006		*nc*	-	1,2	2	5
6	2007		*nc*	-	-	-	-

€.060600 50 cent ALBERTO II BÉLGICA

Gravura : Jan Alfons Keustermans
Ø 24,25 mm - 7,80 g - Latão-níquel
Data de criação : 3 maio 1998. CE 975/98
Bordo : serrilha larga
Total de cunhagem conhecida : 262 662 000

060600	Data	Atelier	Quantidade	MBC	BELA	SOB	FDC
1	1999		*197 040 000*	-	1	2	-
2*	2000		*40 000*	-	-	14	-
3*	2001		*40 000*	-	-	14	-
4	2002		*50 140 000*	-	2	3,5	-
5*	2003		*185 000*	-	-	7	-
6	2004		*15 102 000*	-	1	2	-
7*	2005		*60 000*	-	-	5	-
8*	2006		*55 000*	-	-	5	-
9	2007		*nc*	-	-	-	-

060600/2, 3, 5, 7 e 8 : As datas de 2000, 2001, 2003, 2005 e 2006 só se encontram em BNC.

€.061500 50 cent PORTA DE BRANDEBOURG ALEMANHA

Gravura : Reinhart Heinsdorff
Ø 24,25 mm - 7,80 g - Latão-níquel
Data de criação : 3 maio 1998. CE 975/98
Bordo : serrilha larga
Total de cunhagem conhecida : 2 103 235 000

061500	Data	Atelier	Quantidade	MBC	BELA	SOB	FDC
1	2002	A	*337 885 000*	-	1	2	3,5

061500	Data	Atelier	Quantidade	MBC	BELA	SOB	FDC
2	2002	D	*370 375 000*	-	1	2	3,5
3	2002	F	*430 615 000*	-	1	2	3,5
4	2002	G	*256 695 000*	-	1	2	3,5
5	2002	J	*401 535 000*	-	1	2	3,5
6*	2003	A	*180 000*	-	-	4	6
7*	2003	D	*180 000*	-	-	4	6
8*	2003	F	*180 000*	-	-	4	6
9*	2003	G	*180 000*	-	-	4	6
10	2003	J	*39 780 000*	-	1	2	3,5
11*	2004	A	*82 400 000*	-	-	3,5	5
12*	2004	D	*70 900 000*	-	-	3,5	5
13	2004	F	*73 660 000*	-	1	2	3,5
14	2004	G	*37 580 000*	-	1	2	3,5
15*	2004	J	*140 000*	-	-	3,5	5
16*	2005	A	*100 000*	-	-	4	6
17*	2005	D	*100 000*	-	-	4	6
18*	2005	F	*100 000*	-	-	4	6
19*	2005	G	*100 000*	-	-	4	6
20*	2005	J	*100 000*	-	-	4	6
21*	2006	A	*90 000*	-	-	4	6
22*	2006	D	*90 000*	-	-	4	6
23*	2006	F	*90 000*	-	-	4	6
24*	2006	G	*90 000*	-	-	4	6
25*	2006	J	*90 000*	-	-	4	6

061500/6 à 9, 15 à 25 : Estas moedas só se encontram em BNC.
061500/11 e 12 : Estas moedas e segundo as tiragens divulgadas, foram cunhadas para circular, porém ainda foram poucos os exemplares encontrados. Claro que ao ser emitido a quantidade suposta, os preços baixaram na relação procura-oferta.

€.061501 50 cent PORTA DE BRANDEBOURG - Segundo reverso ALEMANHA

Gravura : Reinhart Heinsdorff
Ø 24,25 mm - 7,80 g - Latão-níquel
Data de criação : 3 maio 1998. CE 975/98
Bordo : serrilha larga
Total de cunhagem conhecida : nc

061501	Data	Atelier	Quantidade	MBC	BELA	SOB	FDC
1*	2007	A	*nc*	-	-	-	-
2*	2007	D	*nc*	-	-	-	-
3*	2007	F	*nc*	-	-	-	-
4*	2007	G	*nc*	-	-	-	-
5*	2007	J	*nc*	-	-	-	-

€.062800 50 cent CERVANTES

ESPANHA

Gravura : Begoña Castellanos Garcia
Ø 24,25 mm - 7,80 g - Latão-níquel
Data de criação : 3 maio 1998. CE 975/98
Bordo : serrilha larga
Total de cunhagem conhecida : 1 270 349 586

062800	Data	Atelier	Quantidade	MBC	BELA	SOB	FDC
1	1999	M	*371 049 030*	-	1	2	4
2	2000	M	*519 649 600*	-	1	2	4
3	2001	M	*351 149 426*	-	1	2	4
4	2002	M	*9 899 301*	-	5	8	10
5	2003	M	*6 159 306*	-	1	2,3	3,5
6	2004	M	*4 443 000*	-	1	2,3	3,5
7	2005	M	*3 949 923*	-	1	2,3	3,5
8	2006	M	*4 050 000*	-	1	2	3,5
9	2007	M	*nc*	-	-	-	-

€.063800 50 cent LEÃO

HERALDICO PRIMEIRO TIPO FINLÂNDIA

Gravura: Heikki Haïväoja
Ø 24,25 mm - 7,80 g - Latão-níquel
Data de criação : 3 maio 1998. CE 975/98
Bordo : serrilha larga
Total de cunhagem conhecida : 107 328 000

063800	Data	Atelier	Quantidade	MBC	BELA	SOB	FDC
1	1999	M	*20 771 000*	-	1,2	2,2	4
2	2000	M	*67 172 000*	-	1,2	2,2	4
3	2001	M	*4 507 000*	-	3,5	5	7
4	2002	M	*1 280 000*	-	5	7	10
5	2003	M	*1 031 000*	-	3,5	5	6
6	2004	M	*747 000*	-	3	4	5
7	2005	M	*4 877 000*	-	1,2	2,2	5
8	2006	M	*6 943 000*	-	1,2	2,2	5

€.063801 50 cent LEÃO HERALDICO SEGUNDO TIPO FINLÂNDIA

Gravura : Heikki Haïväoja
Ø 24,25 mm - 7,80 g - Latão-níquel
Bordo : serrilha larga
Total de cunhagem conhecida : nc

063801	Data	Atelier	Quantidade	MBC	BELA	SOB	FDC
1	2007		*nc*	-	-	-	-

€.064100 50 cent NOVA SEMEADORA FRANÇA

Gravura : Laurent Jorio
Ø 24,25 mm - 7,80 g - Latão-níquel
Data de criação : 3 maio1998. CE 975/98
Bordo : serrilha larga
Total de cunhagem conhecida : 788 650 926

064100	Data	Atelier	Quantidade	MBC	BELA	SOB	FDC
1*	1999		*105 788 613*	-	1	1,5	-
2*	1999		*inclus*	-	2	3	-
3	2000		*179 531 013*	-	1	1,5	-
4	2001		*276 287 287*	-	1	1,5	-
5	2002		*226 509 013*	-	1	1,5	-
6*	2003		*175 000*	-	-	6	-
7*	2004		*160 000*	-	-	6	-
8*	2005		*120 000*	-	-	6	-
9*	2006		*80 000*	-	-	6	-

NOTA : Uma analise recente mostra que os stocks de moeda é suficiente até ... 2028 ! Compreende-se, até porque, o Tesouro Público terá encomendado moedas de 50 cent à Espanha tipo « CERVANTÈS » antes da chegada do euro...
NOTA : Descrição dos tipos de moeda de 50 cent 1999.
064100/1 : 1999 tipo A
064100/2 : 1999 tipo B
064100/6 à 9 : As datas de 2003, 2004, 2005 e 2006 só se encontram em BNC.

€.064101 50 cent NOVA SEMEADORA - Segundo reverso FRANÇA

Gravura: Laurent Jorio
Ø 24,25 mm - 7,80 g - Latão-níquel
Data de criação : 3 maio 1998. CE 975/98
Bordo : serrilha larga
Total de cunhagem conhecida : 50 000

064101	Data	Atelier	Quantidade	MBC	BELA	SOB	FDC
1*	2007		*50 000*	-	-	-	-

064101/1 : A data de2007 só se encontra em BNC.

50 cent 1999

As duas variantes conhecidas destinguem-se por duas disposições dos símbolos (abelha e cornucópia); fotos em formato grande em: http://www.bncgb.net/pdf/bn010.pdf :

Exemplo A : a abelha está baixa e o seu eixo orientado às 2h30.

Exemplo B : a abelha está alta eo eixo orientado às 2h45.

NOTA : As diferenças de orientação do eixo do cornocopia são minuciosas

As moedas de tipo B parecem ser muito raras: pois só encontramos entre: 288 exemplares examinados, 99 % do tipo A e 1 % do tipo B.
A posição da abelha é suficiente para determinar as duas variantes.

€.064900 50 cent VENIZELOS

GRÉCIA

Gravura : Georgios Stamatopoulos
Concepção : Nikos Nikolaou
Ø 24,25 mm - 7,80 g - Latão-níquel
Data de criação : 3 maio 1998. CE 975/98
Bordo : serrilha larga
Total de cunhagem conhecida : 166 584 245

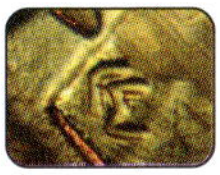

064900	Data	Atelier	Quantidade	MBC	BELA	SOB	FDC
1	2002		*93 054 945*	-	1,2	2	-
2*	2002	☆	*70 000 000*	-	1,2	2	-
3	2003		*899 300*	-	1,6	2,6	-
4	2004		*530 000*	-	2	3,5	-
5	2005		*1 050 000*	-	1,2	2	-
6	2006		*1 050 000*	-	1,2	2	-
7	2007		*nc*	-	-	-	-

NOTA : A assinatura do gravador está na extremidade à esquerda do busto.

064900/2 : O F está na estrela à esquerda da data.

€.065300 50 cent HARPA

IRLANDA

Gravura : Jarlath Hayes
Ø 24,25 mm - 7,80 g - Latão-níquel
Data de criação : 3 maio 1998. CE 975/98
Bordo : serrilha larga
Total de cunhagem conhecida : 181 255 933

065300	Data	Atelier	Quantidade	MBC	BELA	SOB	FDC
1*	2002		*144 164 592*	-	1,2	2	-
2	2003		*11 877 326*	-	1,2	2	5
3	2004		*6 789 312*	-	1,2	2	5

065300	Data	Atelier	Quantidade	MBC	BELA	SOB	FDC
4	2005		*17 358 568*	-	1,2	2	5
5	2006		*1 066 135*	-	1,2	2	5
6	2007		*nc*	-	-	-	-

€.065600 50 cent MARCO AURÉLIO ITÁLIA

Gravura : Roberto Mauri
Ø 24,25 mm - 7,80 g - Latão-níquel
Data de criação : 3 maio 1998. CE 975/98
Bordo : serrilha larga
Total de cunhagem conhecida : 1 196 728 000

065600	Data	Atelier	Quantidade	MBC	BELA	SOB	FDC
1	2002	R	*1 136 718 000*	-	1	2	-
2	2003	R	*44 825 000*	-	2	3	-
3	2004	R	*5 065 000*	-	3	4,5	-
4	2005	R	*5 070 000*	-	2	3	-
5*	2006	R	*5 050 000*	-	3	4,5	-
6	2007	R	*nc*	-	-	-	-

065600/5 : Até ao momento nenhuma moeda encontrada em circulação.

€.066100 50 cent GRÃO DUQUE HENRI LUXEMBURGO

Gravura : Yvette Gastauer-Claire
Ø 24,25 mm - 7,80 g - Latão-níquel
Data de criação : 3 maio 1998. CE 975/98
Bordo : serrilha larga
Total de cunhagem conhecida : 40 688 500

066100	Data	Atelier	Quantidade	MBC	BELA	SOB	FDC
1	2002		*21 957 500*	-	1,2	2	5
2	2003		*2 600 000*	-	1,8	3	5
3	2004		*10 061 000*	-	1,2	2	5
4	2005		*3 040 000*	-	1,2	2	5
5	2006		*3 030 000*	-	1,2	2	5
6	2007		*nc*	-	-	-	-

€.066300 50 cent CAVALEIRO

GRIMALDI
MONACO

Gravura : Atelier de gravura da Monnaie de Paris
Concepção : Roger Baron
Ø 24,25 mm - 7,80 g - Latão-níquel
Data de criação : 3 maio 1998. CE 975/98
Bordo : serrilha larga
Total de cunhagem conhecida : 784 000

066300	Data	Atelier	Quantidade	MBC	BELA	SOB	FDC
1	2001		*320 000*	-	18	25	-
2	2002		*364 000*	-	12	15	-
3	2003		*100 000*	-	12	15	-
4*	2004		*Proof*	-	-	-	-

066300/4 : As unicas moedas 50 cent 2004 são 14 999 em Proof..

€.066301 50 cent

MONOGRAMA DO PRÍNCIPE ALBERTO II
MONACO

Ø 24,25 mm - 7,80 g - Latão-níquel
Data de criação : JO EU C316/21 de 22/12/2006
Bordo : serrilha larga
Total de cunhagem conhecida : 0

066301	Data	Atelier	Quantidade	MBC	BELA	SOB	FDC
1	2006		*Proof*	-	-	-	-

066301/1 : Os 50 cent 2006 só se enconta em Proof e a emissão é de 11 180.

€.067000 50 cent BEATRIX

HOLANDA

Gravura : Bruno Ninaber van Eyben
Ø 24,25 mm - 7,80 g - Latão-níquel
Data de criação : 3 maio 1998. CE 975/98
Bordo : serrilha larga
Total de cunhagem conhecida : 365 264 020

067000	Data	Atelier	Quantidade	MBC	BELA	SOB	FDC
1	1999		*99 665 000*	-	1	2	5
2	2000		*87 068 000*	-	1	2	5
3	2001		*94 580 000*	-	1	2	5
4	2002		*81 150 502*	-	1	2	5
5*	2003		*1 427 003*	-	1	2	5

067000	Data	Atelier	Quantidade	MBC	BELA	SOB	FDC
6*	2004		*435 004*	-	1,5	2,8	5
7*	2005		*449 005*	-	1,5	2,8	5
8*	2006		*489 506*	-	1	2	5
9	2007		*nc*	-	-	-	-

067000/5, 6 e 7 : Estas moedas não foram postas a circular...... Somente nas «caixas de coleccionador».

067000/8 : Números provisórios.

€.067700 50 cent SELO REAL DE 1142 PORTUGAL

Gravura : Vitor Santos
Ø 24,25 mm - 7,80 g - Latão-níquel
Data de criação : 3 maio 1998. CE 975/98
Bordo : serrilha larga
Total de cunhagem conhecida : 165 580 633

067700	Data	Atelier	Quantidade	MBC	BELA	SOB	FDC
1	2002		*152 002 133*	-	1	2	5
2	2003		*10 423 000*	-	1	2	5
3	2004		*1 070 000*	-	1	2	5
4	2005		*1 060 000*	-	1	2	5
5	2006		*1 025 500*	-	1	2	5
6	2007		*nc*	-	-	-	-

€.068300 50 cent MONTE TRIGLAV ESLOVÉNIA

Gravura : Miljenko Licul, Maja Licul e Janez Boljka
Ø 24,25 mm - 7,80 g - Latão-níquel
Data de criação : JO EU C254/6 de 20/10/2006
Bordo : serrilha larga
Total de cunhagem conhecida : 32 500 000

068300	Data	Atelier	Quantidade	MBC	BELA	SOB	FDC
1	2007		*32 500 000*	-	1,2	2	5

€.068500 50 cent FORTERESSE SÃO-MARINO

Gravura : Ettore Lorenzo Frapiccini
Concepção : Frantisek Chochola
Ø 24,25 mm - 7,80 g - Latão-níquel
Data de criação : 3 maio 1998. CE 975/98
Bordo : serrilha larga
Total de cunhagem conhecida : 1 374 792

068500	Data	Atelier	Quantidade	MBC	BELA	SOB	FDC
1	2002	R	*230 400*	-	6	8	10

068500	Data	Atelier	Quantidade	MBC	BELA	SOB	FDC
2	2003	R	*415 800*	-	5	6,5	8
3*	2004	R	*70 000*	-	-	20	24
4	2005	R	*249 712*	-	4	6	8
5*	2006	R	*408 880*	-	-	5	7
6	2007	R	*nc*	-	-	-	-

068500/3 : A data de2004, só se encontra em BNC.
068500/5 : Até ao momento sabe-se que existe para além das carteiras BNC, 193 880 moedas para circulação.

€.069300 50 cent JOÃO PAULO II VATICANO

Gravura : Uliana Pernazza
Concepção : Guido Veroi
Ø 24,25 mm - 7,80 g - Latão-níquel
Data de criação : 3 maio 1998. CE 975/98 e segundo a lei do Vaticano de 18 de dezembro de 2001, art. 2
Bordo : serrilha larga
Total de cunhagem conhecida : 315 000

069300	Data	Atelier	Quantidade	MBC	BELA	SOB	FDC
1*	2002	R	*80 000*	-	-	95	-
2*	2003	R	*65 000*	-	-	30	-
3*	2004	R	*85 000*	-	-	25	-
4*	2005	R	*85 000*	-	-	25	-

069300/2, 3 e 4 : As datas de 2003, 2004 e 2005 só se encontram em BNC.

€.069301 50 cent SEDE VACANTE VATICANO

Gravura : Luciana De Simoni
Concepção : Daniela Longo
Ø 24,25 mm - 7,80 g - Latão-níquel
Data de criação : Segundo JO EU L267/27 de 17 outubro 2003
Bordo : serrilha larga
Total de cunhagem conhecida : 60 000

069301	Data	Atelier	Quantidade	MBC	BELA	SOB	FDC
1*	2005	R	*60 000*	-	-	30	-

NOTA : O R encontra-se à direita das armas do Cardeal Camerlengo.
NOTA : A data encontra-se em numeração romana (« MMV »).
069301/1 : A data de 2005, só se encontra em BNC:.

€.069302 50 cent BENTO XVI

VATICANO

Gravura : Maria Angela Cassol
Concepção : Daniela Longo
Ø 24,25 mm - 7,80 g - Latão-níquel
Data de criação : 3 maio 1998. CE 975/98 e segundo a lei do Vaticano de 18 de dezembro de 2001, art. 2
Bordo : serrilha larga
Total de cunhagem conhecida : 85 000

069302	Data	Atelier	Quantidade	MBC	BELA	SOB	FDC
1*	2006	R	*85 000*	-	-	25	-
2	2007	R	*nc*	-	-	-	-

069302/1 : A data de 2006, só se encontra em BNC.

Tabela dos 50 cent

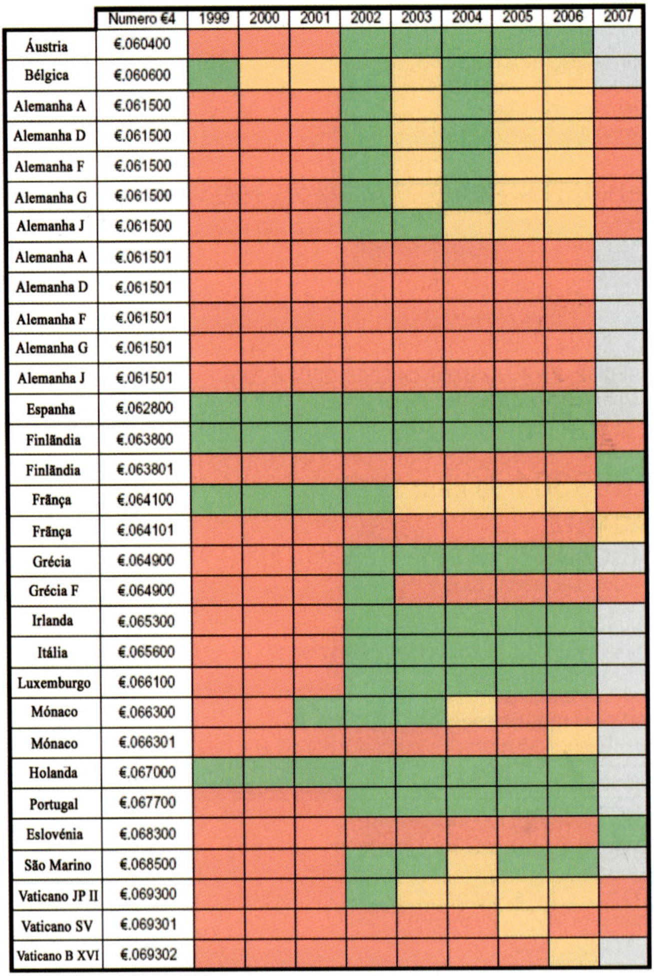

Legenda :

- **Não Existe**
- **Só em BNC - Proof**
- **Em circulação**
- **Sem Informação**

€.070400 1 euro MOZART

ÁUSTRIA

Gravura : Joseph Kaiser
Ø 23,25 mm - 7,50 g - Cupro-Níquel
Data de criação : 3 maio 1998. CE 975/98
Bordo : liso e serrilhado
Total de cunhagem conhecida : 229 125 000

070400	Data	Atelier	Quantidade	MBC	BELA	SOB	FDC
1	2002		*223 600 000*	-	1,8	3	5,5
2*	2003		*125 000*	-	-	8	10
3	2004		*2 700 000*	-	1,8	3	5,5
4	2005		*2 700 000*	-	1,8	3	5,5
5	2006		*nc*	-	1,8	3	5,5
6	2007		*nc*	-	-	-	-

070400/2 : As moedas de 2003 só se encontram em BNC.

€.070600 1 euro ALBERTO II

BELGICA

Gravura : Jan Alfons Keustermans
Ø 23,25 mm - 7,50 g - Cupro-Níquel
Data de criação : 3 maio1998. CE 975/98
Bordo : liso e serrilhado
Total de cunhagem conhecida: 266 162 000

070600	Date	Atelier	Quantité	TTB	SUP	SPL	FDC
1	1999		*160 040 000*	-	1,5	2,3	-
2*	2000		*40 000*	-	-	16	-
3*	2001		*40 000*	-	-	16	-
4*	2002		*90 640 000*	-	1,5	2,3	-
5*	2002		*inclus*	-	1,5	2,3	-
6*	2003		*185 000*	-	-	7	-
7	2004		*15 102 000*	-	1,5	2,3	-
8*	2005		*60 000*	-	-	6	-
9*	2006		*55 000*	-	-	6	-
10	2007		*nc*	-	-	-	-

070600/2, 3, 6, 8 e 9 : As datas de2000, 2001, 2003, 2005 e 2006 só se encontram em BNC.

070600/4 : 2002 Anverso 1
070600/5 : 2002 Anverso 2

Anverso1

1 - A cruz do pedestal, contíguo a coroa.
2 - os pilares da coroa estão magros e regulares (sem ornamentação).
3 - a base da coroa continua em ambos os lados da almofada que apoia.
4 - o bordo da esquerda do A apresenta duas convexidades (para o pé e para os 2/3 de sua altura).
5 - a ponta do A é arredondado.

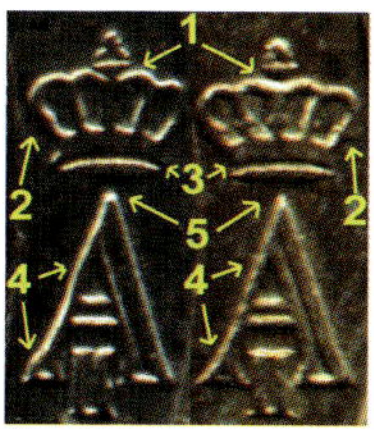

Anverso 2

1 - o pedestal da cruz, sobre a coroa e separado deste.
2 - os pilares da coroa são grossos e irregulares (presença de ornamentações).
3 - a base da coroa pára ao nível sobre a almofada que apoia.
4 - a borda esquerda do A é regular, ligeiramente côncavo.
5 - a ponta do A é bicudo.

€.071500 1 euro ÁGUIA HERÁLDICA
ALEMANHA

Gravura : Heinz et Schneschana Russewa-Hoyer
Ø 23,25 mm - 7,50 g - Cupro-Níquel
Data de criação : 3 maio 1998. CE 975/98
Bordo : liso e serrilhado
Total de cunhagem conhecida : 2 203 245 000

071500	Data	Atelier	Quantidade	MBC	BELA	SOB	FDC
1	2002	A	*368 035 000*	-	1,5	2,3	4
2*	2002	D	*368 315 000*	-	1,5	2,3	4
3*	2002	D	*inc.*	-	1,5	2,3	4
4*	2002	F	*439 935 000*	-	1,5	2,3	4
5*	2002	F	*inc.*	-	1,5	2,3	4
6*	2002	G	*266 485 000*	-	1,5	2,3	4
7*	2002	G	*inc.*	-	1,7	2,5	4,5
8*	2002	G	*inc.*	-	1,7	2,5	4,5
9*	2002	G	*inc.*	-	1,5	2,3	4
10	2002	J	*372 445 000*	-	1,5	2,3	4
11	2003	A	*50 430 000*	-	1,5	2,3	4
12*	2003	D	*180 000*	-	-	5	7
13*	2003	F	*180 000*	-	-	5	7
14*	2003	G	*180 000*	-	-	5	7
15	2003	J	*30 030 000*	-	1,5	2,3	4
16*	2004	A	*22 000 000*	-	-	4	6
17*	2004	D	*93 970 000*	-	-	4	6
18*	2004	F	*88 340 000*	-	-	4	6
19*	2004	G	*41 790 000*	-	-	4	6
20*	2004	J	*140 000*	-	-	4	6
21*	2005	A	*100 000*	-	-	4	6
22*	2005	D	*100 000*	-	-	4	6
23*	2005	F	*100 000*	-	-	4	6
24*	2005	G	*100 000*	-	-	4	6
25	2005	J	*59 940 000*	-	1,5	2,3	4
26*	2006	A	*90 000*	-	-	4	6
27*	2006	D	*90 000*	-	-	4	6
28*	2006	F	*90 000*	-	-	4	6
29*	2006	G	*90 000*	-	-	4	6
30*	2006	J	*90 000*	-	-	4	6

NOTA: Descrição completa das variantes de 1 euro de 2002.
071500/2 : 2002 D Reverso 1
071500/3 : 2002 D Reverso 2
071500/4 : 2002 F Reverso 1
071500/5 : 2002 F Reverso 2
071500/6 : 2002 G Anverso 1 + Reverso 1
071500/7 : 2002 G Anverso 1 + Reverso 2
071500/8 : 2002 G Anverso 2 + Reverso 1
071500/9 : 2002 G Anverso 2 + Reverso 2
071500/12 à 14, 20 à 24, 26 à 30 : Estas moedas encontram-se unicamente em BNC.
071500/16, 17, 18 e 19 : Esta moedas são supostamente cunhadas para circulação, mas até ao momento ainda não apareceram para circulação. Nós só cotamos as moedas em carteira BNC, se aparecer no mercado os rolos destas moedas o que provocaria uma redução no preço.

1 euro 2002

as variantes comuns distinguem-se por diferentes combinações do anverso e do reverso ; fotos em formato grande em : http://www.amisdeleuro.org :

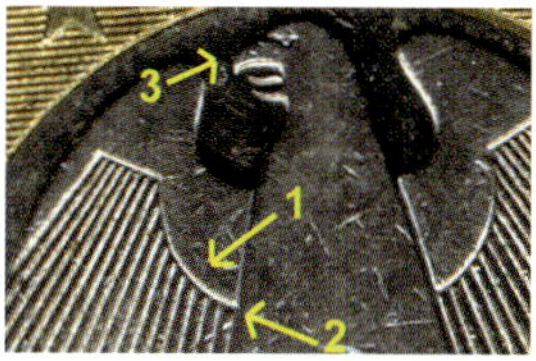

Anverso 1
Ateliers A, D, F, G et J

1- A esquerda, e o lado da asa é liso.
2- As carateristicas das (penas), estão proximas do bordo
3- O bico é grosso

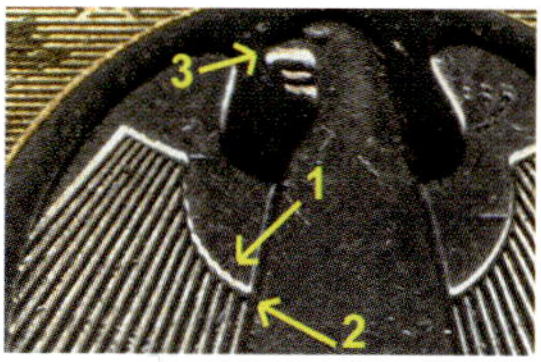

Anverso 2
Atelier G

1- A direita, o bordo da asa é grosso.
2- As características (penas) são distantes do lado
3 - o bico é fino

Reverso 1
Ateliers A, D, F, G et J

- A assinatura LL, as letras do EURO, as características e as extremidades são finas
- As estrelas são muito pequenas

Reverso 2
Ateliers D, F et G

- A assinatura LL, as letras do EURO, as características e as extremidades são grossas
- As estrelas são pequenas

As variantes comuns

As 2 variantes do atelier D
Combinando o anverso de A1, os dois contrários de R1 ou R2 definem as duas variantes 1 e 2. As duas variantes são actuais (proporções avaliadas para 45% para a variante 1 e de 55% para a variante 2).

As 2 variantes do atelier F
Combinando o anverso de A1, os dois contrários de R1 ou R2 definem as duas variantes 1 e 2. As duas variedades são actuais (proporções avaliadas para 75% para a variante 1 e de 25% para a variante 2).

As 4 variantes do atelier G
Combinações dos dois anversos A1 ou A2 para os dois R1 ou define-se do R2 invertem as 4 variantes.
- Variante 1 : anverso 1 + reverso 1 (+- 62 %)
- Variante 2 : anverso 1 + reverso 2 (+- 3 %)
- Variante 3 : anverso 2 + reverso 1 (+- 5 %)
- Variante 4 : anverso 2 + reverso 2 (+- 30 %)

Ateliers A e J : as variantes
As moedas examinadas dos ateliers A e J apresentam uma unica combinação anverso A1 + reverso R1.

€.071501 1 euro ÁGUIA HERALDICA - Segundo reverso

ALEMANHA

Gravura : Heinz et Schneschana Russewa-Hoyer
Ø 23,25 mm - 7,50 g - Cupro-Níquel
Data de criação : 3 maio 1998. CE 975/98
Bordo : liso e serrilhado
Total de cunhagem conhecida : nc

071501	Data	Atelier	Quantidade	MBC	BELA	SOB	FDC
1*	2007	A	*nc*	-	-	-	-

071501	Data	Atelier	Quantidade	MBC	BELA	SOB	FDC
2*	2007	D	*nc*	-	-	-	-
3*	2007	F	*nc*	-	-	-	-
4*	2007	G	*nc*	-	-	-	-
5*	2007	J	*nc*	-	-	-	-

€.072800 1 euro JOÃO CARLOS I ESPANHA

Gravura : Luis-José Diãz
Ø 23,25 mm - 7,50 g - Cupro-Níquel
Data de criação : 3 maio 1998. CE 975/98
Bordo : liso e serrilhado
Total de cunhagem conhecida: 1 360 249 586

072800	Data	Atelier	Quantidade	MBC	BELA	SOB	FDC
1	1999	M	*100 249 030*	-	1,5	3	5
2	2000	M	*89 349 600*	-	1,5	3	5
3	2001	M	*259 149 426*	-	1,5	2,3	5
4	2002	M	*335 699 301*	-	1,5	2,3	5
5	2003	M	*297 559 306*	-	1,5	2,3	4
6	2004	M	*98 743 000*	-	1,5	2,3	4
7	2005	M	*77 849 923*	-	1,5	2,3	4
8	2006	M	*101 650 000*	-	1,5	2,3	4
9	2007	M	*nc*	-	-	-	-

€.073800 1 euro CISNES PRIMEIRO TIPO FINLÂNDIA

Gravura : Pertti Mäkinen
Ø 23,25 mm - 7,50 g - Cupro-Níquel
Data de criação : 3 maio 1998. CE 975/98
Bordo : liso e serrilhado
Total de cunhagem conhecida : 97 671 000

073800	Data	Atelier	Quantidade	MBC	BELA	SOB	FDC
1	1999	M	*16 285 000*	-	2,20	4	6
2	2000	M	*36 714 000*	-	2	3,5	5
3	2001	M	*13 937 000*	-	2	3,5	5
4	2002	M	*14 247 000*	-	2,20	4	6
5	2003	M	*1 031 000*	-	5	7	8
6	2004	M	*5 647 000*	-	2	3,5	5,5
7	2005	M	*8 012 000*	-	2	3,5	5,5
8	2006	M	*1 798 000*	-	2	3,5	5,5

€.073801 1 euro CISNES

SEGUNDO TIPO

FINLÂNDIA

Gravura : Pertti Mäkinen
Ø 23,25 mm - 7,50 g - Cupro-Níquell
Bordo : liso e serrilhado
Total de cunhagem conhecida : nc

073801	Date	Atelier	Quantité	TTB	SUP	SPL	FDC
1	2007		*nc*	-	-	-	-

€.074100 1 euro ÁRVORE

FRANÇA

Gravura : Joaquin Jimenez
Ø 23,25 mm - 7,50 g - Cupro-Níquel
Data de criação : 3 maio 1998. CE 975/98
Bordo : liso e serrilhado
Total de cunhagem conhecida : 878 625 676

074100	Data	Atelier	Quantidade	MBC	BELA	SOB	FDC
1*	1999		*301 085 013*	-	1,5	2	-
2*	1999		*inc.*	-	1,7	2,3	-
3	2000		*297 305 013*	-	1,5	2	-
4	2001		*150 251 637*	-	1,5	2	-
5	2002		*129 449 013*	-	1,5	2	-
6*	2003		*175 000*	-	-	7	-
7*	2004		*160 000*	-	-	7	-
8*	2005		*120 000*	-	-	7	-
9*	2006		*80 000*	-	-	7	-

NOTA : Um relatório do Senado Francês indicou que o stock de moedas de 1 euro existentes será suficiente até Fevereiro de 2048 !!
NOTA : Descrição dos tipos de 1 euro 1999.
074100/1 : 1999 tipo A
074100/2 : 1999 tipo B
074100/6 à 9 : As datas de 2003, 2004, 2005 e 2006 só se encontram em BNC.

1 euro 1999

As duas variantes distinguem-se pela disposição da abelha ; fotos grande formato em http://www.bncgb.net/pdf/bn010.pdf :

Disposição A : o eixo da abelha, horizontal, é paralelo aos lados superiores da estrela situada às 12h

Disposição B : o eixo da abelha, oblíquo, está dirigido em direcção ao cimo da estrela situada às 12h.

Nenhum tipo é raro, mesmo quando o tipo A é mais corrente representando 95 % e o tipo B 5 % das 480 moedas examinadas. O tipo observado nas carteiras é do tipo A.

€.074101 1 euro ÁRVORE - Segundo reverso FRANÇA

Gravura : Joaquin Jimenez
Ø 23,25 mm - 7,50 g - Cupro-Níquel
Data de criação : 3 maio 1998. CE 975/98
Bordo : liso e serrilhado
Total de cunhagem conhecida : 50 000

074101	Data	Atelier	Quantidade	MBC	BELA	SOB	FDC
1*	2007		*50 000*	-	-	-	-

074101/1 : A data de 2007 só se encontra em BNC.

€.074900 1 euro CORUJA DE ATENAS GRÉCIA

Gravura : Georgios Stamatopoulos
Concepção : Georgios Stamatopoulos
Ø 23,25 mm - 7,50 g - Cupro-Níquel
Data de criação : 3 maio1998. CE 975/98
Bordo : liso e serrilhado
Total de cunhagem conhecida: 153 484 245

074900	Data	Atelier	Quantidade	MBC	BELA	SOB	FDC
1	2002		*61 554 945*	-	1,8	3	-
2*	2002		*50 000 000*	-	1,8	3	-
3	2003		*11 799 300*	-	1,8	3	-
4	2004		*10 030 000*	-	1,8	3	-
5	2005		*10 050 000*	-	1,8	3	-
6*	2006		*10 050 000*	-	1,8	3	-
7	2007		*nc*	-	-	-	-

074900/2 : O S de Suomi (Finlândia em Filândes) encontra-se na estrela entre a data dividida em dois.

€.075300 1 euro HARPA IRLANDA

Gravura : Jarlath Hayes
Ø 23,25 mm - 7,50 g - Cupro-Níquel
Data de criação : 3 maio 1998. CE 975/98
Bordo : liso e serrilhado
Total de cunhagem conhecida : 147 379 090

075300	Data	Atelier	Quantidade	MBC	BELA	SOB	FDC
1*	2002		*135 159 737*	-	1,8	3	-
2	2003		*2 585 700*	-	1,8	3	5,5
3	2004		*1 672 990*	-	1,8	3	5,5
4	2005		*6 874 777*	-	1,8	3	5,5
5	2006		*1 085 886*	-	1,8	3	5,5
6	2007		*nc*	-	-	-	-

075300/1 : A data 2002 encontra-se em estado de conservação FDC nas carteiras BNC. Mas, como as demais não cotaremos esta moeda pois, normalmente não se encontra neste estado fora da carteira

€.075600 1 euro LEONARO DA VINCI ITÁLIA

Gravura : Laura Cretara
Ø 23,25 mm - 7,50 g - Cupro-Níquel
Data de criação : 3 maio 1998. CE 975/98
Bordo : liso e serrilhado
Total de cunhagem conhecida : 1 150 702 300

075600	Data	Atelier	Quantidade	MBC	BELA	SOB	FDC
1*	2002	R	*966 025 300*	-	1,5	2,3	-
2*	2002	R	*inclus*	-	-	20	-
3	2003	R	*66 492 000*	-	1,5	2,3	-
4*	2004	R	*5 065 000*	-	6	8	-
5	2005	R	*5 070 000*	-	1,5	2,3	-
6	2006	R	*108 050 000*	-	2,5	4	-
7	2007	R	*nc*	-	-	-	-

075600/1 : Com assinatura CL.
075600/2 : Sem assinatura CL.
NOTA : A maior parte das moedas indicadas «sem assinatura» são na verdade artefactos numismáticos (cunho obstruído). A fim de distinguir correctamente a ausência de assinatura, a moeda deve estar imperativamente em estado SOB para não haver dúvidas quanto à autenticidade da moeda; por isso apenas cotamos essa variante em SOB.
075600/4 : Esta moeda parece ainda difícil de se encontrar a circular; uma entrada massiva destas moedas fará diminuir as cotações.

€.075600/1

€.075600/2

€.076100 1 euro GRÃO DUQUE HENRI LUXEMBURGO

Gravura : Yvette Gastauer-Claire
Ø 23,25 mm - 7,50 g - Cupro-Níquel
Data de criação : 3 maio 1998. CE 975/98
Bordo : liso e serrilhado
Total de cunhagem conhecida: 35 089 525

076100	Data	Atelier	Quantidade	MBC	BELA	SOB	FDC
1	2002	[illegible]	*21 358 525*	-	1,8	3	5,5
2	2003	A [illegible]	*1 600 000*	-	2,5	3,8	5,5
3	2004	A [illegible]	*9 061 000*	-	1,8	3	5,5
4	2005	S [illegible]	*2 040 000*	-	1,8	3	5,5
5	2006	S [illegible]	*1 030 000*	-	1,8	3	5,5
6	2007	S [illegible]	*nc*	-	-	-	-

€.076300 1 euro OS PRÍNCIPES GRIMALDI MONACO

Gravura : Henri Thiebaud
Concepção : Nicolas Cozon
Ø 23,25 mm - 7,50 g - Cupro-Níquel
Data de criação : 3 maio 1998. CE 975/98
Bordo : liso e serrilhado
Total de cunhagem conhecida : 1 638 600

076300	Data	Atelier	Quantidade	MBC	BELA	SOB	FDC
1	2001		*991 100*	-	7	9	-
2	2002		*512 500*	-	7	9	-
3	2003		*135 000*	-	9	11	-
4*	2004		*Proof*	-	-	-	-

NOTA : Não existe a moeda 1 euro 2005 do Monaco nem em BNC ou Proof.
076300/4 : As moedas de 1 euro 2004 só se encontram em Proof e são 14 999.

€.076301 1 euro PRÍNCIPE ALBERT II MONACO

Ø 23,25 mm - 7,50 g - Cupro-Níquel
Data de criação : JO EU C316/21 de 22/12/2006
Bordo : liso e serrilhado
Total de cunhagem conhecida : 0

076301	Data	Atelier	Quantidade	MBC	BELA	SOB	FDC
1*	2006		*Proof*	-	-	-	-

076301/1 : As moedas de 1 euro 2006 só existem 11 180 em Proof.

€.077000 1 euro BEATRIX HOLANDA

Gravura : Bruno Ninaber van Eyben
Ø 23,25 mm - 7,50 g - Cupro-Níquel
Data de criação : 3 maio 1998. CE 975/98
Bordo : liso e serrilhado
Total de cunhagem conhecida : 217 589 020

077000	Data	Atelier	Quantidade	MBC	BELA	SOB	FDC
1*	1999		*63 565 000*	-	1,5	2,3	5,5
2*	1999		*inc.*	-	1,5	2,3	5,5
3	2000		*62 868 000*	-	1,5	2,3	5,5
4	2001		*67 980 000*	-	1,5	2,3	5,5
5	2002		*20 350 502*	-	1,5	2,3	5,5
6*	2003		*1 627 003*	-	1,5	2,3	5,5

077000	Data	Atelier	Quantidade	MBC	BELA	SOB	FDC
7*	2004		*435 004*	-	5	6,5	8
8*	2005		*349 005*	-	1,5	2,3	5,5
9*	2006		*414 506*	-	1,5	2,3	5,5
10	2007		*nc*	-	-	-	-

077000/1 : O caduceo está ligeiramente mais baixo em relação ao arco (o eixo da flecha está dirigido em direcção ao meio do caduceo).
077000/2 : O caduceo está ligeiramente mais alto em relação ao arco (o eixo da flecha está dirigido para o pé do caduceo).
NOTA : A distinção não é contudo fáçil. Mais, é preciso desconfiar das cunhagens que estão descentradas devido a uma má cunhagem, e que pode dar uma impressão de um caduceo ou arco mais ou menos altos.
077000/6, 7 e 8 : Esta moedas não foram postas em circulação ... Só existindo nas «caixas de coleccionador».
077000/9 : Numeros previsórios.

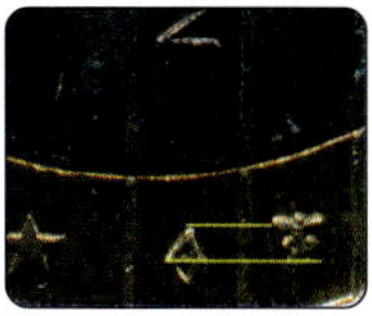

€.077000/1

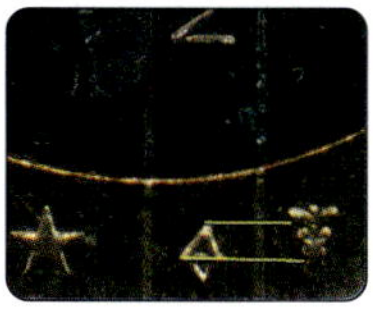

€.077000/2

€.077700 1 euro SELO REAL DE 1144
PORTUGAL

Gravura : Vitor Santos
Ø 23,25 mm - 7,50 g - Cupro-Níquel
Data de criação : 3 maio 1998. CE 975/98
Bordo : liso e serrilhado
Total de cunhagem conhecida : 176 715 510

077700	Data	Atelier	Quantidade	MBC	BELA	SOB	FDC
1*	2002		*100 283 135*	-	1,5	2,3	5,5
2*	2002		*inclus*	-	1,5	2,3	5,5
3	2003		*16 276 875*	-	1,5	2,3	5,5
4	2004		*20 070 000*	-	1,5	2,3	5,5
5	2005		*20 060 000*	-	1,5	2,3	5,5
6	2006		*20 025 500*	-	2	3	6
7	2007		*nc*	-	-	-	-

077700/1 : Bordo « normal » 29 estrias.
077700/2 : Bordo « variante » 28 estrias.

€.077700/1
€.077700/2

€.078300 1 euro PRIMOZ TRUBAR
ESLOVENIA

Gravura : Miljenko Licul, Maja Licul et Janez Boljka
Ø 23,25 mm - 7,50 g - Cupro-Níquel
Data de criação : JO EU C254/6 de 20/10/2006
Bordo : liso e serrilhado
Total de cunhagem conhecida : 29 850 000

078300	Data	Atelier	Quantidade	MBC	BELA	SOB	FDC
1	2007		*29 850 000*	-	1,8	3	5,5

€.078500 1 euro BRASÃO SÃO MARINO

Gravura : Ettore Lorenzo Frapiccini
Concepção : Frantisek Chochola
Ø 23,25 mm - 7,50 g - Cupro-Níquel
Data de criação : 3 maio 1998. CE 975/98
Bordo : liso e serrilhado
Total de cunhagem conhecida : 965 800

078500	Data	Atelier	Quantidade	MBC	BELA	SOB	FDC
1	2002	R	*360 800*	-	15	18	22
2*	2003	R	*70 000*	-	-	16	20
3*	2004	R	*250 000*	-	-	13	15
4*	2005	R	*70 000*	-	-	16	20
5*	2006	R	*215 000*	-	-	10	12
6	2007	R	*nc*	-	-	-	-

078500/2, 4 e 5 : As datas de 2003, 2005 e 2006 só se encontram em BNC.

078500/3 : As 250 000 moedas repartem-se por 70 000 BNC 9 moedas, 140 000 em carteiras turisticas de 3 moedas, 40 000 moedas deviam ser postas a circular através dos Bancos.

€.079300 1 euro JOÃO PAULO II VATICANO

Gravura : Uliana Pernazza
Concepção : Guido Veroi
Ø 23,25 mm - 7,50 g - Cupro-Níquel
Data de criação : 3 maio 1998. CE 975/98 e segundo a lei do Vaticano de 18 de dezembro de 2001, art. 2
Bordo : liso e serrilhado
Total de cunhagem conhecida : 315 000

079300	Data	Atelier	Quantidade	MBC	BELA	SOB	FDC
1*	2002	R	*80 000*	-	-	160	-
2*	2003	R	*65 000*	-	-	70	-
3*	2004	R	*85 000*	-	-	55	-
4*	2005	R	*85 000*	-	-	55	-

079300/2, 3 e 4 : As datas de 2003, 2004 e 2005 só se encontram em BNC.

€.079301 1 euro SEDE VACANTE VATICANO

Gravura : Ettore Lorenzo Frapiccini
Concepção : Daniela Longo
Ø 23,25 mm - 7,50 g - Cupro-Níquel
Data de criação : Segundo JO EU L267/27 de 7 de outubro de 2003
Bordo : liso e serrilhado
Total de cunhagem conhecida : 60 000

079301	Data	Atelier	Quantidade	MBC	BELA	SOB	FDC
1*	2005	R	*60 000*	-	-	60	-

NOTA : O R encontra-se à direita das armas do Cardeal Camerlengo.

€.079302 1 euro BENTO XVI

VATICANO

Gravura : Ettore Lorenzo Frapiccini
Concepção : Daniela Longo
Ø 23,25 mm - 7,50 g - Cupro-Níquel
Data de criação : 3 maio1998. CE 975/98 e segundo a lei do Vaticano de 18 de dezembro de 2001, art. 2
Bordo : liso e serrilhado
Total de cunhagem conhecida : 85 000

079302	Data	Atelier	Quantidade	MBC	BELA	SOB	FDC
1*	2006	R	*85 000*	-	-	50	-
2	2007	R	*nc*	-	-	-	-

079302/1 : A data de 2006 só se encontra em BNC.

Tabela de 1 euro

	Numero €4	1999	2000	2001	2002	2003	2004	2005	2006	2007
Áustria	€.070400	Não Existe	Não Existe	Não Existe	Em circulação	Só em BNC - Proof	Em circulação	Em circulação	Em circulação	Sem Informação
Bélgica	€.070600	Em circulação	Só em BNC - Proof	Só em BNC - Proof	Em circulação	Só em BNC - Proof	Em circulação	Só em BNC - Proof	Só em BNC - Proof	Sem Informação
Alemanha A	€.071500	Não Existe	Não Existe	Não Existe	Em circulação	Em circulação	Em circulação	Só em BNC - Proof	Só em BNC - Proof	Não Existe
Alemanha D	€.071500	Não Existe	Não Existe	Não Existe	Em circulação	Só em BNC - Proof	Em circulação	Só em BNC - Proof	Só em BNC - Proof	Não Existe
Alemanha F	€.071500	Não Existe	Não Existe	Não Existe	Em circulação	Só em BNC - Proof	Em circulação	Só em BNC - Proof	Só em BNC - Proof	Não Existe
Alemanha G	€.071500	Não Existe	Não Existe	Não Existe	Em circulação	Só em BNC - Proof	Em circulação	Só em BNC - Proof	Só em BNC - Proof	Não Existe
Alemanha J	€.071500	Não Existe	Não Existe	Não Existe	Em circulação	Em circulação	Só em BNC - Proof	Em circulação	Só em BNC - Proof	Não Existe
Alemanha A	€.071501	Não Existe	Não Existe	Não Existe	Não Existe	Não Existe	Não Existe	Não Existe	Não Existe	Sem Informação
Alemanha D	€.071501	Não Existe	Não Existe	Não Existe	Não Existe	Não Existe	Não Existe	Não Existe	Não Existe	Sem Informação
Alemanha F	€.071501	Não Existe	Não Existe	Não Existe	Não Existe	Não Existe	Não Existe	Não Existe	Não Existe	Sem Informação
Alemanha G	€.071501	Não Existe	Não Existe	Não Existe	Não Existe	Não Existe	Não Existe	Não Existe	Não Existe	Sem Informação
Alemanha J	€.071501	Não Existe	Não Existe	Não Existe	Não Existe	Não Existe	Não Existe	Não Existe	Não Existe	Sem Informação
Espanha	€.072800	Em circulação	Em circulação	Em circulação	Em circulação	Em circulação	Em circulação	Em circulação	Em circulação	Sem Informação
Finlândia	€.073800	Em circulação	Em circulação	Em circulação	Em circulação	Em circulação	Em circulação	Em circulação	Em circulação	Não Existe
Finlândia	€.073801	Não Existe	Não Existe	Não Existe	Não Existe	Não Existe	Não Existe	Não Existe	Não Existe	Em circulação
Frãnça	€.074100	Em circulação	Em circulação	Em circulação	Em circulação	Só em BNC - Proof	Só em BNC - Proof	Só em BNC - Proof	Só em BNC - Proof	Não Existe
Frãnça	€.074101	Não Existe	Não Existe	Não Existe	Não Existe	Não Existe	Não Existe	Não Existe	Não Existe	Só em BNC - Proof
Grécia	€.074900	Não Existe	Não Existe	Não Existe	Em circulação	Em circulação	Em circulação	Em circulação	Em circulação	Sem Informação
Grécia S	€.074900	Não Existe	Não Existe	Não Existe	Em circulação	Não Existe	Não Existe	Não Existe	Não Existe	Não Existe
Irlanda	€.075300	Não Existe	Não Existe	Não Existe	Em circulação	Em circulação	Em circulação	Em circulação	Em circulação	Sem Informação
Itália	€.075600	Não Existe	Não Existe	Não Existe	Em circulação	Em circulação	Em circulação	Em circulação	Em circulação	Sem Informação
Luxemburgo	€.076100	Não Existe	Não Existe	Não Existe	Em circulação	Em circulação	Em circulação	Em circulação	Em circulação	Sem Informação
Mónaco	€.076300	Não Existe	Não Existe	Em circulação	Em circulação	Em circulação	Só em BNC - Proof	Não Existe	Não Existe	Não Existe
Mónaco	€.076301	Não Existe	Não Existe	Não Existe	Não Existe	Não Existe	Não Existe	Não Existe	Só em BNC - Proof	Sem Informação
Holanda	€.077000	Em circulação	Em circulação	Em circulação	Em circulação	Em circulação	Em circulação	Em circulação	Em circulação	Sem Informação
Portugal	€.077700	Não Existe	Não Existe	Não Existe	Em circulação	Em circulação	Em circulação	Em circulação	Em circulação	Sem Informação
Eslovénia	€.078300	Não Existe	Não Existe	Não Existe	Não Existe	Não Existe	Não Existe	Não Existe	Não Existe	Em circulação
São Marino	€.078500	Não Existe	Não Existe	Não Existe	Em circulação	Só em BNC - Proof	Em circulação	Só em BNC - Proof	Só em BNC - Proof	Sem Informação
Vaticano JP II	€.079300	Não Existe	Não Existe	Não Existe	Em circulação	Só em BNC - Proof	Só em BNC - Proof	Só em BNC - Proof	Só em BNC - Proof	Não Existe
Vaticano SV	€.079301	Não Existe	Não Existe	Não Existe	Não Existe	Não Existe	Não Existe	Só em BNC - Proof	Não Existe	Não Existe
Vaticano B XVI	€.079302	Não Existe	Não Existe	Não Existe	Não Existe	Não Existe	Não Existe	Não Existe	Só em BNC - Proof	Sem Informação

Legenda :

- Não Existe
- Só em BNC - Proof
- Em circulação
- Sem Informação

€.080400 2 euro VON SUTTNER
ÁUSTRIA

Gravura : Joseph Kaiser
Ø 25,75 mm - 8,50 g - Cupro-Níquel
Data de criação : 3 maio 1998. CE 975/98
Bordo : serrilha fina contínua e nesta inscrito: 2 EURO ★★★ repetido duas vezes a direito e duas vezes invertido.
Total de cunhagem conhecida : 203 925 000

080400	Data	Atelier	Quantidade	MBC	SOB	BELA	FDC
1*	2002	tr. A	*196 500 000*	-	3	4	7
2*	2002	tr. B	*inc.*	-	3	4	7
3*	2002	tr. A	*inc.*	-	3	4	7
4*	2002	tr. B	*inc.*	-	3	4	7
5	2003	tr. A	*4 825 000*	-	3	4	7
6	2003	tr. B	*inclus*	-	3	4	7
7	2004	tr. A	*2 600 000*	-	3	4	7
8	2004	tr. B	*inc.*	-	3	4	7
9	2006	tr. A	*nc*	-	3	4	7
10	2006	tr. B	*inc.*	-	3	4	7
11*	2007	tr. A	*nc*	-	-	-	-
12*	2007	tr. B	*inc.*	-	-	-	-

NOTA : Definimos bordo normal quando as estrelas com as pontas para cima são seguidas de 2 EURO(★★★ 2 EURO).

NOTA : A variante sem a palavra « EURO » na serrilha não existe. A única que vimos, terá sido uma montagem muito bem feita, usando-se um anel exterior duma moeda de 2 EURO Irlandesa com um interior da moeda Austríaca.

NOTA : Até ao momento não se sabe se serão emitidas para 2005 moedas 2 EURO tipo «VON SUTTNER», seja para circular ou em Proof..

080400/1 e 2 : Estrelas pequenas no bordo.

080400/3 e 4 : Estrelas grandes no bordo.

NOTA : Embora não haja ainda uma contagem mais ou menos precisa, julga-se que as moedas com estrelas pequenas sejam mais raras.

€.080400/1 e 2 em cima
€.080400/3 e 4 em baixo

€.080401 2 euro 50 ANOS DO TRATADO DE ESTADO
ÁUSTRIA

Gravura : Helmut Andexlinger
Ø 25,75 mm - 8,50 g - Cupro-Níquel
Data de criação : JO EU C61/6 de 11/03/2005 - Saiu em 11/05/2005
Bordo : serrilha fina contínua e nesta inscrito: 2 EURO ★★★ repetido duas vezes a direito e duas vezes invertido..
Total de cunhagem conhecida : 6 980 000

080401	Data	Atelier	Quantidade	MBC	SOB	BELA	FDC
1	2005	tr. A	*6 980 000*	-	4	5	7

080401	Data	Atelier	Quantidade	MBC	SOB	BELA	FDC
2	2005	tr. B	*inc.*	-	4	5	7

NOTA : Definimos bordo normal quando as estrelas com as pontas para cima são seguidas de 2 EURO(★★★ 2 EURO).
NOTA : O anverso, temos, para além da legenda em alemão « 50 Jahre Staatsvertrag » (50 anos do Tratado de Estado), as assinaturas e os selos que figuram no documento original do tratado, assinado em maio de1955. São nove assinaturas: uma por cada potência , assinatura do ministro dos negócios estrangeiros, e o embaixador na Áustria: Vjatscheslav M. Molotov e Ivan Iljitschov da URSS, Harold Macmillan e Geoffrey A. Wallinger da Grã-Bretanha, John Foster Dulles e Llewellyn E. Thompson dos Estados Unidos, Antoine Pinay e Roger Lalouette da França; pela Áustria, a assinatura do ministro dos Negócios Estrangeiros: Leopold Figl.

€.080402 2 euro

CINQUENTENÁRIO DO TRATADO DE ROMA

ÁUSTRIA

Ø 25,75 mm - 8,50 g - Cupro-Níquel
Bordo : serrilha fina contínua e nesta inscrito: 2 EURO ★★★ repetido duas vezes a direito e duas vezes invertido.
Total de cunhagem conhecida : 9 075 000

080402	Data	Atelier	Quantidade	MBC	SOB	BELA	FDC
1	2007	tr. A	*9 075 000*	-	-	-	-
2	2007	tr. B	*inc.*	-	-	-	-

NOTA : Definimos bordo normal (A) quando um dois é seguido de duas estrelas com a ponta virada para cima. (★★ 2).
NOTA : Esta moeda comemora os 50 anos do tratado de Roma, assinado em 25 de março de 1957 por seis países fundadores: Itália, FRG, Bélgica, Luxemburgo, Países Baixos e França. Todos os países do Euro de zona (Eslovênia incluíndo) têm a possibilidade de cunhar esta moeda em 2007, só a legenda do país as distingue.

€.080600 2 euro ALBERTO II

BÉLGICA

Gravura : Jan Alfons Keustermans
Ø 25,75 mm - 8,50 g - Cupro-Níquel
Data de criação : 3 maio 1998. CE 975/98
Bordo : serrilha fina contínua e nesta inscrito: ★★ 2 repetido seis vezes alternadamente normal e invertido.
Total de cunhagem conhecida : 291 162 000

080600	Data	Atelier	Quantidade	MBC	SOB	BELA	FDC
1*	1999	tr. A	*40 000*	-	-	40	-
2*	1999	tr. B	*inc.*	-	-	40	-
3	2000	tr. A	*120 040 000*	-	3	4	-
4	2000	tr. B	*inc.*	-	3	4	-
5*	2001	tr. A	*40 000*	-	-	25	-
6*	2001	tr. B	*inc.*	-	-	25	-
7	2002	tr. A	*50 140 000*	-	3	4	-

080600	Data	Atelier	Quantidade	MBC	SOB	BELA	FDC
8	2002	tr. B	*inc.*	-	3	4	-
9	2003	tr. A	*30 185 000*	-	3	4	-
10	2003	tr. B	*inc.*	-	3	4	-
11	2004	tr. A	*60 102 000*	-	2,5	3,5	-
12	2004	tr. B	*inc.*	-	2,5	3,5	-
13	2005	tr. A	*10 560 000*	-	5	7	-
14	2005	tr. B	*inc.*	-	5	7	-
15	2006	tr. A	*20 055 000*	-	2,5	3,5	-
16	2006	tr. B	*inc.*	-	2,5	3,5	-
17	2007	tr. A	*nc*	-	-	-	-
18	2007	tr. B	*nc*	-	-	-	-

NOTA : Definimos bordo normal (A) quando um dois é seguido de duas estrelas com a ponta virada para cima. (✶✶ 2).

080600/1, 2, 5 e 6 : As datas 1999 e 2000 só se encontram em carteiras BNC..

€.080601 2 euro UNIÃO ECONÓMICA BELGA-LUXEMBURGUESA BÉLGICA

Gravura : Luc Luycx
Ø 25,75 mm - 8,50 g - Cupro-Níquel
Data de criação : Decreto Real 389 - JO EU C61/7 de 11/03/2005 - Saiu em junho 2005
Bordo : serrilha fina contínua e nesta inscrito: ✶✶ 2 repetido seis vezes alternadamente normal e invertido.
Total de cunhagem conhecida : 5 997 000

080601	Data	Atelier	Quantidade	MBC	SOB	BELA	FDC
1	2005	tr. A	*5 997 000*	-	4	7	-
2	2005	tr. B	*inc.*	-	4	7	-

NOTA : Definimos bordo normal (A) quando um dois é seguido de duas estrelas com a ponta virada para cima. (✶✶ 2).

NOTA : Em primeiro plano temos o Rei Alberto II, representado pela primeira vez sem os seus óculos. A sua frente, o Gão-Duque Henri do Luxemburgo. No séc. XIX, a Bélgica e o Luxemburgo, que depois formariam o Benelux. Como muitos outros ducados, condado ou reinos, ascenderam à independência. A Primeira Grande Guerra viria estreitar os laços destes dois países. Assim, em 25 de Julho de 1921, estes, assinaram um acordo para a criação da União Económica Belgo-Luxemburguesa (U.E.B.L). Este acordo constituiria um quadro de colaboração económica, cultural e monetária.

NOTA : Luc Luycx , o criador das faces comuns dos euros assina também o anverso desta moeda: sendo assim a primeira moeda completa deste mestre gravador.

NOTA : Entre as 5 977000 moedas fabricadas para circular, 500 000 moedas foram depositadas no Banco Central do Luxemburgo para a partir daí serem distribuídas.

NOTA : Trata-se da primeira moeda em euro com cunhagem corrente com os símbolos belgas. Assim, esta moeda possuí os símbolos de Bruxelas: o capacete com a cara do arcanjo Gabriel e o símbolo do comissário numismático Romain Coenen: a balança romana.

€.080602 2 euro

RÉOUVERTURE DE L'ATOMIUM
BÉLGICA

Gravura : Luc Luycx
Ø 25,75 mm - 8,50 g - Cupro-Níquel
Data de criação : JO EU C53/3 de 3/03/2006 - Saiu em abril 2006
Bordo : serrilha fina contínua e nesta inscrito: ✱✱ 2 repetido seis vezes alternadamente normal e invertido.
Total de cunhagem conhecida : 4 997 000

080602	Data	Atelier	Quantidade	MBC	SOB	BELA	FDC
1	2006	tr. A	*4 997 000*	-	4	5	-
2	2006	tr. B	*inc.*	-	4	5	-

NOTA : Definimos bordo normal (A) quando um dois é seguido de duas estrelas com a ponta virada para cima. (✱✱ 2).
NOTA : Concebido em 1954 pelo engenheiro André Waterkeyn, o Átomo de Bruxelas representa uma molécula de ferro à balança dos seus átomos, aumentou 165 bilhões do tempo linearmente. Construído na ocasião da feira mundial de 1958, o Átomo ilustrou a preocupação científica do tema da exibição: "O equilibro do mundo para um mundo mais humano ". De uma altura de 102 metros, isto se tornou hoje no emblema da cidade. O Átomo estava em renovação desde 2004 e reabriu as suas portas em 16 de fevereiro de 2006. Esta moeda de 2 euro comemora a sua abertura.

€.080603 2 euro

CINQUENTENARIO DO TRATADO DE ROMA
BELGICA

Ø 25,75 mm - 8,50 g - Cupro-Níquel
Bordo : serrilha fina contínua e nesta inscrito: ✱✱ 2 repetido seis vezes alternadamente normal e invertido.
Total de cunhagem conhecida : nc

080603	Data	Atelier	Quantidade	MBC	SOB	BELA	FDC
1	2007	tr. A	*nc*	-	-	-	-
2	2007	tr. B	*inc.*	-	-	-	-

NOTA : Definimos bordo normal (A) quando um dois é seguido de duas estrelas com a ponta virada para cima. (✱✱ 2).
NOTA : Esta moeda comemora os 50 anos do tratado de Roma, assinado em 25 de março de 1957 por seis países fundadores: Itália, FRG, Bélgica, Luxemburgo, Países Baixos e França. Todos os países do Euro de zona (Eslovénia incluíndo) têm a possibilidade de cunhar esta moeda em 2007, só a legenda do país as distingue.

Para alguns ateliers em que a produção das moedas, mesmo em carteiras BNC apresentam a maioria das vezes pequenas mossas e riscos, damos uma cotação SOB ou FDC, que corresponde a uma moeda quase perfeita. Uma moeda perfeita deve ser cotada com um preço mais elevado.

€.081500 2 euro ÁGUIA HERÁLDICA ALEMANHA

Gravura : Heinz e Schneschana Russewa-Hoyer
Ø 25,75 mm - 8,50 g - Cupro-Níquel
Data de criação : 3 maio 1998. CE 975/98
Bordo : serrilha fina contínua e nela inscrito:
EINIGKEIT UND RECHT UND FREIHEIT.
Total de cunhagem conhecida : 1 413 105 000

081500	Data	Atelier	Quantidade	MBC	SOB	BELA	FDC
1	2002	A tr. A	*239 055 000*	-	2,5	3,5	5
2	2002	A tr. B	*inc.*	-	2,5	3,5	5
3	2002	D tr. A	*229 265 000*	-	2,5	3,5	5
4	2002	D tr. B	*inc.*	-	2,5	3,5	5
5	2002	F tr. A	*281 165 000*	-	2,5	3,5	5
6	2002	F tr. B	*inc.*	-	2,5	3,5	5
7	2002	G tr. A	*180 865 000*	-	2,5	3,5	5
8	2002	G tr. B	*inc.*	-	2,5	3,5	5
9	2002	J tr. A	*274 235 000*	-	2,5	3,5	5
10	2002	J tr. B	*inc.*	-	2,5	3,5	5
11	2003	A tr. A	*20 660 000*	-	2,5	3,5	5
12	2003	A tr. B	*inc.*	-	2,5	3,5	5
13	2003	D tr. A	*53 400 000*	-	2,5	3,5	5
14	2003	D tr. B	*inc.*	-	2,5	3,5	5
15	2003	F tr. A	*34 360 000*	-	2,5	3,5	5
16	2003	F tr. B	*inc.*	-	2,5	3,5	5
17	2003	G tr. A	*33 810 000*	-	2,5	3,5	5
18	2003	G tr. B	*inc.*	-	2,5	3,5	5
19	2003	J tr. A	*26 580 000*	-	2,5	3,5	5
20	2003	J tr. B	*inc.*	-	2,5	3,5	5
21	2004	A tr. A	*32 710 000*	-	2,5	3,5	5
22	2004	A tr. B	*inc.*	-	2,5	3,5	5
23*	2004	D tr. A	*nc*	-	2,5	3,5	5
24*	2004	D tr. B	*inc.*	-	2,5	3,5	5
25*	2004	F tr. A	*140 000*	-	-	8	10
26*	2004	F tr. B	*inc.*	-	-	8	10
27*	2004	G tr. A	*140 000*	-	-	8	10
28*	2004	G tr. B	*inc.*	-	-	8	10
29	2004	J tr. A	*5 770 000*	-	2,5	3,5	5
30	2004	J tr. B	*inc.*	-	2,5	3,5	5
31*	2005	A tr. A	*100 000*	-	-	6	8
32*	2005	A tr. B	*inc.*	-	-	6	8
33*	2005	D tr. A	*100 000*	-	-	6	8
34*	2005	D tr. B	*inc.*	-	-	6	8

081500	Data	Atelier	Quantidade	MBC	SOB	BELA	FDC
35*	2005	F tr. A	*100 000*	-	-	6	8
36*	2005	F tr. B	*inc.*	-	-	6	8
37*	2005	G tr. A	*100 000*	-	-	6	8
38*	2005	G tr. B	*inc.*	-	-	6	8
39*	2005	J tr. A	*100 000*	-	-	6	8
40*	2005	J tr. B	*inc.*	-	-	6	8
41*	2006	A tr. A	*90 000*	-	-	6	8
42*	2006	A tr. B	*inc.*	-	-	6	8
43*	2006	D tr. A	*90 000*	-	-	6	8
44*	2006	D tr. B	*inc.*	-	-	6	8
45*	2006	F tr. A	*90 000*	-	-	6	8
46*	2006	F tr. B	*inc.*	-	-	6	8
47*	2006	G tr. A	*90 000*	-	-	6	8
48*	2006	G tr. B	*inc.*	-	-	6	8
49*	2006	J tr. A	*90 000*	-	-	6	8
50*	2006	J tr. B	*inc.*	-	-	6	8

NOTA : Define-se bordo normal quando se lê da esquerda para a direita com o anverso virado para nós, a frase: EINIGKEIT UND RECHT UND FREIHEIT.

NOTA : A inscrição significa: Unidade; Direito e Liberdade.

081500/25 a 28, 31 a 50 : Estas moedas só se encontram em carteiras BNC.

€.081501 2 euro HOLSTENTOR DE LUBECK - SCHLESWIG-HOLSTEIN ALEMANHA

Gravura : Heinz Hoyer
Ø 25,75 mm - 8,50 g - Cupro-Níquel
Data de criação : JO EU C33/5 du 9/02/2006 - Saiu em fevereiro 2006
Bordo : serrilha fina contínua e nela inscrito: EINIGKEIT UND RECHT UND FREIHEIT.
Total de cunhagem conhecida : 30 850 000

081501	Data	Atelier	Quantidade	MBC	SOB	BELA	FDC
1	2006	A tr. A	*6 170 000*	-	4	5	6,5
2	2006	A tr. B	*inc.*	-	4	5	6,5
3	2006	D tr. A	*6 470 000*	-	4	5	6,5
4	2006	D tr. B	*inc.*	-	4	5	6,5
5	2006	F tr. A	*7 370 000*	-	4	5	6,5
6	2006	F tr. B	*inc.*	-	4	5	6,5
7	2006	G tr. A	*4 370 000*	-	4	5	6,5
8	2006	G tr. B	*inc.*	-	4	5	6,5
9	2006	J tr. A	*6 470 000*	-	4	5	6,5
10	2006	J tr. B	*incl.*	-	4	5	6,5

NOTA : Temos bordo normal quando lemos EINIGKEIT UND RECHT UND FREIHEIT como para os 2 euro 081500.

NOTA : Esta moeda marca o início de uma longa série de seis moedas comemorativas de 2 euro. A Alemanha continua assim, mesmo indirectamente, a sua colecção de moedas de 2 Marcos. O Ministro Federal das Finanças anunciou no princípio deste ano, esta série de dezasseis moedas que demonstrariam os monumentos ou símbolos dos dezasseis estados Alemães. A coordenação levada a cabo com o estado de Schleswig-Holstein, progrediu de tal forma, que o tema desta moeda foi apresentada logo em Junho de 2005.

Depois desta primeira comemorativa seguem: Mecklenburg-Vorpommern (2007 - Castelo de Schweriner), Hamburg (2008 - Ponte de Landung), Saarland (2009 - Ludwigskirche - Saarbrück), Bremen (2010 - Rathaus), Nordrhein-Westfalen (2011 - Kölner Dom), Bayern (2012 - Liebfrauenkirche Münich), Bade-Wurtemberg (2013 - Castelo de Heidelberg), Niedersachsen (2014 - Rathaus Hannover), Hessen (2015 - Frankfurter Römer), Sachsen (2016 - Dresdner Zwinger), Rheinland-Pfalz (2017 - Porta Nigra Trier), Berlin (2018 - Parlamento), Sachsen-Anhalt (2019 - Magdeburger Dom), Thüringen (2020 - Wartburg bei Eisenach), Brandenburg (2021 - Castelo Sanssouci em Potsdam).

€.081502 2 euro CASTELO DE SCHWERIN - MECKLEMBOURG-POMÉRANIE ALEMANHA

Gravura : Heinz Hoyer
Ø 25,75 mm - 8,50 g - Cupro-Níquel
Data de criação : 2 fevereiro 2007
Bordo : serrilha fina contínua e nela inscrito: EINIGKEIT UND RECHT UND FREIHEIT.
Total de cunhagem conhecida : 30 400 000

081502	Data	Atelier	Quantidade	MBC	SOB	BELA	FDC
1	2007	A tr. A	*1 120 000*	-	-	-	-
2	2007	A tr. B	*inc.*	-	-	-	-
3	2007	D tr. A	*11 920 000*	-	-	-	-
4	2007	D tr. B	*inc.*	-	-	-	-
5	2007	F tr. A	*11 930 000*	-	-	-	-
6	2007	F tr. B	*inc.*	-	-	-	-
7	2007	G tr. A	*4 280 000*	-	-	-	-
8	2007	G tr. B	*inc.*	-	-	-	-
9	2007	J tr. A	*1 150 000*	-	-	-	-
10	2007	J tr. B	*inc.*	-	-	-	-

NOTA : Define-se bordo normal quando se lê da esquerda para a direita com o anverso virado para nós, a frase: EINIGKEIT UND RECHT UND FREIHEIT.

NOTA : A inscrição significa: Unidade; Direito e Liberdade.

€.081503 2 euro

CINQUENTENÁRIO DO TRATADO DE ROMA

ALEMANHA

Ø 25,75 mm - 8,50 g - Cupro-Níquel
Data de criação : 25 março 2007
Bordo : serrilha fina contínua e nela inscrito:
EINIGKEIT UND RECHT UND FREIHEIT.
Total de cunhagem conhecida : 30 000 000

081503	Data	Atelier	Quantidade	MBC	SOB	BELA	FDC
1	2007	A tr. A	*1 000 000*	-	-	-	-
2	2007	A tr. B	*inc.*	-	-	-	-
3	2007	D tr. A	*14 500 000*	-	-	-	-
4	2007	D tr. B	*inc.*	-	-	-	-
5	2007	F tr. A	*8 000 000*	-	-	-	-
6	2007	F tr. B	*inc.*	-	-	-	-
7	2007	G tr. A	*5 000 000*	-	-	-	-
8	2007	G tr. B	*inc.*	-	-	-	-
9	2007	J tr. A	*1 500 000*	-	-	-	-
10	2007	J tr. B	*inc.*	-	-	-	-

NOTA : Define-se bordo normal quando se lê da esquerda para a direita com o anverso virado para nós, a frase: EINIGKEIT UND RECHT UND FREIHEIT.
NOTA : A inscrição significa: Unidade; Direito e Liberdade..
NOTA : Esta moeda comemora os 50 anos do tratado de Roma, assinado em 25 de março de 1957 por seis países fundadores: Itália, FRG, Bélgica, Luxemburgo, Países Baixos e França. Todos os países do Euro de zona (Eslovênia incluindo) têm a possibilidade de cunhar esta moeda em 2007, só a legenda do país as distingue.

€.081504 2 euro ÉGLISE

SAINT MICHEL - HAMBOURG

ALEMANHA

Gravura : Erich Ott
Ø 25,75 mm - 8,50 g - Cupro-Níquel
Bordo : serrilha fina contínua e nela inscrito:
EINIGKEIT UND RECHT UND FREIHEIT.
Total de cunhagem conhecida : nc

081504	Data	Atelier	Quantidade	MBC	SOB	BELA	FDC
1	2008	A tr. A	*nc*	-	-	-	-
2	2008	A tr. B	*inc.*	-	-	-	-
3	2008	D tr. A	*nc*	-	-	-	-
4	2008	D tr. B	*inc.*	-	-	-	-
5	2008	F tr. A	*nc*	-	-	-	-
6	2008	F tr. B	*inc.*	-	-	-	-
7	2008	G tr. A	*nc*	-	-	-	-
8	2008	G tr. B	*inc.*	-	-	-	-

081504	Date	Atelier	Quantité	TTB	SUP	SPL	FDC
9	2008	J tr. A	*nc*	-	-	-	-
10	2008	J tr. B	*inc.*	-	-	-	-

NOTA : Define-se bordo normal quando se lê da esquerda para a direita com o anverso virado para nós, a frase: EINIGKEIT UND RECHT UND FREIHEIT.
NOTA : A inscrição significa: Unidade; Direito e Liberdade.

€.081505 2 euro LUDWIGSKIRCHE DE SARREBRUCK - SARRE ALEMANHA

Gravura : Friedrich Brenner
Ø 25,75 mm - 8,50 g - Cupro-Níquel
Bordo : serrilha fina contínua e nela inscrito: EINIGKEIT UND RECHT UND FREIHEIT.
Total de cunhagem conhecida : nc

081505	Data	Atelier	Quantidade	MBC	SOB	BELA	FDC
1	2009	A tr. A	*nc*	-	-	-	-
2	2009	A tr. B	*inc.*	-	-	-	-
3	2009	D tr. A	*nc*	-	-	-	-
4	2009	D tr. B	*inc.*	-	-	-	-
5	2009	F tr. A	*nc*	-	-	-	-
6	2009	F tr. B	*inc.*	-	-	-	-
7	2009	G tr. A	*nc*	-	-	-	-
8	2009	G tr. B	*inc.*	-	-	-	-
9	2009	J tr. A	*nc*	-	-	-	-
10	2009	J tr. B	*inc.*	-	-	-	-

NOTA : Define-se bordo normal quando se lê da esquerda para a direita com o anverso virado para nós, a frase: EINIGKEIT UND RECHT UND FREIHEIT.
NOTA : A inscrição significa: Unidade; Direito e Liberdade..

€.082800 2 euro JUAN-CARLOS I ESPANHA

Gravura : Luis-José Diãz
Ø 25,75 mm - 8,50 g - Cupro-Níquel
Data de criação : 3 maio 1998. CE 975/98
Bordo : serrilha fina contínua e nesta inscrito:★★ 2 seis vezes, alternando normal e invertido.
Total de cunhagem conhecida : 458 449 586

082800	Data	Atelier	Quantidade	MBC	SOB	BELA	FDC
1	1999	M tr. A	*60 549 030*	-	4	6	8
2	1999	M tr. B	*inc.*	-	4	6	8
3	2000	M tr. A	*36 649 600*	-	2,5	3,5	6
4	2000	M tr. B	*inc.*	-	2,5	3,5	6

082800	Data	Atelier	Quantidade	MBC	SOB	BELA	FDC
5	2001	M tr. A	*140 249 426*	-	2,5	3,5	6
6	2001	M tr. B	*inc.*	-	2,5	3,5	6
7	2002	M tr. A	*164 099 301*	-	3	4	7
8	2002	M tr. B	*inc.*	-	3	4	7
9	2003	M tr. A	*44 659 306*	-	2,5	3,5	5
10	2003	M tr. B	*inc.*	-	2,5	3,5	5
11	2004	M tr. A	*4 143 000*	-	3	4	6,5
12	2004	M tr. B	*inc.*	-	3	4	6,5
13	2005	M tr. A	*4 049 923*	-	3	4	6,5
14	2005	M tr. B	*inc.*	-	3	4	6,5
15	2006	M tr. A	*4 050 000*	-	2,5	3,5	5
16	2006	M tr. B	*inc.*	-	2,5	3,5	5
17	2007	M tr. A	*nc*	-	-	-	-
18	2007	M tr. B	*nc*	-	-	-	-

NOTA : Define-se bordo normal quando temos um 2 precedido de duas estrelas com a ponta para cima (★★ 2).

€.082801 2 euro 400

ANIVERSÁRIO DE D. QUIXOTE ESPANHA

Gravura : Begoña Castellanos Garcia
Ø 25,75 mm - 8,50 g - Cupro-Níquel
Data de criação : JO EU C131 de 28/05/2005 - EHA/1246/2005 de 27 abril 2005
Bordo : serrilha fina contínua e nesta inscrito:★★ 2 seis vezes, alternando normal e invertido.
Total de cunhagem conhecida : 8 079 923

082801	Data	Atelier	Quantidade	MBC	SOB	BELA	FDC
1	2005	M tr. A	*8 079 923*	-	4	5	7,5
2	2005	M tr. B	*inc.*	-	4	5	7,5

NOTA : Define-se bordo normal quando temos um 2 precedido de duas estrelas com a ponta para cima (★★ 2) .
NOTA : A primeira parte de Dom Quixote surge em Madrid em 1605. Com sucesso imediato ele marcaria o regresso aos escritos do seu autor, o célebre Cervantes. É no capítulo VII de Dom Quixote que temos a mais conhecida história do engenhoso Dom Quixote de la Mancha: a aventura dos moinhos de vento...É assim que nesta moeda temos em primeiro plano Dom Quixote, e por detrás deste dois moinhos de vento.

Para alguns ateliers em que a produção das moedas, mesmo em carteiras BNC apresentam a maioria das vezes pequenas mossas e riscos, damos uma cotação SOB ou FDC, que corresponde a uma moeda quase perfeita. Uma moeda perfeita deve ser cotada com um preço mais elevado.

€.082802 2 euro
CINQUENTENÁRIO DO TRATADO DE ROMA
ESPANHA

Ø 25,75 mm - 8,50 g - Cupro-Níquel
Bordo : serrilha fina contínua e nesta inscrito:★★ 2 seis vezes, alternando normal e invertido.
Total de cunhagem conhecida : 8 000 000

082802	Data	Atelier	Quantidade	MBC	SOB	BELA	FDC
1	2007	tr. A	*8 000 000*	-	-	-	-
2	2007	tr. B	*inc.*	-	-	-	-

NOTA : Define-se bordo normal quando temos um 2 precedido de duas estrelas com a ponta para cima (★★ 2)

NOTA : Esta moeda comemora os 50 anos do tratado de Roma, assinado em 25 de março de 1957 por seis países fundadores: Itália, FRG, Bélgica, Luxemburgo, Países Baixos e França. Todos os países do Euro de zona (Eslovênia incluindo) têm a possibilidade de cunhar esta moeda em 2007, só a legenda do país as distingue.

€.083800 2 euro AMORAS
PRIMEIRO TIPO
FINLÂNDIA

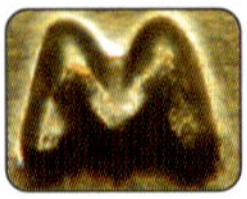

Gravura : Raimo Heino
Ø 25,75 mm - 8,50 g - Cupro-Níquel
Data de criação : 3 maio 1998. CE 975/98
Bordo : serrilha fina contínua e nesta inscrito: três cabeças de leão e SUOMI FINLAND
Total de cunhagem conhecida : 94 530 000

083800	Data	Atelier	Quantidade	MBC	SOB	BELA	FDC
1	1999	tr. A	*16 165 000*	-	7	9	11
2	1999	tr. B	*inc.*	-	7	9	11
3	2000	tr. A	*8 755 000*	-	12	14	16
4	2000	tr. B	*inc.*	-	12	14	16
5	2001	tr. A	*29 207 000*	-	3	4	5
6	2001	tr. B	*inc.*	-	3	4	5
7*	2002	tr. A	*1 519 000*	-	20	28	35
8*	2002	tr. B	*inc.*	-	18	23	27
9	2003	tr. A	*9 321 000*	-	3,4	4,7	7
10	2003	tr. B	*inc.*	-	3,4	4,7	7
11	2004	tr. A	*10 093 000*	-	3,4	4,7	7
12	2004	tr. B	*inc.*	-	3,4	4,7	7
13	2005	tr. A	*10 877 000*	-	3,4	4,7	7
14	2005	tr. B	*inc.*	-	3,4	4,7	7
15	2006	tr. A	*8 593 000*	-	3	4	7
16	2006	tr. B	*inc.*	-	3	4	7

NOTA : Define-se bordo normal quando se lê a palavra SUOMI seguida da palavra FINLAND da esquerda para a direita.

NOTA : *Suomi* significa Finlândia em Finlandês.
083800/7 e 8 : Esta moeda é muito procurada e promete...

€.083801 2 euro

ALARGAMENTO DA UNIÃO EUROPEIA FINLÂNDIA

Gravura : Pertti Mäkinen
Ø 25,75 mm - 8,50 g - Cupro-Níquel
Data de criação : JO EU C243/2 du 30/09/2004 - Saiu em agosto 2004
Bordo : serrilha fina contínua e nesta inscrito: três cabeças de leão e SUOMI FINLAND
Total de cunhagem conhecida : 1 054 000

083801	Data	Atelier	Quantidade	MBC	SOB	BELA	FDC
1	2004	tr. A	*1 054 000*	-	20	24	28
2	2004	tr. B	*inc.*	-	20	24	28

NOTA : Define-se bordo normal quando se lê a palavra SUOMI seguida da palavra FINLAND da esquerda para a direita.
NOTA : Suomi significa Finlândia em finlândes.
NOTA : O desenho representa um pilar estilizado em que o crescimento em forma de folhas tende para o alto. Estas folhas representam o alargamento da UE.O pilar representa o fundamento do crescimento. As letras «UE» surge assim dentro do pilar e a data 2004 no alto.

€.083802 2 euro 50

ANIVERSÁRIO DA ADESÃO DA FINLÂNDIA À ONU FINLÂNDIA

Gravura : Tapio Kettunen
Ø 25,75 mm - 8,50 g - Cupro-Níquel
Data de criação : outubro 2005
Bordo : serrilha fina contínua e nesta inscrito: três cabeças de leão e YK 1945 - 2005 FN
Total de cunhagem conhecida : 2 055 000

083802	Data	Atelier	Quantidade	MBC	SOB	BELA	FDC
1	2005	tr. A	*2 055 000*	-	4	5,5	7
2	2005	tr. B	*inc.*	-	4	5,5	7

NOTA : Define-se bordo normal quando se lê a palavra SUOMI seguida da palavra FINLAND da esquerda para a direita.

NOTA : Suomi significa Finlândia em finlândes.

NOTA : Esta moeda comemora também os 60 anos da ONU.

NOTA : A Finlândia só assinou a Carta da Nações Unidas dez anos mais tarde (1955-14 de Dezembro), da assinatura original (1945- 25 de Junho). Hoje fazem parte da ONU mais de 191 Estados.

€.083803 2 euro 100 ANOS DO SUFRAGIO UNIVERSAL NA FINLÂNDIA FINLÂNDIA

Gravura : Pertti Mäkinen
Ø 25,75 mm - 8,50 g - Cupro-Níquel
Data de criação : JO EU C248/2 de 14/10/2006 - Saiu em setembro 2006
Bordo : serrilha fina contínua e está inscrito: três cabeças de leão e SUOMI FINLAND
Total de cunhagem conhecida : 2 525 000

083803	Data	Atelier	Quantidade	MBC	SOB	BELA	FDC
1	2006	tr. A	*2 525 000*	-	4	5,5	7
2	2006	tr. B	*inc.*	-	4	5,5	7

NOTA : Define-se bordo normal quando se lê a palavra SUOMI seguida da palavra FINLAND da esquerda para a direita.
NOTA : Suomi significa Finlândia em finlândes.

€.083804 2 euro AMORAS SEGUNDO TIPO FINLÂNDIA

Gravura : Raimo Heino
Ø 25,75 mm - 8,50 g - Cupro-Níquel
Bordo : serrilha fina contínua e está inscrito: três cabeças de leão e SUOMI FINLAND
Total de cunhagem conhecida : nc

083804	Data	Atelier	Quantidade	MBC	SOB	BELA	FDC
1	2007	tr. A	*nc*	-	-	-	-
2	2007	tr. B	*nc*	-	-	-	-

NOTA : Define-se bordo normal quando se lê a palavra SUOMI seguida da palavra FINLAND da esquerda para a direita..
NOTA : Suomi significa Finlândia em finlândes.

€.083805 2 euro CINQUENTENÁRIO DO TRATADO DE ROMA FINLÂNDIA

Ø 25,75 mm - 8,50 g - Cupro-Níquel
Data de criação : Março 2007
Bordo : serrilha fina contínua e está inscrito: três cabeças de leão e SUOMI FINLAND
Total de cunhagem conhecida : 1 400 000

083805	Data	Atelier	Quantidade	MBC	BELA	SOB	FDC
1	2007	tr. A	*1 400 000*	-	-	-	-
2	2007	tr. B	*inc.*	-	-	-	-

NOTA : Define-se bordo normal quando se lê a palavra SUOMI seguida da palavra FINLAND da esquerda para a direita.

NOTA : Esta moeda comemora os 50 anos do tratado de Roma, assinado em 25 de março de 1957 por seis países fundadores: Itália, FRG, Bélgica, Luxemburgo, Países Baixos e França. Todos os países do Euro de zona (Eslovênia incluindo) têm a possibilidade de cunhar esta moeda em 2007, só a legenda do país as distingue.

.

€.084100 2 euro ÁRVORE

FRANÇA

Gravura : Joaquin Jimenez
Ø 25,75 mm - 8,50 g - Cupro-Níquel
Data de criação : 3 maio 1998. CE 975/98
Bordo : serrilha fina e contínua e nesta inscrito:
★★ 2 seis vezes alternando normal e invertido.
Total de cunhagem conhecida : 620 102 345

084100	Data	Atelier	Quantidade	MBC	SOB	BELA	FDC
1	1999	tr. A	*56 730 013*	-	2,5	3,5	-
2	1999	tr. B	*inc.*	-	2,5	3,5	-
3	2000	tr. A	*171 155 013*	-	2,5	3,5	-
4	2000	tr. B	*inc*	-	2,5	3,5	-
5	2001	tr. A	*237 950 806*	-	2,5	3,5	-
6	2001	tr. B	*inc.*	-	2,5	3,5	-
7*	2002	tr. A	*153 731 513*	-	2,5	3,5	-
8*	2002	tr. B	*inc.*	-	2,5	3,5	-
9*	2003	tr. A	*175 000*	-	-	12	-
10*	2003	tr. B	*inc.*	-	-	12	-
11*	2004	tr. A	*160 000*	-	-	12	-
12*	2004	tr. B	*inc.*	-	-	12	-
13*	2005	tr. A	*120 000*	-	-	12	-
14*	2005	tr. B	*inc.*	-	-	12	-
15*	2006	tr. A	*80 000*	-	-	12	-
16*	2006	tr. B	*inc.*	-	-	12	-

NOTA : Define-se bordo normal quando temos um 2 precedido de duas estrelas cujas pontas estão viradas para cima(★★ 2).

NOTA : Um relatório do Senado Francês defende que o stock actual de moedas de 2 euro é suficiente até 2011!

084100/7 e 8 : Com bordo holandês. Teóricamente, existem 40 000 exemplares, mas parece-nos ser muito mais raro do que este número indica. Um erro do fabricante, que confirmou que os bordos são cunhados antes dos versos, proporcionou esta variante. Temos registo de umas moedas destas (bordo B) ter sido vendida no estado de SOB a 165 €. Porém e na internet esta moeda tem conhecido uma tendência para a alta de preço, já que cada vez mais é difícil de encontrar...

084100/9 a 16 : As datas 2003, 2004, 2005 e 2006 só se encontram em carteiras BNC.

Para alguns ateliers em que a produção das moedas, mesmo em carteiras BNC apresentam a maioria das vezes pequenas mossas e riscos, damos uma cotação SOB ou FDC, que corresponde a uma moeda quase perfeita. Uma moeda perfeita deve ser cotada com um preço mais elevado.

€.084101 2 euro

CINQUENTENÁRIO DO TRATADO DE ROMA FRANÇA

Ø 25,75 mm - 8,50 g - Cupro-Níquel
Bordo : serrilha fina e contínua e nesta inscrito:
** 2 seis vezes alternando normal e invertido.
Total de cunhagem conhecida : 9 600 000

084101	Data	Atelier	Quantidade	MBC	SOB	BELA	FDC
1	2007	tr. A	*9 600 000*	-	-	-	-
2	2007	tr. B	*inc.*	-	-	-	-

NOTA : Define-se bordo normal quando temos um 2 precedido de duas estrelas cujas pontas estão viradas para cima(** 2)..
NOTA : Esta moeda comemora os 50 anos do tratado de Roma, assinado em 25 de março de 1957 por seis países fundadores: Itália, FRG, Bélgica, Luxemburgo, Países Baixos e França.

Todos os países do Euro de zona (Eslovênia incluindo) têm a possibilidade de cunhar esta moeda em 2007, só a legenda do país as distingue.

€.084102 2 euro ÁRVORE

Segundo reverso FRANÇA

Gravura : Joaquin Jimenez
Ø 25,75 mm - 8,50 g - Cupro-Níquel
Data de criação : 3 maio 1998. CE 975/98
Bordo : serrilha fina e contínua e nesta inscrito:
** 2 seis vezes alternando normal e invertido.
Total de cunhagem conhecida : 50 000

084102	Data	Atelier	Quantidade	MBC	SOB	BELA	FDC
1*	2007	tr. A	*50 000*	-	-	-	-
2*	2007	tr. B	*inc.*	-	-	-	-

084102/1 e 2 : A data de 2007 encontram-se só em BNC.

€.084900 2 euro EUROPA

GRÉCIA

Gravura : Georgios Stamatopoulos
Concepção : Georgios Stamatopoulos
Ø 25,75 mm - 8,50 g - Cupro-Níquel
Data de criação : 3 maio 1998. CE 975/98
Bordo : serrilha fina ΕΛΛΗΝΙΚΗ ΔΗΜΟΚΡΑΤΙΑ *
Total de cunhagem conhecida : 148 234 245

084900	Data	Atelier	Quantidade	MBC	SOB	BELA	FDC
1	2002	tr. A	*75 454 945*	-	3	4	-
2	2002	tr. B	*inc.*	-	3	4	-
3*	2002	tr. A	*70 000 000*	-	3	4	-
4*	2002	tr. B	*inc.*	-	3	4	-

084900	Data	Atelier	Quantidade	MBC	SOB	BELA	FDC
5	2003	tr. A	*649 300*	-	4,5	6	-
6	2003	tr. B	*inc.*	-	4,5	6	-
7*	2004	tr. A	*30 000*	-	-	45	-
8*	2004	tr. B	*inc.*	-	-	45	-
9	2005	tr. A	*1 050 000*	-	4	5,5	-
10	2005	tr. B	*inc.*	-	4	5,5	-
11	2006	tr. A	*1 050 000*	-	4	5,5	-
12	2006	tr. B	*inc.*	-	4	5,5	-
13	2007	tr. A	*nc*	-	-	-	-
14	2007	tr. B	*nc*	-	-	-	-

NOTA : Define-se bordo normal quando se lê (ao virarmos a moeda do anverso para a serrilha) a palavra ΕΛΛΗΝΙΚΗ seguida de ΔΗΜΟΚΡΑΤΙΑ da esquerda para a direita.. **NOTA:** Estas duas palavras significam «República Helénica».**084900/3 e 4 :** O S de *Suomi* encontra-se na estrela que separa a data em dois.
084900/7 e 8 : A data 2004 só se encontra em carteira BNC.

€.084901 2 euro JOGOS OLÍMPICOS DE ATENAS 2004

GRÉCIA

Gravura : Konstantinos Kazakos
Concepção : Panagiotis Gravvalos d'après Myron d'Eleuthère
Ø 25,75 mm - 8,50 g - Cupro-Níquel
Data de criação : JO EU C91/5 de 15 abril 2004 - Saiu em julho 2004
Bordo : serrilha fina ΕΛΛΗΝΙΚΗ ΔΗΜΟΚΡΑΤΙΑ ★
Total de cunhagem conhecida : 35 500 000

084901	Data	Atelier	Quantidade	MBC	SOB	BELA	FDC
1	2004	tr. A	*35 500 000*	-	4	5	-
2	2004	tr. B	*inc.*	-	4	5	-

NOTA : Define-se bordo normal quando se lê (ao virarmos a moeda do anverso para a serrilha) a palavra ΕΛΛΗΝΙΚΗ seguida de ΔΗΜΟΚΡΑΤΙΑ da esquerda para a direita..
NOTA: Estas duas palavras significam «República Helénica».
NOTA : Esta moeda consagrada aos Jogos Olímpicos de 2004, apresenta no anverso a estátua do lançamento do disco («Discophore»). Como habitual para todas as moedas gregas, encontramos no anverso o valor facial em grego. De destacar que a legenda está em inglês, « ATHENS 2004 », embora a moeda primeiramente prevista tivesse a inscrição em grego (« ATHENA 2004 »)

€.084902 2 euro CINQUENTENÁRIO DO TRATADO DE ROMA

GRÉCIA

Ø 25,75 mm - 8,50 g - Cupro-Níquel
Data de criação : Março 2007
Bordo : serrilha fina ΕΛΛΗΝΙΚΗ ΔΗΜΟΚΡΑΤΙΑ ★
Total de cunhagem conhecida : nc

084902	Data	Atelier	Quantidade	MBC	SOB	BELA	FDC
1	2007	tr. A	*nc*	-	-	-	-

084902	Data	Atelier	Quantidade	MBC	SOB	BELA	FDC
2	2007	tr. B	*inc.*	-	-	-	-

NOTA : Define-se bordo normal quando se lê (ao virarmos a moeda do anverso para a serrilha) a palavra ΕΛΛΗΝΙΚΗ seguida de ΔΗΜΟΚΡΑΤΙΑ da esquerda para a direita..
NOTA: Estas duas palavras significam «República Helénica».
NOTA : Esta moeda comemora os 50 anos do tratado de Roma, assinado em 25 de março de 1957 por seis países fundadores: Itália, FRG, Bélgica, Luxemburgo, Países Baixos e França. Todos os países do Euro de zona (Eslovênia incluindo) têm a possibilidade de cunhar esta moeda em 2007, só a legenda do país as distingue.

€.085300 2 euro HARPA IRLANDA

Gravura : Jarlath Hayes
Ø 25,75 mm - 8,50 g - Cupro-Níquel
Data de criação : 3 maio 1998. CE 975/98
Bordo : serrilha fina e contínua e nesta inscrito: ⋆⋆ 2 seis vezes alternando na orla com invertido.
Total de cunhagem conhecida : 113 095 928

085300	Data	Atelier	Quantidade	MBC	SOB	BELA	FDC
1*	2002	tr. A	*90 568 166*	-	3	4	-
2*	2002	tr. B	*inc.*	-	3	4	-
3	2003	tr. A	*2 696 076*	-	3	4	7
4	2003	tr. B	*inc.*	-	3	4	7
5	2004	tr. A	*3 778 186*	-	4	5,5	7
6	2004	tr. B	*inc.*	-	4	5,5	7
7	2005	tr. A	*12 087 981*	-	3	4	7
8	2005	tr. B	*inc.*	-	3	4	7
9	2006	tr. A	*3 965 519*	-	3	4	7
10	2006	tr. B	*inc.*	-	3	4	7
11	2007	tr. A	*nc*	-	-	-	-
12	2007	tr. B	*inc.*	-	-	-	-

NOTA : Define-se bordo normal quando temos um 2 precedido de duas estrelas cujas pontas estão viradas para cima(⋆⋆ 2).
085300/1 e 2 : A data 2002 pode-se encontrar em estado FDC mas somente em carteira BNC. Por esse facto, não cotaremos esta, tal como a restante série isolada.
085300/7 e 8 : Números

€.085301 2 euro CINQUENTENÁRIO DO TRATADO DE ROMA IRLANDA

Ø 25,75 mm - 8,50 g - Cupro-Níquel
Data de criação : Março 2007
Bordo : serrilha fina e contínua e nesta inscrito: ⋆⋆ 2 seis vezes alternando na orla, com invertido.
Total de cunhagem conhecida : 4 840 000

085301	Data	Atelier	Quantidade	MBC	SOB	BELA	FDC
1	2007	tr. A	*4 840 000*	-	-	-	-
2	2007	tr. B	*inc.*	-	-	-	-

NOTA : Define-se bordo normal quando temos um 2 precedido de duas estrelas cujas pontas estão viradas para cima(** 2).
NOTA : Esta moeda comemora os 50 anos do tratado de Roma, assinado em 25 de março de 1957 por seis países fundadores: Itália, FRG, Bélgica, Luxemburgo, Países Baixos e França. Todos os países do Euro de zona (Eslovênia incluindo) têm a possibilidade de cunhar esta moeda em 2007, só a legenda do país as distingue.

€.085600 2 euro DANTE

ITÁLIA

Gravura : Maria Carmela Colaneri
Ø 25,75 mm - 8,50 g - Cupro-Níquel
Data de criação : 3 maio 1998. CE 975/98
Bordo : serrilha fina e contínua e nesta inscrito: * 2 alternando normal com invertido.
Total de cunhagem conhecida : 653 247 200

085600	Data	Atelier	Quantidade	MBC	SOB	BELA	FDC
1	2002	R tr. A	*463 702 200*	-	2,5	3,5	-
2	2002	R tr. B	*inc.*	-	2,5	3,5	-
3	2003	R tr. A	*36 360 000*	-	4	6	-
4	2003	R tr. B	*inc.*	-	4	6	-
5	2004	R tr. A	*23 065 000*	-	5,5	7,5	-
6	2004	R tr. B	*inc.*	-	5,5	7,5	-
7	2005	R tr. A	*80 070 000*	-	2,5	3,5	-
8	2005	R tr. B	*inc.*	-	2,5	3,5	-
9*	2006	R tr. A	*50 050 000*	-	2,5	3,5	-
10*	2006	R tr. B	*inc.*	-	2,5	3,5	-
11	2007	R tr. A	*nc*	-	-	-	-
12	2007	R tr. B	*nc*	-	-	-	-

NOTA : Define-se bordo normal quando temos um 2 precedido de uma estrela cuja ponta está virada para cima(* 2).

€.085601 2 euro PROGRAMA DE ALIMENTAÇÃO MUNDIAL

ITÁLIA

Gravura : Uliana Pernazza
Ø 25,75 mm - 8,50 g - Cupro-Níquel
Data de criação : JO EU C313/3 de 18/12/2004 - Saiu em dezembro 2004
Bordo : serrilha fina e contínua e nesta inscrito: * 2 alternando normal com invertido.
Total de cunhagem conhecida : 16 000 000

085601	Data	Atelier	Quantidade	MBC	SOB	BELA	FDC
1	2004	R tr. A	*16 000 000*	-	4,5	6	-
2	2004	R tr. B	*inc.*	-	4,5	6	-

NOTA : Define-se bordo normal quando temos um 2 precedido de uma estrela cuja ponta está virada para cima(✱ 2).

NOTA : No centro da moeda figura o globo terrestre com a menção « World Food Programme » (Programa Mundial para a Alimentação), um orgão subsidiario da ONU, criado 1961 em conjunto pela Assembleia Geral e a Organização para a Alimentação e Agricultura . No anverso uma espiga de trigo, milho e arroz, representando os elementos da alimentação base que emergem da terra. Encontramos também a assinatura do gravador (neste caso, UP), o RI de « República Italiana » e o R do atelier de Roma.

€.085602 2 euro PRIMEIRO ANIVERSÁRIO DA ASSINATURA Da CONSTITUIÇÃO EUROPEIA ITÁLIA

Gravura : Maria Carmela Colaneri
Ø 25,75 mm - 8,50 g - Cupro-Níquel
Data de criação : JO EU C283/17 de 16/11/2005 - Saiu em dezembro 2005
Bordo : serrilha fina e contínua e nesta inscrito: ✱ 2 alternando normal com invertido.
Total de cunhagem conhecida : 18 000 000

085602	Data	Atelier	Quantidade	MBC	SOB	BELA	FDC
1	2005	R tr. A	*18 000 000*	-	5	7	-
2	2005	R tr. B	*inc.*	-	5	7	-

NOTA : Define-se bordo normal quando temos um 2 precedido de uma estrela cuja ponta está virada para cima(✱ 2).

€.085603 2 euro JOGOS OLÍMPICOS DE TURIN 2006 ITÁLIA

Gravura : Maria Carmela Colaneri
Ø 25,75 mm - 8,50 g - Cupro-Níquel
Data de criação : JO EU C33/6 du 9/02/2006 - Saiu em 10 fevereiro 2006
Bordo : serrilha fina e contínua e nesta inscrito: ✱ 2 alternando normal com invertido.
Total de cunhagem conhecida : 40 000 000

085603	Data	Atelier	Quantidade	MBC	SOB	BELA	FDC
1	2006	R tr. A	*40 000 000*	-	4	5	-
2	2006	R tr. B	*inc.*	-	4	5	-

NOTA : Define-se bordo normal quando temos um 2 precedido de uma estrela cuja ponta está virada para cima(✱ 2).

€.085604 2 euro CINQUENTENÁRIO DO TRATADO DE ROMA

ITÁLIA

Ø 25,75 mm - 8,50 g - Cupro-Níquel
Bordo : serrilha fina e contínua e nesta inscrito: ★ 2 alternando normal com invertido.
Total de cunhagem conhecida : 5 000 000

085604	Data	Atelier	Quantidade	MBC	SOB	BELA	FDC
1	2007	R tr. A	*5 000 000*	-	-	-	-
2	2007	tr. B	*inc.*	-	-	-	-

NOTA : Define-se bordo normal quando temos um 2 precedido de uma estrela cuja ponta está virada para cima(★ 2).
NOTA : Esta moeda comemora os 50 anos do tratado de Roma, assinado em 25 de março de 1957 por seis países fundadores: Itália, FRG, Bélgica, Luxemburgo, Países Baixos e França.

Todos os países do Euro de zona (Eslovênia incluindo) têm a possibilidade de cunhar esta moeda em 2007, só a legenda do país as distingue.

€.086100 2 euro GRÃO DUQUE

LUXEMBURGO

Gravura : Yvette Gastauer-Claire
Ø 25,75 mm - 8,50 g - Cupro-Níquel
Data de criação : 3 maio 1998. CE 975/98
Bordo : serrilha fina e contínua e nesta inscrito: ★ ★2 seis vezes alternando normal com invertida.
Total de cunhagem conhecida : 35 305 700

086100	Data	Atelier	Quantidade	MBC	SOB	BELA	FDC
1*	2002	tr. A	*18 557 500*	-	3	4	7
2*	2002	tr. B	*inc*	-	3	4	7
3*	2002	tr. B	*inc.*	-	3	4	7
4*	2002	tr. B	*inc.*	-	3	4	7
5	2003	tr. A	*3 600 000*	-	3,5	5	7
6	2003	tr. B	*inc.*	-	3,5	5	7
7	2004	tr. A	*7 613 200*	-	3	4	7
8	2004	tr. B	*inc.*	-	3	4	7
9	2005	S tr. A	*3 520 000*	-	3	4	7
10	2005	S tr. B	*inc.*	-	3	4	7
11	2006	S tr. A	*2 015 000*	-	3	4	7
12	2006	S tr. B	*inc.*	-	3	4	7
13	2007	S tr. A	*nc*	-	-	-	-
14	2007	S tr. B	*nc*	-	-	-	-N

NOTA : Define-se bordo normal quando temos um 2 precedido de duas estrelas cujas pontas estão viradas para cima(★★ 2).
086100/1 e 2 : Estrelas grandes, próximas do centro.
086100/3 e 4 : Estrelas mais pequenas, mais afastadas do centro.

€.086100/1 e 2

€.086100/3 e 4

€.086101 2 euro MONOGRAMA DO GRÃO DUQUE HENRI LUXEMBURGO

Gravura : Yvette Gastauer-Claire et Patrice Bernabei
Concepção : Patrice Bernabei
Ø 25,75 mm - 8,50 g - Cupro-Níquel
Data de criação : JO EU C243/6 de 30/09/2004 - Saiu em 23/06/2004
Bordo : serrilha fina e contínua e nesta inscrito: ★ ★2 seis vezes alternando normal com invertida.
Total de cunhagem conhecida : 2 497 800

086101	Data	Atelier	Quantidade	MBC	SOB	BELA	FDC
1	2004	tr. A	*2 497 800*	-	4	5	7
2	2004	tr. B	*inc.*	-	4	5	7

NOTA: Define-se bordo normal quando temos um 2 precedido de duas estrelas cujas pontas estão viradas para cima(★★ 2)..

NOTA : Esta moeda retrata na parte interior, à esquerda, a éfige de sua Alteza Real, o Grão-Duque Henri, esta figura, apresenta-se defronte ao seu Monograma (um « H » encimado por uma coroa), à direita na moeda. O BCL informou-nos que esta moeda comemora precisamente, os 80 anos da primeira representação de um monograma Grã-Ducal sobre uma moeda....Com efeito, em 1924, a Grã-Duquesa Charlotte fez aparecer o seu monograma nas moedas de 5, 10 cêntimos, 1 e 2 francos. Embora não seja dos mais importantes acontecimentos históricos, mas respeitando a nomenclatura do BCL, chamaremos a esta moeda:
« Monograma do Grão- Duque Henri ».

€.086102 2 euro GRÃOS-DUQUES DO LUXEMBURGO LUXEMBURGO

Gravura : Yvette Gastauer-Claire
Ø 25,75 mm - 8,50 g - Cupro-Níquel
Data de criação : JO EU C11/3 de 15/01/2005 - Saiu em 12/02/2005
Bordo : serrilha fina e contínua e nesta inscrito: ★ ★2 seis vezes alternando normal com invertida.
Total de cunhagem conhecida : 2 770 000

086102	Data	Atelier	Quantidade	MBC	SOB	BELA	FDC
1	2005	tr. A	*2 770 000*	-	4	5	7
2	2005	tr. B	*inc.*	-	4	5	7

NOTA: Define-se bordo normal quando temos um 2 precedido de duas estrelas cujas pontas estão viradas para cima(★★ 2)..

NOTA : Esta moeda comemora vários acontecimentos : os 50 anos do aniversário do Grão-Duque Henri; o 5º aniversário da sua ascensão ao trono; e o centenário da morte do Grão-Duque Adolphe. Esta foi a primeira moeda luxemburguesa em circulação com os novos símbolos de atelier.

€.086103 2 euro GRÃO DUQUE

HERDEIRO GUILLAUME
LUXEMBURGO

Gravura : Yvette Gastauer-Claire
Ø 25,75 mm - 8,50 g - Cupro-Níquel
Data de criação : JO EU C20/30 de 27/01/2006 - Saiu em 3/01/2006
Bordo : serrilha fina e contínua e nesta inscrito: ✱✱2 seis vezes alternando normal com invertida.
Total de cunhagem conhecida : 1 045 000

086103	Data	Atelier	Quantidade	MBC	SOB	BELA	FDC
1	2006	tr. A	*1 045 000*	-	4	5	7
2	2006	tr. B	*inc.*	-	4	5	7

NOTA : Define-se bordo normal quando temos um 2 precedido de duas estrelas cujas pontas estão viradas para cima(✱✱ 2).
NOTA : A moeda leva o retrato do Grão Duque Henri junto com o Grão Duque Guillaume o herdeiro. Esta moeda emitida na ocasião do 25º aniversário de SAR o Grão Duque herdeiro. Príncipe Guillaume nasce 11 de novembro de 1981; isto é o filho primogénito de LL.AA.RR. o Grão Duque Henri e a duquesa Principal Maria Teresa de Luxemburgo. 18 de dezembro de 2000, príncipe Guillaume foi nomeado o Grão Duque herdeiro oficialmente.

€.086104 2 euro

CINQUENTENÁRIO DO TRATADO DE ROMA
LUXEMBURGO

Ø 25,75 mm - 8,50 g - Cupro-Níquel
Bordo : serrilha fina e contínua e nesta inscrito: ✱✱2 seis vezes alternando normal com invertida.
Total de cunhagem conhecida : 2 015 000

086104	Data	Atelier	Quantidade	MBC	SOB	BELA	FDC
1	2007	tr. A	*2 015 000*	-	-	-	-
2	2007	tr. B	*inc.*	-	-	-	-

NOTA : Define-se bordo normal quando temos um 2 precedido de duas estrelas cujas pontas estão viradas para cima(✱✱ 2)..

NOTA : Esta moeda comemora os 50 anos do tratado de Roma, assinado em 25 de março de 1957 por seis países fundadores: Itália, FRG, Bélgica, Luxemburgo, Países Baixos e França. Todos os países do Euro de zona (Eslovênia incluindo) têm a possibilidade de cunhar esta moeda em 2007, só a legenda do país as distingue. Esta tem um circulo com o monograma do monarca.

Para alguns ateliers em que a produção das moedas, mesmo em carteiras BNC apresentam a maioria das vezes pequenas mossas e riscos, damos uma cotação SOB ou FDC, que corresponde a uma moeda quase perfeita. Uma moeda perfeita deve ser cotada com um preço mais elevado.

€.086105 2 euro PALAIS GRAND-DUCAL LUXEMBURGO

Ø 25,75 mm - 8,50 g - Cupro-Níquel
Bordo : serrilha fina e contínua e nesta inscrito: ⁎ ⁎2 seis vezes alternando normal com invertida.
Total de cunhagem conhecida : 1 015 000

086105	Data	Atelier	Quantidade	MBC	SOB	BELA	FDC
1	2007	tr. A	*1 015 000*	-	-	-	-
2	2007	tr. B	*inc.*	-	-	-	-

NOTA : Define-se bordo normal quando temos um 2 precedido de duas estrelas cujas pontas estão viradas para cima(⁎⁎ 2).

€.086300 2 euro PRÍNCIPE RAINIER III MONACO

Gravura : Pierre Javaudin
Concepção : Nicolas Cozon
Ø 25,75 mm - 8,50 g - Cupro-Níquel
Data de criação : 3 maio 1998. CE 975/98
Bordo : serrilha fina e contínua e nesta inscrito: ⁎⁎ 2 seis vezes ora normal ora invertido.
Total de cunhagem conhecida : 1 643 800

086300	DData	Atelier	Quantidade	MBC	SOB	BELA	FDC
1	2001	tr. A	*919 800*	-	9	12	-
2	2001	tr. B	*inc.*	-	9	12	-
3	2002	tr. A	*496 000*	-	9	12	-
4	2002	tr. B	*inc.*	-	9	12	-
5	2003	tr. A	*228 000*	-	11	14	-
6	2003	tr. B	*inc.*	-	11	14	-
7*	2004	tr. A	*Proof*	-	-	-	-
8*	2004	tr. B	*Proof*	-	-	-	-

NOTA : Define-se bordo normal quando temos um 2 precedido de duas estrelas cujas pontas estão viradas para cima(⁎⁎ 2).
086300/7 e 8 : Só existem 14 999 moedas de 2 euro 2004 cunhadas para a colecção Proof.

€.086301 2 euro PRÍNCIPE ALBERTO II MONACO

Ø 25,75 mm - 8,50 g - Cupro-Níquel
Data de criação : JO EU C316/21 de 22/12/2006
Bordo : serrilha fina e contínua e nesta inscrito:
⁎⁎ 2 seis vezes ora normal ora invertido.
Total de cunhagem conhecida : 0

086301	Data	Atelier	Quantidade	MBC	SOB	BELA	FDC
1*	2006	tr. A	*Proof*	-	-	-	-
2*	2006	tr. B	*Proof*	-	-	-	-

NOTA : Define-se bordo normal quando temos um 2 precedido de duas estrelas cujas pontas estão viradas para cima(⁎⁎ 2).

086301/1 e 2 : Só existem 11 180 moedas de 2 euro 2006 cunhadas para a colecção Proof.

€.087000 2 euro BEATRIX HOLANDA

Gravura : Bruno Ninaber van Eyben
Ø 25,75 mm - 8,50 g - Cupro-Níquel
Data de criação : 3 maio 1998. CE 975/98
Bordo : serrilha fina e contínua e nesta inscrito:
GOD⁎ZIJ⁎MET⁎ONS⁎
Total de cunhagem conhecida : 215 089 020

087000	Data	Atelier	Quantidade	MBC	SOB	BELA	FDC
1	1999	tr. A	*9 965 000*	-	6	8	10
2	1999	tr. B	*inc.*	-	6	8	10
3*	2000	tr. A	*24 468 000*	-	2,5	3,5	7
4*	2000	tr. B	*inc.*	-	2,5	3,5	7
5*	2000	tr. A	*inc.*	-	2,5	3,5	7
6*	2000	tr. B	*inc.*	-	2,5	3,5	7
7*	2000	tr. A	*inc.*	-	2,5	3,5	7
8*	2000	tr. B	*inc.*	-	2,5	3,5	7
9*	2001	tr. A	*140 580 000*	-	2,5	3,5	7
10*	2001	tr. B	*inc.*	-	2,5	3,5	7
11*	2001	tr. A	*inc.*	-	2,5	3,5	7
12*	2001	tr. B	*inc.*	-	2,5	3,5	7
13*	2001	tr. A	*inc.*	-	2,5	3,5	7
14*	2001	tr. B	*inc.*	-	2,5	3,5	7
15	2002	tr. A	*37 450 502*	-	2,5	3,5	7
16	2002	tr. B	*inc.*	-	2,5	3,5	7
17*	2003	tr. A	*1 427 003*	-	2,5	3,5	6
18*	2003	tr. B	*inc.*	-	2,5	3,5	7
19*	2004	tr. A	*435 004*	-	6	8	10
20*	2004	tr. B	*inc.*	-	6	8	10
21*	2005	tr. A	*349 005*	-	4	5,5	7

087000	Data	Atelier	Quantidade	MBC	SOB	BELA	FDC
22*	2005	tr. B	*inc.*	-	4	5,5	7
23*	2006	tr. A	*414 506*	-	2,5	3,5	7
24*	2006	tr. B	*inc.*	-	2,5	3,5	7
25	2007	tr. A	*nc*	-	-	-	-
26	2007	tr. B	*inc.*	-	-	-	-

NOTA : Temos bordo normal quando a legenda GOD ZIJ MET ONS, se lê da esquerda para a direita ao rodar do anverso para a serrilha.
NOTA : A legenda do bordo traduz-se:
« DEUS ESTÁ CONOSCO », mote já utilizado antes nas moedas holandesas.
NOTA : Descrição dos bordo em seguida:
087000/3 e 4 : 2000 bordo tipo 2
087000/5 e 6 : 2000 bordo tipo 3
087000/7 e 8 : 2000 bordo tipo 4
087000/9 e 10 : 2001 bordo tipo 2.
087000/11 e 12 : 2001 bordo tipo 5
087000/13 e 14 : 2001 bordo tipo 6
087000/17 a 20 : Estas moedas não foram postas em circulação, ou são ínfimas as que existem soltas... Supostamente só se encontram nas «caixas de coleccionador».
087000/23 e 24 : Números provisórios.

2 euro Holanda 2000 e 2001

As três variantes conhecidas distinguem-se, em cada data, pelas variações da dimensão e do estilo na inscrição do bordo; fotos em grande formato em http://www.bncgb.net/pdf/bn012.pdf :

Tipo 2 (2000 e 2001) : D de GOD ligeiramente inclinado - caracteres e estrelas de dimensão média.

Tipo 3 (2000) : D de GOD inclinado - caracteres e estrelas de grande dimensão + S de ONS estreito.

Tipo 4 (2000) : D de GOD ligeiramente inclinado - caracteres e estrelas de grande dimensão + S de ONS largo.

Tipo 5 (2001) : D de GOD inclinado - caracteres e estrelas de grande dimensão + S de ONS largo.

Tipo 6 (2001) : D de GOD inclinado - caracteres e estrelas de grande dimensão+ S de ONS muito largo.

NOTA : O tipo 1 (caracteres e estrelas de pequena dimensão) é o tipo da moeda de 2 euro 1999. Como sempre, nos caracteres maiores ou menores, a qualidade de cunhagem pode ter directa relação. A inclinação mais ou menos acentuada do D não é fácil de se observar. *A priori*, nenhuma das variantes é rara.

Para alguns ateliers em que a produção das moedas, mesmo em carteiras BNC apresentam a maioria das vezes pequenas mossas e riscos, damos uma cotação SOB ou FDC, que corresponde a uma moeda quase perfeita. Uma moeda perfeita deve ser cotada com um preço mais elevado.

€.087001 2 euro

CINQUENTENARIO DO TRATADO DE ROMA HOLANDA

Ø 25,75 mm - 8,50 g -Cupro-Níquel
Bordo : serrilha fina e contínua e nesta inscrito:
GOD*ZIJ*MET*ONS*
Total de cunhagem conhecida : nc

087001	Data	Atelier	Quantidade	MBC	SOB	BELA	FDC
1	2007	tr. A	*nc*	-	-	-	-
2	2007	tr. B	*inc.*	-	-	-	-

NOTA : Temos bordo normal quando a legenda GOD ZIJ MET ONS, se lê da esquerda para a direita ao rodar do anverso para a serrilha.
NOTA : Esta moeda comemora os 50 anos do tratado de Roma, assinado em 25 de março de 1957 por seis países fundadores: Itália, FRG, Bélgica, Luxemburgo, Países Baixos e França. Todos os países do Euro de zona (Eslovênia incluindo) têm a possibilidade de cunhar esta moeda em 2007, só a legenda do país as distingue.

€.087700 2 euro SELO REAL

DE 1144 PORTUGAL

Gravura : Vitor Santos
Ø 25,75 mm - 8,50 g - Cupro-Níquel
Data de criação : 3 maio 1998. CE 975/98
Bordo : serrilha fina e contínua e nesta inscrito/ incuso: sete torres
Total de cunhagem conhecida : 71 191 025

087700	Data	Atelier	Quantidade	MBC	SOB	BELA	FDC
1	2002	tr. A	*61 985 775*	-	2,5	3,5	6
2	2002	tr. B	*inc.*	-	2,5	3,5	6
3	2003	tr. A	*6 049 750*	-	2,5	3,5	6
4	2003	tr. B	*inc.*	-	2,5	3,5	6
5	2004	tr. A	*1 070 000*	-	2,5	3,5	6
6	2004	tr. B	*inc.*	-	2,5	3,5	6
7	2005	tr. A	*1 060 000*	-	2,5	3,5	6
8	2005	tr. B	*inc.*	-	2,5	3,5	6
9	2006	tr. A	*1 025 500*	-	2,5	3,5	6
10	2006	tr. B	*inc.*	-	2,5	3,5	6
11	2007	tr. A	*nc*	-	-	-	-
12	2007	tr. B	*inc.*	-	-	-	-

€.087701 2 euro

CINQUENTENÁRIO DO TRATADO DE ROMA PORTUGAL

Ø 25,75 mm - 8,50 g - Cupro-Níquel
Data de criação : Março 2007
Bordo : serrilha fina e contínua e nesta inscrito/ incuso: sete torres
Total de cunhagem conhecida : 1 015 000

087701	Data	Atelier	Quantidade	MBC	SOB	BELA	FDC
1	2007	tr. A	*1 015 000*	-	-	-	-
2	2007	tr. B	*inc.*	-	-	-	-

NOTA : Esta moeda comemora os 50 anos do tratado de Roma, assinado em 25 de março de 1957 por seis países fundadores: Itália, FRG, Bélgica, Luxemburgo, Países Baixos e França. Todos os países do Euro de zona (Eslovênia incluindo) têm a possibilidade de cunhar esta moeda em 2007, só a legenda do país as distingue.

€.087702 2 euro PRESIDÊNCIA DA UNIÃO EUROPEIA PORTUGAL

Ø 25,75 mm - 8,50 g - Cupro-Níquel
Data de criação : Junho 2007
Bordo : serrilha fina e contínua e nesta inscrito/ incuso: sete torres
Total de cunhagem conhecida : 1 015 000

087702	Data	Atelier	Quantidade	MBC	SOB	BELA	FDC
1	2007	tr. A	*1 015 000*	-	-	-	-
2	2007	tr. B	*inc.*	-	-	-	-

€.088300 2 euro FRANÇA PRESEREN ESLOVÉNIA

Gravura : Miljenko Licul, Maja Licul et Janez Boljka
Ø 25,75 mm - 8,50 g - Cupro-Níquel
Data de criação : JO EU C254/6 du 20/10/2006
Bordo :serrilha fina e contínua e nesta inscrito SLOVENIJA
Total de cunhagem conhecida : 21 450 000

088300	Data	Atelier	Quantidade	MBC	SOB	BELA	FDC
1	2007	tr. A	*21 450 000*	-	3	4	7
2	2007	tr. B	*inc.*	-	3	4	7

€.088301 2 euro

CINQUENTENÁRIO DO TRATADO DE ROMA

ESLOVÉNIA

Ø 25,75 mm - 8,50 g - Cupro-Níquel
Data de criação : Março 2007
Bordo : serrilha fina e contínua e nesta inscrito SLOVENIJA
Total de cunhagem conhecida : 400 000

088301	Data	Atelier	Quantidade	MBC	SOB	BELA	FDC
1	2007	tr. A	*400 000*	-	-	-	-
2	2007	tr. B	*inc.*	-	-	-	-

NOTA : Esta moeda comemora os 50 anos do tratado de Roma, assinado em 25 de março de 1957 por seis países fundadores: Itália, FRG, Bélgica, Luxemburgo, Países Baixos e França. Todos os países do Euro de zona (Eslovênia incluindo) têm a possibilidade de cunhar esta moeda em 2007, só a legenda do país as distingue.

€.088500 2 euro DOMUS

MAGNA

SÃO MARINO

Gravura : Ettore Lorenzo Frapiccini
Concepção : Frantisek Chochola
Ø 25,75 mm - 8,50 g - Cupro-Níquel
Data de criação : 3 maio 1998. CE 975/98
Bordo : serrilha fina e contínua e nesta inscrito: ★ 2 ora normal ora invertido.
Total de cunhagem conhecida : 670 760

088500	Data	Atelier	Quantidade	MBC	SOB	BELA	FDC
1	2002	R tr. A	*255 760*	-	28	35	42
2	2002	R tr. B	*inc.*	-	28	35	42
3*	2003	R tr. A	*70 000*	-	-	55	70
4*	2003	R tr. B	*inc.*	-	-	55	70
5*	2004	R tr. A	*70 000*	-	-	55	70
6*	2004	R tr. B	*inc.*	-	-	55	70
7*	2005	R tr. A	*210 000*	-	-	16	20
8*	2005	R tr. B	*inc.*	-	-	16	20
9*	2006	R tr. A	*65 000*	-	-	28	35
10*	2006	R tr. B	*inc.*	-	-	28	35
11	2007	R tr. A	*nc*	-	-	-	-
12	2007	R tr. B	*inc.*	-	-	-	-

NOTA : Define-se bordo normal quando temos um 2 precedido de uma estrela cuja ponta esta virada para cima(★ 2).

088500/3 a 10 : As datas 2003, 2004, 2005, 2006 e 2007 só se encontram nas carteiras BNC.

€.088501 2 euro
BARTOLOMEU BORGHESI
SÃO MARINO

Gravura : Ettore Lorenzo Frapiccini
Ø 25,75 mm - 8,50 g - Cupro-Níquel
Data de criação : JO EU C298/2 de 3/12/2004 - Saiu de 16 dezembro 2004
Bordo : serrilha fina e contínua e nesta inscrito: ★ 2 ora normal ora invertido.
Total de cunhagem conhecida : 110 000

088501	Data	Atelier	Quantidade	MBC	SOB	BELA	FDC
1*	2004	R tr. A	*110 000*	-	-	70	80
2*	2004	R tr. B	*inc.*	-	-	70	80

NOTA : Define-se bordo normal quando temos um 2 precedido de uma estrela cuja ponta está virada para cima(★ 2).
NOTA : Bartolomeo Borghesi nasceu em Savignano a sul de Rubicone (Itália) a 11 Julho de 1781. Epigrafista célebre, grande investigador numismático, adquiriu renome europeu neste domínio ao estabelecer as leis científicas da Numismática. Era membro de várias Academias entre as quais a célebre Academia de Lincei, « *mas a admiração universal por Borghesi surgiu pouco após a sua morte, quando o Imperador Napoleão III iniciou a nobre tarefa de inteirar-se e editar os seus trabalhos* ».
088501/1 e 2 : A data de 2004 encontram-se somente em carteiras BNC individuais.

€.088502 2 euro GALILEO
SÃO MARINO

Gravura : Luciana De Simoni
Ø 25,75 mm - 8,50 g - Cupro-Níquel
Data de criação : 14 outubro 2005
Bordo : serrilha fina e contínua e nesta inscrito: ★ 2 ora normal ora invertido.
Total de cunhagem conhecida : 130 000

088502	Data	Atelier	Quantidade	MBC	SOB	BELA	FDC
1*	2005	R tr. A	*130 000*	-	-	30	40
2*	2005	R tr. B	*inc.*	-	-	30	40

NOTA : Define-se bordo normal quando temos um 2 precedido de uma estrela cuja ponta está virada para cima(★ 2).
NOTA : Esta moeda representa o erudito físico Galileo, que observa o céu com um telescópio, e a frente deste, um globo no escritório. seis electrões gravitam à volta do centro da moeda. Esta moeda, comemora assim o ano mundial da Física, 2005, declarado pela UNESCO e ONU. Na ocasião dos cem anos do surgimento das três teorias fundamentais de Alberto Einstein: relatividade; efeito browniano; e da quantidade de luz.
088502/1 e 2 : A data de 2005 encontra-se somente em carteiras BNC e isoladas.

€.088503 2 euro 500

ANIVERSÁRIO DA MORTE DE CRISTOVÃO COLOMBO SÃO MARINO

Gravura : Luciana De Simoni
Ø 25,75 mm - 8,50 g - Cupro-Níquel
Data de criação : JO EU C248/3 de 14/10/2006 - Saiu em 17 outubro 2006
Bordo : serrilha fina e contínua e nesta inscrito: ✱ 2 ora normal ora invertido.
Total de cunhagem conhecida : 120 000

088503	Data	Atelier	Quantidade	MBC	SOB	BELA	FDC
1*	2006	R tr. A	*120 000*	-	-	40	50
2*	2006	R tr. B	*inc.*	-	-	45	55

NOTA : Define-se bordo normal quando temos um 2 precedido de uma estrela cuja ponta está virada para cima(✱ 2).
NOTE : O Cristóvão Colombo nasceu em Génova em 1451 e morreu em Valladolid em 1506. Navegante, ele foi o primeiro explorador europeu a ter cruzado o Atlântico e a chegar à América. A moeda representa os três navios que constituíram a primeira expedição de trans-Atlântico: o Santa Maria, o Pinta e o Niña. Para o primeiro plano, o retrato de Cristóvão Colombo e as datas" 1506 - 2006 ".
088503/1 e 2 : A data de 2006 encontra-se somente em carteiras BNC e isoladas.

€.088504 2 euro 200

ANIVERSÁRIO DO NASCIMENTO DE GIUSEPPE GARIBALDI SÃO MARINO

Ø 25,75 mm - 8,50 g - Cupro-Níquel
Bordo : serrilha fina e contínua e nesta inscrito: ✱ 2 ora normal ora invertido.s.
Total de cunhagem conhecida : nc

088504	Data	Atelier	Quantidade	MBC	SOB	BELA	FDC
1*	2007	R tr. A	*nc*	-	-	-	-
2*	2007	R tr. B	*inc.*	-	-	-	-

NOTA : Define-se bordo normal quando temos um 2 precedido de uma estrela cuja ponta está virada para cima(✱ 2).
NOTA : Guiseppe Garibaldi naceu em Nice a 4 julho de 1807 e morreu em Caprara (Itália) a 2 junho de 1882. Homem da Politica italiana partidário da unificação da península italiana. Se apelidado o " herói dos dois mundos" por ter lutado em tempos pelos revolucionários americanos latinos, ele aparece numa das faces principais da unificação italiana.
088504/1 e 2 : A data de 2007 encontra-se somente em carteiras BNC e isoladas.

Para alguns ateliers em que a produção das moedas, mesmo em carteiras BNC apresentam a maioria das vezes pequenas mossas e riscos, damos uma cotação SOB ou FDC, que corresponde a uma moeda quase perfeita. Uma moeda perfeita deve ser cotada com um preço mais elevado.

€.089300 2 euro JOÃO PAULO II
VATICANO

Gravura : Uliana Pernazza
Concepção : Guido Veroi
Ø 25,75 mm - 8,50 g - Cupro-Níquel
Data de criação : 3 maio 1998. CE 975/98 e segundo a lei do Vaticano de 18 de dezembro de 2001, art. 2
Bordo : serrilha fina e contínua e nesta inscrito: ✱ 2 ora normal ora invertido..
Total de cunhagem conhecida : 315 000

089300	Data	Atelier	Quantidade	MBC	SOB	BELA	FDC
1*	2002	R tr. A	*80 000*	-	-	300	-
2*	2002	R tr. B	*inc.*	-	-	300	-
3*	2003	R tr. A	*65 000*	-	-	170	-
4*	2003	R tr. B	*inc.*	-	-	170	-
5*	2004	R tr. A	*85 000*	-	-	160	-
6*	2004	R tr. B	*inc.*	-	-	160	-
7*	2005	R tr. A	*85 000*	-	-	160	-
8*	2005	R tr. B	*inc.*	-	-	160	-

NOTA : Define-se bordo normal quando temos um 2 precedido de uma estrela cuja ponta está virada para cima(✱ 2).

NOTA : Após a morte de João-PauloII não se emitirá mais moedas desta série.

089300/3 a 8 : só se encontram nas carteiras BNC.

€.089301 2 euro 75 ANOS DA FUNDAÇÃO DO ESTADO DA CIDADE DO VATICANO
VATICANO

Gravura : Luciana De Simoni
Concepção : Guido Veroi
Ø 25,75 mm - 8,50 g - Cupro-Níquel
Data de criação : JO EU C321/3 de 28/12/2004 Saiu em 16 dezembro 2004
Bordo : serrilha fina e contínua e nesta inscrito: ✱ 2 ora normal ora invertido.
Total de cunhagem conhecida : 85 000

089301	Data	Atelier	Quantidade	MBC	SOB	BELA	FDC
1*	2004	R tr. A	*85 000*	-	-	85	95
2*	2004	R tr. B	*inc.*	-	-	85	95

NOTA : Define-se bordo normal quando temos um 2 precedido de uma estrela cuja ponta está virada para cima(✱ 2).

NOTA : O Estado da Cidade do Vaticano é um Estado independente, situado em Roma, com 0,44 km^2. Foi criado a 11 de Fevereiro de 1929 como suporte da Santa-Sé (que congrega as Instituições da Igreja católica romana), nos termos dos acordos de Latrão assinados pela Santa-Sé, representada pelo Cardeal Gasparri e a Itália, representada por Mussolini. Assim esta moeda comemora os 75 anos dessa assinatura.

NOTA : Para as moedas de 2 euro comemorativa houve um esforço para melhorar a qualidade, por esse motivo cotamos esta moeda em FDC; note-se contudo, que nem todas as moedas se apresentam em estado FDC!

089301/1 e 2 : Esta moeda 2004 só se encontra em carteiras BNC isolada.

€.089302 2 euro SEDE VACANTE VATICANO

Gravura : Maria Carmela Colaneri
Concepção : Daniela Longo
Ø 25,75 mm - 8,50 g - Cupro-Níquel
Data de criação : Segundo JO EU L267/27 de 17 outubro 2003
Bordo : serrilha fina e contínua e nesta inscrito: ✱ 2 ora normal ora invertido.
Total de cunhagem conhecida : 60 000

089302	Data	Atelier	Quantidade	MBC	SOB	BELA	FDC
1*	2005	R tr. A	*60 000*	-	-	170	-
2*	2005	R tr. B	*inc.*	-	-	170	-

NOTA : Define-se bordo normal quando temos um 2 precedido de uma estrela cuja ponta esta virada para cima(✱ 2)
NOTA : O R encontra-se à direita do brasão do Cardeal Camerlengo.
089302/1 e 2 : A data 2005 só se encontra nas carteiras BNC.

€.089303 2 euro 20 JORNADA MUNDIAL DA JUVENTUDE COLONIA VATICANO

Gravura : Ettore Lorenzo Frapiccini
Concepçaõ : Daniela Longo
Ø 25,75 mm - 8,50 g - Cupro-Níquel
Data de criação : 27 outubro 2005
Bordo : serrilha fina e contínua e nesta inscrito: ✱ 2 ora normal ora invertido.
Total de cunhagem conhecida : 100 000

089303	Data	Atelier	Quantidade	MBC	SOB	BELA	FDC
1*	2005	R tr. A	*100 000*	-	-	75	85
2*	2005	R tr. B	*inc.*	-	-	75	85

NOTA : Define-se bordo normal quando temos um 2 precedido de uma estrela cuja ponta esta virada para cima(✱ 2).
NOTA : A XX^{a} Jornada Mundial da Juventude teve lugar em Colónia (na Alemanha) de 15 a 21 de Agosto de 2005. Nesta moeda está representada com uma vista precisa, a grande Catedral de Colónia, a qual, acolheu a Celebração da Eucaristia de abertura com o Cardeal Meisner a 16 de Agosto.
089303/1 e 2 : Esta moeda só se encontra na carteira BNC isolada.

€.089304 2 euro BENTO XVI VATICANO

Gravura : Maria Carmela Colaneri
Concepção : Daniela Longo
Ø 25,75 mm - 8,50 g - Cupro-Níquel
Data de criação : 3 maio 1998. CE 975/98 e segundo a lei do Vaticano de 18 de dezembro de 2001, art. 2
Bordo : serrilha fina e contínua e nesta inscrito: ✱ 2 ora normal ora invertido.
Total de cunhagem conhecida : 85 000

089304	Data	Atelier	Quantidade	MBC	SOB	BELA	FDC
1*	2006	R tr. A	*85 000*	-	-	160	-
2*	2006	R tr. B	*inc.*	-	-	160	-
3	2007	R tr. A	*nc*	-	-	-	-
4	2007	R tr. B	*inc.*	-	-	-	-

NOTA : Define-se bordo normal quando temos um 2 precedido de uma estrela cuja ponta esta virada para cima(✱ 2)

089304/1 e 2 : A data de 2006 só se encontra em BNC.

€.089305 2 euro 500 ANOS DA GUARDA SUIÇA VATICANO

Gravura : Maria Carmela Colaneri
Concepção : Orietta Rossi
Ø 25,75 mm - 8,50 g - Cupro-Níquel
Data de criação : JO EU C260/11 de 28/10/2006 - Saiu em novembro 2006
Bordo : serrilha fina e contínua e nesta inscrito: ✱ 2 ora normal ora invertido.
Total de cunhagem conhecida : 100 000

089305	Data	Atelier	Quantidade	MBC	SOB	BELA	FDC
1*	2006	R tr. A	*100 000*	-	-	85	95
2*	2006	R tr. B	*inc.*	-	-	85	95

NOTA : Define-se bordo normal quando temos um 2 precedido de uma estrela cuja ponta esta virada para cima(✱ 2)
NOTA : A guarda do pontificado é feita pela Guarda Suiça formação militar do Vaticano, colocada pelo papa para assegurar a sua proteção pessoal, criado em 1506 pelo papa Jules II. Só homens de nacionalidade Suiça podem integrar esta formação composta de 6 oficiais e 110 homens.
089305/1 e 2 : A data de 2006 só se encontra em BNC.

Para alguns ateliers em que a produção das moedas, mesmo em carteiras BNC apresentam a maioria das vezes pequenas mossas e riscos, damos uma cotação SOB ou FDC, que corresponde a uma moeda quase perfeita. Uma moeda perfeita deve ser cotada com um preço mais elevado.

€.089306 2 euro 80

ANIVERSARIO DO PAPA BENTO XVI

VATICANO

Ø 25,75 mm - 8,50 g - Cupro-Níquel
Bordo : serrilha fina e contínua e nesta inscrito: ✱ 2 ora normal ora invertido.
Total de cunhagem conhecida : 100 000

089306	Data	Atelier	Quantidade	MBC	SOB	BELA	FDC
1*	2007	R tr. A	*100 000*	-	-	-	-
2*	2007	R tr. B	*inc.*	-	-	-	-

NOTA : Define-se bordo normal quando temos um 2 precedido de uma estrela cuja ponta está virada para cima(✱ 2)

NOTA : O Papa Bento XVI nasceu em 16 abril de1927 em Marktl na Alemanha . Celebrou 80 anos em abril de 2007. A idade encontra-se em numeros romanos (« LXXX »).

089306/1 e 2 : Esta data 2007 só se encontra em BNC.

Tabela dos 2 euro « comemorativos »

Legenda :

- Não Existe
- Só em BNC - Proof
- Em circulação
- Sem Informação

	2004	2005	2006
Áustria		€.080401	
Bélgica		€.080601	
Alemanha			€.081501
Espanha		€.082801	
Finlândia	€.083801	€.083802	
França			
Grécia	€.084901		
Irlanda			

	2004	2005	2006
Itália	€.085601	€.085602	
Luxemburgo	€.086101	€.086102	
Monaco			
Holanda			
Portugal			
São Marino	€.088501	€.088502	
Vaticano	€.089301	€.089303	

Tabela dos
2 euro « Cinquentenário do Tratado de Roma

	2007
Áustria	€.080402
Bélgica	€.080603
Alemanha	€.081503
Espanha	€.082802
Finlãndia	€.083805
Frãnça	€.084101
Grécia	€.084902
Irlanda	€.085301

	2007
Itália	€.085604
Luxemburgo	€.086104
Mónaco	Não Existe
Holanda	€.087001
Portugal	€.087701
Eslovénia	€.088301
São Marino	Não Existe
Vaticano	Não Existe

Tabela dos
2 euro « classicos »

	Numero €4	1999	2000	2001	2002	2003	2004	2005	2006
Áustria	€.080400	Não Existe	Não Existe	Não Existe	Em circulação	Em circulação	Em circulação	Não Existe	Sem Informação
Bélgica	€.080600	Só em BNC - Proof	Em circulação	Só em BNC - Proof	Em circulação	Em circulação	Em circulação	Sem Informação	Sem Informação
Alemanha A	€.081500	Não Existe	Não Existe	Não Existe	Em circulação	Em circulação	Em circulação	Sem Informação	Sem Informação
Alemanha D	€.081500	Não Existe	Não Existe	Não Existe	Em circulação	Em circulação	Em circulação	Sem Informação	Sem Informação
Alemanha F	€.081500	Não Existe	Não Existe	Não Existe	Em circulação	Em circulação	Só em BNC - Proof	Sem Informação	Sem Informação
Alemanha G	€.081500	Não Existe	Não Existe	Não Existe	Em circulação	Em circulação	Só em BNC - Proof	Sem Informação	Sem Informação
Alemanha J	€.081500	Não Existe	Não Existe	Não Existe	Em circulação	Em circulação	Em circulação	Sem Informação	Sem Informação
Espanha	€.082800	Em circulação	Em circulação	Em circulação	Em circulação	Em circulação	Em circulação	Em circulação	Sem Informação
Finlãndia	€.083800	Em circulação	Em circulação	Em circulação	Em circulação	Em circulação	Em circulação	Em circulação	Sem Informação
Frãnça	€.084100	Em circulação	Em circulação	Em circulação	Em circulação	Só em BNC - Proof	Só em BNC - Proof	Só em BNC - Proof	Sem Informação
Grécia	€.084900	Não Existe	Não Existe	Não Existe	Em circulação	Em circulação	Só em BNC - Proof	Em circulação	Sem Informação
Grécia S	€.084900	Não Existe	Não Existe	Não Existe	Em circulação	Não Existe	Não Existe	Não Existe	Não Existe
Irlanda	€.085300	Não Existe	Não Existe	Não Existe	Em circulação	Em circulação	Em circulação	Em circulação	Sem Informação
Itália	€.085600	Não Existe	Não Existe	Não Existe	Em circulação	Em circulação	Em circulação	Em circulação	Sem Informação
Luxemburgo	€.086100	Não Existe	Não Existe	Não Existe	Em circulação	Em circulação	Em circulação	Em circulação	Sem Informação
Mónaco	€.086300	Não Existe	Não Existe	Em circulação	Em circulação	Em circulação	Só em BNC - Proof	Sem Informação	Sem Informação
Holanda	€.087000	Em circulação	Em circulação	Em circulação	Em circulação	Em circulação	Em circulação	Em circulação	Sem Informação
Portugal	€.087700	Não Existe	Não Existe	Não Existe	Em circulação	Em circulação	Em circulação	Sem Informação	Sem Informação
São Marino	€.088500	Não Existe	Não Existe	Não Existe	Em circulação	Só em BNC - Proof	Só em BNC - Proof	Só em BNC - Proof	Sem Informação
Vaticano JP II	€.089300	Não Existe	Não Existe	Não Existe	Em circulação	Só em BNC - Proof	Só em BNC - Proof	Só em BNC - Proof	Não Existe
Vaticano SV	€.089302	Não Existe	Não Existe	Não Existe	Não Existe	Não Existe	Não Existe	Só em BNC - Proof	Não Existe

Legenda :

- Não Existe
- Só em BNC - Proof
- Em circulação
- Sem Informação

€.090400 5 euro 250

ANIVERSÁRIO DO ZOO DE SCHÖNBRUNN (VIENA)
ÁUSTRIA

Gravura : Helmut Andexlinger et Herbert Wähner
Ø 28,5 mm - 10 g - Prata 800‰
Data de criação : 8 maio 2002
Bordo : liso nonagonal
Total de cunhagem conhecida : 600 000

090400	Data	Atelier	Quantidade	MBC	BELA	SOB	FDC
1	2002		*600 000*	-	8	12	15

€.090401 5 euro ENERGIA

HIDRÁULICA
ÁUSTRIA

Gravura : Thomas Pesendorfer et Helmut Andexlinger
Ø 28,5 mm - 10 g - Prata 800‰
Data de criação : 14 maio 2003
Bordo : liso nonagonal
Total de cunhagem conhecida: 600 000

090401	Data	Atelier	Quantidade	MBC	BELA	SOB	FDC
1	2003		*600 000*	-	7	10	12

€.090402 5 euro

ALARGAMENTO DA UNIÃO EUROPEIA
ÁUSTRIA

Gravura : Thomas Pesendorfer et Helmut Andexlinger
Ø 28,5 mm - 10 g - Pratat 800‰
Data de criação : 28 janeiro 2004
Bordo : liso nonagonal
Total de cunhagem cunhecida : 400 000

090402	Data	Atelier	Quantidade	MBC	BELA	SOB	FDC
1	2004		*400 000*	-	7	10	12

€.090403 5 euro 100 ANOS DE

FUTEBOL
ÁUSTRIA

Gravura : Herbert Wähner et Helmut Andexlinger
Ø 28,5 mm - 10 g - Prata 800‰
Data de criação : 12 maio 2004
Bordo : liso nonagonal
Total de conhagem conhecida : 600 000

090403	Data	Atelier	Quantidade	MBC	BELA	SOB	FDC
1	2004		*600 000*	-	7	10	12

€.090404 5 euro 100 ANOS DE SKI ÁUSTRIA

Gravura : Herbert Wähner
Ø 28,5 mm - 10 g - Prata 800‰
Data de criação : 26 janeiro 2005
Bordo : liso nonagonal
Total de cunhagem conhecida : 600 000

090404	Data	Atelier	Quantidade	MBC	BELA	SOB	FDC
1	2005		*600 000*	-	7	10	12

€.090405 5 euro HINO DA UNIÃO EUROPEIA ÁUSTRIA

Gravura : Herbert Wähner
Ø 28,5 mm - 10 g - Prata 800‰
Data de criação : 16 fevereiro 2005
Bordo : liso nonagonal
Total de cunhagem conhecida : 400 000

090405	Data	Atelier	Quantidade	MBC	BELA	SOB	FDC
1	2005		*400 000*	-	7	10	12

€.090406 5 euro PRESIDÊNCIA DA UNIÃO EUROPEIA ÁUSTRIA

Gravura : Helmut Andexlinger
Ø 28,5 mm - 10 g - Prata 800‰
Data de criação : 18 janeiro 2006
Bordo : liso nonagonal
Total de cunhagem conhecida : 350 000

090406	Data	Atelier	Quantidade	MBC	BELA	SOB	FDC
1	2006		*350 000*	-	7	10	12

€.090407 5 euro 250 ANIVERSÁRIO DO NASCIMENTO DE WOLFGANG AMADEUS MOZARTE ÁUSTRIA

Gravura : Herbert Wähner et Helmut Andexlinger
Ø 28,5 mm - 10 g - Prata 800‰
Data de criação : 10 maio 2006
Bordo : liso nonagonal
Total de cunhagem conhecida : 500 000

090407	Data	Atelier	Quantidade	MBC	BELA	SOB	FDC
1	2006		*500 000*	-	7	10	12

€.090408 5 euro CENTENÁRIO DA REFORMA DE DIREITO DE VOTO ÁUSTRIA

Ø 28,5 mm - 10 g - Prata 800‰
Data de criação : 10 janeiro 2007
Bordo : liso nonagonal
Total de cunhagem conhecida : 250 000

090408	Data	Atelier	Quantidade	MBC	BELA	SOB	FDC
1	2007		*250 000*	-	-	-	-

€.090409 5 euro 850 ANOS DE MARIAZELL ÁUSTRIA

Ø 28,5 mm - 10 g - Prata 800‰
Data de criação : 9 maio 2007
Bordo : liso nonagonal
Total de cunhagem conhecida : 550 000

090409	Data	Atelier	Quantidade	MBC	BELA	SOB	FDC
1	2007		*550 000*	-	-	-	-

€.093800 5 euro HOQUEI SOBRE O GELO FINLÂNDIA

Gravura : Pertti Mäkinen
Ø 35,00 mm - 20,20 g - Cobre/ Níquel
Data de criação : maio 2003
Bordo : liso
Total de cunhagem conhecia : 150 00

093800	Data	Atelier	Quantidade	MBC	BELA	SOB	FDC
1	2003		*150 000*	-	26	30	-

NOTA : Esta moeda não existe em BNC, a qualidade de cunhagem deixa algo a desejar, pelo não a cotamos em FDC.

€.093801 5 euro CAMPEONATO DO MUNDO DE ATLÉTISMO DE HELSINQUÍA FINLÂNDIA

Gravura : Tapio Kettunen
Ø 35,00 mm - 19,8 g - Cobre / Níquel
Data de criação : 22 agosto 2005
Bordo : liso
Total de cunhagem conhecida : 170 000

093801	Data	Atelier	Quantidade	MBC	BELA	SOB	FDC
1	2005		*170 000*	-	17	20	25

€.097000 5 euro ANO DE VAN GOGH HOLANDA

Gravura : Karel Martens
Ø 29,00 mm - 11,90 g - Prata 925‰
Data de criação : 31 março 2003
Bordo : GOD*ZIJ*MET*ONS*
Total de cunhagem conhecida : 1 000 000

097000	Data	Atelier	Quantidade	MBC	BELA	SOB	FDC
1	2003	tr. A	*1 000 000*	-	7	10	-
2	2003	tr. B	*inc.*	-	7	10	-

NOTA : Definimos bordo normal quando se lê GOD ZIJ MET ONS da esquerda para a direita, com o anverso virado para nós.

€.097001 5 euro ALARGAMENTO DA UNIÃO EUROPEIA HOLANDA

Gravura : Mirjam et Hester Mieras
Ø 29 mm - 11,9 g - Prata 925‰
Data de criação : 2 julho 2004
Bordo : GOD*ZIJ*MET*ONS*
Total de cunhagem conhecida : 1 000 000

097001	Data	Atelier	Quantidade	MBC	BELA	SOB	FDC
1	2004	tr. A	*1 000 000*	-	7	10	-
2	2004	tr. B	*inc.*	-	7	10	-

NOTA : Definimos bordo normal quando se lê GOD ZIJ MET ONS da esquerda para a direita, com o anverso virado para nós.

€.097002 5 euro CINQUENTENÁRIO DA REUNIÃO DE ARUBA E ANTILHAS HOLANDESAS AO REINO DA HOLANDA HOLANDA

Gravura : Rudy J. Luijters
Ø 29 mm - 11,9 g - Prata 925‰
Data de criação : 15 dezembro 2004
Bordo : GOD*ZIJ*MET*ONS*
Total de cunhagem conhecida : 300 000

097002	Data	Atelier	Quantidade	MBC	BELA	SOB	FDC
1	2004	tr. A	*300 000*	-	7	10	-
2	2004	tr. B	*inc.*	-	7	10	-

NOTA : Definimos bordo normal quando se lê GOD ZIJ MET ONS da esquerda para a direita, com o anverso virado para nós.
NOTA : As ilhas das Antilhas Holandesas eram uma colónia holandesa até 1954, anteriormente não eram parte integrante do Reino da Holanda em pleno. Aruba pertencia então às Antilhas Holandesas.

€.097003 5 euro PAZ E LIBERDADE HOLANDA

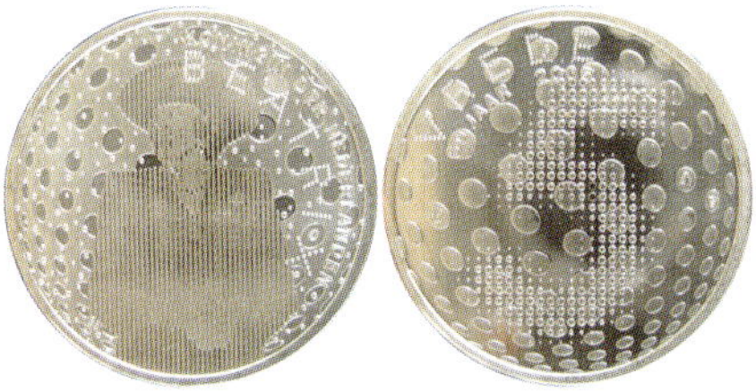

Gravura : Suzan Drummen
Ø 29 mm - 11,9 g - Prata 925‰
Data de criaçaõ : meio de agosto 2005
Bordo : GOD*ZIJ*MET*ONS*
Total de cunhagem conhecida : 630 000

097003	Data	Atelier	Quantidade	MBC	BELA	SOB	FDC
1	2005	tr. A	*630 000*	-	7	10	-
2	2005	tr. B	*inc.*	-	7	10	-

NOTA : Definimos bordo normal quando se lê GOD ZIJ MET ONS da esquerda para a direita, com o anverso virado para nós.

€.097004 5 euro 400° ANIVERSÁRIO DA DESCOBERTA DA COSTA AUSTRALIANAS HOLANDA

Gravura : Irma Boom
Ø 29 mm - 11,9 g - Prata 925‰
Data de criação : 28 março 2006
Bordo : GOD*ZIJ*MET*ONS*
Total de cunhagem conhecida : 500 000

097004	Data	Atelier	Quantidade	MBC	BELA	SOB	FDC
1	2006	tr. A	*500 000*	-	7	10	-
2	2006	tr. B	*inc.*	-	7	10	-

NOTA : Definimos bordo normal quando se lê GOD ZIJ MET ONS da esquerda para a direita, com o anverso virado para nós.

€.097005 5 euro 400 ANIVERSÁRIO DO NASCIMENTO DE REMBRANDT HOLANDA

Gravura : Berend Strik
Ø 29 mm - 11,9 g - Prata 925‰
Data de criação : julho 2006
Bordo : GOD*ZIJ*MET*ONS*
Total de cunhagem conhecida : 650 000

097005	Data	Atelier	Quantidade	MBC	BELA	SOB	FDC
1	2006	tr. A	*650 000*	-	7	10	-
2	2006	tr. B	*inc.*	-	7	10	-

NOTA : Definimos bordo normal quando se lê GOD ZIJ MET ONS da esquerda para a direita, com o anverso virado para nós.

€.097006 5 euro 200 ANIVERSÁRIO DA AUTORIDADE FINANCEIRA PARA A HOLANDA HOLANDA

Gravura : Hennie Bouwe
Ø 29 mm - 11,9 g - Prata 925‰
Data de criação : 15 novembro 2006
Bordo : GOD*ZIJ*MET*ONS*
Total de cunhagem conhecida : 350 000

097006	Data	Atelier	Quantidade	MBC	BELA	SOB	FDC
1	2006	tr. A	*350 000*	-	7	10	-
2	2006	tr. B	*inc.*	-	7	10	-

NOTA : Definimos bordo normal quando se lê GOD ZIJ MET ONS da esquerda para a direita, com o anverso virado para nós.

Para estas moedas de 5 euro de Portugal , não incluímos a cunhagem Proof na emissão total, pois o toque desta moeda é de 500 ‰, enquanto a Proof é de 925 ‰ ;tratando-se assim de duas moedas diferentes.

€.097700 5 euro 150º ANIVERSÁRIO DO SELO POSTAL EM PORTUGAL PORTUGAL

Gravura : Victor Manuel Fernandes dos Santos depois Francisco de Borja Freire
Ø 30,00 mm - 14,00 g - Prata 500‰
Data de criação : Decreto 274/2003 de 30 outubro 2003
Bordo : serrilhado
Total de conhagem conhecida : 300 000

097700	Data	Atelier	Quantidade	MBC	BELA	SOB	FDC
1	2003	INCM	*300 000*	-	8	10	-

€.097701 5 euro PATRIMÓNIO MUNDIAL - CONVENTO DE CRISTO DE TOMAR PORTUGAL

Gravura : José Cândido
Ø 30,00 mm - 14,00 g - Prata 500‰
Data de criação : Decreto 130/2004 de 3 junho 2004
Bordo : serrilhado
Total de cunhagem conhecida : 300 000

097701	Data	Atelier	Quantidade	MBC	BELA	SOB	FDC
1	2004	INCM	*300 000*	-	8	10	-

€.097702 5 euro PATRIMÓNIO MUNDIAL - O CENTRO HISTÓRICO DE ÉVORA PORTUGAL

Gravura : Eloisa Byrne
Ø 30,00 mm - 14,00 g - Prata 500‰
Data de criação : Decreto 130/2004 de 3 junho 2004
Bordo : serrilhado
Total de cunhagem conhecida : 300 000

097702	Data	Atelier	Quantidade	MBC	BELA	SOB	FDC
1	2004	INCM	*300 000*	-	8	10	-

€.097703 5 euro 800° ANIVERSÁRIO DO NASCIMENTO DO PAPA JOÃO XXI PORTUGAL

Gravura : Isabel Carriço Almada e Fernando Branco
Ø 30,00 mm - 14,00 g - Prata 500‰
Data de criação : Dereto 104/2005 de 29 junho 2005
Bordo : serrilhado
Total de conhagem conhecida : 300 000

097703	Data	Atelier	Quantidade	MBC	BELA	SOB	FDC
1	2005	INCM	*300 000*	-	8	10	-

€.097704 5 euro MOSTEIRO DA BATALHA PORTUGAL

Gravura : Antonio Marinho
Ø 30,00 mm - 14,00 g - Prata 500‰
Data de criação : Decreto 104/2005 de 29 junho 2005
Bordo : serrilhado
Total de conhagem conhecida : 300 000

097704	Data	Atelier	Quantidade	MBC	BELA	SOB	FDC
1	2005	INCM	*300 000*	-	8	10	-

€.097705 5 euro CENTRO HISTÓRICO DE ANGRA DO HEROÍSMO PORTUGAL

Gravura : Alvaro França
Ø 30,00 mm - 14,00 g - Prata 500‰
Data de criação : Decreto 104/2005 de 29 junho 2005
Bordo : serrilhado
Total de conhagem conhecida : 300 000

097705	Data	Atelier	Quantidade	MBC	BELA	SOB	FDC
1	2005	INCM	*300 000*	-	8	10	-

€.097706 5 euro PAISAGEM CULTURAL DE SINTRA PORTUGAL

Gravura : Eloisa Byrne
Ø 30,00 mm - 14,00 g - Prata 500‰
Data de criação : Decreto 57/2006 de 17 março 2006
Bordo : serrilhado
Total de cunhagem conhecida : 100 000

097706	Data	Atelier	Quantidade	MBC	BELA	SOB	FDC
1	2006	INCM	*100 000*	-	8	10	-

€.097707 5 euro MOSTEIRO DE ALCOBAÇA PORTUGAL

Gravura : Fernando Conduto
Ø 30,00 mm - 14,00 g - Prata 500‰
Data de criação : Decreto 57/2006 de 17 março 2006
Bordo : serrilhado
Total de cunhagem conhecida : 100 000

097707	Data	Atelier	Quantidade	MBC	BELA	SOB	FDC
1	2006	INCM	*100 000*	-	8	10	-

Tabela dos 5 euro

	2002	2003	2004	2005	2006
Áustria	€.090400	€.090401	€.090402 €.090403	€.090404 €.090405	
Finlãndia		€.093800		€.093801	
Holanda		€.097000	€.097001 €.097002	€.097003	
Portugal		€.097700	€.097701 €.097702	€.097703 €.097704 €.097705	

Legenda :

- **Não Existe**
- **Só em BNC - Proof**
- **Em circulação**
- **Sem Informação**

NOTA : Não incluímos a cunhagem BNC na tiragem total, pois esta moeda tem um toque de prata de 500 ‰, enquanto a Proof é de 925 ‰ ; tratando-se assim de duas moedas diferentes.

€.107700 8 euro FUTEBOL É PAIXÃO PORTUGAL

Gravura : José Teixeira
Ø 36,00 mm - 21,10 g - Prata 500‰
Data de criação : Decreto 275/2003 de 30 de outubro 2003
Bordo : serrilhado
Total de cunhagem conhecida : 1 500 000

107700	Data	Atelier	Quantidade	MBC	BELA	SOB	FDC
1	2003	INCM	*1 500 000*	-	11	13	-

€.107701 8 euro FUTEBOL É FESTA PORTUGAL

Gravura : João Duarte
Ø 36,00 mm - 21,10 g - Prata 500‰
Data de criação : Decreto 275/2003 de 30 de outubro 2003
Bordo : serrilhado
Total de cunhagem conhecida : 1 500 000

107701	Data	Atelier	Quantidade	MBC	BELA	SOB	FDC
1	2003	INCM	*1 500 000*	-	11	13	-

€.107702 8 euro FUTEBOL É FAIR-PLAY PORTUGAL

Gravura : José Simão
Ø 36,00 mm - 21,10 g - Prata 500‰
Data de criação : Decreto 275/2003 de 30 de outubro 2003
Bordo : serrilhado
Total de cunhagem conhecida: 1 500 000

107702	Data	Atelier	Quantidade	MBC	BELA	SOB	FDC
1	2003	INCM	*1 500 000*	-	11	13	-

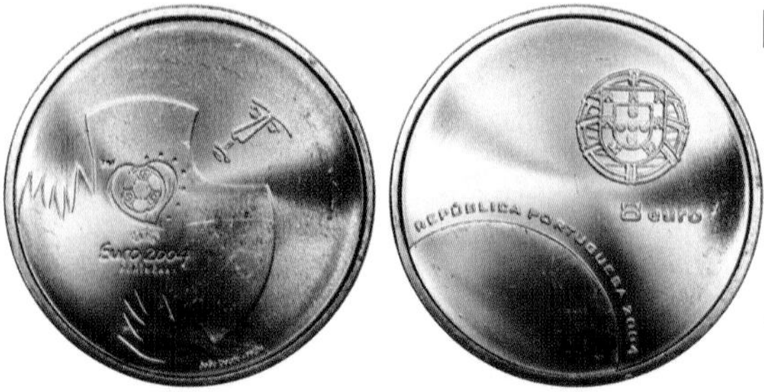

107703 8 euro FUTEBOL A DEFESA PORTUGAL

Gravura : João Duarte
Ø 36,00 mm - 21,10 g - Prata 500‰
Data de criação : Decreto 275/2003 de 30 de outubro 2003
Bordo : serrilhado
Total de cunhagem conhecida : 1 500 000

107703	Data	Atelier	Quantidade	MBC	BELA	SOB	FDC
1	2004	INCM	*1 500 000*	-	11	13	-

€.107704 8 euro FUTEBOL O REMATE PORTUGAL

Gravura : José Simão
Ø 36,00 mm - 21,10 g - Prata 500‰
Data de criação : Decreto 275/2003 de 30 de outubro 2003
Bordo : serrilhado
Total de cunhagem : 1 500 000

107704	Data	Atelier	Quantidade	MBC	BELA	SOB	FDC
1	2004	INCM	*1 500 000*	-	11	13	-

€.107705 8 euro FUTEBOL O GOLO PORTUGAL

Gravura : José Teixeira
Ø 36,00 mm - 21,10 g - Prata 500‰
Data de criação : Decreto 275/2003 de 30 de outubro 2003
Bordo : serrilhado
Total de cunhagem conhecida : 1 500 000

107705	Data	Atelier	Quantidade	MBC	BELA	SOB	FDC
1	2004	INCM	*1 500 000*	-	11	13	-

Para alguns atelires em que a produção das moedas, mesmo em carteiras BNC apresentam a maioria das vezes pequenas mossas e riscos, damos uma cotação SOB ou FDC, o que corresponde a uma moeda quase perfeita. Uma moeda perfeita deve ser cotada com um elevado preço.

€.107706 8 euro

ALARGAMENTO DA UNIÃO EUROPEIA PORTUGAL

Gravura : José João de Brito
Ø 36,00 mm - 21,10 g - Prata 500‰
Data de criação : Decreto 130/2004
de 3 junho 2004
Bordo : serrilhado
Total de cunhagem conhecida : 300 000

107706	Data	Atelier	Quantidade	MBC	BELA	SOB	FDC
1 €	2004	INCM	*300 000*	-	11	13	-

€.107707 8 euro 60 ANOS

DO FIM DA 2ª GUERRA MUNDIAL PORTUGAL

Gravura : João Duarte
Ø 36,00 mm - 21,10 g - Prata 500‰
Data de criacão : Decreto 104/2005
de 29 junho 2005
Bordo : serrilhado
Total de cunhagem conhecida : 300 000

107707	Data	Atelier	Quantidade	MBC	BELA	SOB	FDC
1 €	2005	INCM	*300 000*	-	11	13	-

€.107708 8 euro D.HENRIQUE

O NAVEGADOR PORTUGAL

Gravura : João Cutileiro
Ø 36,00 mm - 21,10 g - Prata 500‰
Data de criação : Decreto 57/2006
de 17 março 2006
Bordo : serrilhado
Total de cunhagem conhecida : 100 000

107708	Data	Atelier	Quantidade	MBC	BELA	SOB	FDC
1 €	2006	INCM	*100 000*	-	11	13	-

Para alguns atelires em que a produção das moedas, mesmo em carteiras BNC apresentam a maioria das vezes pequenas mossas e riscos, damos uma cotação SOB ou FDC, o que corresponde a uma moeda quase perfeita. Uma moeda perfeita deve ser cotada com um elevado preço.

€.107709 8 euro 150 ANIVERSÁRIO DA 1.º LINHA DE FERRO LISBOA - CARREGADO PORTUGAL

Gravura : Helder Batista
Ø 36,00 mm - 21,10 g - Prata 500‰
Data de criação : Decreto 57/2006 de 17 março 2006
Bordo : serrilhada
Total de cunhagem conhecida : 100 000

107709	Data	Atelier	Quantidade	MBC	BELA	SOB	FDC
1	2006	INCM	*100 000*	-	11	13	-

€.107710 8 euro A PASSAROLA DE BARTOLOMEU DE GUSMÃO

PORTUGAL

Gravura Espiga Pintosta
Ø 36,00 mm - 21,10 g - Prata 500‰
Bordo : serrilhada
Total de cunhagem conhecida : 80 000

107709	Data	Atelier	Quantidade	MBC	BELA	SOB	FDC
1	2007	INCM	*80 000*	-	11	13	-

Tabela dos 8 euro

	2002	2003	2004	2005	2006
Portugal		€.107700 €.107701 €.107702	€.107703 €.107704 €.107705 €.107706	€.107707	

Legenda :

- Não Existe
- Só em BNC - Proof
- Em circulação
- Sem Informação

Para alguns atelieres em que a produção das moedas, mesmo em carteiras BNC apresentam a maioria das vezes pequenas mossas e riscos, damos uma cotação SOB ou FDC, o que corresponde a uma moeda quase perfeita. Uma moeda perfeita deve ser cotada com um elevado preço.

€.110400 10 euro CASTELO DE AMBRAS ÁUSTRIA

Gravura : Andreas Zanaschka et Herbert Wähner
Ø 32,00 mm - 17,3 g - Prata 925‰
Data de criação : 24 abril 2002
Bordo : liso
Total de cunhagem cunhecida : 150 000

110400	Data	Atelier	Quantidade	MBC	BELA	SOB	FDC
1	2002		*150 000*	-	15	18	20

€.110401 10 euro CASTELO DE EGGENBERG ÁUSTRIA

Gravura : Andreas Zanaschka et Thomas Pesendorfer
Ø 32,00 mm - 17,3 g - Prata 925‰
Data de criação : 9 outubro 2002
Bordo : liso
Total de cunhagem conhecida : 150 000

110401	Data	Atelier	Quantidade	MBC	BELA	SOB	FDC
1	2002		*150 000*	-	13	16	18

€.110402 10 euro CASTELO DE HOF ÁUSTRIA

Gravura : Andreas Zanachka
Ø 32,00 mm - 17,3 g - Prata 925‰
Data de criação : 9 abril 2003
Bordo : liso
Total de cunhagem conhecida : 150 000

110402	Data	Atelier	Quantidade	MBC	BELA	SOB	FDC
1	2003		*150 000*	-	13	16	18

€.110403 10 euro CASTELO DE SCHÖNBRUNN ÁUSTRIA

Gravura : Helmut Andexlinger
Ø 32,00 mm - 17,3 g - Prata 925‰
Data d criação : 8 outubro 2003
Bordo : liso
Total de cunhagem conhecida : 140 000

110403	Data	Atelier	Quantidade	MBC	BELA	SOB	FDC
1	2003		*140 000*	-	13	16	18

€.110404 10 euro CASTELO DE HELLBRUNN ÁUSTRIA

Gravura : Thomas Pesendorfer et Herbert Wähner
Ø 32,00 mm - 17,3 g - Prata 925‰
Data de criação: 21 abril 2004
Bordo : liso
Total de cunhagem conhecida : 170 000

110404	Data	Atelier	Quantidade	MBC	BELA	SOB	FDC
1	2004		*170 000*	-	13	15	17

€.110405 10 euro CASTELO DE ARTSTETTEN ÁUSTRIA

Gravura : Thomas Pesendorfer et Herbert Wähner
Ø 32,00 mm - 17,3 g - Prata 925‰
Da de criação : 13 outubro 2004
Bordo : liso
Total de cunhagem conhecida : 170 000

110405	Data	Atelier	Quantidade	MBC	BELA	SOB	FDC
1	2004		*170 000*	-	13	15	17

€.110406 10 euro ANIVERSÁRIO DA SEGUNDA REPÚBLICA ÁUSTRIA

Gravura : Helmut Andexlinger et Herbert Wähner
Ø 32,00 mm - 17,3 g - Prata 925‰
Data de criação : 11 maio 2005
Bordo : liso
Total de cunhagem conhecida : 170 000

110406	Data	Atelier	Quantidade	MBC	BELA	SOB	FDC
1	2005		*170 000*	-	13	15	17

€.110407 10 euro REABERTURA DE BURGTHEATER E DO STAATSOPER ÁUSTRIA

Gravura : Helmut Andexlinger et Herbert Wähner
Ø 32,00 mm - 17,3 g - Prata 925‰
Data de criação : 12 outubro 2005
Bordo : liso
Total de cunhagem conhecida : 170 000

110407	Data	Atelier	Quantidade	MBC	BELA	SOB	FDC
1	2005		*170 000*	-	13	15	17

€.110408 10 euro ABADIA DE NONNBERG ÁUSTRIA

Gravura : Thomas Pesendorfer
Ø 32,00 mm - 17,3 g - Prata 925‰
Data de criação : 5 abril 2006
Bordo : liso
Total de cunhagem conhecida : 170 000

110408	Data	Atelier	Quantidade	MBC	BELA	SOB	FDC
1	2006		*170 000*	-	13	15	17

€.110409 10 euro ABADIA DE GÖTTWEIG ÁUSTRIA

Gravura : Herbert Wähner et Thomas Pesendorfer
Ø 32,00 mm - 17,3 g - Prata 925‰
Data de criação : 11 outubro 2006
Bordo : liso
Total de cunhagem conhecida : 170 000

110409	Data	Atelier	Quantidade	MBC	BELA	SOB	FDC
1	2006		*170 000*	-	13	15	17

€.110410 10 euro ABADIA DE MELK ÁUSTRIA

Ø 32,00 mm - 17,3 g - Prata 925‰
Data de criação : 18 abril 2007
Bordo : liso
Total de cunhagem conhecida : 170 000

110410	Data	Atelier	Quantidade	MBC	BELA	SOB	FDC
1	2007		*170 000*	-	-	-	-

€.110411 10 euro SANKT PAUL IM LAVANTTAL ÁUSTRIA

Ø 32,00 mm - 17,3 g - Prata 925‰
Data de criação : 10 outubro 2007
Bordo : liso
Total de cunhagem conhecida : 170 000

110411	Data	Atelier	Quantidade	MBC	BELA	SOB	FDC
1	2007		*170 000*	-	-	-	-

€.111500 10 euro INTRODUÇÃO DO EURO ALEMANHA

Gravura : Erich Ott
Ø 32,50 mm - 18,00 g - Prata 925‰
Data de criação : 31 janeiro 2002
Bordo : IM ZEICHEN DER EINIGUNG EUROPAS
Total de cunhagem conhecida : 2 000 000

111500	Data	Atelier	Quantidade	MBC	BELA	SOB	FDC
1	2002	F tr. A	*2 000 000*	-	16	20	-
2	2002	F tr. B	*inc.*	-	16	20	-

NOTA : Temos bordo normal quando se lê a inscrição IM ZEICHEN DER EINIGUNG EUROPAS, e quando o anverso está virado para nós e lemos a legenda, da esquerda para a direita.
NOTA : Tradução da legenda: « Em Testemunho da Unidade da Europa».

€.111501 10 euro CENTENÁRIO DO METRO NA ALEMANHA ALEMANHA

Gravura : Bodo Broschat
Ø 32,50 mm - 18,00 g - Prata 925‰
Data de criação : 14 fevereiro 2002
Bordo : HISTORICH UND ZUKUNFTSWEISEND
Total de cunhagem conhecida : 2 000 000

111501	Data	Atelier	Quantidade	MBC	BELA	SOB	FDC
1	2002	D tr. A	*2 000 000*	-	14	17	-
2	2002	D tr. B	*inc.*	-	14	17	-

NOTA : Temos bordo normal quando se lê a inscrição HISTORICH UND ZUKUNFTS-WEISEND e quando o anverso está virado para nós e lemos a legenda, da esquerda para a direita.
NOTA : Tradução da legenda: « Imagens da sua história e seu futuro ».

€.111502 10 euro DOCUMENTA KASSEL ALEMANHA

Gravura : Frantisek Chochola
Ø 32,50 mm - 18,00 g - Prata 925‰
Data de criação : 2 maio 2005
Bordo : KUNST - ART
Total de cunhagem conhecida : 2 000 000

111502	Data	Atelier	Quantidade	MBC	BELA	SOB	FDC
1	2002	J tr. A	*2 000 000*	-	14	17	-
2	2002	J tr. B	*inc.*	-	14	17	-

NOTA : O bordo é normal, como as anteriores, quando se lê normalmente: KUNST - ART .
NOTA : O bordo tem em várias línguas a palavra Arte.

€.111503 10 euro MUSEU DE BERLIM ALEMANHA

Gravura : Frantisek Chochola
Ø 32,50 mm - 18,00 g - Prata 925‰
Data de criação : 8 agosto 2002
Bordo : FREISTÄTTE FÜR KUNST UND WISSENSCHAFT
Total de cunhagem conhecida : 2 000 000

111503	Data	Atelier	Quantidade	MBC	BELA	SOB	FDC
1	2002	A tr. A	*2 000 000*	-	15	18	-
2	2002	A tr. B	*inc.*	-	15	18	-

NOTA : O bordo é normal, como as anteriores, quando se lê normalmente: FREISTÄTTE FÜR KUNST UND WISSENSCHAFT .

NOTA : Tradução da legenda: « Cidade livre para a Arte e o Conhecimento».

€.111504 10 euro CINQUENTENÁRIO DA TELEVISÃO ALEMÃ ALEMANHA

Gravura : Jordi Regel
Ø 32,50 mm - 18,00 g - Prata 925‰
Data de criação : 7 novembro 2002
Bordo : INFORMATION BILDUNG UNTERHALTUNG
Total de cunhagem conhcida : 2 000 000

111504	Data	Atelier	Quantidade	MBC	BELA	SOB	FDC
1	2002	G tr. A	*2 000 000*	-	14	17	-
2	2002	G tr. B	*inc.*	-	14	17	-

NOTA : O bordo é normal, como as anteriores, quando se lê normalmente: INFORMATION BILDUNG UNTERHALTUNG.

NOTA : Tradução da legenda: « Informação, Educação, Divertimento ».

€.111505 10 euro CENTENÁRIO DO MUSEU ALEMÂO DE MUNIQUE ALEMANHA

Gravura : Victor Huster
Ø 32,50 mm - 18,00 g - Prata 925‰
Data de criação : 10 abril 2003
Bordo : SAMMELN AUSSTELLEN FORSCHEN BILDEN
Total de cunhagem conhecida : 2 050 000

111505	Data	Atelier	Quantidade	MBC	BELA	SOB	FDC
1	2003	D tr. A	*2 050 000*	-	14	17	-
2	2003	D tr. B	*inc.*	-	14	17	-

NOTA : O bordo é normal, como as anteriores, quando se lê normalmente: SAMMELN AUSSTELLEN FORSCHEN BILDEN .

NOTA : Tradução da legenda: « Coleccionar - Expôr - Estudar - Educar ».

€.111506 10 euro BICENTENÁRIO DO QUÍMICO JULIUS VON LIEBIG ALEMANHA

Gravura : Bodo Broschat
Ø 32,50 mm - 18,00 g - Prata 925‰
Data de criação : 8 maio 2003
Bordo : FORSCHEN LEHREN ANWENDEN
Total de cunhagem conhecida : 2 050 000

111506	Data	Atelier	Quantidade	MBC	BELA	SOB	FDC
1	2003	J tr. A	*2 050 000*	-	14	17	-
2	2003	J tr. B	*inc.*	-	14	17	-

NOTA : O bordo é normal, como as anteriores, quando se lê normalmente: FORSCHEN LEHREN ANWENDEN.

NOTA : Tradução da legenda: « Investigar, Ensinar, Aplicar ».

SÉRIE DO CAMPEONATO DO MUNDO DE FUTEBOL ALEMANHA 2006

Esta série, começou em 2002 e acabou em 2006, cunhadas pelos cinco ateliers alemães, mas a marca destes ateliers é um código que não é do conhecimento público, mas que passamos a tentar explicar através do autor de http://www.euromuenzeninfo.de/.
Todas as peças portam a mesma inscrição no bordo com as cinco letras dos vários ateliers e a legenda
: «DIE WELT ZU GAST BEI FREUNDEN A D F G J» (o mundo é convidado por seus amigos). Esta frase tem cinco E, tantos como os ateliers. Uma barra central trancada de um E da legenda indica o atelier segundo a repartição seguinte A - BERLIM : o E de DIE. D - MUNIQUE : o E de WELT. F - ESTUGARDA, o E de BEI. G - KARLSRUHE, o primeiro E de FREUNDEN. J - HAMBOURG, o segundo E de FREUDEN. É provável que este código discreto esteja destinado a lutar contra os falsários, cujas moedas são desprovidas de assinatura magnética. As falsificações massivas que invadiram os Marcos (tanto de colecção como circulantes) nestes últimos anos são assim detectados facilmente pela análise dos bordos já que os anversos e reversos são praticamente perfeitos.

€.111507 10 euro COPA DO MUNDO NA ALEMANHA 2006 - I ALEMANHA

Gravura : Lucia Maria Hardegen et Erich Ott
Ø 32,50 mm - 18,00 g - Prata 925‰
Data de ciação : 5 junho 2003
Bordo : DIE WELT ZU GAST BEI FREUNDEN A D F G J
Total de cunhagem conhecida : 3 500 000

111507	Data	Atelier	Quantidade	MBC	BELA	SOB	FDC
1*	2003	tr. A	*700 000*	-	16	20	-
2*	2003	tr. B	*inc.*	-	16	20	-
3*	2003	tr. A	*700 000*	-	16	20	-
4*	2003	tr. B	*inc.*	-	16	20	-
5*	2003	tr. A	*700 000*	-	16	20	-
6*	2003	tr. B	*inc.*	-	16	20	-
7*	2003	tr. A	*700 000*	-	16	20	-
8*	2003	tr. B	*inc.*	-	16	20	-

111507	Data	Atelier	Quantidade	MBC	BELA	SOB	FDC
9*	2003	tr. A	*700 000*	-	16	20	-
10*	2003	tr. B	*inc.*	-	16	20	-

NOTA : O bordo é normal, como as anteriores, quando se lê normalmente. DIE WELT ZU GAST BEI FREUNDEN A D F G J.
111507/1 e 2 : Atelier de Berlin
111507/3 e 4 : Atelier de Munich
111507/5 e 6 : Atelier de Stuttgart
111507/7 e 8 : Atelier de Karlsruhe
111507/9 e 10 : Atelier de Hambourg

€.111508 10 euro CINQUENTA ANOS DO LEVANTAMENTO ANTI-COMUNISTA NA RDA ALEMANHA

Gravura : Hans Joa Dobler
Ø 32,50 mm - 18,00 g - Prata 925‰
Data de criação : 12 junho 2003
Bordo : ERINNERUNG AN DEN VOLKSAUFSTAND IN DER DDR
Total de cunhagem conhecida : 2 050 000

111508	Data	Atelier	Quantidade	MBC	BELA	SOB	FDC
1	2003	A tr. A	*2 050 000*	-	14	17	-
2	2003	A tr. B	*inc.*	-	14	17	-

NOTA : O bordo é normal, como as anteriores, quando se lê normalmente: ERINNERUNG AN DEN VOLKSAUFSTAND IN DER DDR.

NOTA : Tradução da legenda:« Em recordação do levantamento popular na RDA».

€.111509 10 euro INDÚSTRIAS DO RUHR ALEMANHA

Gravura : Hans Joa Dobler
Ø 32,50 mm - 18,00 g - Prata 925‰
Data de criação : 10 julho 2003
Bordo : RUHRPOTT KULTURLANDSCHAFT
Total de cunhagem conhecida : 2 050 000

111509	Data	Atelier	Quantidade	MBC	BELA	SOB	FDC
1	2003	F tr. A	*2 050 000*	-	14	17	-
2	2003	F tr. B	*inc.*	-	14	17	-

NOTA : O bordo é normal, como as anteriores, quando se lê normalmente: RUHRPOTT KULTURLANDSCHAFT.

NOTA : Tradução da legenda:r « O Ruhr, região da Cultura ».

€.111510 10 euro
BICENTENÁRIO DO ARQUITECTO GOTTFRIED VON SEMPER
ALEMANHA

Gravura : Michael Otto
Ø 32,50 mm - 18,00 g - Prata925‰
Data de criação : 13 de novembro 2003
Bordo : ARCHITEKT FORSCHER KOSMOPOLIT DEMOKRAT
Total de cunhagem conhecida : 2 050 000

111510	Data	Atelier	Quantidade	MBC	BELA	SOB	FDC
1	2003	G tr. A	*2 050 000*	-	14	17	-
2	2003	G tr. B	*inc.*	-	14	17	-

NOTA : O bordo é normal, como as anteriores, quando se lê normalmente: ARCHITEKT FORSCHER KOSMOPOLIT DEMOKRAT.

NOTA : Tradução da legenda: « Arquitecto - Investigador - Cosmopolita - Democrata ».

€.111511 10 euro COPA DO MUNDO NA ALEMANHA 2006 - II
ALEMANHA

Gravura : Lucia Maria Hardegen et Erich Ott
Ø 32,50 mm - 18,00 g - Pratat 925‰
Data de criação : 5 fevereiro 2004
Bordo : DIE WELT ZU GAST BEI FREUNDEN A D F G J
Total de cunhagem conhecida : 4 000 000

111511	Data	Atelier	Quantidade	MBC	BELA	SOB	FDC
1*	2004	tr. A	*800 000*	-	15	18	-
2*	2004	tr. B	*inc.*	-	15	18	-
3*	2004	tr. A	*800 000*	-	15	18	-
4*	2004	tr. B	*inc.*	-	15	18	-
5*	2004	tr. A	*800 000*	-	15	18	-
6*	2004	tr. B	*inc.*	-	15	18	-
7*	2004	tr. A	*800 000*	-	15	18	-
8*	2004	tr. B	*inc.*	-	15	18	-
9*	2004	tr. A	*800 000*	-	15	18	-
10*	2004	tr. B	*inc.*	-	15	18	-

NOTA : O bordo é normal, como as anteriores, quando se lê normalmente: DIE WELT ZU GAST BEI FREUNDEN A D F G J.
111511/1 e 2 : Atelier de Berlin
111511/3 e 4 : Atelier de Munich
111511/5 e 6 : Atelier de Stuttgart
111511/7 e 8 : Atelier de Karlsruhe
111511/9 e 10 : Atelier de Hambourg

€.111512 10 euro O LEGADO CULTURAL DE BAUHAUS ALEMANHA

Gravura : Heinz Hoyer
Ø 32,50 mm - 18,00 g - Prata 925‰
Data de criação : 7 abril 2004
Bordo : TECHNIK LEHRE KUNST
Total de cunhagem conhecida : 1 800 000

111512	Data	Atelier	Quantidade	MBC	BELA	SOB	FDC
1	2004	A tr. A	*1 800 000*	-	14	17	-
2	2004	A tr. B	*inc.*	-	14	17	-

NOTA : O bordo é normal, como as anteriores, quando se lê normalmente:TECHNIK LEHRE KUNST.

NOTA : Tradução da legenda: « A técnica ensina a arte ».

€.111513 10 euro ALARGAMENTO DA UNIÃO EUROPEIA ALEMANHA

Gravura : Aase Thorsen
Ø 32,50 mm - 18,00 g - Prata 925‰
Data de criação : 6 de maio 2004
Bordo : FREUDE SCHÖNER GÖTTERFUNKEN
Total de cunhagem conhecida: 1 800 000

111513	Data	Atelier	Quantidade	MBC	BELA	SOB	FDC
1	2004	G tr. A	*1 800 000*	-	14	17	-
2	2004	G tr. B	*inc.*	-	14	17	-

NOTA : O bordo é normal, como as anteriores, quando se lê normalmente: FREUDE SCHÖNER GÖTTERFUNKEN.

NOTA : A tradução da legenda significa: « Alegre, formosa faísca de Deus », primeira frase de « Ode à Alegria » de F. Schiller, que passou a música através de Beethoven para a sua nona sínfonia, adoptada como hino europeu.

€.111514 10 euro PARQUE NATURAL DO MAR DO NORTE ALEMANHA

Gravura : Dietrich Dorfstecher
Ø 32,50 mm - 18,00 g - Prata 925‰
Data de criação: 10 junho 2004
Bordo : MEERESGRUND TRIFFT HORIZONT
Total de cunhagem conhecida : 1 800 000

111514	Data	Atelier	Quantidade	MBC	BELA	SOB	FDC
1	2004	J tr. A	*1 800 000*	-	14	17	-
2	2004	J tr. B	*inc.*	-	14	17	-

NOTA : O bordo é normal, como as anteriores, quando se lê normalmente:MEERESGRUND TRIFFT HORIZONT.

NOTA : Tradução da legenda: « O fundo marinho encontra o horizonte ».

€.111515 10 euro BICENTENÁRIO DE EDUARD MÖRIKE ALEMANHA

Gravura : Erich Ott
Ø 32,50 mm - 18,00 g - Prata 925‰
Data de criação : 9 setembro 2004
Bordo : OHNE DAS SCHÖNE ✱ WAS SOLL DER GEWINN
Total de cunhagem conhecida : 1 800 000

111515	Data	Atelier	Quantidade	MBC	BELA	SOB	FDC
1	2004	F tr. A	*1 800 000*	-	14	17	-
2	2004	F tr. B	*inc.*	-	14	17	-

NOTA : O bordo é normal, como as anteriores, quando se lê normalmente: OHNE DAS SCHÖNE WAS SOLL DER GEWINN.

NOTA : Tradução da legenda: « Sem Beleza, de que serve a Victória ».

€.111516 10 euro COLUMBIA - ESTAÇÃO ORBITAL ISS ALEMANHA

Gravura : Frantisek Chochola
Ø 32,50 mm - 18,00 g - Prata 925‰
Data de criação : 4 de novembro 2004
Bordo : RAUMFAHRT VERBINDET DIE WELT
Total de cunhagem conhecida : 1 800 000

111516	Data	Atelier	Quantidade	MBC	BELA	SOB	FDC
1	2004	D tr. A	*1 800 000*	-	14	17	-
2	2004	D tr. B	*inc.*	-	14	17	-

NOTA : O bordo é normal, como as anteriores, quando se lê normalmente: RAUMFAHRT VERBINDET DIE WELT.

NOTA : Tradução da legenda: « A austronáutica liga o mundo ».

€.111517 10 euro COPA DO MUNDO NA ALEMANHA 2006 - III ALEMANHA

Gravura : Lucia Maria Hardegen et Erich Ott
Ø 32,50 mm - 18,00 g - Prata 925‰
Data de criação : 10 de fevereiro 2005
Bordo : DIE WELT ZU GAST BEI FREUNDEN A D F G J
Total de cunhagem conhecida : 4 000 000

111517	Data	Atelier	Quantidade	MBC	BELA	SOB	FDC
1*	2005	tr. A	*800 000*	-	13	16	-
2*	2005	tr. B	*inc.*	-	13	16	-
3*	2005	tr. A	*800 000*	-	13	16	-
4*	2005	tr. B	*inc.*	-	13	16	-

111517	Data	Atelier	Quantidade	MBC	BELA	SOB	FDC
5*	2005	tr. A	*800 000*	-	13	16	-
6*	2005	tr. B	*inc.*	-	13	16	-
7*	2005	tr. A	*800 000*	-	13	16	-
8*	2005	tr. B	*inc.*	-	13	16	-
9*	2005	tr. A	*800 000*	-	13	16	-
10*	2005	tr. B	*inc*	-	13	16	-

NOTA : O bordo é normal, como as anteriores, quando se lê normalmente: DIE WELT ZU GAST BEI FREUNDEN A D F G J.
111517/1 e 2 : Atelier de Berlin
111517/3 e 4 : Atelier de Munich
111517/5 e 6 : Atelier de Stuttgart
111517/7 e 8 : Atelier de Karlsruhe
111517/9 e 10 : Atelier de Hambourg

€.111518 10 euro PARQUE NACIONAL DA FLORESTA BÁVARA ALEMANHA

Gravura : Bodo Broschat
Ø 32,50 mm - 18,00 g - Prata 925‰
Data de criação : 7 de abril 2005
Bordo : GRENZENLOSE WALDWILDNIS
Total de cunhagem conhecida: 1 800 000

111518	Data	Atelier	Quantidade	MBC	BELA	SOB	FDC
1	2005	D tr. A	*1 800 000*	-	13	16	-
2	2005	D tr. B	*inc.*	-	13	16	-

NOTA : O bordo é normal, como as anteriores, quando se lê normalmente: GRENZENLOSE WALDWILDNIS.

NOTA : Tradução da legenda: « Floresta selvagem e sem fronteiras ».

€.111519 10 euro 200º ANIVERSÁRIO DA MORTE DE FRIEDRICH VON SCHILLER ALEMANHA

Gravura : Carsten Theumer
Ø 32,50 mm - 18,00 g - Prata 925‰
Data de criação : 12 maio 2005
Bordo : ERNST IST DAS LEBEN, HEITER IST DIE KUNST
Total de cunhagem conhecida : 1 800 000

111519	Data	Atelier	Quantidade	MBC	BELA	SOB	FDC
1	2005	G tr. A	*1 800 000*	-	13	16	-
2	2005	G tr. B	*inc.*	-	13	16	-

NOTA : O bordo é normal, como as anteriores, quando se lê normalmente: ERNST IST DAS LEBEN, HEITER IST DIE KUNST.

NOTA : Tradução da legenda: « A vida é seriedade, a arte é alegria ».

€.111520 10 euro ALBERT EINSTEIN - 100 ANOS DA RELATIVIDADE ALEMANHA

Gravura : Heinz Hoyer
Ø 32,50 mm - 18,00 g - Prata 925‰
Data de criação: 7 de julho 2005
Bordo : NICHT AUFHÖREN ZU FRAGEN
Total de cunhagem conhecida: 1 800 000

111520	Data	Atelier	Quantidade	MBC	BELA	SOB	FDC
1	2005	J tr. A	*1 800 000*	-	13	16	-
2	2005	J tr. B	*inc.*	-	13	16	-

NOTA : O bordo é normal, como as anteriores, quando se lê: NICHT AUFHÖREN ZU FRAGEN.

NOTA : Tradução da legenda: «Não parar de questionar ».

€.111521 10 euro 1200° ANIVERSÁRIO DE MAGDEBOURG ALEMANHA

Gravura : Heinz Hoyer
Ø 32,50 mm - 18,00 g - Prata 925‰
Data de criação : 8 de setembro 2005
Bordo : MAGADOBURG 805 - MAGDEBURG 2005
Total de cunhagem conhecida : 1 800 000

111521	Data	Atelier	Quantidade	MBC	BELA	SOB	FDC
1	2005	A tr. A	*1 800 000*	-	13	16	-
2	2005	A tr. B	*inc.*	-	13	16	-

NOTA : O bordo é normal, como as anteriores, quando se lê: MAGADOBURG 805 - MAGDEBURG 2005.

€.111522 10 euro BERTHA VON SUTTNER ALEMANHA

Gravura : Bodo Broschat
Ø 32,50 mm - 18,00 g - Prata 925‰
Data de criação : 3 novembro 2005
Bordo : EIPHNH PAX FRIEDEN EIPHNH PAX FRIEDEN
Total de cunhagem conhecida : 1 800 0000

111522	Data	Atelier	Quantidade	MBC	BELA	SOB	FDC
1	2005	F tr. A	*1 800 000*	-	13	16	-
2	2005	F tr. B	*inc.*	-	13	16	-

NOTA : O bordo é normal, como as anteriores, quando se lê: EIPHNH PAX FRIEDEN EIPHNH PAX FRIEDEN.

NOTA : As palavras « EIPHNH », « PAX » e « FRIEDEN » significam respetivamente Paz em grego, latim e alemão.

€.111523 10 euro 250º ANIVERSÁRIO DO NASCIMENTO DE WOLFGANG AMADEUS MOZART ALEMANHA

Gravura : Jordi Regel
Ø 32,50 mm - 18,00 g - Prata 925‰
Data de criação: 5 janeiro2006
Bordo : MOZART – DIE WELT HAT EINEN SINN
Total de cunhagem conhecida : 1 600 000

111523	Data	Atelier	Quantidade	MBC	BELA	SOB	FDC
1	2006	D tr. A	*1 600 000*	-	13	16	-
2	2006	D tr. B	*inc.*	-	13	16	-

NOTA : O bordo é normal, como as anteriores, quando se lê: MOZART – DIE WELT HAT EINEN SINN.

NOTA : Tradução da legenda: « Mozart – O Mundo tem um sentido ».

€.111524 10 euro COPA DO MUNDO NA ALEMANHA 2006 - IV ALEMANHA

Gravura : Lucia Maria Hardegen e Erich Ott
Ø 32,50 mm - 18,00 g - Prata 925‰
Data de criação: 9 fevereiro 2006
Bordo : DIE WELT ZU GAST BEI FREUNDEN A D F G J
Total de cunhagem conhecida : 4 000 000

111524	Data	Atelier	Quantidade	MBC	BELA	SOB	FDC
1*	2006	tr. A	*800 000*	-	13	16	-
2*	2006	tr. B	*inc.*	-	13	16	-
3*	2006	tr. A	*800 000*	-	13	16	-
4*	2006	tr. B	*inc.*	-	13	16	-
5*	2006	tr. A	*800 000*	-	13	16	-
6*	2006	tr. B	*inc.*	-	13	16	-
7*	2006	tr. A	*800 000*	-	13	16	-
8*	2006	tr. B	*inc.*	-	13	16	-
9*	2006	tr. A	*800 000*	-	13	16	-
10*	2006	tr. B	*inc.*	-	13	16	-

NOTA : O bordo é normal, como as anteriores, quando se lê: DIE WELT ZU GAST BEI FREUNDEN A D F G J.
111524/1 e 2 : Atelier de Berlin
111524/3 e 4 : Atelier de Munich
111524/5 e 6 : Atelier de Stuttgart
111524/7 e 8 : Atelier de Karlsruhe
111524/9 e 10 : Atelier de Hambourg

€.111525 10 euro 225º ANIVERSÁRIO DE KARL FRIEDRICH SCHINKEL ALEMANHA

Gravura : Axel Bertram
Ø 32,50 mm - 18,00 g - Prata 925‰
Data de criação: 2 março 2006
Bordo : DER MENSCH BILDE SICH IN ALLEM SCHÖN
Total de cunhagem conhecida : 1 600 000

111525	Data	Atelier	Quantidade	MBC	BELA	SOB	FDC
1	2006	F tr. A	*1 600 000*	-	13	16	-
2	2006	F tr. B	*inc.*	-	13	16	-

NOTA : O bordo é normal, como as anteriores, quando se lê:DER MENSCH BILDE SICH IN ALLEM SCHÖN.

NOTA : Tradução da legenda: « O homem transforma-se em toda a sua beleza ».

€.111526 10 euro 800 ANOS DE DRESDEN ALEMANHA

Gravura : Heinz Hoyer
Ø 32,50 mm - 18,00 g - Prata925‰
Data de criação: junho - julho de 2006
Bordo : 1206 . 1485 . 1547 . 1697 . 1832 . 1945 . 1989 . 2006
Total de cunhagem conhecida : 1 600 000

111526	Data	Atelier	Quantidade	MBC	BELA	SOB	FDC
1	2006	A tr. A	*1 600 000*	-	13	16	-
2	2006	A tr. B	*inc.*	-	13	16	-

NOTA : O bordo é normal, como as anteriores, quando se lê: 1206 . 1485 . 1547 . 1697 . 1832 . 1945 . 1989. 2006.

€.111527 10 euro 650 ANOS DAS CIDADES HANSEÁTICAS ALEMANHA

Gravura : Erich Ott
Ø 32,50 mm - 18,00 g - Prata 925‰
Data de criação: 7 setembro 2006
Bordo : WANDEL DURCH HANDEL - VON DER HANSE NACH EUROPA
Total de cunhagem conhecida : 1 600 000

111527	Data	Atelier	Quantidade	MBC	BELA	SOB	FDC
1	2006	J tr. A	*1 600 000*	-	13	16	-
2	2006	J tr. B	*inc.*	-	13	16	-

NOTA : O bordo é normal, como as anteriores, quando se lê: WANDEL DURCH HANDEL - VON DER HANSE NACH EUROPA.

NOTA : Tradução da legenda: « A transformação pelo comércio - Do Hanse para a Europa ».

€.111528 10 euro 50 ANIVERSÁRIO DE RATTACHEMENT DE SARRE NA ALEMANHA

ALEMANHA

Gravura : Erika Binz-Blanke
Ø 32,50 mm - 18,00 g - Prata 925‰
Data de criação : 18 janeiro 2007
Bordo: DEUTSCHLAND*FRANKREICH *EUROPA
Total de cunhagem conhecida : nc

111528	Data	Atelier	Quantidade	MBC	BELA	SOB	FDC
1	2007	G tr. A	*nc*	-	-	-	-
2	2007	G tr. B	*inc.*	-	-	-	-

NOTA : O bordo é normal, como as anteriores, quando se lê: DEUTSCHLAND*FRANKREICH* EUROPA.

NOTA : Tradução da legenda: « Alemanha, França, Europa ».

€.111529 10 euro CINQUENTENÁRIO DO TRATADO DE ROMA

ALEMANHA

Gravura : Carsten Mahn
Ø 32,50 mm - 18,00 g - Prata 925‰
Data de criação : 1 março 2007
Bordo : EUROPÄISCHE UNION - IN VIELFALT GEEINT
Total de cunhagem conhecida : nc

111529	Data	Atelier	Quantidade	MBC	BELA	SOB	FDC
1	2007	F tr. A	*nc*	-	-	-	-
2	2007	F tr. B	*inc.*	-	-	-	-

NOTA : O bordo é normal, como as anteriores, quando se lê: EUROPÄISCHE UNION - IN VIELFALT GEEINT.

NOTA : Tradução da legenda : « União Europeia - Unido na diversidade ».

€.111530 10 euro 175 ANIVERSÁRIO DO NASCIMENTO DE WILHELM BUSCH

ALEMANHA

Gravura : Othmar Kukula
Ø 32,50 mm - 18,00 g - Prata 925‰
Data de criação : 14 junho 2007
Bordo : WER RUDERT, SIEHT DEN GRUND NICHT
Total de cunhagem conhecida : nc

111530	Data	Atelier	Quantidade	MBC	BELA	SOB	FDC
1	2007	D tr. A	*nc*	-	-	-	-
2	2007	D tr. B	*inc.*	-	-	-	-

NOTA : O bordo é normal, como as anteriores, quando se lê: WER RUDERT, SIEHT DEN GRUND NICHT.

€.111531 10 euro

CINQUENTENÁRIO DO BANCO FEDREAL ALEMÃO

ALEMANHA

Gravura : Susanne Kraißer
Ø 32,50 mm - 18,00 g - Prata 925‰
Data de criação : 9 agosto 2007
Bordo : PREISSTABILITÄT GEWÄHRLEISTEN
Total de cunhagem conhecida : nc

111531	Data	Atelier	Quantidade	MBC	BELA	SOB	FDC
1	2007	J tr. A	*nc*	-	-	-	-
2	2007	J tr. B	*inc.*	-	-	-	-

NOTA : O bordo é normal, como as anteriores, quando se lê: PREISSTABILITÄT GEWÄHRLEISTEN.

NOTA : Tradução da legenda : « Garantir a estabilidade dos preços ».

€.111532 10 euro 800

ANIVERSÁRIO DO NASCIMENTO DE ÉLISABETH DE THURINGE

ALEMANHA

Gravura : Barbara G. Ruppel
Ø 32,50 mm - 18,00 g - Prata 925‰
Data de criação : 8 novembro 2007
Bordo : WIR SOLLEN DIE MENSCHEN FROH MACHEN
Total de cunhagem conhecida : nc

111532	Data	Atelier	Quantidade	MBC	BELA	SOB	FDC
1	2007	A tr. A	*nc*	-	-	-	-
2	2007	A tr. B	*inc.*	-	-	-	-

NOTA : O bordo é normal, como as anteriores, quando se lê : WIR SOLLEN DIE MENSCHEN FROH MACHEN.

NOTA : Tradução da legenda : « Nós temos de devolver a felicidade as pessoas ».

€.117000 10 euro

CASAMENTO DE GUILLAUME E MAXIMA

HOLANDA

Gravura : Hans van Houwelingen
Ø 33,00 mm - 17,80 g - Prata 925‰
Data de criação: 4 fevereiro 2002
Bordo : GOD* ZIJ* MET* ONS*
Total de cunhagem conhecida : 1 000 000

117000	Data	Atelier	Quantidade	MBC	BELA	SOB	FDC
1	2002	tr. A	*1 000 000*	-	12	16	-
2	2002	tr. B	*inc.*	-	12	16	-

NOTA : O bordo é normal, como as anteriores, quando se lê : GOD ZIJ MET ONS.

€.117001 10 euro

NASCIMENTO DA PRINCESA CATHARINA AMALIA HOLANDA

Gravura : Iwan van Maurik
Ø 33,00 mm - 17,80 g - Prata 925‰
Data de criação: 23 fevereiro 2004
Bordo: GOD✱ ZIJ✱ MET✱ ONS✱
Total de cunhagem conhecida : 1 100 000

117001	Data	Atelier	Quantidade	MBC	BELA	SOB	FDC
1	2004	tr. A	*1 100 000*	-	12	16	-
2	2004	tr. B	*inc.*	-	12	16	-

NOTA : O bordo é normal, como as anteriores, quando se lê: GOD ZIJ MET ONS, da esquerda para a direita a partir do anverso.

NOTA : Moeda com « holograma » no reverso, com 3 caras diferentes quando se vira...

€.117002 10 euro 25 ANOS

DO JUBILEU DA RAINHA BEATRIX HOLANDA

Gravura : Germaine Kruip
Ø 33 mm - 17,8 g - Prata 925‰
Bordo : GOD✱ ZIJ✱ MET✱ ONS✱
Total de cunhagem conhecida : 1 000 000

117002	Data	Atelier	Quantidade	MBC	BELA	SOB	FDC
1	2005	tr. A	*1 000 000*	-	12	16	-
2	2005	tr. B	*inc.*	-	12	16	-

NOTA : O bordo é normal, como a anterior, quando se lê: GOD ZIJ MET ONS.

NOTA : Não incluímos a cunhagem BNC na tiragem total, pois esta moeda tem um toque de prata de 500 ‰, enquanto a BNC é de 925 ‰ ; tratando-se assim de duas moedas diferentes.

€.117700 10 euro

NÁUTICA - SÉRIE IBÉRO-AMÉRICANA V PORTUGAL

Gravura : Raùl de Sousa Machado
Ø 40,00 mm - 27,00 g - Prata 500‰
Data de criação : Decreto 47/2003 de 20 março 2003
Bordo : serrilhado
Total de cunhagem conhecida : 350 000

117700	Data	Atelier	Quantidade	MBC	BELA	SOB	FDC
1	2003	INCM	*350 000*	-	13	16	-

€.117701 10 euro

JOGOS OLÍMPICOS DE ATENAS 2004 PORTUGAL

Gravura : José Aurélio
Ø 40,00 mm - 27,00 g - Prata 500‰
Data de criação : Decreto 130/2004 de 3 junho 2004
Bordo : serrilhado
Total de conhagem conhecida : 350 000

117701	Data	Atelier	Quantidade	MBC	BELA	SOB	FDC
1	2004	INCM	*350 000*	-	13	16	-

€.117702 10 euro

ARQUITECTURA E MONUMENTOS - SÉRIE IBERO-AMÉRICANA VI CATEDRAL DO PORTO PORTUGAL

Gravura : Nogueira da Silva
Ø 40,00 mm - 27,00 g - Prata 500‰
Data de criação : Decreto 104/2005 de 29 junho 2005
Bordo : serrilhado
Total de cunhagem conhecida : 300 000

117702	Data	Atelier	Quantidade	MBC	BELA	SOB	FDC
1	2005	INCM	*300 000*	-	13	16	-

€.117703 10 euro 20

ANIVERSÁRIO DA ADESÃO DE PORTUGAL E DA ESPANHA À UNIÃO EUROPEIA PORTUGAL

Gravura : José Cândido
Ø 40,00 mm - 27,00 g - Prata 500‰
Data de criaçâo : Decreto 216/2005 de 14 dezembro 2005
Bordo : serrilha
Total de cunhagem conhecida : 100 000

117703	Data	Atelier	Quantidade	MBC	BELA	SOB	FDC
1	2006	INCM	*100 000*	-	13	16	-

€.117704 10 euro

COPA DO MUNDO DE FUTEBOL NA ALEMANHA PORTUGAL

Gravura : José Teixeira
Ø 40,00 mm - 27,00 g - Prata 500‰
Data de criação : Dereto 217/2005
de 14 dezembro 2005
Bordo : serrilhado
Total de cunhagem conhecida : 100 000

117704	Data	Atelier	Quantidade	MBC	BELA	SOB	FDC
1	2006	INCM	*100 000*	-	13	16	-

€.117705 10 euro

C.MUNDO DE VELA EM CASCAIS PORTUGAL

Gravura : João Duarte
Ø 40,00 mm - 27,00 g - Prata 500%
saiu em Julho 2007
Bordo : serrilhado
Total de cunhagem conhecida : 70 000

117704	Data	Atelier	Quantidade	MBC	BELA	SOB	FDC
1	2007	INCM	*70 000*	-	13	16	-

Tabela dos 10 euro

	2002	2003	2004	2005	2006
Áustria	€.110400 €.110401	€.110402 €.110403	€.110404 €.110405	€.110406 €.110407	
Alemanha	€.111500 €.111501 €.111502 €.111503 €.111504	€.111505 €.111506 €.111507 €.111508 €.111509 €.111510	€.111511 €.111512 €.111513 €.111514 €.111515 €.111516	€.111517 €.111518 €.111519 €.111520 €.111521 €.111522	€.111523 €.111524 €.111525 €.111526 €.111527
Holanda	€.117000		€.117001	€.117002	
Portugal		€.117700	€.117701	€.117702	

Legenda :

- **Não Existe**
- **Só em BNC - Proof**
- **Em circulação**
- **Sem Informação**

€.122800 12 euro

PRESIDÊNCIA ESPANHOLA DA UNIÃO EUROPEIA ESPANHA

Gravura : Begoña Castellanos Garcia
Ø 33,00 mm - 18,00 g - Prata 925‰
Data de criação : ECO/84/2002 de 10 janeiro 2002
Bordo : liso
Total de cunhagem conhecida : 1 658 400

122800	Data	Atelier	Quantidade	MBC	BELA	SOB	FDC
1	2002	M	*1 658 400*	-	13,5	18	21

€.122801 12 euro 25 ANIVERSÁRIO DA CONSTITUIÇÂO ESPANHOLA ESPANHA

Gravura : Manuel Martinez Tornero
Ø 33,00 mm - 18,00 g - Prata 925‰
Data de criação : ECO/320/2003 de 10 fevereiro 2003
Bordo : liso
Total de cunhagem conhecida : 1 518 800

122801	Data	Atelier	Quantidade	MBC	BELA	SOB	FDC
1	2003	M	*1 518 800*	-	13,5	18	21

€.122802 12 euro 500 ANIVERSÁRIO DA MORTE DA RAINHA ISABEL I A CATÓLICA ESPANHA

Gravura : Manuel Martinez Tornero e Esther González
Ø 33,00 mm - 18,00 g - Prata 925‰
Data de criação : ECO/3616/2003 de 19 dezembro 2003
Bordo : liso
Total de cunhagem conhecida : 1 516 100

122802	Data	Atelier	Quantidade	MBC	BELA	SOB	FDC
1	2004	M	*1 516 100*	-	14,5	19	23

Para alguns ateliers em que a produção das moedas, mesmo em carteiras BNC apresentam a maioria das vezes pequenas mossas e riscos, damos uma cotação SOB ou FDC, o que corresponde a uma moeda quase perfeita. Uma moeda perfeita deve ser cotada com um elevado preço.

€.122803 12 euro CASAMENTO DO PRÍNCIPE FELIPE E LETIZIA ESPANHA

Gravura : Manuel Martinez Tornero, Begoña Castellanos e Luis-José Diaz
Ø 33,00 mm - 18,00 g - Prata 925‰
Data de criação : ECO/637/2004
de 4 março 2004
Bordo : liso
Total de cunhagem conhecida : 2 555 700

122803	Data	Atelier	Quantidade	MBC	BELA	SOB	FDC
1	2004	M	*2 555 700*	-	13,5	18	21

€.122804 12 euro 400 ANOS DE DON QUIXOTE ESPANHA

Ø 33,00 mm - 18,00 g - Prata 925‰
Data de criação : EHA/554/2005
de 8 março 2005
Bordo : liso
Total de cunhagem conhecida : 1 910 900

122804	Data	Atelier	Quantidade	MBC	BELA	SOB	FDC
1	2005	M	*1 910 900*	-	13,5	18	21

€.122805 12 euro 500 ANIVERSÁRIO DA MORTE DE CRISTOVÃO COLOMBO ESPANHA

Ø 33,00 mm - 18,00 g - Prata 925‰
Data de criação : EHA/429/2006
de 22 fevereiro 2006
Bordo : liso
Total de cunhagem conhecida : 1 399 600

122805	Data	Atelier	Quantidade	MBC	BELA	SOB	FDC
1	2006	M	*1 399 600*	-	13,5	16	19

Tabela dos 12 euro

	2002	2003	2004	2005	2006
Espanha	€.122800	€.122801	€.122802 €.122803	€.122804	

Legenda :

- Não Existe
- Só em BNC - Proof
- Em circulação
- Sem Informação

MBC (Muito Bem Conservado): é uma conservação média. O uso devido à circulação é claramente visível, porém a moeda mantém um aspecto agradável. Pode-se ainda considerar um MBC- que será próximo do BC(Bem conservado) enquanto que um MBC+ será quase uma moeda Bela. Estas são as principais subdivisões utilizadas. Para as €moedas, são os golpes e ranhuras que neste momento, fazem as principais diferenças.

Bela: o uso devido à circulação é ínfima e distingue-se somente nos relevos mais altos. Uma peça bela praticamente não circulou mas nota-se pequenos vestígios de manipulação. Estas marcas vêem-se sem muita dificuldade a olho nu.

Sob (Soberba): a moeda não apresenta à partida nenhum tipo de uso, já que se deduz que não circulou. Contudo, a manipulação de fabrico ou mesmo devido à armazenagem as moedas apresentarão mesmo que seja difícil de se notar à vista, alguns traços e riscos. A peça porém apresentará sempre o brilho original e ar de novo.

FDC (Flor de Cunho): a moeda apresenta- se no seu estado de fabrico e nenhum defeito é tolerado, à excepção de traços ínfimos de manipulação visível unicamente a uma lupa x 10. Se a moeda apresentar alguma falha devido à circulação visível a olho nu não se trata de uma moeda em estado de conservação Flor De Cunho.

Outros defeitos

Os estados de conservação (MC, REG, BC, MBC, BELA, SOB, FDC) definem-se somente quanto ao seu grau de circulação, os restantes defeitos devem ser definidos separadamente: golpes, ranhuras, mossas no bordo, polimento, defeitos de cunho etc...

Nota sobre a qualidade FDC

Uma moeda FDC corresponde aos critérios precisos de qualidade: sem uso, entenda- se, sem traço de manipulação a olho nu, e claro sem vestígios de oxidação. Porém, tendo em conta as cadências de fabrico (800 peças por minuto, mais rápido que uma metralhadora) será quase impossível encontrar uma moeda para circulação sem nenhum golpe ou ranhura. Com efeito, após serem prensadas, as moedas caem umas em cima das outras, chocando com tal velocidade que é inevitável algumas ranhuras. Assim, consideramos que moedas FDC só se encontram nas carteiras BNC ou FDC quando existem, salvo algumas excepções, como é o caso das carteiras FDC e BNC por exemplo de França, São-Marino, Itália, Grécia, Vaticano e outros. Ao analisar-se à lupa, nota-se que algumas destas moedas têm defeitos de fabrico, e em alguns casos há diferença de estados de conservação de moeda para moeda. Assim cotamos estes países no grau de conservação respectivo esperando-se que a qualidade das carteiras destes países venha a melhorar no futuro. As cotações FDC dos países são determinadas tendo em conta as carteiras completas com as oito moedas. Por fim, nós sugerimos a ter em máxima atenção a qualidade das moedas no momento da compra de uma peça nova isolada ou mesmo na compra de uma carteira completa.
Atenção à qualidade da cunhagem! Uma moeda pode ter sido cunhada com o cunho "cansado", fraco e sem relevo e no entanto é uma moeda nova. Porém este tipo de cunho deve ser evitado numa colecção de qualidade. No entanto não existe regra a não ser o gosto de cada um : se encontrar contudo uma moeda com cunho insípido não a deve adquirir! Infelizmente algumas moedas do mesmo tipo têm um cunho medíocre e os coleccionadores têm de se contentar com estas...

Ao definir-se artefactos (na introdução) : chegamos à conclusão que são defeitos de fabrico. Em primeiro lugar, estas peças resultam de moedas cortadas, partidas, esborrachadas, etc... Em seguida temos os erros da máquina: derrapagem, descentragem, dupla-cunhagem, erro da própria chapa, etc... Enfim, são variações resultantes, não de «mão artística» de quem as cunha mas dos meios que servem para a cunhagem das moedas. Estes defeitos de fabrico não estão ligados a nenhuma moeda em particular, nem tão pouco descritos num texto oficial.
Acima de tudo : a qualidade de cunhagem das €moedas é excelente, as técnicas de controle sérias, o pessoal aplicado. Aquilo que vai descobrir nas páginas seguintes é inevitável tendo em vista toda e qualquer produção industrial de centenas de milhões de exemplares : nas moedas como para os automóveis, bem como de outros produtos industriais, o ditado «zero falhas» é uma miragem, tal como, o horizonte em viagem, que nunca o alcançamos. É justamente o extremo zelo dos «moedeiros» que garantem que os €artefactos são autênticos: muito raros e em nenhum caso voluntários. Geralmente, indicamos as cotações para os estados de conservação já recenseados.
Também neste capítulo juntamos os erros feitos propositadamente para enganar os coleccionadores. (ver rubricas VI e VII).

Classificámos os erros por famílias:

I. OS ERROS DE CUNHO
- **A.** as duplas-faces ou bifaces : o mesmo cunho é utilizado nos dois lados da moeda
- **B.** as híbridas : um cunho de um tipo de moeda é utilizado numa chapa de outro tipo
- **C.** os cunhos partidos
- **D.** os cunhos obstruídos
- **E.** os eixos desviados

II. OS ERROS NA CUNHAGEM
- **A.** «cunho cansado»
- **B.** dupla- cunhagem e derrapagens
- **C.** cunhagem descentrada
- **D.** as aberrações...

III. ERROS NAS CHAPAS
- **A.** chapas trocadas
- **B.** interiores errados
- **C.** cunhagens nos interiores
- **D.** exterior e interior mal ajustados
- **E.** mal laminadas
- **F.** cortadas

IV. OS ERROS NO BORDO
- **A.** os bordos tipo «linha férrea»!
- **B.** outros erros

V. OS ERROS DE COR
- **A.** chapas mal produzidas : 1, 2 e 5 cent sem cobre
- **B.** o « ouro nórdico » cobreado
- **C.** as mudanças de cores nas bimetálicas

mais :

VI. OS FALSOS ERROS
- **A.** para enganar os coleccionadores
- **B.** as moedas deformadas através da destruição

VII. AS FALSAS PODEM-SE COLECCIONAR

IMPORTANTE NOTA : a maior parte dos defeitos aqui descritos são ou franceses ou alemães. Isso não significa pois que na Alemanha ou França se cunhe particularmente «mal», mas é uma consequência quer por um lado da fabricação massiva na Alemanha ou pelo facto de que a maior parte dos nossos correspondentes serem franceses e que reparam em todas as moedas em circulação em França. Os defeitos, tanto notas como nas moedas, são usualmente raros, e resultado de séries de erros e de faltas de atenção conjugadas de tal modo que se pode considerar um milagre obter tal tipo de moedas entre o público.

I. OS ERROS DE CUNHO

A. AS DUPLAS-FACES OU BIFACES: O MESMO CUNHO DOS DOIS LADOS.

UM CENT DUPLA-FACE COMUM
É um dos artefactos mais populares para os coleccionadores. Muito procurado, e igualmente muito oferecido no mercado, situação que não nos permite atribuir cotações particularmente elevadas.
Cotações: *BC* : 80 € - *MBC* : 120 € - *BELA* : 180 € - *SOB* : 280€

DOIS CENT DUPLA-FACE COMUM

Não se conhece mais do que uma dezena de exemplares. Os 2 cent dupla-face foram vendidos no leilão **MONNAIES XVIII** por 830 euros.

Cotações : *BC* : 500 € - *BELA* : 800 € - *SOB* : 1 000 €

DOIS CENT DUPLA FACE FRANÇA

Exemplar ainda bastante raro, ainda só se conhecem três exemplares! Esta moeda atingiu o valor de 775 euros no leilão **MONNAIES XVIII**.

Cotações: *BELA* : 1 350 € - *SOB* : 1 700 €

CINCO CENT DUPLA FACE COMUM

Um só exemplar, entre três conhecidos, foi ainda visto à venda numa leiloeira on-line.

Cotações: *MBC* : 1 000 € - *SOB* : 1 350 €

DEZ E VINTE CENT DUPLA FACE COMUM

Dos 10 e 20 cent dupla face são conhecidos respectivamente 2 e 4 exemplares. Aqui ilustramos os 20 cent.

Cotações 10 cent : *MBC* : 900 € - *SOB* : 1 300 €

Cotações 20 cent : *MBC* : 800 € - *SOB* : 1 200 €

TAMBÉM OS 50 CENT!

Mais corrente que as precedentes, cerca de dez exemplares já foram assinalados. Contudo, atenção ás falsas duplas-faces de 50 cent, que normalmente têm eixo desviado ás 11 h! Consulte a rubrica VI

Cotações: *MBC* : 650 € - *BELA* : 950 € - *SOB:* 1 100 €

1 EURO...

Também a moeda de um euro é conhecida com dupla-face. Quatro exemplares reconhecidos, onde um foi encontrado num restaurante de comida rápida! O exemplar de **MONNAIES XXIV** foi vendido por 1 060 euros.

Cotações: *MBC* : 950 € - *BELA:* 1 100 € - *SOB* : 1 300 €

POR FIM OS 2 EURO!

Para terminar a série temos a 2 euro duplo reverso. Os dois exemplares que vimos tinham na serrilha a inscrição « **2 ». Dessa forma não podemos constatar que país poderá ter produzido tais exemplares. De notar que estas 2 moedas têm eixo normal.

Cotação *MBC* : 1 000 €

PRUDÊNCIA !

Nunca esquecer que é preciso verificar sempre estas moedas com máxima atenção. Os 2 euro são o único caso de eixo normal, as restantes são eixo vertical: por isso tanto a serrilha como o listel são zonas que é preciso ter atenção. Pessoas mal intencionadas «produzem» estes erros ! Veja-se a rubrica « falsas para coleccionador ».

B. AS HÍBRIDAS: UM CUNHO DE UM TIPO DE MOEDA É UTILIZADO NUMA CHAPA DE OUTRO TIPO

A CÉLEBRE 20 CENT / 50 CENT

Esta híbrida já foi apresentada três vezes nos leilões da CGF (**MONNAIES XIX, XXIII, XXIV**), mas somente seis exemplares são conhecidos. O módulo é de 50 cent. O exemplar de **MONNAIES XXIV** foi vendido por 1 300 euros.

Cotações: *BELA :* 1 250 € - *SOB :* 1 500 €

50 CENT BEATRIX / 1 EURO !

Moeda extraordinária com anverso de 50 cent Holanda 1999 e reverso com « face europeia de 1 euro ». O fabricante enganou-se no uso dos cunhos para esta moeda: escolheu um anverso que não correspondia à chapa onde iria ser correctamente cunhado o reverso!

Cotação: *SOB :* 1 600 €

2 CENT FRANÇA / REVERSO DE 10 CENT

A terminar esta série, nós apresentamos uma moeda muito rara que representa o módulo de 2 cent no anverso (Marianne 2002) e no contrário os 10 cent, deste exemplar são conhecidas duas moedas.

Cotação : *SOB :* 1 850 €

C. CUNHOS PARTIDOS

Impossível de ilustrar as centenas de exemplares provenientes de cunhos partidos que nós assinalámos e fotografámos, porém visíveis no site www.amisdeleuro.org... Seleccionamos assim algumas moedas com excessos ou faltas de metal no campo que indica que o cunho estava estragado. Se algumas são mais raras, outras são mais correntes...mas esteja sempre alerta de poder adquirir nos trocos uma das seguintes!

O GLOBO COM EXCESSO DE METAL

Nestes 5 cent belgas de 2003 saíram de rolos, o globo tem um grande excesso de metal dentro o sul. Este excesso, característica de um canto quebrado, também se encontra em 1 e 2 cent Bélgica.

Cotações: *BELA :* 5 € - *SOB :* 7 €

REVERSO COM EXCESSO DE METAL NO «2»

Os excessos de metal no reverso ao nível do valor facial são bastante comuns. Estas moedas correntes são francesas, luxemburguesas ou belgas. Os 20 cent ilustrado aqui, é da Bélgica (ano 2000), é são conhecidos a várias moedas.

Cotação : *SOB :* 5 €

E PARA TERMINAR, O CABELO DO REI ALBERTO !

O excesso na presente fotografia, une o cabelo do Alberto II ao círculo. Nota alguns outros excessos aqui no anverso. É mesmo difícil entender como uma moeda corrente de Bélgica pode emitir tais moedas correntes para a circulação...

Cotações : *BELA :* 3 € - *SOB :* 6 €

NOTA

Os excessos de metal são muito correntes nas moedas belgas...e particularmente nas de « ouro nórdico ». Ilustramos a seguir mais três tipos mas provenientes de outros países. Um pouco mais raras.

OITO !

Esta 2 euro de França consegue ter oito excessos de metal no anverso, « expostos » entre os ramos da árvore de Jimenez. Estes excessos são relativamente correntes no anverso, mais raros no reverso, mas de toda a forma, não é normal encontrar tantos numa mesma moeda...

Cotação: *BELA* : 10 €

NUMEROSOS EXCESSOS HERÁLDICOS

Numerosos excessos de metais nesta moeda, devido a um canto quebrado: para o anverso, na vanguarda da espada que o leão heráldico contém a mão, e para o nível do rabo; para o reverso, um excesso entre o «5» e o listel, para 8h30 e na vara alta do «5».

Cotação: *SOB* : 5 €

E PARA ACABAR, SOBRE O LISTEL

Os excessos no listel são bastante raros. Porém, já detectamos três , todos em moedas de 10 cent (2000, 2001 e 2003)! Nós ilustramos a de 2001, mas em todos os exemplares, os excessos situam-se entre as 9h30 e 11h.

Cotações: *MBC* : 6 € - *BELA* : 10 €

D. OS CUNHOS OBSTRUÍDOS

2003 ?

O canto obstruído até mesmo ao nível da vindima previne para certificar o ano de cunhar esta moeda (provavelmente 2003). Uma segunda moeda conhecida é mais claramente com os «3» identificável.

Cotação : *SOB* : 10 €

TAMBÉM O MONACO !

A data destes 2 euros de Mónaco está incompleta. A pessoa lê «200» realmente e o último «2» só se nota com dificuldade. Está moeda foi cunhada com um canto entupido.

Cotação : *BELA* : 35 €

MUITO RARA...

Cunho completamente estragado, que produziu moedas com falhas no relevo de ambas as faces. Podemos também observar que o cunho tem uma fissura que vai desde a única letra visível (E) à cabeça da Rainha... Um exemplar similar assinalado para uns 20 cent.

Cotação: *BELA* : 120 €

NAS BRILHANTES NÃO CIRCULADAS TAMBÉM...

Este 2 euro de São Marino está novamente no mini kit 2005. Está moeda ainda conta só oito estrelas e meia, a ser ausente por causa de um canto obviamente tampado. Um 1 cent. São Marino em Proof já tinha sido sinalizado no € 3 tinha sido batido com um canto tampado.

Cotação : *SOB* : 45 €

E. OS EIXOS DESVIADOS

Também, aqui, seria impossível de ilustrar as várias dezenas de exemplares de moedas com eixos desviados que conhecemos e fotografámos, mas que poderão ser vistos no site www.amisdeleuro.org... De todos esses escolhemos as seguintes, entre comuns e raras.

ATOMIUM ÀS 3 HORAS

Esta moeda de eixo desviado de 2 € belga comemorativode 2006 está desviado às 3 horas, não é uma moeda rara aparecem algumas destas moedas.

Cotações : *BELA* : 20 € - *SOB* : 30 €

2 CENT FRANÇA DE 1999 AS 9 HORAS 30

O eixo desviado de 2 cent. da França não é frequentemente, por iso é raro, estas moedas já são difíceis de encontrar em circulação (é necessário dizer que poucos coleccionadores têm está moeda.

Cotação : *MBC* : 60 €

MOEDA CUNHADA DE 2 EURO !

Esta moeda é muito rara, alguns testemunhos dos trabalhadores da fabrica da moeda francesa não sabem como isto aconteceu, visto que estas moedas são para serem cunhadas com precisão, este exemplar tem um desvio de 179º.

Cotações : *MBC* : 170 € - *BELA* : 230 €

II. OS ERROS DE CUNHAGEM

A. OS CUNHOS CANSADOS OU FRACOS

CANSADO BELGAS !

Cunhagem é muito fraca nesta moeda de 2005; é necessário dizer que os belgas alcançaram em 2005 cunhagem muito boas, mas está moeda de 5 cent é de um cunho cansado, entretanto estão a fazer esforços para as cunhagem serem mais perfeitas, vamos ver daqui para a frente o que encontramos.

Cotações : *MBC* : 3,50 € - *BELA* : 7 €

2 EURO IRLANDESES

Esta cunhagem de 2 euro da Irlanda é particularmente muito fraca, isto é indicação de um cunho muito cansado ou mal gravado.

Cotação : *MBC* : 40 €

50 CENT ITALIANOS E ERROS MÚTIPLOS !

Em primeiro lugar, o defeito principal, na moeda é que foi de um cunho muito fraco, bem para o anverso quer para o reverso. Então, uma pessoa nota, especialmente para o reverso, muito excesso de metal, por exemplo para o nível do valor facial. Finalmente para o anverso se nota especialmente, que o listel não é regular, o que traduz uma cunhagem ligeiramente descentrada.

Cotação : *MBC* : 45 €

B. DUPLAS CUNHAGENS E CUNHAGENS COM «DERRAPAGEM»

Aqui apresentamo alguns exemplares raros (e muito caros portanto!) de dupla cunhagem e derrapagens. Preferimos que descubra por si e no site de internet dos Amigos do €uro para que possa compreender que as cunhagens com derrapagem não provocam mais do que uma ligeira marca. As derrapagens mais ligeiras deverão pois ser pagas por menos do que as cotações abaixo indicadas (pode-se estabelecer uma relação de 15€ por cada milímetro de derrapagem)...

SÓ NO REVERSO!

Bela derrapagem numa moeda de 2 cent belga com a data de 2000. São conhecidos seis exemplares, todos da mesma data (2000) e um do mesmo género dos 5 cent da Bélgica mas da data de 1999.

Cotações: *MBC:* 100 € - *BELA:* 170 € - *SOB:* 270 €

ANVERSO E REVERSO...

Esta moeda corrente foi cunhada, uma primeira vez e uma segunda vez depois de ter virado a moeda de cerca de 1h30.

Cotações : *MBC :* 110 € - *BELA :* 160 €

22 EURO !

Esta dupla cunhagem perfeita, deixou um reverso com dois « 2 » colados, daí o seu nome: 22 euro. Oriunda da Holanda e com data de 2000, já foram detectados dois exemplares iguais..

Cotação: *BELA:* 1 500 €

C. CUNHAGEM DESCENTRADAS

A PORTA DE BRANDEBOURG !

Esta moeda descentrada da sua chapa por defeito de cunhagem, moeda que foi posta a venda por Munten - PostzegelOrganisatie em Maio de 2006 no nº 1488.

Cotação : *SOB :* 55 €

MEIA HARPA !

Os erros na Irlanda não são comuns e este, é particularmente interessante. A moeda não tem mais que 60 % da superfície normal cunhada, a parte restante continua lisa. Também neste caso, como a anterior, temos uma pequena almofada a separar a parte cunhada da lisa. Cotação : *SUP :* 270 €

2 EURO DA ALEMANHA DESCENTRADO

Por causa de um mal posicionamento da chapa da moeda no cunho, está moeda foi cunhada descentrada, o que se nota bem como para o anverso que para o reverso.

Cotação : *SOB :* 70 €

D. AS ABERRAÇÕES...

Classificámos nesta categoria tudo aquilo que nos parece perfeitamente autêntico, e portanto não «inventado» e para o que, não somos capazes de propor uma explicação sensata, e sobretudo, explicar como é possível tais objectos saírem dos ateliers monetários...

EJECTADO DEMASIADO CEDO ?

O traçado das linhas horizontais que sobem na moeda prova que isto «ao tirar a moeda do cunho» foi marcado no canto. A pessoa pode pensar que está moeda foi mal cunhada, mas seria necessário saber se isto é tecnicamente possível...

Cotações : *MBC* : 70 € - *BELA* : 100 €

2 EURO « DUPLO LISTEL »

Variante idêntica ao que acontecia no tempo dos Francos: uma espécie de duplo listel ao nível do centro, que se constata tanto no reverso como no anverso. O defeito será da parte de metal que têm o centro da moeda, porém não temos qualquer explicação técnica.

Cotações : *MBC:* 10 € - *BELA:* 25 €

ZONA ABRASIVA...

A zona escura irregular no reverso que se explica provavelmente por uma sujidade da máquina, que estaria ali depositada no cunho na hora da cunhagem; teria provocado um tipo de fraqueza notável no centro do reverso, enquanto isto escondendo um número grande de detalhes. Porém, a zona irritou o baixo do coração para as 6 horas, o resto é inexplicado por esta teoria. E porque nós classificamos esta moeda como « aberração de cunhagem». Este moeda foi achado no meio de um rolo novo, com cinco outras moedas idênticas.

Cotações : *BELA* : 20 € - *SOB* : 30 €

III. OS ERROS DE CUNHAGEM

A. AS CHAPAS COM DEFEITO

10 CENT DA HOLANDA SOBRE UMA CHAPA DE 2 CENT

Estes 10 cent da Holanda numa chapa de 2 cent.
Engano na chapa relativa a moeda a cunhar, não nos parece real que os ateliers de cunhagem não têm pessoas a controlar as cunhagens.

Cotação : *BELA* : 800 €

Cotação : *BELA* : 750 €

20 CENT DA ALEMANHA 2005 SOBRE CHAPA DE 5 CENT

Engano na chapa de 20 cent de euro cunhados em um cunho de 5 cent. Esta é uma das moedas correntes rara.Cometeram um erro; as produções realmente não são talvez o mesmo desde 2003-2004 e eles cometeram um erro que aparece também com alguma frequência.

50 CENT BRANDEBURGO EM CHAPA DE 20 CENT

Com data 2002 G, já foram detectados à volta de quinze destes erros. Cada exemplar é diferente, pois a chapa dos 20 cent é muito mais pequena que a de 50 cent: desta forma a chapa esta solta no disco que deveria ser para os 50 cent, e portanto toma sempre formas diferentes.

Cotações: *MBC:* 400 € - *BELA :* 550 € - *SOB:* 700 €

50 CENT SOBRE... 20 CÊNTIMOS DE FRANCO !

Quatro exemplares registados iguais a está moeda de franco/ euro. O defeito de espessura e a dureza do metal, explica a fragilidade da cunhagem, particularmente na parte mais exterior tanto do reverso como anverso. Um exemplar foi vendido no leilão **MONNAIES XXIV** por 350 euros..

Cotações: *BELA:* 430 € - *SOB:* 600 €

2 CENT PORTUGAL NO CUNHO DE 10 CENT ?

Moeda de 2 cent que a priori se cunhou numa chapa de 10 cent. Esta moeda foi encontrada num saco de distribuição, isto para ter a certeza que foi cunhado por engano. Porém, a comparação da cor e o diâmetro deu que pensar, que após de observação que foi cunhada numa chapa de 10 cent. A cotação desta moeda é muito mais valiosa quando ainda dentro do saco.

Cotações : *BELA :* 800 € - *SOB :* 950 €

B. OS INTERIORES DEFORMADOS

50 CENT COM INTERIOR VERMELHO!

Moeda particularmente excepcional: 50 cent da França de 2002 cunhada sobre chapa de 1 euro... mas esta tem como interior uma chapa de uma moeda de 1 cent! Como pode esta moeda, com um peso anormal para além dos seus erros evidentes ter saído do atelier de Pessac. São conhecidos três exemplares!

Cotação: *SOB:* 1 400 €

1 EURO ALEMÃO TAMBÉM DE INTERIOR VERMELHO

Igualmente neste caso, o centro deve-se a introdução, sabe-se lá como, de uma chapa de 1 cent num anel de uma moeda de 1 euro antes de ser cunhado. Ano de 2002, atelier D. Dois exemplares conhecidos.

Cotações: *BELA:* 900 € - *SOB:* 1 100 €

E A VERSÃO FRANCESA!

Rara descoberta nas datas de 1999, 2001 e 2002. Um exemplar registado com data de 1999, seis de 2001 e 4 de 2002. Um destes, de 2001 foi vendido por 600 € no **MONNAIES XXIV**; outro, vendido na internet custou ao comprador 755 euros em MBC/ BELA.

Cotações (para 2001): *BELA:* 850 € - *SOB:* 1 000 €

C. AS CUNHAGENS NOS INTERIORES

VON SUTTNER TODA AMARELA!

Impressionante interior de 2 euro. Um centro de 2€ encontrado cunhado no meio de um lote de chapas virgens; pode-se confirmar que não foi uma tentativa de enganar retirando-se somente o interior, através do facto de terem sido cunhadas as estrelas que deveriam constar só no anel exterior.

Cotação: *SOB:* 600 €

... E SUA PRIMA HOLANDESA

O interior desta moeda de 2 euro provêm sem dúvida de uma moeda com centro descentrada, sendo ejectada após a cunhagem... e recuperada. O bordo em parte é liso mas também tem a ranhura que serve para juntar esta peça ao anel exterior.

Cotação : *BELA :* 1 000 €

D. ANÉIS MAL OU NÃO INTRODUZIDOS DE TODO

As chapas de 1 e 2 euro são feitas através da junção de um interior (amarelo para 1 euro, branco para os 2 euro) e um anel exterior (branco para 1 euro, amarelo para os 2 euro) concebidos separadamente. É pois, no momento da cunhagem que ao mesmo tempo a prensa insere o interior. No entanto, sabemos que os anéis exteriores são preparados antes de tudo isto: duma chapa toda do mesmo metal é retirado o interior que posteriormente é refundido...para fazer mais exteriores. Todavia, este anel pode ser mal cortado, ou não ser mesmo cortado, daí resulta a única explicação para surgir moedas de uma só cor (branco para 2 euro e amarela para 1 euro). No momento da cunhagem, e consoante a disposição do anel, o interior ou não é introduzido ou é posto na medida do possível, adaptando-se ao anel existente. É daqui que decorre os erros que veremos a seguir... Os 2 euro brancos (ou 1 euro amarelo) são fruto de chapas não cortadas, enquanto os outros defeitos surgem, devido ao facto do anel ter sido irregularmente cortado.

2 EURO ALEMÃES 2003 A

Cotação : *SOB :* 1 100 €

2 EURO ÁUSTRIA 2002

Cotação : *SOB :* 950 €

OS PREÇOS DEPENDEM DE VÁRIOS FACTORES E AS COTAÇÕES INDICADAS AQUI SÃO ESPECÍFICAS PARA CADA EXEMPLAIR.

1 EURO ALEMÃO 2002 G

Cotação : *BELA :* 340 €

1 EURO FRANÇA 1999

Cotação : *BELA :* 300 €

2 EURO ITÁLIA 2002

Cotação : *SOB:* 700 €

2 EURO ALEMÃES 2002 D

Cotação : *BELA* : 450 €

2 EURO HOLANDESES 2001

Cotação : *SOB*: 350 €

E. OS DEFEITOS DE LAMINAGEM

20 CENT DA ALEMANHA

Estes 20 cent da alemanha de 2002 estão num bom estado de conservação e totalmente correctos, mas uma deficiente limagem na chapa pode levar a pensar que foi cunhado noutra chapa !

Cotações : *BELA* : 40 € - *SOB* : 65 €

E SUA COMPANHEIRA GREGA...

... também neste caso temos um defeito devido a má laminagem do centro, as outras características (cujo peso, 8,30 gramas) são normais. Infelizmente, a moeda foi limpa pelo seu primeiro proprietário, daí o seu brilho artificial. Nunca esquecer: NÃO LIMPAR moedas de colecção!

Cotação : *MBC* : 50 €

1 EURO DA GRÉCIA MAL LAMINADA

Um engano de laminação provocou nesta moeda, para o anverso e sobre o reverso, um defeito no centro, perto da coroa. As impurezas são o resultado dum «granular».

Cotações : *BELA* : 100 € - *SOB* : 140 €

F. CORTADAS

Muitas variantes deste tipo não são tidas em conta pois aparentam ser «fabricadas» e consequentemente falsas variantes. Pelo contrário, se as acharmos num ambiente que garanta a sua autenticidade, tudo muda. De certa forma, assinalamos já no €2, a versão francesa de avaliar estes erros em carteiras :

« *Certos erros não dão lugar a variação da sua cotação apesar do seu aspecto espectacular: trata-se de erros de preenchimento(duas moedas de 20 cêntimos e nenhuma de 1 franco, por exemplo). Com efeito, parece fácil fazer este tipo de trocas a partir de duas carteiras normais. Só serão reconhecidas como curiosidades de pleno direito os erros constatados nas carteiras FDC emitidas entre 1968 e 1986, as Proof e BNC posteriores não são seladas, bem como os outros anos das FDC.*»

TAMBÉM NOS INTRO-SETS!

Esta moeda de 10 cent, fazia parte de um intro- set ou kit de pré- alimentação que sem grandes dúvidas garante que este corte foi cometido durante o processo de cunhagem: neste caso, é preferível que o erro se deixe dentro do saco correspondente.

Cotação : *BELA* : 60 €

NOTA

Uma análise à lupa pode demonstrar a autenticidade de um corte simplesmente pela qualidade de cunhagem sobre o «golpe»: um utensílio esmagaria essa zona do bordo, ao contrário de uma prensa que deixa o bordo com um corte perfeito e limpo nesse local..

NÃO ESTÁ NUM KIT, MAS...

Ao contrário da anterior, esta moeda não se encontrou num kit mas sim a circular. As marcas de fragilidade no bordo cortado confirmam a sua autenticidade: logo que a máquina cunha a chapa com corte, esta tem a tendência de alargar nessa zona, marcando assim só ligeiramente a moeda nesse local.

Cotação : *MBC* : 30 €

1 EURO COM INTERIOR CORTADO

No €2 apresentámos uma moeda de 2 euro com o centro cortado. Neste caso temos uma de 1 euro do mesmo tipo: o corte deve ser preciso e nenhum traço à volta deve ser perceptível entre o anel exterior e o interior, pois poderia tratar-se de uma desmontagem das duas partes e posterior corte « à mão ». Nas peças alemãs, uma desmontagem e montagem, dado o seu desenho, seria flagrante... Neste caso, vemos que o corte é um erro original.

Cotação : *BELA* : 150 €

IV. OS ERROS NO BORDO

A. BORDO TIPO «LINHA FÉRREA»

Ilustramos a seguir alguns exemplares a que chamamos « linhas de comboio ». Estas aqui são caracterizadas pelo seu bordo no qual consta um erro de cunhagem que se assemelha a uma «linha de comboio »: uma metade é lisa e outra metade é marcada, quer seja sob a serrilha (10 a 50 cent), nas lisas e serrilhadas (1 euro) ou demais inscrições (para os 2 euro). A separação lisa / inscrição pode não ser regular, e a marca « em linha férrea » pode estar presente só parte do bordo. Este defeito deve-se á má posição da chapa no disco virgem aquando da cunhagem.

20 CENT ALEMANHA 2002 D

Cotação: *BELA:* 50 €

2 EURO ITÁLIA 2002

Cotação : *BELA* : 35 €

1 EURO FRANÇA 1999

Cotação : *BELA* : 120 €

10 CENT FRANÇA 2000

Cotação : *BELA* : 120 €

50 CENT FRANÇA 2001

Cotação : *BELA* : 120 €

B. OUTROS ERROS

escala : 70 %

2 EURO LUXEMBURGO COM BORDO HOLANDES !

Depois que os 2 euro de França, Irlandês e Português já sinalizaram nas nossas edições atras, aqui é os 2 euro Luxemburgueses com a chapa Holandesa! À data 2003, nós só encontramos ainda um moeda.

<u>Cotações :</u> *MBC* : 300 € - *BELA* : 400 €

1 EURO BELGA COM O BORDO QUASE LISO

Flutings são marcados muito pequenos e a priori irregulares, neste 1 euro belga de 2002. O engano não é muito actual e sinalizam com raias boas também. As cotações dependem da importância da fraca cunhagem.

<u>Cotações :</u> *MBC* : 20 € - *BELA* : 30 €

V. OS ERROS DE COR

Um apontamento pertinente feito pelo nosso correspondente Simon Burlet: uma moeda que apresenta um « cobreado » anormal e que saía de um rolo, quando posta ao ar altera a sua cor pelo facto da oxidação natural. Por isso, atenção a tal curiosidade.

A camada de cobre feita com 25 nm de espessura pode, devido à má limpeza das máquinas de prensar, ficar agarrada inadvertidamente, após milhões de cunhagens de cobre 1, a 5 cent, nas moedas de 10, 20 e 50 cent .

VI. OS FALSOS ARTEFACTOS

A. PARA ENGANAR OS COLECCIONADORES

TIRARAM O CENTRO DA MOEDA !

Começaremos esta rubrica com uma moeda vendida numa grande leiloeira por internet onde a palavra de ordem deve ser: « caveat emptor » (compradores, tenham cuidado- em latim) . Esta foto é aquela que o vendedor exibiu para a vender. Esse vendedor, com a ajuda de uma moeda de 5 cent, e de um ácido conseguiu «cobrear» o centro da moeda...o que lhe deu o aspecto que se pode vislumbrar! <u>Cotação :</u> 0 €

ROTAÇÃO DO CENTRO BI-METÁLICO

Impossível porque a gravura da coroa não está na continuidade do seu centro, pela razão simples que centro da coroa é batida sempre em conjunto ! O centro foi desmontado aqui , rodando para cima...

<u>Cotação :</u> 0 €

FEITO NO TORNO !

A moeda que possivelmente foi esmagada num torno, ou com recurso a uma outra máquina; o marca posta foi alinhada, e as marcas que são visíveis dos dois lados da moeda. O facto que leva a considerar a moeda com marcas feitas depois , é pelo motivo de que só o listel foi afectado, deixando intactas as estrelas. Esta anomalia não poderia ser resultado da cunhagem. Tratando-se de um defeito posterior à circulação da moeda.

<u>Cotação :</u> 0 €

RECEITA DE CULINÁRIA...

Vista nas mãos de mais uma vitíma dos leilões da internet esta falsa híbrida 50/ 50...
Para que tudo se pareça mais claro explicaremos como se fabrica e como se detecta... assim, vejamos a receita: São duas moedas cortadas ao meio e depois coladas para fazer estas híbridas.

Cotação : 0 €

B. AS MOEDAS DEFORMADAS PELA DESTRUIÇÃO

Logo que uma moeda com erro é detectada no seu processo de fabrico, deve ser destruída através da « deformação » antes que seja encaminhada para ser novamente fundida para metal... Por vezes, certas moedas deformadas não voltam para a fundição... e encontram-se uns meses mais tarde no mercado numismático. Aqui apresentamos três exemplos, mas o defeito inicial que conduziu à destruição, só é visível num deles. Assim só atribuímos cotação a essa mesmo.

1 CENT FRANÇA 1999

5 CENT FRANÇA 1999

5 CENT FRANÇA 1999
incuso no anverso de 7 à 11h

Cotação : *MBC* : 15 €

VII. AS FALSAS PODEM-SE COLECCIONAR

Não existem muitas moedas em €uro falsas: tecnicamente muito sofisticadas, elas são muito difíceis de se falsificar por um valor de mercado relativamente proveitoso. As informações comunicadas pelo BCE são inequívocas: a contrafacção de moedas é actualmente negligenciável. Alguns casos registados de, fabricação industrial, quantidades massivas, introdução no mercado por milhares de passadores, são os ingredientes para enganar o público com somas pequenas, mas enormes no seu todo. Esperamos que os serviços competentes façam bom trabalho. Aqui apresentamos duas moedas falsas de oito já registadas.

A grande maioria das moedas falsas encontradas em circulação são de 1 e 2 euro.

As moedas falsas detectam-se facilmente a olho nu, mas é preciso ter cuidado.

O conteúdo

Evidentemente, os sacos amachucados ou danificados - já para não falar daqueles que são abertos - têm um valor próximo ou mesmo igual do que contêm e a cotação de «2ª mão» será um preço relativo às peças que aí se encontram.

Não se pode saber, para os países tendo em vista as datas diferentes, o conteúdo dos sacos, estes foram fabricados sem conhecimento dos anos das peças que cada saco contém. Os kits podem ser uma vantagem no fornecimento, das datas já difíceis (2002) ou erros de cunhagem - como é o caso dos 2 cent de França 2000 biface vendida por 775 € no **MONNAIES XVIII** (n° 2425, com um máximo de oferta de 1.010 €, e 21 ofertas) que provinha de um kit de pré-alimentação para comerciantes. Soube-se algures que um escândalo de kits incompletos rebentou na época, pois os sacos eram cheios por uma firma exterior ao banco central que assim não podia controlar o enchimento dos sacos em quantidades, em qualidade e datas. Enfim, antes de vender um kit, estude qual o seu conteúdo: alguns kits merecem ser abertos !

Os kits «oficiais» e os outros

Vários bancos e instituições, nos diferentes países, acondicionaram os kits com a sua marca. Esta particularidade interessa ao coleccionador especializado mas não existe nenhum reportório exaustivo. O preço deste tipo de kits não será impressionante, mesmo que certos kits «privados» sejam bastante raros, o número de coleccionadores será reduzido.

O kit da Eslovénia

A Eslovénia como os outros países lançou o kit de pré-alimentação, com uma emissão de 150 000 exemplares e cada contém 44 moedas do ano 2007. A venda ao publico, dos kits foi a 15 de dezembro de 2006 : cada kit de 12,52€ custava 3 000 tolar. A Eslovenia também laçou kits de comerciante, com uma edição de 45 000 exemplares, continham 201 euro em moedas repartidos por 17 rolos. Não sabemos como foi feita esta distribuição aos comerciantes, este são muito difíceis de encontrar completos é mesmo raro encontrar algum num colecionador.

	2€	1€	50ct	20ct	10ct	5ct	2ct	1ct	TOTAL	
Áustria	4	4	2	3	6	4	4	6	33	para 14,54 €, seja 200 schillings
Belgica	2	5	4	3	5	4	4	2	29	para 12,40 €, seja 500 francos belgas
Alemanha	2	3	4	4	3	2	1	1	20	para 10,23 €, seja 20 Marcos Alemães
Espanha	2	2	7	7	6	6	9	4	43	para 12,02 €, seja 2 000 Ptas
Finlândia	1	1	1	1	1	1	1	1	8	para 3,88 €, seja 23 Marca finlandeses
França	4	3	4	7	4	5	7	6	40	para 15,25 €, seja 100 francos
Grecia	2	5	6	7	8	6	6	5	45	para 14,67 €, seja 5 000 drachmes
Irlanda	1	2	2	4	4	2	1	3	19	para 6,35 €, seja 5 liras irlandesas
Ítalia	2	4	5	5	6	10	10	11	53	para 12,91 €, seja 25 000 lires
Luxemburgo	2	5	4	3	5	4	4	2	29	para 12,40 €, seja 500 fr. luxemburgueses
Monaco	4	3	4	7	4	5	7	6	40	para 15,25 €, seja 100 francs
Holanda	2	3	5	5	5	5	3	4	32	para 11,35 €, seja 25 florins
Holanda	1	1	1	1	1	1	1	1	8	para 3,88 €
Portugal	2	2	4	5	6	5	5	5	34	para 10 €, seja 2 000 escudos
Eslovenia	2	4	4	7	6	6	7	8	44	para 12,52 €, seja 3 000 tolar
Vaticano	1	1	1	1	1	1	1	1	8	para 3,88 €

K	Data	N.º Moeda	País e atelier	Quant.	Preço emissão	Cot. usado	Cot. novo	Apresentação
1	2002	33	Áustria	6 000 000	14,54	25	32	saqueta
2	varios	29	Belgica	5 300 000	12,40	22	30	saqueta
3	2002	20	Alemanha atelier A - Berlim	12 142 150	10,23	16	20	saqueta
4	2002	20	Alemanha atelier D - Munich	11 600 000	10,23	16	20	saqueta
5	2002	20	Alemanha atelier F - Stuttgart	12 120 000	10,23	16	20	saqueta
6	2002	20	Alemanha atelier G - Karlsruhe	8 080 000	10,23	16	20	saqueta
7	2002	20	Alemanha atelier J - Hambourg	9 600 000	10,23	16	20	saqueta
8	varios	43	Espanha	23 000 000	12,02	22	30	saqueta
9*	varios	8	Finlândia	500 000	3,87	15	40	saqueta
10	varios	40	França	53 000 000	15,24	22	32	saqueta
11	2002	45	Grécia	3 000 000	14,67	38	45	saqueta
12	2002	19	Irlanda	750 000	6,35	15	30	saqueta
13	2002	53	Itália « sem inscrisção »	30 000 000	12,91	22	35	saqueta
14	2002	53	Itália « com incrisção »	inclus	12,91	22	24	saqueta
15	2002	29	Luxemburgo	700 000	12,40	22	25	saqueta
16	2001	40	Mónaco	51 200	15,24	900	970	saqueta
17	varios	8	Holanda	16 000 000	oferta	9	12	P
18	varios	32	Holanha	8 800 000	11,35	22	26	saqueta
19	2002	34	Portugal	1 000 000	10	20	40	saqueta
20	2007	44	Eslovénia	150 000	12,52	22	35	saqueta
21	2002	8	Vaticano	2 000	oferta	800	850	saqueta

K9 : os falsos kits da Finlândia existem. As peças são autênticas mas o plástico do saco, ao contrário de ser duro, crocante e frágil como são os originais, é mole, liso e não é estaladiço. Não hesite em comparar com um kit de «referência».

As carteiras de coleccionador, introdução

Nas páginas seguintes, apresentamos, para cada país, a lista das carteiras e colecções oficiais emitidas em BNC, FDC, UNC eProof. Porém, convém antes de mais esclarecer estes termos: BNC, para Brilhante Não Circulada (conhecida no inglês e francês como BU), cujos Institutos fornecem com a certeza de se tratarem de moedas novas (no caso Português de moedas com um tratamento especial, uma a uma e perfeitas), fabricadas nas mesmas máquinas e à mesma cadência das moedas normais de circulação. A FDC, para Flôr-de-Cunho, encarrega « téoricamente » as casas de cunho a proceder ao fabrico de moedas na mais alta qualidade numismática. Em alguns países não há muita distinção ficando o juízo de cada Instituto encrregue de garantir que qualidade a dar às suas carteiras. Assim temos, nos casos raros de países como São Marino, que apelidam as suas moedas de FDC, sem que a qualidade chegue a esse ponto muitas vezes. Ao passo que por exemplo a Áustria tem uma qualidade de moedas soberbamente cunhadas, e nesse caso poderíamos chamar de FDC as moedas aí contidas.Desta feita, e já que a tradição em Protugal leva-nos a apelidar todas as carteiras oficiais de cada país de BNC, apresentamos todas as carteiras dos países, um a um em todas as qualidades que produzem (BNC, FDC ou Proof), com as ressalvas necessárias, para que melhor se possa compreender as várias emissões. Com o objectivo sempre final de oferecer aos coleccionadores moedas novas e da data do ano em questão. Preço médio das carteiras BNC quando emitidas:18,80 €

Algumas carteiras UNC são tanbém aqui referenciadas. UNC, do inglês *UNCirculated*, corresponde às moedas que nunca circularam, mas que foram emitidas para circular em rolos ou em sacos. Como tal, e tendo como exemplo a carteira *franco- alemã* « 40 anos do tratado do Éliseu », que foi em parte concebida na Alemanha e em parte concebida na França; sabe-se que as moedas inseridas nessa carteira eram normais de circulação e posteriormente postas nessa carteira. Para estas carteiras, faremos sempre uma nota de rodapé.

A qualidade Proof (Prova no inglês e PP - Polierte Platte no alemão). As moedas têm uma cunhagem especial, com uma verificação durante a após fabrico uma a uma e denotando um aspecto tipo espelhado, alternando com baço, consoante o relevo pretendido. Consideradas em muitos países como medalhas, os erros nestas moedas são raríssimos. Para estas colecções fizemos uma tabela à parte. Preço médio de colecção à saída: 32,30 €

Oficiais ou não ?

As séries oficiais devem ser emitidas pelos *governos* ou pelos *institutos monetários* por *sua própria conta*. Depois de 2002, um número extraordinário de séries de fabrico não oficial foram emitidos para a comercialização, e que nós aqui estabelecemos uma hierarquia de «quase oficial» (B) ao «totalmente privado e inventado» (Z). Incluímos a cotação no €2 todas as carteiras estritamente oficiais (**A**) e «menos oficiais» que se seguem sem incluir as «privadas puras»

B - *séries de moedas BNC pedidas a um instituto monetário por uma administração do Estado que pretende oferecer ao seu pessoal. (Como exemplo, temos as 500 séries Alemanha 2002 em carteiras BNC, acondicionadas pelo Instituto Monetário e oferecidas pelo Bundestag aos seus empregados).*

C - *séries encomendadas por um outro instituto monetário com peças obtidas no Banco para responder a uma procura comercial. (exemplo: a série «BNC da Grécia 2002» feita com o acordo da Grécia pela Moeda da Holanda).*

D - *a série standard em carteira encomendada a um instituto monetário ou a um fabricante privado por uma cidade ou região que comemora um evento ligado ou não ao euro (exemplo: as carteiras «Berlim» , «Francforte» ou «Altdorf»).*

F - *séries de moedas BNC encomendadas a um instituto monetário por uma firma privada que pretende oferecer ao seu pessoal (exemplo as 500 séries da Alemanha 2002 em carteiras BNC, acondicionadas pelo Instituto Monetário, oferecida pela firma Bergman).*

H - *séries encomendadas a um instituto monetário por uma firma que quer comemorar um acontecimento que se supõe ser de interesse público e intenciona comercializar a mesma série. (exemplo será as 500 séries Alemanha 2002 em carteiras BNC, acondicionadas pelo Instituto Monetário, para comemorar a reunificação alemã).*

A partir de este nível de «quase-oficial», passamos rapidamente para o tipo de carteiras que à vista do coleccionador deveria automaticamente notar-se que não se trata de uma carteira oficial. Como já refrido não cotamos esse tipo de objectos no €2.

Q - *a série reconstituída fora de qualquer instituto monetário com peças obtidas no banco em resposta a uma grande procura pelos coleccionadores. (exemplo será, a série «BNC» Mónaco 2003 completada por peças francesas de 1, 2 e 5 cêntimos, numa carteira de belo vernelho «monegasco», vistas à venda por um preço um quanto elevado, e com uma tiragem dita de 1.000 exemplares, com a condicionante de que a série oficial BNC do Mónaco não existe até agora).*

As séries podem também ser acondicionadas e vendidas sem a pretensão de serem «BNC», mas que se tornam apetecíveis simplesmente pelo facto de apresentar a série completa de um país aos coleccionadores, sem nenhuma frase suplementar ligada à sua apresentação (é o caso das carteiras «Mietens» ou das séries de São Marino reconstituídas por uma empresa Alemã a partir de 13.000 séries cunhadas mas não vendidas em carteiras oficiais). Entenda-se pois, que esta ideia é excelente para fornecer ao preço de moedas correntes, séries completas ao coleccionador, mas estas carteiras não devem nunca ser confundidas com as séries oficiais emitidas pelos Estados e devidamente controladas.

Claro que as moedas que estas carteiras contêm são autênticas e oficiais, somente a sua embalagem não o é. Assim sendo, os objectos monetiformes também deixam de alguma forma de ser oficiais. Lembramo-nos a este propósito a utilização de soberanos e presidentes ou tudo que seja público- desde que não se utilize esse tipo de imagens de forma insultante ou degradante tudo vale, amanhã qualquer um pode desenhar a rainha de Inglaterra num metal monetiforme, e propôr a sua venda a título pessoal sem que ninguém manifeste qualquer desagrado.

Tudo isto significa que apesar de estarmos perante a presença da figura de João-Paulo II, Isabel II ou de qualquer outra personalidade nunca é garantia suficiente para que esse objecto seja oficial! Veja-se que as pessoas que fabricam este tipo de séries evitam a utilização da sigla € ou do mote «euro», o que seria grave, utilizando habitualmente a letra «E», pois será um símbolo livre já que o dicionário é público.

W - *«ensaios» ou «projectos» cunhados por uma Casa de Moeda oficial sobre comando privado (por exemplo: os «ensaios de euro 1995» cunhados pela Casa da Moeda da Bélgica)*

X - *séries compostas por medalhas com a aparência de ensaios, projectos, por um país com cunhagem normal em euro (exemplo: os «ensaios» do Vaticano, de fabrico totalmente privado)*

Y - *a série composta de medalhas com a aparência de ensaios, de projectos, por um país que pertencendo a UE não tem cunhagem normal em euros (ex: as séries inglesas e dinamarquesas, de fabrico totalmente privado, com um aspecto longínquo do modelo euro)*

Z - *séries de peças inventadas para um país que não existe, como é o caso dos micro-principados não reconhecidos.*

Os coleccionadores podem assim a partir desta escala, estabelecer um limite para a aquisição de novos itens, sem no entanto obrigar a nada nem ninguém, pois as colecções são feitas de peças que apelam aos gostos pessoais, independentemente da sua origem ou intenção. Em contrapartida, a maioria dos coleccionadores não procuram séries oficiais com intenção de especular o mercado...

O importante é que existe diferenças fundamentais entre os dois tipos de séries, para além da qualidade de cunhagem das moedas contidas, temos também a quantidade e a garantia do emissor. Espera-se como é natural que um Estado respeite a sua assinatura e os seus compromissos e que não produza mais séries do que as previstas inicialmente, qualquer que seja a procura de mercado. Já este tipo de certeza não se pode ter com os fabricantes privados, pois neste caso a procura de mercado dita as quantidades e qualidade do produto. O termo «quantidade limitada» não adverte porém qual o limite...

Assim também para a qualidade, temos as curiosidades e erros que este tipo de séries privadascontêm. Já notamos com alguma incidência na França à época dos écus ou euros de província este tipo de «negócio», em que tínhamos fabricantes ávidos de criar voluntariamente erros nas suas peças (falhas de ortografia, metal diferente... a imaginação não tem limite). Deve-se sempre verificar o tipo de erro, se é ou não « involuntário» ou por sua vez intencional. Deve-se verificar com cuidado, também o tipo de qualidade que o produto tenciona oferecer, não confundir como tal moedas de circulação com FDC ou mesmo BNC. Muitas destas carteiras são feitas de moedas normais e com circulação que se levantam no banco não se tratando de verdadeiras peças para o coleccionador mais exigente.

Para simplificar: aquilo a que nos reportamos é oficial sem discussão. Para o resto, sejam prudentes, façam a vossa colecção com um prazer próprio mas não se confunda *oficial* e *privado.*

EMISSÃO MULTINACIONAL

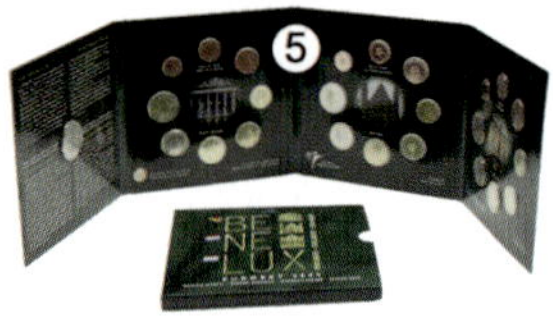

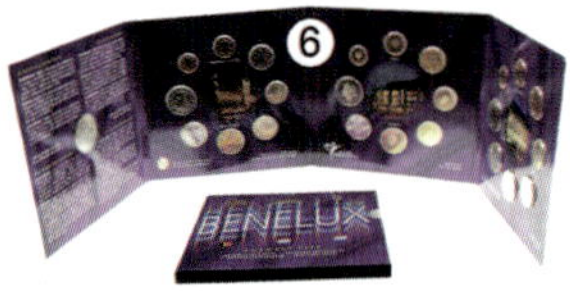

Emissão multinacional
Qualidade UNC

€. 00	Data	N.º moedas	Descrição	Qtd.	Preço emissão	Cot. usado	Cot. novo	Apresentação
1*	2003	8	Set franco alemão	67 342	19	15	22	L/S
2*	2003	25	Benelux	50 000	60	-	42	L/S
3*	2003	41	Emissão Carlos Quinto (Habsbourg)	5 100	99	90	95	L/S
4*	2004	25	Benelux	20 000	60	48	65	L/S
5*	2005	25	Benelux	20 000	60	60	70	L/S/N°

00/1 : Set que comemora os 40 anos do tratado do Eliséu. 1, 2, 5 e 10 cent de França; 20, 50 cent, 1 e 2 euro da Alemanha. Anos e ateliers mistos. Estariam previstos 2 vezes 60 000 carteiras, mas a França anunciou a produção de apenas 7 342. Qualidade : UNC.

00/2, 4 e 5 : As carteiras Benelux contêm as séries da Bélgica, Luxemburgo e Holanda.

00/2 : Queda de preço na cotação desta carteira, devido à sobre-stokagem dos comerciantes. A medalha inserida nesta carteira, é alusiva ao Caminho em direcção à Europa.

00/3 : Esta carteira contém as cinco séries de 2003 dos países que foram governados pela descendência dos Habs: Alemanha, Áustria, Espanha, Holanda, e Bélgica.

00/4 : A medalha desta carteira, comemora os 60 anos do Benelux. Estavam previstos 35 000 carteiras, mas a Casa Real da Moeda Holandesa anunciou uma tiragem definitiva de 20 000 carteiras.

00/5 : Esta carteira contém a moeda de 2 euro comemorativa do Luxemburgo 2005 . A medalha, nesta carteira, é comemorativa dos 50 anos do Parlamento Europeu.

C .... CERTIFICADO	P .... PLACA	L .... CARTEIRA
N° .... NUMERO	S .... SET	Cof .... CAIXA

€. 00	Data	N.º moedas	Descrição	Qtd.	Preço emissão	Cot. usado	Cot. novo	Apresen tação
6*	2006	25	Benelux	15 000	60	54	70	L/S/N°
7*	2007	25	Benelux	25 000	60	-	-	L/S/N°

ÁUSTRIA

ÁUSTRIA qualidade BNC / FDC

€. 00	Data	N.º moedas	Descrição	Qtd.	Preço emissão	Cot. usado	Cot. novo	Apresen tação
1	2002	8	Carteira anual	100 000	19	20	45	L
2	2003	8	Carteira anual - Mozart	125 000	19	25	30	L
3*	2004	8	Carteira anual - Von Suttner	100 000	19	20	22	L
4*	2005	8	Carteira anual - Tratado de Estado	100 000	19	20	26	L
5	2006	8	Carteira anual - Catedral Saint-Étienne	100 000	21	20	30	L
6*	2007	8	Carteira anual- Tratado de Roma	75 000	-	-	-	L

04/3 : Bertha von Suttner foi prémio Nobel da Paz em 1905.
04/4 : A moeda de 2 euro desta carteira não é a habitual Von Suttner, mas sim a comemorativa alusiva aos « 50 anos do Tratado de Estado ».

04/6 : A moeda de 2 euro desta carteira contém a moeda comemorativa do Cinquentenário do tratado de Roma ».

NOTA: O « set » corresponde à carteira (independentemente do material ou da forma que adquire) onde se inserem as moedas... Poder-se-á, no entanto ser apresentado ora numa carteira de plástico, em forma de livrinho; ou outra, mas apelidada sempre de carteira.

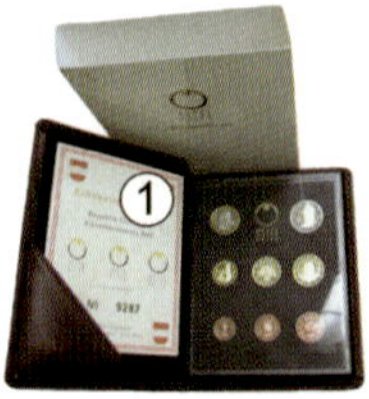

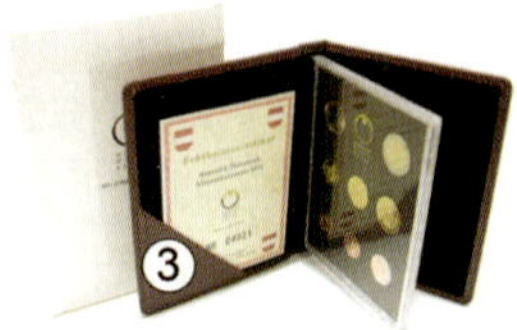

Áustria Qualidade Proof

€. BE04	Data	N.º moedas	Descrição	Qtd.	Preço emissão	Cot. usado	Cot. novo	Apresentação
1	2002	8	Carteira anual	10 000	72	-	250	L/C/N°
2	2003	8	Carteira anual	25 000	72	-	80	L/C/N°
3	2004	8	Carteira anual	20 000	72	-	82	L/C/N°
4*	2005	8	Carteira anual	20 000	72	-	82	L/C/N°
5	2006	8	Carteira anual	20 000	75	-	90	L/C/N°
6*	2007	8	Carteira anual	20 000	-	-	-	L/C/N°

BE04/4 : A moeda de 2 euro que contém esta carteira não é a habitual é a moeda comemorativa do « Cinquentenário do tratado de estado ».

BE04/6 : A moeda de 2 euro que contém esta carteira não é a habitual é a moeda comemorativa do « Cinquentenário do Tratado de Roma ».

BÉLGICA

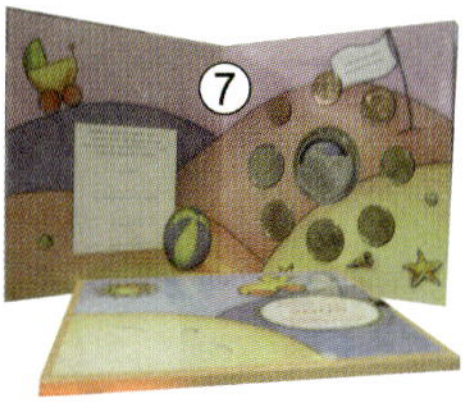

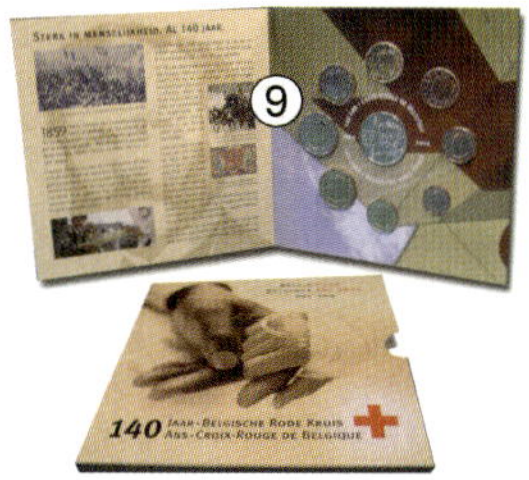

Bélgica Qualidade BNC / FDC

€. 06	Data	N.º moedas	Descrição	Qtd.	Preço emissão	Cot. usado	Cot. novo	Apresentação
1	1999-2001	24	Intro-Set	40 000	45	220	240	L/S
2*	2002	9	Carteira anual - esporas de ouro	100 000	16	25	27	L/S
3*	2002	8	Adeus ao franco, benvindo o euro	20 000	22,50	25	29	L/S
4*	2002	8	Ciclismo	20 000	19,95	25	27	L/S
5*	2003	9	Carteira anual - 50 anos de TV na Belgica	100 000	17	18	20	L/S
6*	2003	9	100 anos da Ford	15 000	23,5	18	25	L/S
7*	2003	9	Nascimento	10 000	29,95	18	25	L/S
8*	2003	9	Casamento	10 000	29,95	18	25	L/S
9*	2004	9	Carteira anual - 140 anos da Cruz Vermelha	60 000	17	10	23	L/S

06/2, 5 à 14 : Estas carteira contêm uma medalha.
06/2 : 700 anos da batalha das esporas de ouro : 1302 - 2002.
06/3 : Esta carteira tem cinco moedas deformadas dos antigos francos belgas.

€. 06	Data	N.º moedas	Descrição	Qtd.	Preço emissão	Cot. usado	Cot. novo	Apresentação
10*	2004	9	Carteira anual - 140 anos da Cruz Vermelha	2 000	29,5	10	70	L/S
11*	2004	9	Nascimento	10 000	29,5	10	30	L/S
12*	2004	9	Casamento	10 000	29,5	10	30	L/S
13*	2005	9	Carteira anual - Grand' Place	38 000	17,95	23	23	L/S
14*	2005	9	Carteira anual - Grand' Place	2 000	29,50	23	65	L/S
15*	2006	9	Carteira anual - les Béguinages flamands	38 000	17,95	16	23	L/S
16*	2006	9	Carteira anual - les Béguinages flamands	2 000	29,50	16	60	L/S
17*	2007	9	Carteira anual	38 000	17,95	16	23	L/S

06/8, 11 e 12 : Estas carteiras são vendidas inicialmente com uma medalha onde num dos lados é possível gravar algo... Uma carteira só é nova se esse campo da medalha se mantiver virgem.

06/9 e 10 : A medalha que esta colecção contém é alusiva a : Jean-Henri Dunant, 1864 - 2004.
06/10 : A única diferença entre esta carteira e a 06/09, é que esta tem a medalha pintada a vermelho, no restante são idênticas.

06/13 à 16 : Os 2 euro que contém as carteiras é de « Albert II » e não a moeda comemorativa de 2 euro.

06/14 : A medalha que esta colecção contém, é a mesma da 06/13, o arcanjo pintado de cor de ouro e as janelas castanhas. Estas carteiras são indenticas.

06/16 : medalha que esta colecção contém, é a mesma da 06/15, Beatrijs pintou de rosa, branco e azul. Estas carteiras são indênticas.

Bélgica Qualidade Proof

€. BE06	Data	N.º moedas	Descrição	Qtd.	Preço emissão	Cot. usado	Cot. novo	Apresentação
1	1999	8	Carteira anual	15 000	67,5	-	75	Cx/C/N°
2	2000	8	Carteira anual	15 000	67,5	-	75	Cx/C/N°
3	2001	8	Carteira anual	15 000	67,5	-	75	Cx/C/N°
4	2002	8	Carteira anual	15 000	67,5	-	80	Cx/C/N°
5	2003	8	Carteira anual	15 000	67,5	-	80	Cx/C/N°
6	2004	8	Carteira anual	15 000	67,5	-	80	Cx/C/N°
7*	2005	8	Carteira anual	3 000	67,5	-	105	Cx/C/N°
8*	2006	8	Carteira anual	3 000	69,50	-	95	Cx/C/N°

NOTA : É regular que as moedas Proof belgas, tenham (mossas, riscos ou mesmo defeitos). Recomendamos que tenha em atenção ao comprar deve ter todo o cuidado

BE6/7 e 8 : A moeda de 2 euro que é apresentada nesta caixa é a normal « Albert II ».

ALEMANHA

NOTA : Todas as carteiras BNC €.15/1 a 20 são iguais e 21 a 30 contém uma moeda comemorativa de 2 euro, à excepção da data e letra do atelier..

Alemanha Qualidade BNC / FDC

€. 15	Data	moedas	Descrição	Qtd.	Preço emissão	Cot. usado	Cot. novo	Apresen tação
1	2002	A	Carteira anual	135 000	9	10	15	P
2	2002	D	Carteira anual	135 000	9	10	15	P
3	2002	F	Carteira anual	135 000	9	10	15	P
4	2002	G	Carteira anual	135 000	9	10	15	P
5	2002	J	Carteira anual	135 000	9	10	15	P
6	2003	A	Carteira anual	180 000	9	13	15	P
7	2003	D	Carteira anual	180 000	9	14	15	P
8	2003	F	Carteira anual	180 000	9	15	15	P
9	2003	G	Carteira anual	180 000	9	14	15	P
10	2003	J	Carteira anual	180 000	9	13	15	P
11	2004	A	Carteira anual	140 000	9	12	13	P
12	2004	D	Carteira anual	140 000	9	12	13	P
13	2004	F	Carteira anual	140 000	9	13	13	P
14	2004	G	Carteira anual	140 000	9	13	13	P
15	2004	J	Carteira anual	140 000	9	12	13	P
16	2005	A	Carteira anual	100 000	9	13	14	P
17	2005	D	Carteira anual	100 000	9	13	14	P
18	2005	F	Carteira anual	100 000	9	13	14	P
19	2005	G	Carteira anual	100 000	9	14	14	P
20	2005	J	Carteira anual	100 000	9	12	14	P
21*	2006	A	Carteira anual	90 000	12	16	17	P
22*	2006	D	Carteira anual	90 000	12	16	17	P
23*	2006	F	Carteira anual	90 000	12	16	17	P
24*	2006	G	Carteira anual	90 000	12	16	17	P
25*	2006	J	Carteira anual	90 000	12	16	17	P

15/21 à 25 : Estas carteiras tem mais uma moeda 2 euro comemorativa alusiva : « Holstentor de Lübeck - Schleswig-Holstein ».

€. 15	Data	moedas	Descrição	Qtd.	Preço emissão	Cot. usado	Cot. novo	Apresentação
26*	2007	A	Carteira anual	nc	-	-	-	P
27*	2007	D	Carteira anual	nc	-	-	-	P
28*	2007	F	Carteira anual	nc	-	-	-	P
29*	2007	G	Carteira anual	nc	-	-	-	P
30*	2007	J	Carteira anual	nc	-	-	-	P

15/26 à 30 : Estas carteiras tem mais uma moeda 2 euro comemorativa alusiva : « Cinquentenário do tratado de Roma » e « Château de Schwerin - Mecklembourg-Poméranie ».

NOTA : Todas as carteiras BNC €.15/1 a 20 são iguais e 21 a 30 contém uma moeda comemorativa de 2 euro, à excepção da data e letra do atelier...

Alemanha Qualidade Proof

€. BE15	Data	moedas	Descrição	Qtd.	Preço emissão	Cot. usado	Cot. novo	Apresentação
1	2002	A	Carteira anual	100 000	18	-	22	P/C
2	2002	D	Carteira anual	100 000	18	-	22	P/C
3	2002	F	Carteira anual	100 000	18	-	22	P/C
4	2002	G	Carteira anual	100 000	18	-	22	P/C
5	2002	J	Carteira anual	100 000	18	-	22	P/C
6	2003	A	Carteira anual	120 000	18	-	20	P/C
7	2003	D	Carteira anual	120 000	18	-	20	P/C
8	2003	F	Carteira anual	120 000	18	-	20	P/C
9	2003	G	Carteira anual	120 000	18	-	20	P/C
10	2003	J	Carteira anual	120 000	18	-	20	P/C
11	2004	A	Carteira anual	106 000	18	-	19	P/C
12	2004	D	Carteira anual	106 000	18	-	19	P/C
13	2004	F	Carteira anual	106 000	18	-	19	P/C
14	2004	G	Carteira anual	106 000	18	-	19	P/C
15	2004	J	Carteira anual	106 000	18	-	19	P/C
16	2005	A	Carteira anual	85 000	18	-	24	P/C
17	2005	D	Carteira anual	85 000	18	-	24	P/C
18	2005	F	Carteira anual	85 000	18	-	24	P/C
19	2005	G	Carteira anual	85 000	18	-	24	P/C
20	2005	J	Carteira anual	85 000	18	-	24	P/C

€. BE15	Data	moedas	Descrição	Qtd.	Preço emissão	Cot. usado	Cot. novo	Apresentação
21*	2006	A	Carteira anual	75 000	22	-	28	P/C
22*	2006	D	Carteira anual	75 000	22	-	28	P/C
23*	2006	F	Carteira anual	75 000	22	-	28	P/C
24*	2006	G	Carteira anual	75 000	22	-	28	P/C
25*	2006	J	Carteira anual	75 000	22	-	28	P/C
26*	2007	A	Carteira anual	nc	-	-	-	P/C
27*	2007	D	Carteira anual	nc	-	-	-	P/C
28*	2007	F	Carteira anual	nc	-	-	-	P/C
29*	2007	G	Carteira anual	nc	-	-	-	P/C
30*	2007	J	Carteira anual	nc	-	-	-	P/C

BE15/21 à 25 : Estas carteiras tem mais uma moeda 2 euro comemorativa alusiva : « Holstentor de Lübeck - Schleswig-Holstein ».

BE15/26 à 30 : Estas carteiras tem mais uma moeda 2 euro comemorativa alusiva : « Cinquentenário do tratado de Roma » e « Château de Schwerin - Mecklembourg-Poméranie ».

ESPANHA

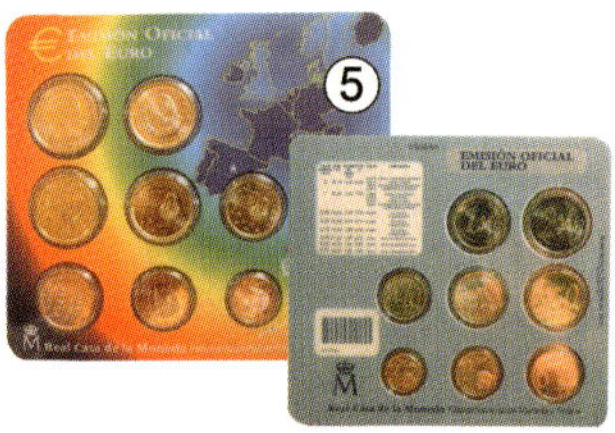

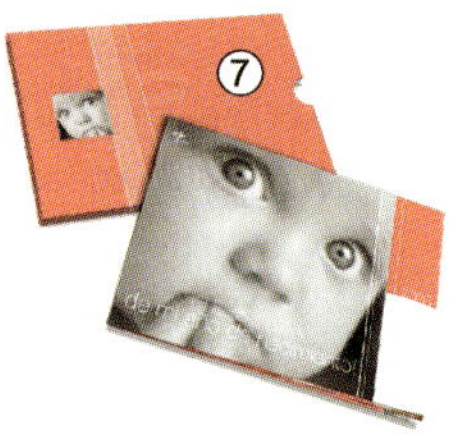

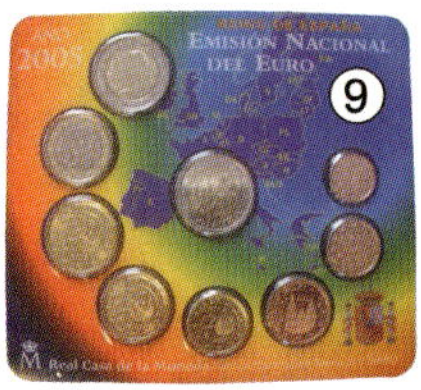

Espanha Qualidade BNC / FDC

€. 28	Data	N.º moedas	Descrição	Qtd.	Preço emissão	Cot. usado	Cot. novo	Apresentação
1*	1999	8	Carteira anual	49 030	12	17	45	P
2*	2000	8	Carteira anual	49 600	12	17	35	P
3*	2001	8	Carteira anual	49 426	12	16	35	P
4*	2002	8	Carteira anual	99 301	12	20	35	P
5*	2003	8	Carteira anual - com codigo barras	74 306	14	13	14	P
6*	2003	8	Carteira anual - sem codigo barras	75 000	14	13	14	P

€. 28	Data	N.º moedas	Descrição	Qtd.	Preço emissão	Cot. usado	Cot. novo	Apresentação
7*	2003	9	Nascimento	10 000	19,25	13	28	L/S
8*	2004	8	Carteira anual	43 000	15	14	28	P
9*	2005	9	Carteira anual	49 923	18	17	28	P
10*	2006	9	Carteira anual - Cristovão Colombo	24 998	19	14	28	P
11*	2006	9	Carteira anual - Adesão a UE	24 998	19	14	28	P

28/1 a 6, 8: Tiragens definitivas.
28/5: Carteira com código de barras à esquerda em baixo no reverso. Legenda « Emision oficial del Euro » em cima à esquerda no anverso.
28/6: Carteira sem código de barras. Legenda « Emision Nacional del Euro » em cima à esquerda no anverso.
28/7: Carteira realizada em colaboração com a casa de moeda da Holanda.
28/9: Esta carteira contém, para além das oito moedas normais, a de 2 euro comemorativa «D. Quixote»..
28/10 e 11 : Para estas carteiras BNC, têm uma medalha em prata.

Espanha Qualidade Proof

€. BE28	Data	N.º moedas	Descrição	Qtd.	Preço emissão	Cot. usado	Cot. novo	Apresentação
1*	2002	9	Carteira anual	23 000	87	-	80	Cof/C/N°
2*	2003	9	Carteira anual	8 904	87	-	82	Cof/C/N°
3*	2005	9	Carteira anual	3 000	69,60	-	85	Cof/C/N°

P28/1 : A moeda de 12 euro desta carteira é alusiva à Presidência Espanhola da União Europeia.
P28/2 : A moeda de 12 euro desta carteira é alusiva ao 25° aniversário da Constituição Espanhola.
BE28/3 : A carteira contém, as 8 moedas da série, mais uma comemorativa de 2 euro « 400 anos de Don Quixote ».

C .... CERTIFICADO	P .... PLACA	L .... CARTEIRA
N° .... NUMERADO	S .... SET	Cof .... CAIXA

NOTA: O « set » corresponde à carteira (independentemente do material ou da forma que adquire) o onde se inserem as moedas... Poder-se-á, no entanto ser apresentado ora numa carteira de plástico, em forma de livrinho; ou outra, mas apelidada sempre de carteira.

FINLÂNDIA

NOTAS:

* : carteira idêntica a €.38/5 e 6

** : carteira idêntica a €.38/15, 16 e 17

Finlândia Qualidade BNC / FDC

€. 38	Data	N.º moedas	Descrição	Qtd.	Preço emissão	Cot. usado	Cot. novo	Apresentação
1*	1999-2001	24	Intro-set	75 000	85	72	75	L/S
2*	2002	9	Carteira anual - 150 anos do Tuomiokirkko	130 000	22	50	70	L/S
3*	2002	9	Nascimento	2 000	25	20	60	L/S
4*	2002	9	Nascimento com peluche	1 000	25	20	60	L/S
5*	2003	9	Carteira anual - Medalha 1	170 000	24	23	28	L/S
6*	2003	9	Carteira anual - Medalha 2	5 000	24	23	35	L/S
7*	2003	9	Nascimento	15 000	25	23	40	L/S
8*	2003	9	Nascimento com peluche	2 000	39	23	55	L/S
9	2003	8	Hockey no gelo	15 000	25	23	38	L/S
10*	2003	9	Fim dos estudos	4 000	39	23	65	L/S
11*	2003	9	Natal	30 000	24	23	33	L/S
12*	2004	9	Carteira anual - Alargamento da UE	55 000	25	20	33	L/S
13*	2004	9	Fim dos estudos	4 000	39	20	60	L/S
14*	2004	9	Nascimento	5 000	25	20	35	L/S
15*	2004	9	Carteira anual - Moomin Snorkmaiden	18 000	25	30	35	L/S

38/2 à 8, 10 a 21, 23 a 25 : Estas carteiras contêm uma medalha cujo tema é o da carteira (ver coluna «Descrição») salvo contra-indicação das notas de rodapé...
38/1 : Esta carteira foi inicialmente editada com 35 000 exemplares, porém houve segunda tiragem de mais 40 000 carteiras...
38/2 : Medalha com a inscrição « Helsinki Tuomiokirkko ».
38/4 e 8 : Carteiras com peluche (um ursinho com cerca de 25 cm) dentro de uma grande caixa de plástico. Atenção que já se venderam falsos ursinhos com a carteira normal.
38/5 : A medalha é alusiva a Lapin Kultaa 1868-2003 (medalha amarela).
38/6 : A medalha neste caso, é por sua vez em metal branco (25 anos da revista « Coin Revue »)
x
38/7 : A tiragem de 15 000 exemplares não é certa (2 000, segundo algumas fontes!).
38/8, 14, 19 e 23: Medalha « Onnenlantti » para se gravar; para valer a cotação em novo, a medalha terá que estar intacta.
38/10, 13, 21 e 24 : A medalha das carteiras « Fim dos estudos » é em prata, por isso justifica o preço mais elevado em relação às outras carteiras.
38/15, 16 e 17 : Série de carteiras « Moomins ».
38/15 : Medalha « Moomin Snorkmaiden » - A carteira contém os 2 euro comemorativos « Alargamento da União Europeia ».

€. 38	Data	N.º moedas	Descrição	Qtd.	Preço emissão	Cot. usado	Cot. novo	Apresentação
16*	2004	9	Carteira anual II - Moominpappa et mamma	18 000	25	30	35	L/S
17*	2004	9	Carteira anual II - Little My Snufkin	18 000	25	30	35	L/S
18*	2005	9	Carteira anual	40 000	26	20	35	L/S
19*	2005	9	Nascimento	4 000	26	20	38	L/S
20*	2005	9	Carteira anual II - Campionato de atletismo	30 000	30	33	38	L/S
21*	2005	9	Fim dos estudos	3 000	39,8	20	60	L/S
22*	2006	9	Carteira anual I - Phare de Bentskär	55 000	28	24	35	L/S
23*	2006	9	Nascimento	4 000	26	20	35	L/S
24*	2006	9	Fim dos estudos	4 000	39,8	20	50	L/S
25*	2006	9	Casamento	5 000	39,8	20	50	L/S
26*	2006	9	Carteira anual II - Sufragio universal	25 000	28	24	35	L/S

38/16 : Medalha « Moominpappa Moominmamma » - A carteira contém 2 euro comemorativos do « Alargamento da U.E. ».
38/17 : Medalha « Little My Snufkin» - Também com a moeda 2 euro « Alargamento da U.E. ».
38/18 : O tema desta carteira: « Protecção dos animais em vias de extinção na Finlândia ».
38/20 : Esta carteira contém uma moeda de 5 euro comemorativa dos décimos campeonatos do Mundo de Atletismo em Helsínquia.

38/22 : Esta carteira contém,a moeda comemorativa de 2 euro alusiva « 50 aniversário da Finlândia a ONU ».

38/26 : Esta carteira contém,a moeda comemorativa de 2 euro alusiva « 100 anos do sufragio universal na Finlândia ».

Finlândia Qualidade Proof

€. BE38	Data	N.º moedas	Descrição	Qtd.	Preço emissão	Cot. usado	Cot. novo	Apresentação
1*	1999-2001	25	Intro-Set	15 000	225	-	260	Cof/C/N°
2*	1999-2001	25	Intro-Set - apresentação diferente	inclus	225	-	260	Cof/C/N°
3	2002	9	Medalha de ouro	8 000	550	-	400	Cof/C/N°
4	2002	9	Medalha de prata	8 000	85	-	115	Cof/C/N°
5*	2003	9	Medalha de ouro	5 000	550	-	450	Cof/C/N°
6	2003	9	Medalha de prata	8 000	85	-	110	Cof/C/N°
7*	2003	9	Medalha de prata + diamante	1 000	550	-	500	Cof/C/N°
8*	2003	9	Medalha de ouro + diamante	500	nc	-	-	Cof/C/N°
9*	2004	10	Medalha de prata	5 000	95	-	125	Cof/C/N°
10*	2005	10	Medalha de prata	3 000	109	-	125	Cof/C/N°
11*	2006	10	Medalha de prata	3 300	129	-	130	Cof/C/N°

NOTA : Todas as carteiras Proof Finlandesas contêm uma medalha por carta, salvo contra-indicação nas nossas notas de rodapé.

P38/1 e 2 : Carteiras com saída a... Janeiro de 2004! Estas carteiras contêm uma medalha por série, o que prefaz, três medalhas por caixa!
P38/1 : Embalagem em cartão, azul.
P38/2 : Embalagem em madeira.
P38/5 e 7 : A nova qualidade de cunhagem dos finlandeses foi utilizada para esta série: cunhagem « Diamond ».
P38/7 e 8 : A medalha em prata desta série tem no seu centro um diamante de 0,02 carat, ou seja 0,004 gr...
P38/9 : Esta carteira contém, além da medalha e das habituais oito moedas, a moeda comemorativa de 2 euro, alusiva ao Alargamento da U.E.

BE38/10 : Esta carteira contém uma moeda de 5 euro comemorativa dos décimos campeonatos do Mundo de Atletismo em Helsínquia.

BE38/11 : Esta carteira contém,a moeda comemorativa de 2 euro alusiva « 100 anos do sufragio universal na Finlândia ».

FRANÇA

NOTA:
As carteiras €.41/2, 3, 4, 6 e 9 são idênticas a €.41/1, excepto na data.

França Qualidade BNC / FDC

€. 41	Data	N.º moedas	Descrição	Qtd.	Preço emissão	Cot. usado	Cot. novo	Apresentação
1*	1999	8	Carteira anual	35 000	27	10	75	L/S
2*	2000	8	Carteira anual	35 000	27	10	65	L/S
3*	2001	8	Carteira anual	35 000	27	11	65	L/S
4*	2002	8	Carteira anual	145 563	27	21	35	L/S
5	2002	9	Pequeno Príncipe	19 727	37	21	35	L/S
6	2003	8	Carteira anual	120 000	27	23	32	L/S
7	2003	9	Pequeno Príncipe	35 000	37	23	35	L/S
8	2003	9	Turismo	20 000	37	23	35	L/S
9	2004	8	Carteira anual	120 000	31	25	31	L/S
10	2004	9	Pequeno Príncipe	20 000	39	25	37	L/S
11	2004	9	Turismo - Provence	20 000	39	25	37	L/S
12*	2005	8	Carteira anual	70 000	31	23	33	L/S
13	2005	9	Carteira Moebius	40 000	39	23	42	L/S
14	2005	9	Turismo - Garonne	10 000	39	23	42	L/S
15	2006	8	Carteira anual	70 000	31	23	31	L/S

41/1, 2, 3 e 4 : Estas carteiras foram vendidas em conjunto, a carteira de 1999 vinha embalada com um cartão amarelo onde posteriormente se poderia inserir as 4 carteiras (1999 a 2002).
41/2 : O nosso leitor D. Ellis assinala o facto de ter comprado uma carteira de 2000 contendo uma moeda de 1 cent 1999 em vez de 2000. Este tipo de erro, já tinha sido visto nas carteiras em Francos...
41/12 : Todas as carteiras que vimos têm um erro de impressão na embalagem. As descrições dos metais utilizados para o interior e exterior das moedas de 2€ estão invertidas. A Monnaie de Paris não nos respondeu no sentido de informarem se todas as carteiras teriam o mesmo erro.

€. 41	Data	N.º moedas	Descrição	Qtd.	Preço emissão	Cot. usado	Cot. novo	Apresen tação
16*	2006	8	20 carteiras editadas 500 exemplares	10 000	39	23	-	P
17*	2007	8	Carteira anual	50 000	31	-	-	L/S

França Qualidade Proof

€. BE41	Data	N.º moedas	Descrição	Qtd.	Preço emissão	Cot. usado	Cot. novo	Apresen tação
1*	1999	8	Carteira anual	15 000	79	-	75	Cof/C/N°
2	2000	8	Carteira anual	15 000	79	-	75	Cof/C/N°
3	2001	8	Carteira anual	15 000	79	-	75	Cof/C/N°
4	2002	8	Carteira anual	21 453	79	-	75	Cof/C/N°
5	2003	8	Carteira anual	40 000	79	-	70	Cof/C/N°
6*	2004	9	Carteira anual	20 000	97	-	100	Cof/C/N°
7*	2005	9	Carteira anual	10 000	97	-	105	Cof/C/N°
8*	2006	9	Carteira anual	10 000	97	-	105	Cof/C/N°
9*	2007	9	Carteira anual	7 500	97	-	105	Cof/C/N°

NOTA : De notar que algumas moedas dentro das caixas Proof da Monnaie de Paris têm pequenos defeitos, veja-se na imagem ao lado, onde uma falta de metal é facilmente visível às 6 h no listel. Estas séries deveriam ser o expoente máximo da colecção numismática em termos de qualidade, mas em França vê-se que não são.

NOTA : Após as Proofs serem cunhadas em Paris desde 1993, são desde 2003 cunhadas também em Pessac.

41/1 : O 9 da data é diferente nas carteiras Proof em relação às moedas correntes.

41/6 a 8: Estas carteiras contêm uma moeda de 5 euro em prata que foi cunhada individualmente.

41/9 : Esta carteira contêm uma moeda de 15 euro em prata e não é comercializada separadamente.

GRÉCIA

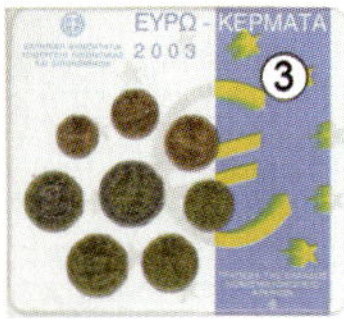

Grécia Qualidade UNC

€. 49	Data	N.º moedas	Descrição	Qtd.	Preço emissão	Cot. usado	Cot. novo	Apresentação
1*	2002	8	Carteira fabricada pela Holanda	5 000	15,95	11	200	P
2*	2002	8	Carteira anual - fabricada pela grecia	54 945	20	14	32	P
3*	2003	8	Carteira anual	49 300	20	19	32	P
4*	2003	9	Carteira « Presidência »	50 000	50	19	80	L/S
5*	2004	8	Carteira anual	30 000	20	54	65	P
6	2005	8	Carteira anual	25 000	20	15	33	P
7*	2005	9	Carteira « Combate de titans »	25 000	35	15	68	P
8	2006	8	Carteira anual	25 000	20	15	33	P
9*	2006	9	Carteira « Ville de Patras »	25 000	35	15	60	L/S

49/1 : Contrariamente à série oficial grega (49/2), esta série produzida na Holanda só tem 2 linhas no canto superior esquerdo; e foi editada com a autorização da casa de moeda Grega.

49/2 e 3 : O preço de emissão desta carteira é diferente consoante se é residente na Grécia ou não... Na Grécia, 20 euros ; fora: 25 euros... Viva a União Europeia!

49/4 : Da mesma forma como para a anterior, o preço na Grécia era de 50 euros ; fora: 55 euros. Esta carteira contém uma moeda de 10 euro comemorativa da presidência grega da U. Europeia.

49/5 : Esta carteira terá sido editada em Maio com somente 20 000 exemplares com os 2 euro « EUROPE » que só foi cunhada para a carteira, daí o aumento de interesse nesta carteira.

49/7 : Estas carteiras contêm uma moeda 10 euro comemorativa do « Combate de titans »

49/9 : Estas carteiras contêm uma moeda 10 euro comemorativa da ville de Patras.

IRLANDA

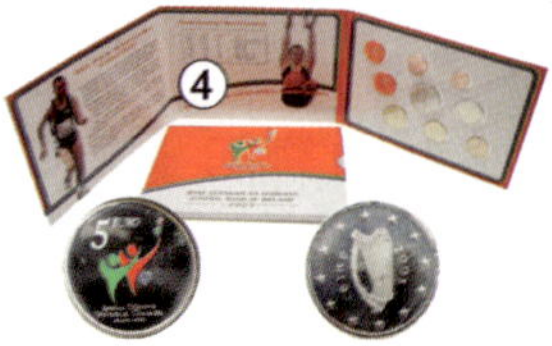

Irlanda Qualidade BNC / FDC

€. 53	Data	N.º moedas	Descrição	Qtd.	Preço emissão	Cot. usado	Cot. novo	Apresentação
1*	2002	8	Carteira anual fabricação irlandesa	20 000	18	25	220	L/S
2*	2002	8	Carteira anual fabricação holandesa	5 000	15,95	15	140	P
3	2003	8	Carteira anual	30 000	20	20	70	L/S
4*	2003	9	JO (para olimipicos)	35 000	20	20	45	L/S
5	2004	8	Carteira anual	40 000	20	20	35	L/S
6*	2005	8	Carteira anual	50 000	22	20	30	L/S
7*	2006	8	Carteira anual	40 000	22	20	30	L/S

53/1 : Existem falsas carteiras de 2002 , mas estas têm uma cor menos nítida. Por outro lado, as falsas têm a face nacional com a harpa virada para nós quando se abre a carteira, ao passo que as originais apresentam a face comum em primeiro plano. O Banco da Irlanda confirmou esta ressalva.

53/2 : Carteira UNC

53/4 : A moeda de 5 euro é também vendida separadamente com uma emissão de 25 000 exemplares.

53/6, 7 e 10 : Estas carteiras continuam a série do património irlandês.

53/6 :A BNC da Irlanda 2005 é fabricada pelo Banco Central da Irlanda, em colaboração com a secretaria dos Trabalhos Públicos da Irlanda e com a « Heywood Community School ». Esta carteira continua a série dos lugares património da Irlanda, e este ano coube aos jardins « Heywood Gardens in Co. Laois ».

53/7 : A BNC 2006 Fabricada pelo Banco Central da Irlanda, em colaboração com a « National Parks » e o Serviço de fauna para o departamento do ambiente. Com a imagem « Glenveagh National Park and Castle » (Donegal).

€. 53	Data	N.º moedas	Descrição	Qtd.	Preço emissão	Cot. usado	Cot. novo	Apresen-tação
8*	2006	8	Nascimento - menino	5 000	25	20	35	L/S
9*	2006	8	Nascimento - menina	inclus	25	20	35	L/S
10*	2007	8	Carteira anual I	20 000	22	-	-	L/S
11*	2007	9	Carteira anual II	20 000	-	-	-	-

53/8 e 9 : A casa da moeda da Irlanda lançou pela 1º vez carteiras alusivas ao nascimento. A primeira é azul e alusiva aos meninos; a segunda é rosa e alusiva às meninas

53/10 : Carteira com imagem de Dun Aengus.

53/11 : Carteira com duas moedas de 2 euro : a moeda clássica e a comemorativa do « Cinquentenário do tratado de Roma ».

Irlanda Qualidade Proof

€. BE53	Data	N.º moedas	Descrição	Qtd.	Preço emissão	Cot. usado	Cot. novo	Apresen tação
1*	2006	8	Carteira anual	5 000	60	-	130	Cof/C/N°
2*	2007	9	Carteira anual	10 000	-	-	-	Cof/C

BE53/1 : É a primera vez depois da primeira emissão Proof no ano... 1928. A quantidade emitida é de pequena e esgotou rapidamente o que fez o Instituto fazer a segunda cunhagem. Estas moedas foram feitas pelo atelier finlandês.

BE53/2 : Caixa com duas moedas de 2 euro : a moeda clássica e a comemorativa do « Cinquentenário do tratado de Roma ».

ITÁLIA

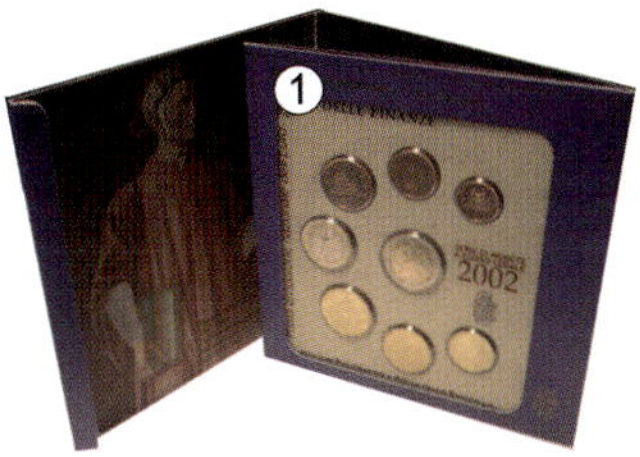

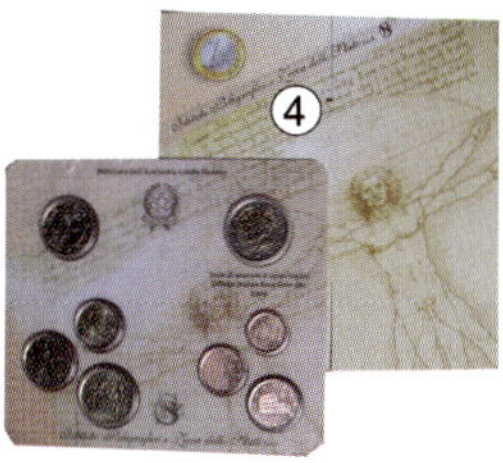

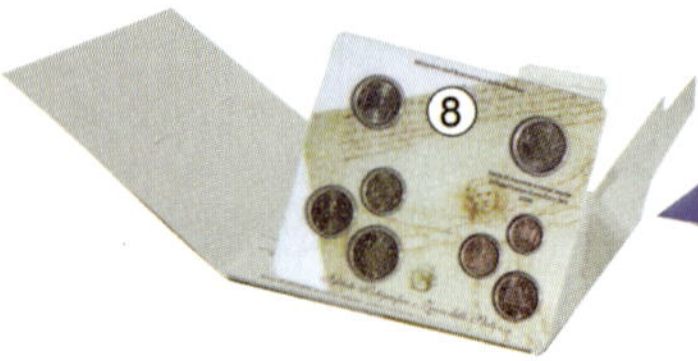

Ítalia Qualidade BNC / FDC

€. 56	Data	N.º moedas	Descrição	Qtd.	Preço emissão	Cot. usado	Cot. novo	Apresentação
1*	2002	8	Carteira anual	150 000	20	10	22	P/S
2	2003	8	Carteira anual	100 000	21	17	34	P/S
3	2003	9	Carteira anual com 5 euro	50 000	42	17	55	P/S
4*	2004	8	Carteira anual	35 000	21	20	33	P/S
5*	2004	9	Carteira anual com 5 euro	30 000	42	20	55	P/S
6	2005	8	Carteira anual	35 000	21	11	33	P/S
7	2005	9	Carteira anual com 5 euro	35 000	42	11	55	P/S
8	2006	8	Carteira anual	25 000	22	16	33	P/S
9	2006	9	Carteira anual com 5 euro	25 000	43	16	55	P/S

56/1 : A nossa informação provém do DECRETO 15 Abril 2003 - *Emissão duma medalha a partir da data de 2002*. Obrigado a http://www.gpeppi.com/eurocoins/index2.htm. É simpático de constactar que o legislador italiano previu um preço de 20 € até 1 000 séries para um só cliente e 19,60 € se este comprar mais de 1 000 e menos de 2 000. Sendo legalmente interdito vender-se mais de 2 000 séries por cliente.

56/3 : A moeda de 5 euro desta carteira é alusiva à « Europa do trabalho ».

56/5 : A moeda de 5 euro desta carteira comemora os 50 anos da televisão na Itália.

56/7 : A moeda de 5 euro desta carteira comemora os 85º aniversário do nascimento de Federico Fellini.

56/9 : A moeda de 5 euro desta carteira comemora os 60° aniversario da República italiana.

Ítalia Qualidade Proof

€. BE56	Data	N.º moedas	Descrição	Qtd.	Preço emissão	Cot. usado	Cot. novo	Apresentação
1*	2003	9	Carteira anual	12 000	80	-	130	Cof/C
2*	2004	9	Carteira anual	10 000	80	-	115	Cof/C

BE56/1 : A moeda de 5 euro desta caixa é alusiva à « Europa do trabalho ».

BE56/2 : A moeda de 5 euro desta caixa comemora os 50 anos da televisão na Itália.

€. BE56	Data	N.º moedas	Descrição	Qtd.	Preço emissão	Cot. usado	Cot. novo	Apresen tação
3*	2005	9	Carteira anual	12 000	83	-	110	Cof/C
4*	2006	9	Carteira anual	10 000	85	-	115	Cof/C

BE56/3 : A moeda de 5 euro desta caixa é alusiva aos « 85e aniversário do nascimento de Federico Fellini ».

BE56/4 : A moeda de 5 euro desta caixa é alusiva aos « 60e aniversario dla República italiana ».

LUXEMBURGO

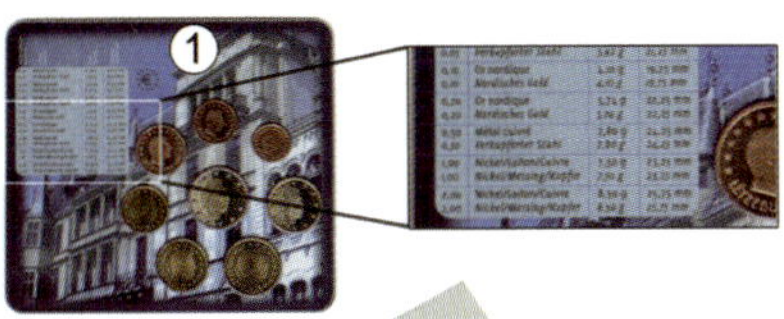

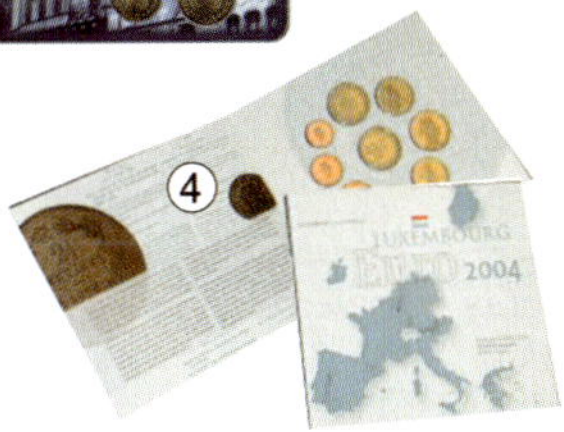

Luxemburgo Qualidade BNC / FDC

€. 61	Data	N.º moedas	Descrição	Qtd.	Preço emissão	Cot. usado	Cot. novo	Apresen tação
1*	2002	8	Carteira anual - inscrição « Metal latão »	5 000	19	20	120	P
2*	2002	8	Carteira anual - inscrição « Ouro nordico »	35 000	19	20	65	P
3	2003	8	Carteira anual	50 000	21,5	20	25	L/S
4*	2004	9	Carteira anual	40 000	25	20	30	L/S/N°
5*	2005	9	Carteira anual	20 000	25	20	33	L/S/N°
6*	2006	9	Carteira anual	15 000	25	20	33	L/S/N°

61/1 : Em face da inscrição « 50 cent » no reverso da carteia, onde está indicado « Métal cuivré » (metal cobreado) deveria estar « Or nordique » (ouro nórdico). Fabricado pela casa de moeda da Holanda. Esta carteira foi fabricada com peças novas , mas destinadas à circulação (qualidade UNC). De notar que os símbolos monetários indicam um fabrico de 2000.

61/2 : Ao contrário da anterior, esta carteira tem todas as indicações correctas. Fabricada no Luxemburgo.

61/4 : Tema da carteira: 150 anos de amoedação Gran-Ducal. Esta carteira contém as oito moedas clássicas + a de 2 euro comemorativa «Monograma do Grand Duc Henri ».

61/5 : O set é o primeiro de uma série de sets dedicados aos diferentes períodos da arquitectura do Gran-Ducado Luxemburguês tal como ilustrado pelas notas em euro. O set 2005 representa o período arquitectónico da nota de 5 euros, a saber: época da antiguidade. Uma primeira cunhagem, limitada a 20 000 exemplares, foi posta à venda. Uma segunda cunhagem de 15 000 exemplares poderá ter lugar, caso seja necessário. Esta carteira contém nove moedas: as oito clássicas mais a comemorativa de 2 euro « Grands-Ducs du Luxembourg ».

61/6 : Este segundo set é de uma serie dedicada a periodos de diferente arquitectura ao Grão-Duque do Luxemburgo como descrito pelas notas de euro. O set de 2006 representa o periodo arquitetonico da nota de 10 euros, epoca romana. Esta carteira contêm a moeda classica e os 2 euro comemorativos « Grand Duc Héritier Guillaume ».

NOTA :
A caixa ilustrada à esquerda é comum a todas as datas.

Luxemburgo Qualidade Proof

€. BE61	Data	N.º moedas	Descrição	Qtd.	Preço emissão	Cot. usado	Cot. novo	Apresentação
1	2002	8	Carteira anual	1 500	70	-	320	Cof/C/N°
2	2003	8	Carteira anual	1 500	70	-	300	Cof/C/N°
3*	2004	9	Carteira anual	1 500	75	-	340	Cof/C/N°
4*	2005	9	Carteira anual	1 500	75	-	280	Cof/C/N°
5*	2006	9	Carteira anual	2 000	85	-	300	Cof/C/N°

NOTA : A baixa tiragem destas colecções depressa engendrou um aumento rápido dos preços.

P61/3 : Esta carteira contém as duas moedas de 2 euro do Luxemburgo de 2004: a clássica e a moeda comemorativa de 2 euro Monograma «Grand Duc Henri ».

P61/4 : Esta carteira contém as duas moedas do Luxemburgo 2005: a clássica e a moeda comemorativa de 2 euro « Grands-Ducs du Luxembourg »..

BE61/5 : Esta carteira contém as duas moedas do Luxemburgo 2006 : a clássica e a moeda comemorativa de « 2 euro Grand-Duc Héritier Guillaume ».

MONACO

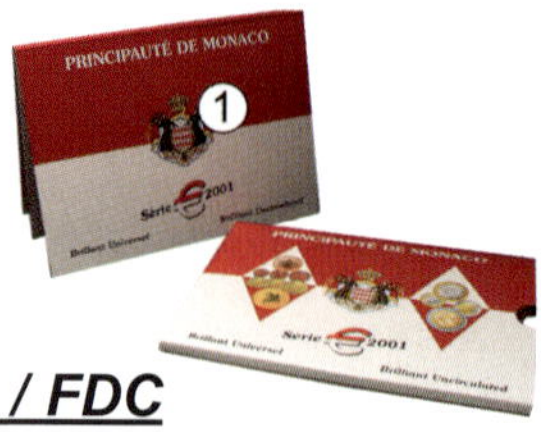

Monaco Qualidade BNC / FDC

€. 63	Data	N.º moedas	Descrição	Qtd.	Preço emissão	Cot. usado	Cot. novo	Apresentação
1	2001	8	Carteira anual	20 000	35	250	390	L/S
2*	2002	8	Carteira anual	40 000	35	300	350	L/S

NOTA : Nenhuma carteira BNC depois de 2003.

63/2 : Todos os carteiras que nós vimos levam um engano de impressão na embalagem. As descrições de metais usado para a coroa e o coração do 1 € é invertido.

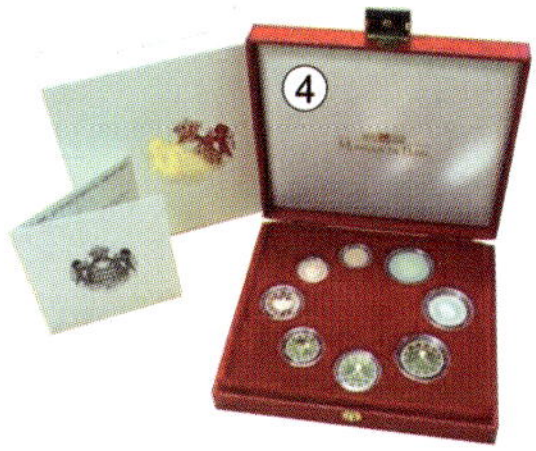

Monaco Qualidade Proof

€. BE63	Data	N.º moedas	Descrição	Qtd.	Preço emissão	Cot. usado	Cot. novo	Apresentação
1	2001	8	Carteira anual	3 500	120	-	800	Cof/C/N°
2	2004	9	Carteira anual	14 999	198	-	450	Cof/C/N°
3	2005	3	Carteira especial 1, 2 e 5 cent	35 000	35	-	100	Cof/C
4*	2006	8	Carteira anual	11 180	-	-	-	Cof/C/N°

BE63/2 : A Proof 2004 contêm uma moeda de 5 euro com a éfige da Santa-Devota.

BE63/4 : Todos os caixa que nós vimos levam um engano de impressão na embalagem. As descrições de metais usado para a coroa e o coração do 1 € é invertido.

HOLANDA

Tendo em conta a grande variedade de carteiras holandesas, somos obrigados a reduzir um pouco mais as imagens destas.

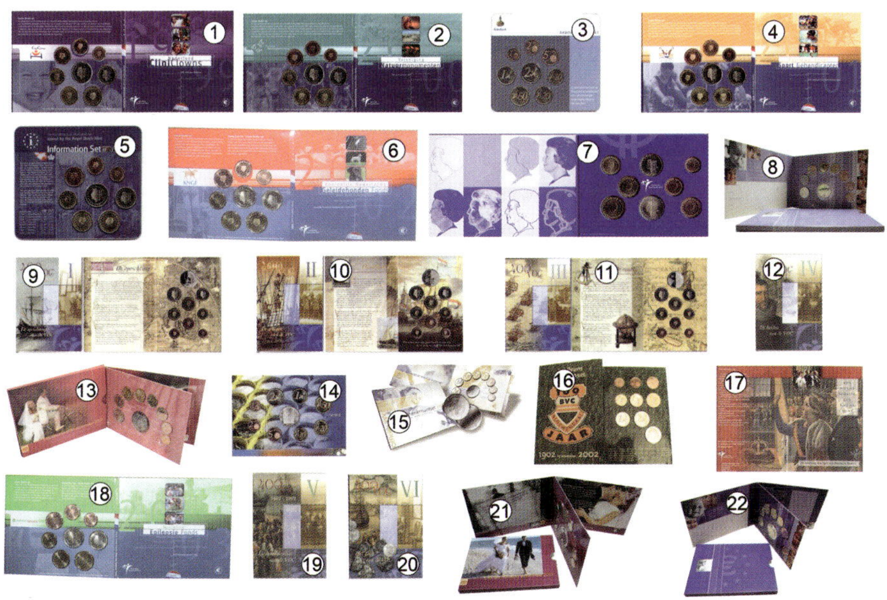

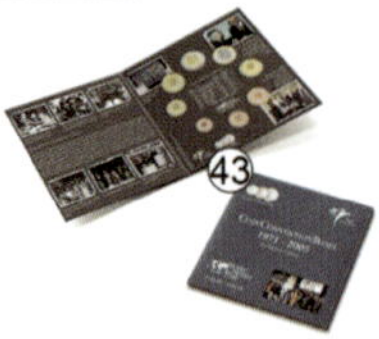

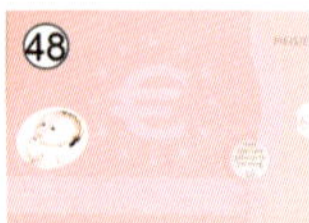

Holanda Qualidade BNC / FDC

€. 70	Data	N.º moedas	Descrição	Qtd.	Preço emissão	Cot. usado	Cot. novo	Apresentação
1*	1999	8	Caridade - « Clini-clowns »	65 000	15,95	17	23	L
2*	2000	8	Caridade - « Mestre de obra da Natureza »	68 000	15,95	16	23	L
3*	2000	8	Rabo-bank	13 850	0	13	115	P

70/1, 2, 4, 6, 18, 29, 37 e 45 : Carteiras Caridade: Por cada carteira vendida, a casa da moeda da Holanda faz reverter 1 euro à associação em causa.

70/8 à 17, 19 à 26, 28, 30 à 35, 38 à 42, 44, 47 a 52 : Estas carteiras contêm uma medalha cujo tema é o da descrição da carteira.

70/1 e 2 : Uma parte das carteira a venda por parte dos profissionais interncionais são em cartão, com oito moedas.

70/3 : Oferta pelo Rabo-bank ao empregados. Carteira UNC.

€. 70	Data	N.º moedas	Descrição	Qtd.	Preço emissão	Cot. usado	Cot. novo	Apresentação
4*	2001	8	Caridade - « Fundo Nac. para incapacitados »	65 000	15,95	16	23	L
5*	2001	8	Set de informação « Dinamarquês »	15 000	15,95	16	35	P
6*	2002	8	Caridade - « Cães-guia »	105 000	15,95	21	35	L
7*	2002	8	Carteira Beatrix	59 500	15,95	21	28	L/S
8*	2002	9	Bébé	25 000	15,95	21	28	L/S
9*	2002	9	VOC 1 - A fundação	10 000	21,95	21	38	L/S
10*	2002	9	VOC 2 - Os navios	10 000	21,95	21	33	L/S
11*	2002	9	VOC 3 - Os itinerarios	10 000	21,95	21	33	L/S
12*	2002	9	VOC 4 - Os herois	10 000	21,95	21	33	L/S
13*	2002	9	Casamento	10 000	15,95	21	30	L/S
14*	2002	9	Dia da Moeda	2 002	22	21	200	L/S
15*	2002	9	Cheques brinde IRIS de VVV	2 500	19,95	21	55	L/S
16*	2002	9	BVC Bloemendaal	3 000	32	21	55	L/S
17*	2002	9	Coin Fair	3 500	16	21	110	L/S
18*	2003	8	Caridade - « Fundação contra a epilepsia »	75 000	16,95	15	18	L
19*	2003	9	VOC 5 - As mercadorias	10 000	21,95	15	33	L/S
20*	2003	9	VOC 6 - A prata	4 500	59,95	15	70	L/S
21*	2003	9	Casamento	15 000	16,95	15	28	L/S
22*	2003	9	Bébé I	25 000	16,95	15	25	L/S
23*	2003	9	Bébé II	20 000	24,95	15	37	L/S
24*	2003	9	Dia da Moeda	2 003	21,95	15	120	L/S
25*	2003	9	Coin Fair	3 500	16	15	75	L/S
26*	2003	9	Cheques brinde IRIS de VVV	10 000	19,95	15	50	L/S
27	2003	8	Feira de Basleia	1 000	20	15	100	P
28*	2003	9	Set de informação « Hungria »	11 000	19,95	15	38	L/S
29*	2004	8	Caridade - « Vitimas de queimaduras »	50 000	16,95	19	30	L
30*	2004	9	Bébé	20 000	16,95	19	27	L/S
31*	2004	9	Casamento	10 000	16,95	19	27	L/S
32*	2004	9	Coin Fair	3 500	16	19	75	L/S
33*	2004	9	Cheques brinde IRIS de VVV	3 500	21,95	19	55	L/S
34*	2004	9	Lembrança da Rainha Juliana	10 000	24,95	19	35	L/S

70/5 : Encomenda privada dinamarquesa para apresentar « o Euro aos Dinamarqueses » com moedas holandesas de data 2001.

70/8, 22, 30, 39, 47 e 48 : Estas carteiras contêm uma medalha cujo tema é o da descrição da carteira.

70/15, 26 e 33 : Estas carteiras têm um cheque de 5 euros válido nas empresas VVV. VVV.

70/16 : Carteira comemorativa dos 100 anos do club de futebol profissional de Bloemendaal: 1902 - 2002.

€. 70	Data	N.º moedas	Descrição	Qtd.	Preço emissão	Cot. usado	Cot. novo	Apresen tação
35*	2004	9	Dia da Moeda	2 004	21,95	19	110	L/S
36	2004	8	Feira de Basileia	1 000	22	19	125	L/S
37*	2005	8	Caridade - « Fundos da Princesa Beatrix »	55 000	16,95	16	20	L
38*	2005	9	Casamento	10 000	17,5	16	25	L/S
39*	2005	9	Bébé	20 000	17,50	16	22	L/S
40*	2005	9	Carteira 50 anos Miffy	20 000	19,95	16	25	L/S
41*	2005	9	Dia da Moeda	2 005	22	16	95	L/S
42*	2005	9	Coin Fair	3 500	17	16	60	L/S
43	2005	8	Feirade Basileia	1 000	22	16	95	L/S
44*	2005	9	Holanda e Canada : 60 anos de liberdade	17 500	29,95	16	42	L/S
45*	2006	8	Caridade - « Fundação KIKA »	45 000	19,95	16	22	L
46	2006	8	Feirade Berlim	1 000	-	16	60	L/S
47*	2006	9	Bébé - meninos	5 000	19,95	16	25	L/S
48*	2006	9	Bébé - meninas	5 000	19,95	16	25	L/S
49*	2006	9	Casamento	15 000	19,95	16	25	L/S
50*	2006	8	Dia da Moeda	2 006	25	16	70	L/S
51*	2006	8	Coin Fair	3 500	18	16	40	L/S
52*	2006	9	200 anos de casa da Moeda da Holanda	5 000	24,95	16	32	L/S
53*	2006	54	Seis seríes Rembrandt	5 000	149,70	96	180	Cof

70/34 : Esta carteira contém igualmente 1 Florin em prata emitida sob o Reino da Rainha Juliana, falecida a 2004.

70/37 : A associação « Fundo da Princesa Beatrix » é uma associação de ajuda às pessoas que sofrem de doenças musculares.

70/40 : Este set foi desenhado por Dick Bruna, o autor da personagem da banda desenhada Miffy.

70/44: Esta carteira contém também uma moeda de 25 cents do Canada. A medalha é em prata.

70/47 e 48 : Carteiras do nascimento : a primeira é azul para os meninos ; a segunda é rosa para as meninas.

70/53 : As carteiras contêm seis folhetos todos incluem a 8 moedas.com uma moeda de 5 euro « 400° aniversario do nascimento de Rembrandt ».

5

6

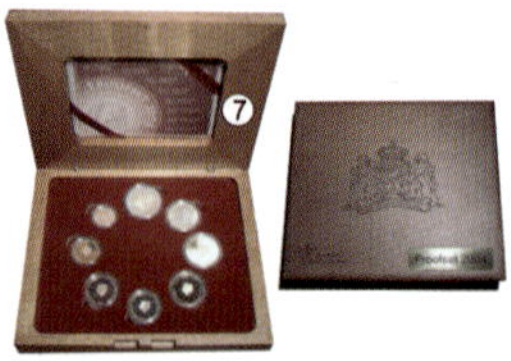
7

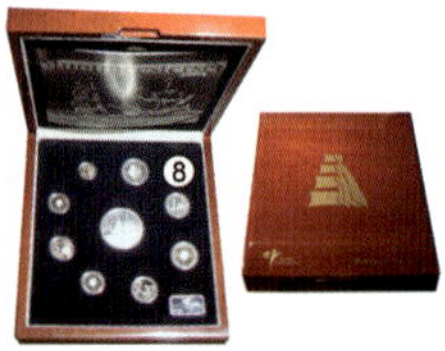
8

9

10

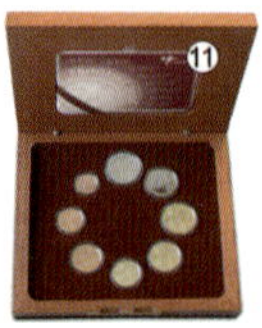
11

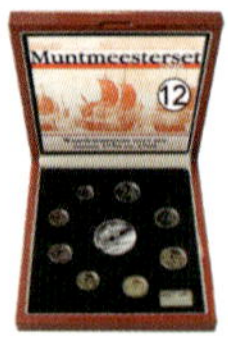

12

Holanda Qualidade Proof

€. BE70	Data	N.º moedas	Descrição	Qtd.	Preço emissão	Cot. usado	Cot. novo	Apresentação
1*	1999	8	Carteira anual	16 500	49,95	-	45	-/C
2*	2000	8	Carteira anual	16 500	49,95	-	45	-/C
3*	2001	8	Carteira anual	16 500	49,95	-	45	-/C
4*	2002	8	Carteira anual	16 500	49,95	-	50	-/C
5*	2003	8	Carteira anual	11 000	49,95	-	45	-/C
6	2003	9	Carteira Muntmeester	2 000	99	-	170	Cof/C/N°
7	2004	8	Carteira anual	10 000	52,95	-	80	Cof/C
8	2004	9	Carteira Muntmeester	2 000	99,95	-	120	Cof/C/N°
9	2005	8	Carteira anual	10 000	52,95	-	65	Cof/C
10	2005	9	Carteira Muntmeester	2 000	99,95	-	105	Cof/C/N°
11*	2006	8	Carteira anual	3 500	54,95	-	85	Cof/C
12	2006	9	Carteira Muntmeester	1 500	99,95	-	100	Cof/C/N°

PORTUGAL

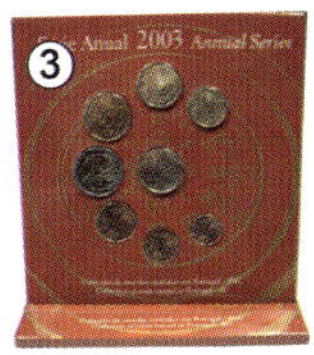

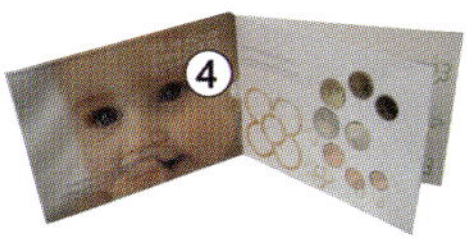

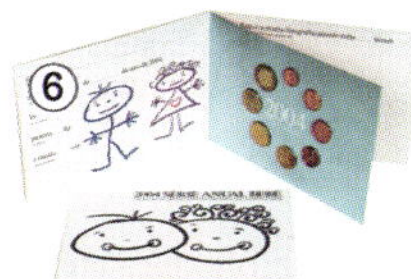

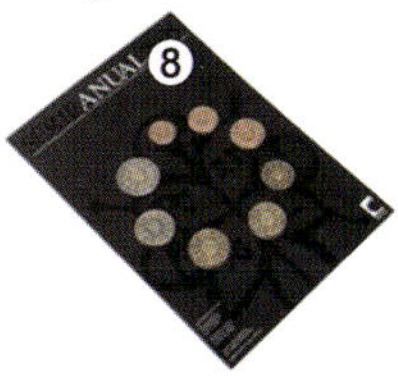

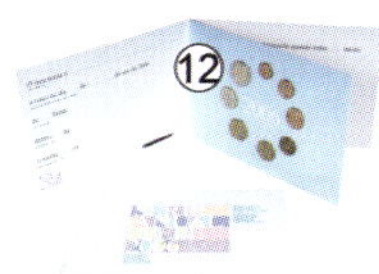

Portugal Qualidade BNC / FDC

€. 77	Data	N.º moedas	Descrição	Qtd.	Preço emissão	Cot. usado	Cot. novo	Apresentação
1	2002	8	Carteira anual - BNC	50 000	34,51	20	40	L/S
2	2002	8	Bébé	5 000	29,75	20	75	L/S
3	2003	8	Carteira anual - BNC	50 000	34,51	36	45	L/S
4	2003	8	Bébé	20 000	29,75	36	45	L/S
5	2004	8	Carteira anual - BNC	50 000	34,51	20	42	L/S
6	2004	8	Bébé	20 000	29,75	20	45	L/S
7	2005	8	Carteira anual - BNC	30 000	34,51	20	40	L/S
8*	2005	8	Carteira anual - FDC	15 000	21,42	20	30	P
9	2005	8	Bébé	15 000	29,75	20	40	L/S
10	2006	8	Carteira anual - BNC	12 500	34,51	21	40	L/S
11*	2006	8	Carteira anual - FDC	6 000	21,42	21	30	P
12	2006	8	Bébé	7 000	29,75	21	42	L/S
13	2007	8	Carteira anual - BNC	12 000	34,51	-	-	L/S
14*	2007	8	Carteira anual - FDC	6 000	21,42	-	-	P
15	2007	8	Bébé	3 500	29,75	-	-	L/S

NOTA : Os preços à «virgula » de emissão são devidos ao facto de que os mesmos sem IVA são redondos (isto até à alteração do Iva de 19% para 21%).

NOTE : BNC significa « Brilhante Não Circulada », que corresponde a « BU ».

77/8, 11, 14 : De forma a oferecer uma colecção mais barata, a INCM (Imprensa Nacional Casa da Moeda), colocou à venda as carteiras FDC (ou UNC), com um preço mais reduzido em relação às outras carteiras BNC.

77/11 : Esta indicado na carteira que deveriam ser emitidas 15 000, mas foram fabricados só 6 000 carteiras.

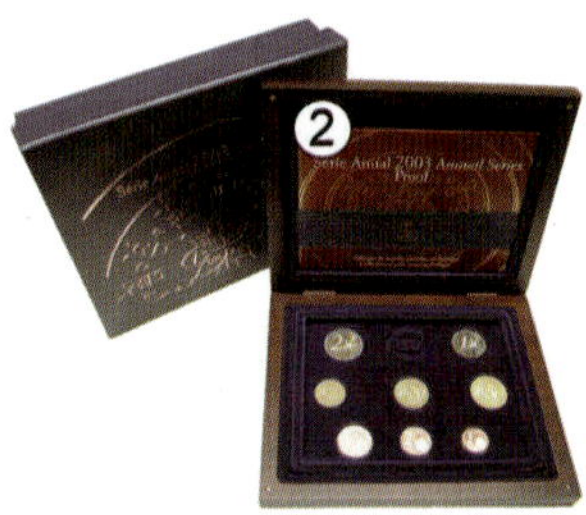

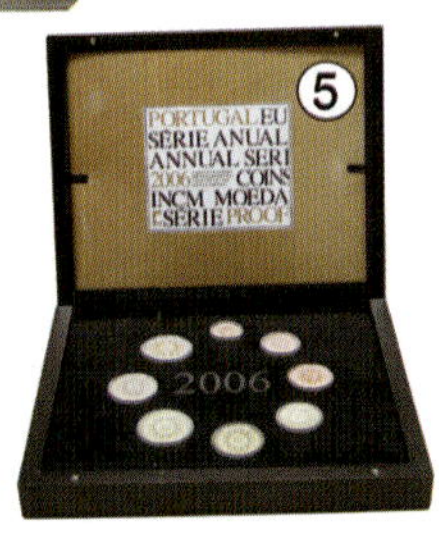

Portugal Qualidade Proof

€. BE77	Data	N.º moedas	Descrição	Qtd.	Preço emissão	Cot. usado	Cot. novo	Apresentação
1	2002	8	Carteira anual	15 000	77,35	-	95	Cof/C/N°
2	2003	8	Carteira anual	15 000	77,35	-	95	Cof/C/N°
3	2004	8	Carteira anual	15 000	77,35	-	95	Cof/C/N°
4	2005	8	Carteira anual	10 000	77,35	-	90	Cof/C/N°
5*	2006	8	Carteira anual	3 000	77,35	-	90	Cof/C/N°
6	2007	8	Carteira anual	2 500	77,35	-	-	Cof/C/N°

BE77/5 : O certificado menciona que a emissão é de 10 000; mas só foram emitidas 3 000.

ESLOVÉNIA

Eslovenia Qualidade BNC / FDC

€. 83	Data	N.º moedas	Descrição	Qtd.	Preço emissão	Cot. usado	Cot. novo	Apresentação
1	2007	8	Carteira anual	100 000	18,90	-	35	L/S

SÃO-MARINO

São Marino Qualidade BNC / FDC

€. 85	Data	N.º moedas	Descrição	Qtd.	Preço emissão	Cot. usado	Cot. novo	Apresen tação
1*	2002	8	Carteira anual	120 000	8,78	160	200	L/S
2	2002	4	20 cent, 50 cent, 1 euro, 2 euro	50 000	8	62	90	P
3*	2003	9	Carteira anual	70 000	40	160	175	P/S
4	2003	2	20 cent, 50 cent	140 000	6	12	25	P
5*	2004	9	Carteira anual	70 000	40	140	160	P/S
6	2004	3	1 cent, 10 cent, 1 euro	140 000	7	34	35	P
7*	2005	9	Carteira anual	70 000	40	90	110	P/S
8	2005	3	2 cent, 20 cent, 2 euro	140 000	8	23	25	P
9*	2006	9	Carteira anual	65 000	40	85	90	P/S
10*	2006	63	Carteira com rolos	130 000	10	-	25	P
11	2006	3	5 cent, 50 cent, 1 euro	150 000	7	16	16	P

85/1 : As falsas carteiras de oito moedas, de 1 cent a 2 €, de origem alemã, foram denunciadas pela própria República de São Marino como não oficiais. Ver foto ao lado.

85/3 : A moeda de 5 € em prata exalta « A Independência, a Tolerância e a Liberdade ». Não se encontra sem ser nestas carteiras.

85/5 : A moeda de 5 € desta carteira é alusiva a Bartolomeo Borghesi, tal como a moeda de 2 euro comemorativa editada no mesmo ano.

85/6 : Esta carteira conheceu uma grande inflação durante os meses de Abril - Maio de 2005.

85/7 : Em 2005, os 5 euro está com esfinge de Antonio Onofri. .

85/9 : Os 5 euro em prata comemorativos nas carteira é Melchiorre Delfico.

85/10 : Estas carteiras tem três mini rolos de moedas 1, 2 e 5 cent,cada rolo tem 20 moedas mais três que vem na apresentação que perfaz um total de 63 moedas. confirme descrição da foto.

VATICANO

Vaticano Qualidade BNC / FDC

€. 93	Data	N.º moedas	Descrição	Qtd.	Preço emissão	Cot. usado	Cot. novo	Apresentação
1*	2002	8	Carteira anual	65 000	12	760	800	L
2*	2003	8	Carteira anual	65 000	15	320	330	L
3*	2004	8	Carteira anual	85 000	21	270	290	L
4*	2005	8	Carteira anual	85 000	23	265	275	L
5*	2005	8	Carteira Sede Vacante	60 000	30	305	310	L
6*	2006	8	Carteira anual	85 000	30	270	280	L

NOTA: Todas as carteiras do Vaticano conheceram um aumento de preço significativo durante as duas semanas logo a seguir à morte do Papa João-Paulo II; os preços terão após este período baixado e estabilizado.

93/1: a cunhagem é medíocre e as moedas têm, em muitos casos, os eixos desalinhados. 2 000 séries foram distribuídas à «população», e as 13 000 séries que faltavam reapareceram no mercado numismático, sem nunca terem sido postas a circular.

93/1 a 4 : Esfinge de João-Paulo II

93/5 : Segundo uma convenção em vigor entre a União Europeia, a Itália e a Santa-Sé, é permitido que o Vaticano estabeleça o período «Vacante» do Papado e emita para circulação, moedas de um valor global de 300 000 euros, sobre as quais não figuram qualquer nome de Papa. Em 2005, figuram nas oito moedas o brasão do Cardeal Camerlengo e a Câmara Apostólica. As emissões « Sede Vacante » existem bem antes do euro: com efeito a partir do momento em que o Vaticano se constitui como poder Institucional, o sistema bancário e as emissões monetárias eram não só importantes como forneciam moeda a uma economia atractiva que por sua vez desenvolvia o mesmo sistema bancário. Sabendo-se que a autoridade suprema da Cidade residia na figura do Papa, a morte deste fazia parar a emissão de moeda. Sabendo-se que os conclaves estariam "poluídos" por ingerência políticas várias, e que duravam em média vários meses, a administração do Vaticano cunhava logo após as exéquias do papa estas emissões especiais, desta forma mantinha-se o desenrolar da economia de Roma. Na ausência do papa, estas cunhagens foram chamadas de «Sede Vacante» (cuja tradução será: a **cadeira -de Pedro- esta vaga**) e representavam a porta murada da sala onde decorria o conclave.

93/6 : Éfige de Bento XVI

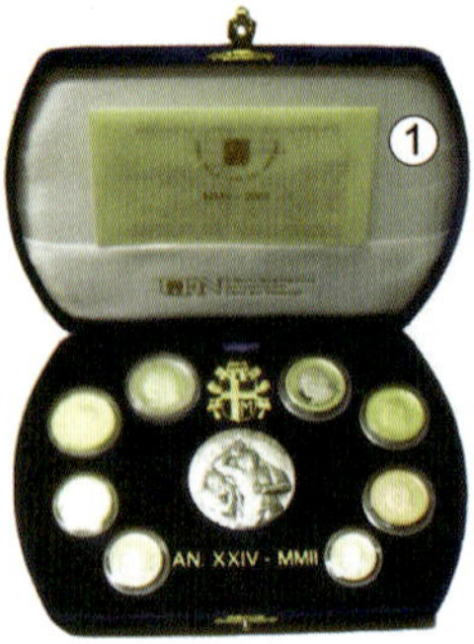

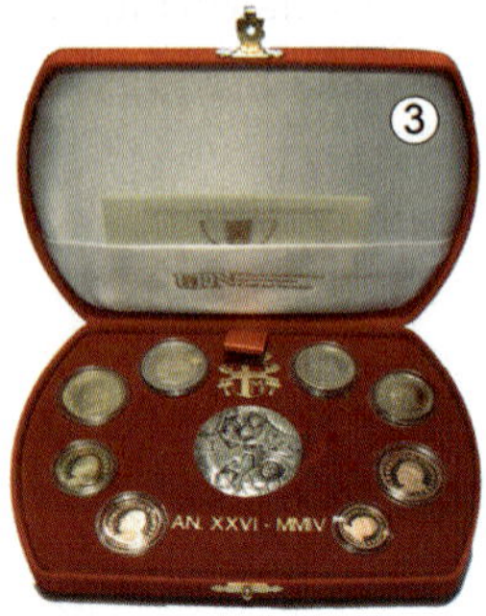

Vaticano Qualidade Proof

€. BE93	Data	N.º moedas	Descrição	Qtd.	Preço emissão	Cot. usado	Cot. novo	Apresentação
1*	2002	9	Carteira anual	9 000	75	-	1250	Cof/C/N°
2*	2003	9	Carteira anual	13 000	78	-	580	Cof/C/N°
3*	2004	9	Carteira anual	16 000	125	-	460	Cof/C/N°
4*	2005	9	Carteira anual	16 000	125	-	410	Cof/C/N°
5*	2006	9	Carteira anual	16 000	140	-	420	Cof/C/N°

NOTA: As características da medalha em cada caixa são as seguintes: diâmetro: 40 mm; peso: 45 gr; composição: Prata 925/1000; gravador: Floriano Bodini.

NOTA: Somente estas caixas Proof são numeradas. Por outro lado, os números não correspondem necessariamente aos descritos no certificado...mas sim a referências « internas do Vaticano »... Não se preocupe pois se tiver um certificado com um número muito alto!

P93/1: A 9 de Setembro, um comunicado anunciara que a venda ao público seria interrompida dado «as numerosas encomendas recebidas por correio», tanto para a caixa Proof como para a moeda de 5 € em prata. Tema da medalha: « A Arte interpreta a Arte ».

P93/2: A medalha tomou por tema: « A Arte interpreta a Arte: homenagem a Leonardo».

P93/3: Esta caixa tem uma medalha alusiva ao « Nascimento de Giotto », sempre de Floriano Bodini.

P93/4: A medalha tem como tema: « A Arte interpreta a Arte : homenagem a Cimabue ».

BE93/5 : Esfinge de Bento XVI

BE93/5 : O tema da medalha é : « O envagelista São Mateus ».

Nesta rúbrica apresentamos todas as emissões oficiais de moedas comemorativas já emitidas ou anunciadas pelos respectivos Institutos. Enquanto alguns países mostram nesta matéria ser sábios (Finlândia por exemplo, com 19 moedas recenseadas), ou muito sábios (a Irlanda com apenas quatro moedas), outros «descarrilam», como é o caso da França que já produziu cerca de 166 moedas em menos de quatro anos...

A colecção completa parece ser hoje em dia impossível de prosseguir: O preço total de emissão para as 536 moedas que aqui serão descriminadas, não é menos do que 156 369 € (sem falar do preço que poderá atingir a moeda de 100 000 € da Áustria ou outras cujos preços não são comunicados) e cujo conjunto está cotado em 182 390 €... No que concerne às cotações, sublinhamos, justamente que, que os países que mais produzem, apresentam preços mais elevados... o que, a longo prazo, fará com que os stocks destas moedas resistam a ser escoados e que muitas vezes se encontrem no mercado a preços inferiores do que anunciados quando emitidos.

O símbolo das emissões comuns

Esta marca do escultor finlandês Hannu Veijalainen, surgiu pela primeira vez na emissão de 5 euro de 2004 da Áustria, porém é comum a várias moedas dos Estados membros. Em 2004, já quinze moedas tinham esta marca. Áustria, França, Espanha, Holanda, Bélgica e Portugal, e todas alusivas ao Alargamento da União Europeia. Para 2005, o tema comum a nível europeu será os 60 anos de paz após o fim da Segunda Guerra Mundial. A Itália assim como a Finlândia, juntaram-se aos países acima descritos para cunharem moedas com este símbolo; desta feita, em breve teremos 12 moedas para 2005. Todas as medas desta série estarão sinalizadas com o emblema (ao lado) após o número de catálogo

Em 2006, Irlanda recomeçou um programa das cunhagens comuns; o tema foi «os homens famosos europeus «. Três países que não pertencem a zona euro participaram também do programa: Malta, República Checa e Eslováquia.

Para 2007, o tema escolhido foi « os 50 anos do tratado de Roma ».

ÁUSTRIA

Série 2002 / 1 : A FILARMÓNICA

€.01000040201 - ÁUSTRIA 10 € A FILARMONICA - 1/10 DE ONÇA DE OURO, por Thomas Pesendorfer

NOTA: as moedas desta série (1/10, 1/4, 1/2, e 1 onça, e à excepção da de 100 000€) são vendidas em função do ouro que contêm. A quantidade depende da procura, e para 2005 ainda não se definiram tiragens finais

01000 040201	Data	Série	Metal	Módulo	Peso	Qtd.	Preço emissão	Cot.
1	2002	UNC	OURO 999,9 ‰	16 mm	3,11 g	*75 800*	variavél	65
2	2003	UNC	OURO 999,9 ‰	16 mm	3,11 g	*59 700*	variavél	60
3	2004	UNC	OURO 999,9 ‰	16 mm	3,11 g	*68 100*	variavél	60
4	2005	UNC	OURO 999,9 ‰	16 mm	3,11 g	*62 100*	variavél	60
5	2006	UNC	OURO 999,9 ‰	16 mm	3,11 g	*nc*	variavél	60
6	2007	UNC	OURO 999,9 ‰	16 mm	3,11 g	*não definido*	variavél	-

€.02500040201 - ÁUSTRIA 25 € A FILARMÓNICA - 1/4 DE ONÇA DE OURO, por Thomas Pesendorfer

02500 040201	Data	Série	Metal	Módulo	Peso	Qtd.	Preço emissão	Cot.
1	2002	UNC	OURO 999,9 ‰	22 mm	7,776 g	*40 800*	variavél	140
2	2003	UNC	OURO 999,9 ‰	22 mm	7,776 g	*34 000*	variavél	135
3	2004	UNC	OURO 999,9 ‰	22 mm	7,776 g	*26 600*	variavél	135
4	2005	UNC	OURO 999,9 ‰	22 mm	7,776 g	*32 800*	variavél	135
5	2006	UNC	OURO 999,9 ‰	22 mm	7,776 g	*nc*	variavél	135
6	2007	UNC	OURO 999,9 ‰	22 mm	7,776 g	*non défini*	variavél	-

€.05000040201 - ÁUSTRIA 50 € A FILARMÓNICA - 1/2 DE ONÇA DE OURO, por Thomas Pesendorfer

05000 040201	Data	Série	Metal	Módulo	Peso	Qtd.	Preço emissão	Cot.
1	2002	UNC	OURO 999,9 ‰	28 mm	15,552 g	*40 900*	variavél	280
2	2003	UNC	OURO 999,9 ‰	28 mm	15,552 g	*26 800*	variavél	260
3	2004	UNC	OURO 999,9 ‰	28 mm	15,552 g	*21 800*	variavél	260
4	2005	UNC	OURO 999,9 ‰	28 mm	15,552 g	*21 000*	variavél	260
5	2006	UNC	OURO 999,9 ‰	28 mm	15,552 g	*nc*	variavél	260
6	2007	UNC	OURO 999,9 ‰	28 mm	15,552 g	*não defenido*	variavél	-

€.10000040201 - ÁUSTRIA 100 € A FILARMÓNICA - 1 DE ONÇA DE OURO, por Thomas Pesendorfer

10000 040201	Data	Série	Metal	Módulo	Peso	Qtd.	Preço emissão	Cot.
1	2002	UNC	OURO 999,9 ‰	37 mm	31,103 g	*164 100*	variavél	550
2	2003	UNC	OURO 999,9 ‰	37 mm	31,103 g	*179 900*	variavél	510
3	2004	UNC	OURO 999,9 ‰	37 mm	31,103 g	*169 800*	variavél	510
4	2005	UNC	OURO 999,9 ‰	37 mm	31,103 g	*166 100*	variavél	510
5	2006	UNC	OURO 999,9 ‰	37 mm	31,103 g	*nc*	variavél	510
6	2007	UNC	OURO 999,9 ‰	37 mm	31,103 g	*não defenido*	variavél	-

€.XXXXX040201 - ÁUSTRIA 100 000 € A FILARMÓNICA - 150º ANIVERSÁRIO DE L'ORCHESTRE, por Thomas Pesendorfer

XXXXX 040201	Data	Série	Metal	Módulo	Peso	Qtd.	Preço emissão	Cot.
1	2004	Proof	OURO 999,9 ‰	370 mm	31103 g	*15*	nc	-

NOTA : Os valores faciais superiores a 1 000 euro não estão compreendidos no nosso sistema de numeração, por isso, e à falta de melhor, esta moeda terá o número XXXXX040201.

Série 2002 / 2 : 2000 ANOS DO CRISTIANISMO

€.05000040202 - ÁUSTRIA 50 € AS ORDENS MONÁSTICAS, por Helmut Andexlinger S, par Helmut Andexlinger

05000 040202	Data	Série	Metal	Módulo	Peso	Qtd.	Preço emissão	Cot.
1	2002	BNC	OURO 986 ‰	22 mm	10,14 g	*50 000*	148,98	190

€.05000040202 - ÁUSTRIA 50 € AMOR AO PRÓXIMO, por Thomas Pesendorfer e Andreas Zanaschka

05000 040202	Data	Série	Metal	Módulo	Peso	Qtd.	Preço emissão	Cot.
2	2003	BNC	OURO 986 ‰	22 mm	10,14 g	*50 000*	159	190

Série 2002 / 3 : À ÁUSTRIA E O SEU POVO

€.01000040203 - ÁUSTRIA 10 € CASTELO DE AMBRAS, por Andreas Zanachka e Herbert Wähner

01000 040203	Data	Série	Metal	Módulo	Peso	Qtd.	Preço emissão	Cot.
1	2002	BNC	PRATA 925 ‰	32 mm	17,3 g	*20 000*	16,50	40
2	2002	Proof	PRATA 925 ‰	32 mm	17,3 g	*50 000*	22	80

€.01000040203 - ÁUSTRIA 10 € CASTELO DE EGGENBERG, por Andreas Zanachka e Thomas Pesendorfer

01000 040203	Data	Série	Metal	Módulo	Peso	Qtd.	Preço emissão	Cot.
3	2002	BNC	PRATA 925 ‰	32 mm	17,3 g	*20 000*	16,50	25
4	2002	Proof	PRATA 925 ‰	32 mm	17,3 g	*50 000*	22	36

€.01000040203 - ÁUSTRIA 10 € CASTELO DE HOF, por Andreas Zanachka

01000 040203	Data	Série	Metal	Módulo	Peso	Qtd.	Preço emissão	Cot.
5	2003	BNC	PRATA 925 ‰	32 mm	17,3 g	*20 000*	16,50	25
6	2003	Proof	PRATA 925 ‰	32 mm	17,3 g	*50 000*	22	33

€.01000040203 - ÁUSTRIA10 € CASTELO DE SCHÖNBRUNN, por Helmut Andexlinger e Andreas Zanaschka

01000 040203	Data	Série	Metal	Módulo	Peso	Qtd.	Preço emissão	Cot.
7	2003	BNC	PRATA 925 ‰	32 mm	17,3 g	*40 000*	16,50	22
8	2003	Proof	PRATA925 ‰	32 mm	17,3 g	*60 000*	22	30

€.01000040203 -ÁUSTRIA 10 € CASTELO DE HELLBRUNN, por T. Pesendorfer e H. Wähner

01000 040203	Data	Série	Metal	Módulo	Peso	Qtd.	Preço emissão	Cot.
9	2004	BNC	PRATA 925 ‰	32 mm	17,3 g	*40 000*	16,50	22

10	2004	BE	ARGENT 925 ‰	32 mm	17,3 g	*60 000*	22	30

€.01000040203 - ÁUSTRIA 10 € CASTELO DE ARTSTETTEN, por Thomas Pesendorfer e Herbert Wähner

01000 040203	Data	Série	Metal	Módulo	Peso	Qtd.	Preço emissão	Cot.
11	2004	BNC	PRATA 925 ‰	32 mm	17,3 g	*40 000*	16,50	22
12	2004	Proof	PRATA 925 ‰	32 mm	17,3 g	*60 000*	22	30

Série 2002 / 4 : 250º ANIVERSÁRIO DO ZOO DE SCHÖNBRUNN (VIENA)

€.00500040204 - ÁUSTRIA5 € 250º ANIVERSÁRIO DO ZOO DE SCHÖNBRUNN (VIENA), por Helmut Andexlinger e Herbert Wähner

00500 040204	Data	Série	Metal	Módulo	Peso	Qtd.	Preço emissão	Cot.
1	2002	BNC	PRATA 800 ‰	28,5 mm	10 g	*100 000*	8,25	17

Série 2002 / 5 : A ÁUSTRIA ATRAVÉS DO TEMPO

€.02000040205 - ÁUSTRIA 20 € FERDINAND I - A RENASCENÇA, por Thomas Pesendorfer e Herbert Wähner

02000 040205	Data	Série	Metal	Módulo	Peso	Qtd.	Preço emissão	Cot.
1	2002	Proof	PRATA 900 ‰	34 mm	20 g	*50 000*	31,18	45

€.02000040205 - ÁUSTRIA 20 € PRÍNCIPE EUGENE - O BARROCO, por Thomas Pesendorfer e Andreas Zanaschka

02000 040205	Data	Série	Metal	Módulo	Peso	Qtd.	Preço emissão	Cot.
2	2002	Proof	PRATA 900 ‰	34 mm	20 g	*50 000*	31,18	55

€.02000040205 - ÁUSTRIA 20 € PERÍODO BIDERMEIER (1815 - 1848), por Andreas Zanaschka

02000 040205	Data	Série	Metal	Módulo	Peso	Qtd.	Preço emissão	Cot.
3	2003	Proof	PRATA 900 ‰	34 mm	20 g	*50 000*	31,18	40

€.02000040205 - ÁUSTRIA 20 € PÓS-GUERRA, por Thomas Pesendorfer e Herbert Wähner

02000 040205	Data	Série	Metal	Módulo	Peso	Qtd.	Preço emissão	Cot.
4	2003	Proof	PRATA 900 ‰	34 mm	20 g	*50 000*	31,18	40

Série 2002 / 6 : OS TESOUROS ARTÍSTICOS DA ÁUSTRIA

€.10000040206 - ÁUSTRIA 100 € A ESCULTURA, por Herbert Wähner e Thomas Pesendorfer

10000 040206	Data	Série	Metal	Módulo	Peso	Qtd.	Preço emissão	Cot.
1	2002	Proof	OURO 986 ‰	30 mm	16,23 g	*30 000*	273	310

€.10000040206 - ÁUSTRIA 100 € A PINTURA, por Herbert Wähner e Thomas Pesendorfer

10000 040206	Data	Série	Metal	Módulo	Peso	Qtd.	Preço emissão	Cot.
2	2003	Proof	OURO 986 ‰	30 mm	16,23 g	*30 000*	273	310

Série 2003 / 1 : 700º ANIVERSÁRIO DA CIDADE DE HALL

€.02500040301 - ÁUSTRIA 25 € 700º ANIVERSÁRIO DA CIDADE DE HALL, por Helmut Andexlinger e Herbert Wähner

02500 040301	Data	Série	Metal	Módulo	Peso	Qtd.	Preço emissão	Cot.
1	2003	Proof	PRATA/NIOBIUM	34 mm	17,15 g	*50 000*	37,90	210

02500040301/1 : A composição destas moedas é de 900‰ para a prata e 998‰ para o niobium. Para o total de 17,15 gr, há 7,15 gr de niobium.

Série 2003 / 2 : A ENERGIA HIDRÁULICA

€.00500040302 - ÁUSTRIA 5 € ENERGIA HIDRÁULICA, por Thomas Pesendorfer e Helmut Andexlinger

00500 040302	Data	Série	Metal	Módulo	Peso	Qtd.	Preço emissão	Cot.
1	2003	BNC	PRATA 800 ‰	28,5 mm	10 g	*100 000*	8,25	13

Série 2004 / 1 : ALARGAMENTO DA UNIÃO EUROPEIA

€.00500040401 - ÁUSTRIA 5 € ALARGAMENTO DA UNIÃO EUROPEIA, por Thomas Pesendorfer e Helmut Andexlinger

00500 040401	Data	Série	Metal	Módulo	Peso	Qtd.	Preço emissão	Cot.
1	2004	BNC	PRATA 800 ‰	28,5 mm	10 g	*125 000*	8,25	13

Série 2004 / 2 : 150º ANIVERSÁRIO DO COMBOIO ALPINO

€.02500040402 - ÁUSTRIA 25 € 150º ANIVERSÁRIO DO COMBOIO ALPINO, por Thomas Pesendorfer e Helmut Andexlinger

02500 040402	Data	Série	Metal	Módulo	Peso	Qtd.	Preço emissão	Cot.
1	2004	BNC	PRATA/NIOBIUM	34 mm	17,15 g	*50 000*	37,90	100

02500040402/1 : A composição destas moedas é de 900‰ para a prata e 998‰ para o niobium. Para o total de 17,15 gr, há 7,15 gr de niobium.

Série 2004 / 3 : 100º ANOS DE FUTEBOL

€.00500040403 - ÁUSTRIA 5 € 100º ANOS DE FUTEBOL, por Herbert Wähner e Helmut Andexlinger

00500 040403	Data	Série	Metal	Módulo	Peso	Qtd.	Preço emissão	Cot.
1	2004	BNC	PRATA 800 ‰	28,5 mm	10 g	*100 000*	8,25	13

Série 2004 / 4 : A ÁUSTRIA EM ALTO MAR

€.02000040404 - ÁUSTRIA 20 € S.M.S. NOVARA, por Thomas Pesendorfer e Herbert Wähner

02000 040404	Data	Série	Metal	Módulo	Peso	Qtd.	Preço emissão	Cot.
1	2004	Proof	OURO 900 ‰	34 mm	20 g	*50 000*	35,5	42

€.02000040404 - ÁUSTRIA 20 € S.M.S. FERDINAND MAX, par Thomas Pesendorfer et Herbert Wähner

02000 040404	Data	Série	Metal	Módulo	Peso	Qtd.	Preço emissão	Cot.
2	2004	Proof	PRATA 900 ‰	34 mm	20 g	*50 000*	35,5	42

€.02000040404 - ÁUSTRIA 20 € EXPEDIÇÃO POLAR TEGETTHOFF, por Thomas Pesendorfer e Herbert Wähner

02000 040404	Data	Série	Metal	Módulo	Peso	Qtd.	Preço emissão	Cot.
3	2005	Proof	PRATA 900 ‰	34 mm	20 g	*50 000*	35,5	42

€.02000040404 - ÁUSTRIA 20 € S.M.S. SANKT GEORG, por Thomas Pesendorfer

02000 040404	Data	Série	Metal	Módulo	Peso	Qtd.	Preço emissão	Cot.
4	2005	Proof	PRATA 900 ‰	34 mm	20 g	*50 000*	35,5	42

€.02000040404 - ÁUSTRIA 20 € A MARINHA MERCANTIL ÁUSTRÍACA, por Helmut Andexlinger e Herbert Wähner

02000 040404	Data	Série	Metal	Módulo	Peso	Qtd.	Preço emissão	Cot.
5	2006	Proof	PRATA 900 ‰	34 mm	20 g	*50 000*	35,5	40

€.02000040404 -ÁUSTRIA 20 € S.M.S. VIRIBUS UNITIS, por Helmut Andexlinger eThomas Pesendorfer

02000 040404	Data	Série	Metal	Módulo	Peso	Qtd.	Preço emissão	Cot.
6	2006	Proof	PRATA 900 ‰	34 mm	20 g	*50 000*	35,5	40

Série 2004 / 5 : A ARTE NOVA VIENENSE

€.10000040405 - ÁUSTRIA 100 € SÉCESSÃO DE VIENA, por Helmut Andexlinger

10000 040405	Data	Série	Metal	Módulo	Peso	Qtd.	Preço emissão	Cot.
1	2004	Proof	OURO 986 ‰	30 mm	16,23 g	*30 000*	273	320

€.10000040405 - ÁUSTRIA 100 € A IGREJA STEINHOF, por Thomas Pesendorfer e Herbert Wähner

10000 040405	Data	Série	Metal	Módulo	Peso	Qtd.	Preço emissão	Cot.
2	2005	Proof	OURO 986 ‰	30 mm	16,23 g	*30 000*	273	310

€.10000040405 - ÁUSTRIA 100 € WIENFLUSSPORTAL, por Helmut Andexlinger

10000 040405	Data	Série	Metal	Módulo	Peso	Qtd.	Preço emissão	Cot.
3	2006	Proof	OURO 986 ‰	30 mm	16,23 g	*30 000*	350	360

€.10000040405 - ÁUSTRIA 100 € LINHA ESQUERDA N°38

10000 040405	Data	Série	Metal	Módulo	Peso	Qtd.	Preço emissão	Cot.
4	2007	Proof	OURO 986 ‰	30 mm	16,23 g	*30 000*	nc	-

Série 2004 / 6 : GRANDES COMPOSITORES

€.05000040406 - ÁUSTRIA 50 € JOSEPH HAYDN, por Herbert Wähner

05000 040406	Data	Série	Metal	Módulo	Peso	Qtd.	Preço emissão	Cot.
1	2004	Proof	OURO 986 ‰	22 mm	10,14 g	*50 000*	164	200

€.05000040406 - ÁUSTRIA 50 € LUDWIG VAN BEETHOVEN, por Helmut Andexlinger e Herbert Wähner

05000 040406	Data	Série	Metal	Módulo	Peso	Qtd.	Preço emissão	Cot.
2	2005	Proof	OURO 986 ‰	22 mm	10,14 g	*50 000*	166	210

€.05000040406 - ÁUSTRIA 50 € WOLFGANG AMADEUS MOZART, por Thomas Pesendorfer e Herbert Wähner

05000 040406	Data	Série	Metal	Módulo	Peso	Qtd.	Preço emissão	Cot.
3	2006	Proof	OURO 986 ‰	22 mm	10,14 g	*50 000*	193	205

Série 2005 / 1 : CINQUENTENÁRIO DA TELEVISÃO

€.02500040501 - ÁUSTRIA 25 € CINQUENTENÁRIO DA TELEVISÃO, por Helmut Andexlinger

02500 040501	Data	Série	Metal	Módulo	Peso	Qtd.	Preço emissão	Cot.
1	2005	BNC	PRATA/NIOBIUM	34 mm	17,15 g	*65 000*	37,90	60

02500040501/1 : A composição destas moedas é de 900‰ para a prata e 998‰ para o niobium. Para o total de 17,15 gr, há 7,15 gr de niobium.

Série 2005 / 2 : 100 ANOS DE SKI

€.00500040502 - ÁUSTRIA 5 € 100 ANOS DE SKI, por Herbert Wähner

00500 040502	Data	Série	Metal	Módulo	Peso	Qtd.	Preço emissão	Cot.
1	2005	Proof	PRATA 800 ‰	28,5 mm	10 g	*100 000*	8,25	12

Série 2005 / 3 : HINO DA UNIÃO EUROPEIA

€.00500040503 - ÁUSTRIA 5 € HINO DA UNIÃO EUROPEIA, por Herbert Wähner

00500 040503	Data	Série	Metal	Módulo	Peso	Qtd.	Preço emissão	Cot.
1	2005	Proof	PRATA 800 ‰	28,5 mm	10 g	*125 000*	8,25	12

Série 2005 / 4 : 60º ANIVERSÁRIO DA SEGUNDA REPÚBLICA

€.01000040504 - ÁUSTRIA 10 € 60º ANIVERSÁRIO DA SEGUNDA RÉPUBLICA, por Helmut Andexlinger e Herbert Wähner

01000 040504	Data	Série	Metal	Módulo	Peso	Qtd.	Preço emissão	Cot.
1	2005	BNC	PRATA 925 ‰	32 mm	17,3 g	*40 000*	16,5	25
2	2005	Proof	PRATA 925 ‰	32 mm	17,3 g	*60 000*	22	36

Série 2005 / 5 : REABERTURA DO BURGTHEATER E DO STAATSOPER

€.01000040505 - ÁUSTRIA 10 € REABERTURA DO BURGTHEATER E DO STAATSOPER, por Helmut Andexlinger e Herbert Wähner

01000 040505	Data	Série	Metal	Módulo	Peso	Qtd.	Preço emissão	Cot.
1	2005	BNC	PRATA 925 ‰	32 mm	17,3 g	*40 000*	16,5	22
2	2005	Proof	PRATA 925 ‰	32 mm	17,3 g	*60 000*	22	30

Série 2006 / 1 : PRESIDÊNCIA DA UNIÃO EUROPEIA

€.00500040601 - ÁUSTRIA 5 € PRESIDÊNCIA DA UNIÃO EUROPEIA, por Herbert Wähner e Helmut Andexlinger

00500 040601	Data	Série	Metal	Módulo	Peso	Qtd.	Preço emissão	Cot.
1	2006	BNC	PRATA 800 ‰	28,5 mm	10 g	*100 000*	8,25	12

Série 2006 / 2 : SATÉLITE EUROPEU DE NAVEGAÇÃO

€.02500040602 - ÁUSTRIA 25 € SATÉLITE EUROPEU DE NAVEGAÇÃO, por Thomas Pesendorfer e Herbert Wähner

02500 040602	Data	Série	Metal	Módulo	Peso	Qtd.	Preço emissão	Cot.
1	2006	BNC	PRATA/NIOBIUM	34 mm	17,15 g	*65 000*	41,80	48

02500040602/1 : A composição destas moedas é de 900‰ para a prata e 998‰ para o niobium. Para o total de 17,15 gr, há 7,15 gr de niobium.

Série 2006 / 3 : AS GRANDES ABADIAS DA ÁUSTRIA

€.01000040603 - ÁUSTRIA 10 € L'ABBAYE DE NONNBERG, por Thomas Pesendorfer

01000 040603	Data	Série	Metal	Módulo	Peso	Qtd.	Preço emissão	Cot.
1	2006	BNC	PRATA 925 ‰	32 mm	17,3 g	*40 000*	18,15	20
2	2006	Proof	PRATA 925 ‰	32 mm	17,3 g	*60 000*	24,2	27

€.01000040603 - ÁUSTRIA 10 € A ABADIA DE GÖTTWEIG, por Herbert Wähner e Thomas Pesendorfer

01000 040603	Data	Série	Metal	Módulo	Peso	Qtd.	Preço emissão	Cot.
3	2006	BNC	PRATA 925 ‰	32 mm	17,3 g	*40 000*	18,15	20
4	2006	Proof	PRATA 925 ‰	32 mm	17,3 g	*60 000*	24,2	27

€.01000040603 - ÁUSTRIA 10 € A ABADIA DE MELK

01000 040603	Data	Série	Metal	Módulo	Peso	Qtd.	Preço emissão	Cot.
5	2007	BNC	PRATA 925 ‰	32 mm	17,3 g	*40 000*	nc	-
6	2007	Proof	PRATA 925 ‰	32 mm	17,3 g	*60 000*	nc	-

€.01000040603 - ÁUSTRIA 10 € SANKT PAUL IM LAVANTTAL

01000 040603	Data	Série	Metal	Módulo	Peso	Qtd.	Preço emissão	Cot.
7	2007	BNC	PRATA 925 ‰	32 mm	17,3 g	*40 000*	nc	-
8	2007	Proof	PRATA 925 ‰	32 mm	17,3 g	*60 000*	nc	-

Série 2006 / 4 : 250º ANIVERSÁRIO DO NASCIMENTO DE WOLFGANG AMADEUS MOZART

€.00500040604 - ÁUSTRIA 5 € 250º ANIVERSÁRIO DO NASCIMENTO DE WOLFGANG AMADEUS MOZART, por Herbert Wähner e Helmut Andexlinger

00500 040604	Data	Série	Metal	Módulo	Peso	Qtd.	Preço emissão	Cot.
1	2006	BNC	PRATA 800 ‰	28,5 mm	10 g	*125 000*	9	12

Série 2007 / 1 : CENTENÁRIO DA REFORMA DO DIREITO DE VOTO

€.00500040701 - ÁUSTRIA 5 € CENTENÁRIO DA REFORMA DO DIREITO DE VOTO, por Herbert Wähner

00500 040701	Data	Série	Metal	Módulo	Peso	Qtd.	Preço emissão	Cot.
1	2007	BNC	PRATA 800 ‰	28,5 mm	10 g	*100 000*	nc	-

Série 2007 / 2 : OS GRANDES MÉDICOS AUSTRIACOS

€.05000040702 - ÁUSTRIA 50 € GERARD VAN SWIETEN

05000 040702	Data	Série	Metal	Módulo	Peso	Qtd.	Preço emissão	Cot.
1	2007	Proof	OURO 986 ‰	22 mm	10,14 g	*50 000*	nc	-

Série 2007 / 3 : A AVIAÇÃO AUSTRIACA

€.02500040703 - ÁUSTRIA 25 € A AVIAÇÃO ASTRIACA, por Helmut Andexlinger

02500 040703	Data	Série	Metal	Módulo	Peso	Qtd.	Preço emissão	Cot.
1	2007	BNC	PRATA/NIOBIUM	34 mm	17,15 g	*65 000*	nc	-

Série 2007 / 4 : 850 ANOS DE MARIAZELL

€.00500040704 - ÁUSTRIA 5 € 850 ANOS DE MARIAZELL

00500 040704	Data	Série	Metal	Módulo	Peso	Qtd.	Preço emissão	Cot.
1	2007	BNC	PRATA 800 ‰	28,5 mm	10 g	*100 000*	nc	-

Série 2007 / 5 : CAMINHOS DE FERRO AUSTRIACOS

€.02000040705 - ÁUSTRIA 20 € KAISER-FERDINANDS-NORDBAHN

02000 040705	Data	Série	Metal	Módulo	Peso	Qtd.	Preço emissão	Cot.
1	2007	Proof	PRATA 900 ‰	34 mm	20 g	*50 000*	nc	-

€.02000040705 - ÁUSTRIA 20 € SÜDBAHN

02000 040705	Data	Série	Metal	Módulo	Peso	Qtd.	Preço emissão	Cot.
2	2007	Proof	PRATA 900 ‰	34 mm	20 g	*50 000*	nc	-

BÉLGICA

Série 2002 / 1 : CINQUENTENÁRIO DOS CAMINHOS DE FERRO DE BRUXELAS

€.01000060201 - BÉLGICA 10 € CINQUENTENÁRIO DOS CAMINHOS DE FERRO DE BRUXELAS, por Luc Luycx

01000 060201	Data	Série	Metal	Módulo	Peso	Qtd.	Preço emissão	Cot.
1	2002	Proof	PRATA 925 ‰	33 mm	18,75 g	*50 000*	30	40

Série 2002 / 2 : OS PAIS DA FUNDAÇÃO DA EUROPA

€.10000060202 - BÉLGICA 100 € OS PAIS DA FUNDAÇÃO DA EUROPA, por Luc Luycx e Willem Vis

10000 060202	Data	Série	Metal	Módulo	Peso	Qtd.	Preço emissão	Cot.
1	2002	Proof	OURO 999 ‰	29 mm	15,55 g	*5 000*	300	500

Série 2003 / 1 : CENTENÁRIO DO NASCIMENTO DE GEORGES SIMENON

€.01000060301 - BÉLGICA 10 € CENTENÁRIO DO NASCIMENTO DE GEORGES SIMENON, por Luc Luycx

01000 060301	Data	Série	Metal	Módulo	Peso	Qtd.	Preço emissão	Cot.
1	2003	Proof	PRATA 925 ‰	33 mm	18,75 g	*50 000*	31	35

Série 2003 / 2 : BICENTENÁRIO DO FRANC GERMINAL

€.10000060302 - BÉLGICA 100 € BICENTENÁRIO DO FRANC GERMINAL, por Luc Luycx

10000 060302	Data	Série	Metal	Módulo	Peso	Qtd.	Preço emissão	Cot.
1	2003	Proof	OURO 999 ‰	29 mm	15,55 g	*5 000*	301	360

Série 2004 / 1 : 75º ANIVERSÁRIO DE TINTIN

€.01000060401 - BÉLGICA 10 € 75º ANIVERSÁRIO DE TINTIN, por Luc Luycx

01000 060401	Data	Série	Metal	Módulo	Peso	Qtd.	Preço emissão	Cot.
1	2004	Proof	PRATA 925 ‰	33 mm	18,75 g	*50 000*	31	70

Série 2004 / 2 : 70º ANIVERSÁRIO DO REI ALBERTO II

€.05000060402 - BÉLGICA 50 € 70º ANIVERSÁRIO DO REI ALBERTO II, por Luc Luycx

05000 060402	Data	Série	Metal	Módulo	Peso	Qtd.	Preço emissão	Cot.
1	2004	Proof	OURO 999 ‰	21 mm	6,22 g	*10 000*	149	185

Série 2004 / 3 : ALARGAMENTO DA UNIÃO EUROPEIA

€.01000060403 - BÉLGICA 10 € ALARGAMENTO DA UNIÃO EUROPEIA, por Luc Luycx

01000 060403	Data	Série	Metal	Módulo	Peso	Qtd.	Preço emissão	Cot.
1	2004	Proof	PRATA 925 ‰	33 mm	18,75 g	*50 000*	31	45

€.10000060403 - BÉLGICA 100 € ALARGAMENTO DA UNIÃO EUROPEIA, por Paul Huybrechts

10000 060403	Data	Série	Metal	Módulo	Peso	Qtd.	Preço emissão	Cot.
1	2004	Proof	OURO 999 ‰	29 mm	15,55 g	*5 000*	301	400

Série 2005 / 1 : CENTENÁRIO DO DERBY DOS PLATS PAYS

€.01000060501 - BÉLGICA 10 € CENTENÁRIO DO DERBY DOS PLATS PAYS, por Luc Luycx

01000 060501	Data	Série	Metal	Módulo	Peso	Qtd.	Preço emissão	Cot.
1	2005	Proof	PRATA 925 ‰	33 mm	18,75 g	*50 000*	32,5	40

Série 2005 / 2 : 60º ANIVERSÁRIO DO ARMISTÍCIO DA SEGUNDA GUERRA MUNDIAL

€.01000060502 - BÉLGICA 10 € 60^{E} 60-ANIVERSÁRIO DO ARMISTÍCIO DA SEGUNDA GUERRA MUNDIAL, por Luc Luycx

01000 060502	Data	Série	Metal	Módulo	Peso	Qtd.	Preço emissão	Cot.
1	2005	Proof	PRATA 925 ‰	33 mm	18,75 g	*50 000*	32,5	45

Série 2005 / 3 : UNIÃO ECONÓMICA BELGO-LUXEMBURGUESA

€.00200060503 - BÉLGICA 2 € UNIÃO ECONÓMICA BELGO-LUXEMBURGUESA, por Luc Luycx

00200 060503	Data	Série	Metal	Módulo	Peso	Qtd.	Preço emissão	Cot.
1	2005	BNC	CU / NIQUEL	25,75 mm	8,50 g	*20 000*	9	18
2	2005	Proof	CU / NIQUEL	25,75 mm	8,50 g	*3 000*	18,5	120

Série 2005 / 4 : 175º ANIVERSÁRIO DA INDEPENDÊNCIA DA BÉLGICA

€.10000060504 - 100 € 175º ANIVERSÁRIO DA INDEPENDÊNCIA DA BÉLGICA, por Luc Luycx

10000 060504	Data	Série	Metal	Módulo	Peso	Qtd.	Preço emissão	Cot.
1	2005	Proof	OURO 999 ‰	29 mm	15,55 g	*5 000*	315	360

Série 2005 / 5 : COPA DO MUNDO DE FUTEBOL 2006 NA ALEMANHA

€.02000060505 - BÉLGICA 20 € COPA DO MUNDO DE FUTEBOL 2006 NA ALEMANHA, por Luc Luycx

02000 060505	Data	Série	Metal	Módulo	Peso	Qtd.	Preço emissão	Cot.
1	2005	Proof	PRATA 925 ‰	37 mm	22,85 g	*25 000*	49	52

Série 2006 / 1 : 50º ANIVERSÁRIO DO ACIDENTE DAS MINAS DE MARCINELLE

€.01000060601 - BÉLGICA 10 € MOEDA NÃO COLORIDA, por Luc Lyycx

01000 060601	Data	Série	Metal	Módulo	Peso	Qtd.	Preço emissão	Cot.
1	2006	Proof	PRATA 925 ‰	33 mm	18,75 g	*50 000*	32,5	35

€.01000060601 - BÉLGICA 10 € MOEDA NÃO COLORIDA, por Luc Lyycx

01000 060601	Data	Série	Metal	Módulo	Peso	Qtd.	Preço emissão	Cot.
2	2006	Proof	PRATA 925 ‰	33 mm	18,75 g	*2 000*	45	65

Série 2006 / 2 : 400º ANIVERSÁRIO DA MORTE DE JUSTE LIPSE

€.01000060602 - BÉLGICA 10 € 400º ANIVERSÁRIO DA MORTE DE JUSTE LIPSE, por Luc Luycx

01000 060602	Data	Série	Metal	Módulo	Peso	Qtd.	Preço emissão	Cot.
1	2006	Proof	PRATA 925 ‰	33 mm	18,75 g	*50 000*	32,5	40

€.05000060602 - BÉLGICA 50 € 400º ANIVERSARIO DA MORTE DE JUSTE LIPSE, por Luc Luycx

05000 060602	Data	Série	Metal	Módulo	Peso	Qtd.	Preço emissão	Cot.
1	2006	Proof	OURO 999 ‰	21 mm	6,22 g	*2 500*	170	220

Série 2006 / 3 : O ATOMO

€.00200060603 - BÉLGICA 2 € O ATOMO, por Luc Luycx

00200 060603	Data	Série	Metal	Módulo	Peso	Qtd.	Preço emissão	Cot.
1	2006	BNC	CU / NIQUEL	25,75 mm	8,50 g	*20 000*	9	18
2	2006	Proof	CU / NIQUEL	25,75 mm	8,50 g	*3 000*	18,5	85

Série 2006 / 4 : 175º ANIVERSÁRIO DA DINASTIA BELGA

€.10000060604 - BÉLGICA 100 € 175º ANIVERSÁRIO DA DINASTIA BELGA, por Luc Luycx

10000 060604	Data	Série	Metal	Módulo	Peso	Qtd.	Preço emissão	Cot.
1	2006	Proof	OURO 999 ‰	29 mm	15,55 g	*5 000*	330	370

€.01250060604 - BÉLGICA 12 € 1/2 175º ANIVERSÁRIO DA DINASTIA BELGA, por Luc Luycx

01250 060604	Data	Série	Metal	Módulo	Peso	Qtd.	Preço emissão	Cot.
1	2006	Proof	OURO 999 ‰	14 mm	1,25 g	*15 000*	59	72

ALEMANHA

NOTA : Cada série de cinco moedas de 10€ existem também para cada ano em carteiras. Cotações : 2002 (5 peças) - 130 euros ; 2003 (6 peças) - 140 euros ; 2004 (6 peças) - 125 euros ; 2005 (6 peças) - 125 euros ; 2006 (5 peças) - 105 euros. Ilustração da moedas circulantes de10 €.

Série 2002 / 1 : A ILHA DOS MUSEUS

€.01000150201 - ALEMANHA 10 € A ILHA DOS MUSEUS , por Frantisek Chochola

01000 150201	Data	Série	Metal	Módulo	Peso	Qtd.	Preço emissão	Cot.
1	2002 A	Proof	PRATA 925 ‰	32,5 mm	18 g	*280 000*	15	25

Série 2002 / 2 : CENTENÁRIO DO METRO NA ALEMANHA

€.01000150202 - ALEMANHA 10 € CENTENÁRIO DO METRO NA ALEMANHA, por Bodo Broschat

01000 150202	Data	Série	Metal	Módulo	Peso	Qtd.	Preço emissão	Cot.
1	2002 D	Proof	PRATA 925 ‰	32,5 mm	18 g	*400 000*	15	22

Série 2002 / 3 : INTRODUÇÃO DO EURO

€.01000150203 - ALEMANHA 10 € INTRODUÇÃO DO EURO, por Erich Ott

01000 150203	Data	Série	Metal	Módulo	Peso	Qtd.	Preço emissão	Cot.
1	2002 F	Proof	PRATA 925 ‰	32,5 mm	18 g	*400 000*	15	25

Série 2002 / 4 : CINQUENTENÁRIO DA TELEVISÃO ALEMÃ

€.01000150204 - ALEMANHA 10 € CINQUENTENÁRIO DA TELEVISÃO ALEMANHA, por Jordi Regel

01000 150204	Data	Série	Metal	Módulo	Peso	Qtd.	Preço emissão	Cot.
1	2002 G	Proof	PRATA 925 ‰	32,5 mm	18 g	*290 000*	15	22

Série 2002 / 5 : DOCUMENTA KASSEL

€.01000150205 - ALEMANHA 10 € DOCUMENTA KASSEL, por Frantisek Chochola

01000 150205	Data	Série	Metal	Módulo	Peso	Qtd.	Preço emissão	Cot.
1	2002 J	Proof	PRATA 925 ‰	32,5 mm	18 g	*300 000*	15	22

Série 2002 / 6 : INTRODUÇÃO DO EURO

€.10000150206 - ALEMANHA 100 € INTRODUÇÃO DO EURO, por Anton Zvone Jesovsek

10000 150206	Data	Série	Metal	Módulo	Peso	Qtd.	Preço emissão	Cot.
1	2002 A	Proof	OURO 999,9 ‰	28 mm	15,55 g	*100 000*	193	310
2	2002 D	Proof	OURO 999,9 ‰	28 mm	15,55 g	*100 000*	193	300
3	2002 F	Proof	OURO 999,9 ‰	28 mm	15,55 g	*100 000*	193	300
4	2002 G	Proof	OURO 999,9 ‰	28 mm	15,55 g	*100 000*	193	300
5	2002 J	Proof	OURO 999,9 ‰	28 mm	15,55 g	*100 000*	193	300

€.20000150206 - ALEMANHA 200 € INTRODUÇÃO DO EURO, por Anton Zvone Jesovsek

20000 150206	Data	Série	Metal	Módulo	Peso	Qtd.	Preço emissão	Cot.
1	2002 A	Proof	OURO 999,9 ‰	32,5 mm	31,1 g	*20 000*	371	1 250
2	2002 D	Proof	OURO 999,9 ‰	32,5 mm	31,1 g	*20 000*	371	1 200
3	2002 F	Proof	OURO 999,9 ‰	32,5 mm	31,1 g	*20 000*	371	1 200
4	2002 G	Proof	OURO 999,9 ‰	32,5 mm	31,1 g	*20 000*	371	1 200
5	2002 J	Proof	OURO 999,9 ‰	32,5 mm	31,1 g	*20 000*	371	1 200

Série 2003 / 1 : COPA DO MUNDO DE FUTEBOL 2006 NA ALEMANHA

€.01000150301 - ALEMANHA 10 € COPA DO MUNDO DE FUTEBOL NA ALEMANHA - I, por Erich Ott e Lucia Maria Hardegen

01000 150301	Data	Série	Metal	Módulo	Peso	Qtd.	Preço emissão	Cot.
1	2003	Proof	PRATA 925 ‰	32,5 mm	18 g	*400 000*	15	26

€.01000150301 - ALEMANHA 10 € COPA DO MUNDO DE FUTEBOL NA ALEMANHA - II, por Erich Ott e Lucia Maria Hardegen

01000 150301	Data	Série	Metal	Módulo	Peso	Qtd.	Preço emissão	Cot.
2	2004	Proof	PRATA 925 ‰	32,5 mm	18 g	*400 000*	15	23

€.01000150301 - ALEMANHA 10 € COPA DO MUNDO DE FUTEBOL NA ALEMANHA - III, por Erich Ott e Lucia Maria Hardegen

01000 150301	Data	Série	Metal	Módulo	Peso	Qtd.	Preço emissão	Cot.
3	2005	Proof	PRATA 925 ‰	32,5 mm	18 g	*400 000*	15	21

€.01000150301 - ALEMANHA 10 € COPA DO MUNDO DE FUTEBOL NA ALEMANHA - IV, por Erich Ott e Lucia Maria Hardegen

01000 150301	Data	Série	Metal	Módulo	Peso	Qtd.	Preço emissão	Cot.
4	2006 G	Proof	PRATA 925 ‰	32,5 mm	18 g	*400 000*	15	21

Série 2003 / 2 : CINQUENTENÁRIO DO LEVANTAMENTO ANTICOMUNISTA NA RDA

€.01000150302 - ALEMANHA 10 € CINQUENTENÁRIO DO LEVANTAMENTO ANTICOMUNISTA NA RDA, por Hans Joa Dobler

01000 150302	Data	Série	Metal	Módulo	Peso	Qtd.	Preço emissão	Cot.
1	2003 A	Proof	PRATA 925 ‰	32,5 mm	18 g	*350 000*	15	22

Série 2003 / 3 : CENTENÁRIO DO MUSEU ALEMÃO DE MUNIQUE

€.01000150303 - ALEMANHA 10 € CENTENÁRIO DO MUSEU ALEMÃO DE MUNIQUE, por Victor Huster

01000 150303	Data	Série	Metal	Módulo	Peso	Qtd.	Preço emissão	Cot.
1	2003 D	Proof	PRATA 925 ‰	32,5 mm	18 g	*350 000*	15	22

Série 2003 / 4 : AS INDÚSTRIAS DE RUHR

€.01000150304 - ALEMANHA 10 € INDÚSTRIAS DE RUHR, por Hans Joa Dobler

01000 150304	Data	Série	Metal	Módulo	Peso	Qtd.	Preço emissão	Cot.
1	2003 F	Proof	PRATA 925 ‰	32,5 mm	18 g	*350 000*	15	22

Série 2003 / 5 : BICENTENÁRIO DE ARQUITECTO GOTTFRIED VON SEMPER

€.01000150305 - ALEMANHA 10 € BICENTENÁRIO DE ARQUITECTO GOTTFRIED VON SEMPER, por Michael Otto

01000 150305	Data	Série	Metal	Módulo	Peso	Qtd.	Preço emissão	Cot.
1	2003 G	Proof	PRATA 925 ‰	32,5 mm	18 g	*350 000*	15	22

Série 2003 / 6 : BICENTENÁRIO DO QUIMÍCO JULIUS VON LIEBIG

€.01000150306 - ALEMANHA 10 € BICENTENÁRIO DO QUIMÍCO JULIUS VON LIEBIG, por Bodo Broschat

01000 150306	Data	Série	Metal	Módulo	Peso	Qtd.	Preço emissão	Cot.
1	2003 J	Proof	PRATA 925 ‰	32,5 mm	18 g	*350 000*	15	22

Série 2003 / 7 : CIDADES MUNDIAIS - UNESCO

€.10000150307 - ALEMANHA 100 € QUEDLINBURG, por Agatha Kill

10000 150307	Data	Série	Metal	Módulo	Peso	Qtd.	Preço emissão	Cot.
1	2003 A	Proof	OURO 999,9 ‰	28 mm	15,55 g	*80 000*	190	310
2	2003 D	Proof	OURO 999,9 ‰	28 mm	15,55 g	*80 000*	190	300
3	2003 F	Proof	OURO 999,9 ‰	28 mm	15,55 g	*80 000*	190	300
4	2003 G	Proof	OURO 999,9 ‰	28 mm	15,55 g	*80 000*	190	300
5	2003 J	Proof	OURO 999,9 ‰	28 mm	15,55 g	*80 000*	190	300

€.10000150307 - ALEMANHA 100 € BAMBERG, por Ulrich Boehme

10000 150307	Data	Série	Metal	Módulo	Peso	Qtd.	Preço emissão	Cot.
6	2004 A	Proof	OURO 999,9 ‰	28 mm	15,55 g	*80 000*	191	310
7	2004 D	Proof	OURO 999,9 ‰	28 mm	15,55 g	*80 000*	191	300
8	2004 F	Proof	OURO 999,9 ‰	28 mm	15,55 g	*80 000*	191	300
9	2004 G	Proof	OURO 999,9 ‰	28 mm	15,55 g	*80 000*	191	300
10	2004 J	Proof	OURO 999,9 ‰	28 mm	15,55 g	*80 000*	191	300

€.10000150307 - ALEMANHA 100 € WEIMAR, por Dietrich Dorfstecher

10000 150307	Data	Série	Metal	Módulo	Peso	Qtd.	Preço emissão	Cot.
11	2006 A	Proof	OURO 999,9 ‰	28 mm	15,55 g	*70 000*	263	350
12	2006 D	Proof	OURO 999,9 ‰	28 mm	15,55 g	*70 000*	263	340
13	2006 F	Proof	OURO 999,9 ‰	28 mm	15,55 g	*70 000*	263	340

14	2006 G	Proof	OURO 999,9 ‰	28 mm	15,55 g	*70 000*	263	340
15	2006 J	Proof	OURO 999,9 ‰	28 mm	15,55 g	*70 000*	263	340

NOTE : As próximas cidades das series de Lübeck em 2007 e Goslars em 2008.

Série 2004 / 1 : O LEGADO CULTURAL DE BAUHAUS

€.01000150401 - ALEMANHA 10 € LE LEGS CULTUREL DU BAUHAUS, por Heinz Hoyer

01000 150401	Data	Série	Metal	Módulo	Peso	Qtd.	Preço emissão	Cot.
1	2004 A	Proof	PRATA 925 ‰	32,5 mm	18 g	*300 000*	15	22

Série 2004 / 2 : COLUMBIA - ESTAÇÃO ORBITAL ISS

€.01000150402 - ALEMANHA 10 € COLUMBIA - ESTAÇÃO ORBITAL ISS, por Frantisek Chochola

01000 150402	Data	Série	Metal	Módulo	Peso	Qtd.	Preço emissão	Cot.
1	2004 D	Proof	PRATA 925 ‰	32,5 mm	18 g	*300 000*	15	22

Série 2004 / 3 : BICENTENÁRIO DE EDUARD MÖRIKE

€.01000150403 - ALEMANHA 10 € BICENTENÁRIO DE EDUARD MÖRIKE, por Erich Ott

01000 150403	Data	Série	Metal	Módulo	Peso	Qtd.	Preço emissão	Cot.
1	2004 F	Proof	PRATA 925 ‰	32,5 mm	18 g	*300 000*	15	22

Série 2004 / 4 : ALARGAMENTO DA UNIÃO EUROPEIA

€.01000150404 - ALEMANHA 10 € ALARGAMENTO DA UNIÃO EUROPEIA, por Aase Thorsen

01000 150404	Data	Série	Metal	Módulo	Peso	Qtd.	Preço emissão	Cot.
1	2004 G	Proof	PRATA 925 ‰	32,5 mm	18 g	*300 000*	15	22

Série 2004 / 5 : A PRAIA DO MAR DO NORTE

€.01000150405 - ALEMANHA 10 € A PRAIA DO MAR DO NORTE, por Dietrich Dorfstecher

01000 150405	Data	Série	Metal	Módulo	Peso	Qtd.	Preço emissão	Cot.
1	2004 J	Proof	PRATA 925 ‰	32,5 mm	18 g	*300 000*	15	22

Série 2005 / 1 : 1200º ANIVERSÁRIO DE MAGDEBOURG

€.01000150501 - ALEMANHA 10 € 1200º ANIVERSÁRIO DE MAGDEBOURG, por Heinz Hoyer

01000 150501	Data	Série	Metal	Módulo	Peso	Qtd.	Preço emissão	Cot.
1	2005 A	Proof	PRATA 925 ‰	32,5 mm	18 g	*300 000*	15	20

Série 2005 / 2 : PARQUE NACIONAL DAS FLORESTAS BAVARAS

€.01000150502 - ALEMANHA 10 € PARQUE NACIONAL DAS FLORESTAS BAVARAS, por Bodo Broschat

01000 150502	Data	Série	Metal	Módulo	Peso	Qtd.	Preço emissão	Cot.
1	2005 D	Proof	PRATA 925 ‰	32,5 mm	18 g	*300 000*	15	20

Série 2005 / 3 : BERTHA VON SUTTNER

€.01000150503 - ALEMANHA 10 € BERTHA VON SUTTNER, por Bodo Broschat

01000 150503	Data	Série	Metal	Módulo	Peso	Qtd.	Preço emissão	Cot.
1	2005 F	Proof	PRATA 925 ‰	32,5 mm	18 g	*300 000*	15	20

Série 2005 / 4 : BICENTENÁRIO DA MORTE DE FRIEDRICH VON SCHILLER

€.01000150504 - BICENTENÁRIO DA MORTE DE FRIEDRICH VON SCHILLER, por Carsten Theumer

01000 150504	Data	Série	Metal	Módulo	Peso	Qtd.	Preço emissão	Cot.
1	2005 G	Proof	PRATA 925 ‰	32,5 mm	18 g	*300 000*	15	20

Série 2005 / 5 : ALBERT EINSTEIN - O CENTENÁRIO DA RELATIVIDADE

€.01000150505 - ALEMANHA 10 € ALBERT EINSTEIN - ALBERT EINSTEIN - O CENTENÁRIO DA RELATIVIDADE, por Heinz Hoyer

01000 150505	Data	Série	Metal	Módulo	Peso	Qtd.	Preço emissão	Cot.
1	2005 J	Proof	PRATA 925 ‰	32,5 mm	18 g	*300 000*	15	20

Série 2005 / 6 : COPA DO MUNDO DE FUTEBOL 2006 NA ALEMANHA

€.10000150506 - ALEMANHA 100 € COPA DO MUNDO DE FUTEBOL 2006 NA ALEMANHA , por Heinz Hoyer e Erich Ott

10000 150506	Data	Série	Metal	Módulo	Peso	Qtd.	Preço emissão	Cot.
1	2005 A	Proof	OURO 999,9 ‰	28 mm	15,5 g	*70 000*	222	420
2	2005 D	Proof	OURO 999,9 ‰	28 mm	15,5 g	*70 000*	222	400
3	2005 F	Proof	OURO 999,9 ‰	28 mm	15,5 g	*70 000*	222	400
4	2005 G	Proof	OURO 999,9 ‰	28 mm	15,5 g	*70 000*	222	400
5	2005 J	Proof	OURO 999,9 ‰	28 mm	15,5 g	*70 000*	222	400

Série 2006 / 1 : 250º ANIVERSÁRIO DO NASCIMENTO DE WOLFGANG AMADEUS MOZART

€.01000150601 - ALEMANHA 10 € 250º ANIVERSÁRIO DO NASCIMENTO DE WOLFGANG AMADEUS MOZART, por Jordi Regel

01000 150601	Data	Série	Metal	Módulo	Peso	Qtd.	Preço emissão	Cot.
1	2006 D	Proof	PRATA 925 ‰	32,5 mm	18 g	*300 000*	15	20

Série 2006 / 2 : 225º ANIVERSÁRIO DO NASCIMENTO DE KARL FRIEDRICH SCHINKEL

€.01000150602 - ALEMANHA 10 € 225º ANIVERSÁRIO DO NASCIMENTO DE KARL FRIEDRICH SCHINKEL, por Axel Bertram

01000 150602	Data	Série	Metal	Módulo	Peso	Qtd.	Preço emissão	Cot.
1	2006 F	Proof	PRATA 925 ‰	32,5 mm	18 g	*300 000*	15	20

Série 2006 / 3 : 800º ANOS DE DRESDE

€.01000150603 - ALEMANHA 10 € 800º ANOS DE DRESDE, por Heinz Hoyer

01000 150603	Data	Série	Metal	Módulo	Peso	Qtd.	Preço emissão	Cot.
1	2006 A	Proof	PRATA 925 ‰	32,5 mm	18 g	*300 000*	15	20

Série 2006 / 4 : 650º ANOS DA CIDADE HANSEATICAS

€.01000150604 - ALEMANHA 10 € 650º ANOS DA CIDADE HANSEATICAS, por Erich Ott

01000 150604	Data	Série	Metal	Módulo	Peso	Qtd.	Preço emissão	Cot.
1	2006 J	Proof	PRATA 925 ‰	32,5 mm	18 g	*300 000*	15	20

Série 2007 / 1 : 800º ANIVERSÁRIO DO NASCIMENTO DE ÉLISABETH DE THURINGE

€.01000150701 - ALEMANHA 10 € 800º ANIVERSÁRIO DO NASCIMENTO DE ELISABETH DE THURINGE, por Barbara G. Ruppel

01000 150701	Data	Série	Metal	Módulo	Peso	Qtd.	Preço emissão	Cot.
1	2007 A	Proof	PRATA 925 ‰	32,5 mm	18 g	*nc*	15	-

Série 2007 / 2 : 175º ANIVERSÁRIO DO NASCIMENTO DE WILHELM BUSCH

€.01000150702 - ALEMANHA 10 € 175º ANIVERSÁRIO DO NASCIMENTO DE WILHELM BUSCH, por Othmar Kukula

01000 150702	Data	Série	Metal	Módulo	Peso	Qtd.	Preço emissão	Cot.
1	2007 D	Proof	PRATA 925 ‰	32,5 mm	18 g	*nc*	15	-

Série 2007 / 3 : CINQUENTENÁRIO DO TRATADO DE ROMA

€.01000150703 - ALEMANHA 10 € CINQUENTENÁRIO DO TRATADO DE ROMA, por Carsten Mahn

01000 150703	Data	Série	Metal	Módulo	Peso	Qtd.	Preço emissão	Cot.
1	2007 F	Proof	PRATA 925 ‰	32,5 mm	18 g	*nc*	15	-

Série 2007 / 4 : CINQUENTENÁRIO DA UNIÃO DO SARRE À ALEMANHA

€.01000150704 - ALEMANHA 10 € CINQUENTENÁRIO DA UNIÃO DO SARRE ALEMANHA, por Erika Binz-Blanke

01000 150704	Data	Série	Metal	Módulo	Peso	Qtd.	Preço emissão	Cot.
1	2007 G	Proof	PRATA 925 ‰	32,5 mm	18 g	*nc*	15	-

Série 2007 / 5 : CINQUENTENÁRIO DO BANCO FEDERAL ALEMÃO

€.01000150705 - ALEMANHA 10 € CINQUENTENÁRIO DO BANCO FEDERAL ALEMÃO, por Susanne Kraißer

01000 150705	Data	Série	Metal	Módulo	Peso	Qtd.	Preço emissão	Cot.
1	2007 J	Proof	PRATA 925 ‰	32,5 mm	18 g	*nc*	15	-

ESPANHA

Série 2002 / 1 : PRESIDÊNCIA ESPANHOLA DA UNIÃO EUROPEIA

€.01000280201 - ESPANHA 10 € PRESIDÊNCIA ESPANHOLA DA UNIÃO EUROPÉIA, por Francisco Martinez Tornero e Luis José Diaz Salas

01000 280201	Data	Série	Metal	Módulo	Peso	Qtd.	Preço emissão	Cot.
1	2002	Proof	PRATA 925 ‰	40 mm	27 g	*30 000*	41,76	47

€.01200280201 - ESPANHA 12 € PRESIDÊNCIA ESPANHOLA DA UNIÃO EUROPEIA, por Manuel Martinez Tornero e Begoña Castellanos Garcia

01200 280201	Data	Série	Metal	Módulo	Peso	Qtd.	Preço emissão	Cot.
1	2002	Proof	PRATA 925 ‰	33 mm	18 g	*50 000*	16	25
2	2002	Proof	PRATA 925 ‰	33 mm	18 g	*23 000*	87	25

01200280201/2 : Somente na caixa Proof. Preço de emisão ; cotação da moeda isolada.

Série 2002 / 2 : JOGOS OLÍMPICOS DE INVERNO 2002

€.01000280202 - ESPANHA 10 € JOGOS OLÍMPICOS DE INVERNO 2002, por Francisco Martinez Tornero e Begoña Castellanos Garcia

01000 280202	Data	Série	Metal	Módulo	Peso	Qtd.	Preço emissão	Cot.
1	2002	Proof	OURO 925 ‰	40 mm	27 g	*30 000*	41,76	47

Série 2002 / 3 : COPA DO MUNDO DE FUTEBOL 2002

€.01000280203 - ESPANHA 10 € A BOLA, por Luis José Diaz Salas

01000 280203	Data	Série	Metal	Módulo	Peso	Qtd.	Preço emissão	Cot.
1	2002	Proof	OURO 925 ‰	40 mm	27 g	*25 000*	41,76	42

€.01000280203 - ESPANHA 10 € A LUVA, por Alfonso Morales Muñoz

01000 280203	Data	Série	Metal	Módulo	Peso	Qtd.	Preço emissão	Cot.
2	2002	Proof	OURO 925 ‰	40 mm	27 g	*25 000*	41,76	42

€.20000280203 - ESPANHA 200 € COPA DO MUNDO DE FUTEBOL 2002, por Alfonso Morales

20000 280203	Data	Série	Metal	Módulo	Peso	Qtd.	Preço emissão	Cot.
1	2002	Proof	OURO 999 ‰	30 mm	13,5 g	*4 000*	417,60	400

Série 2002 /4: MENORCA, 200º ANOS DA ANEXAÇÃO À ESPANHA

€.01000280204 - ESPANHA 10 € MENORCA, 200º ANOS DA ANEXAÇÃO À ESPANHA, por Manuel Martínez Tornero e Luis José Diaz Salas

01000 280204	Data	Série	Metal	Módulo	Peso	Qtd.	Preço emissão	Cot.
1	2002	Proof	PRATA 925 ‰	40 mm	27 g	*30 000*	41,76	42

Série 2002 / 5 : 150º ANIVERSÁRIO DO NASCIMENTO DE GAUDI

€.01000280205 - ESPANHA 10 € CASA MILÀ, por Esther Gonzalez e Garcilaso Rollan

01000 280205	Data	Série	Metal	Módulo	Peso	Qtd.	Preço emissão	Cot.
1	2002	Proof	PRATA 925 ‰	40 mm	27 g	*25 000*	41,76	42

€.01000280205 - ESPANHA 10 € PARQUE GÜELL, por Esther Gonzalez e Begoña Castellanos Garcia

01000 280205	Data	Série	Metal	Módulo	Peso	Qtd.	Preço emissão	Cot.
2	2002	Proof	PRATA 925 ‰	40 mm	27 g	*25 000*	41,76	42

€.01000280205 - ESPANHA 10 € O CAPRICHO, por Esther Gonzalez e Garbiñe Lopez Garcia

01000 280205	Data	Série	Metal	Módulo	Peso	Qtd.	Preço emissão	Cot.
3	2002	Proof	PRATA 925 ‰	40 mm	27 g	*25 000*	41,76	42

€.05000280205 - ESPANHA 50 € SAGRADA FAMILIA, por Luis José Diaz Salas e Alfonso Morales Muñoz

05000 280205	Data	Série	Metal	Módulo	Peso	Qtd.	Preço emissão	Cot.
1	2002	Proof	PRATA 925 ‰	73 mm	168,75 g	*8 000*	139,20	165

€.40000280205 - ESPANHA 400 € CASA BATTLO, por Esther Gonzalez

40000 280205	Data	Série	Metal	Módulo	Peso	Qtd.	Preço emissão	Cot.
1	2002	Proof	OURO 999 ‰	38 mm	27 g	*3 000*	794,60	800

Série 2002 / 6 : CENTENÁRIO DO NASCIMENTO DE LUIS CERNUDA

€.01000280206 - ESPANHA 10 € CENTENÁRIO DO NASCIMENTO DE LUIS CERNUDA, por Alfonso Morales Muñoz

01000 280206	Data	Série	Metal	Módulo	Peso	Qtd.	Preço emissão	Cot.
1	2002	Proof	PRATA 925 ‰	40 mm	27 g	*25 000*	41,76	42

Série 2002 / 7 : CENTENÁRIO DO NASCIMENTO DE RAFAEL ALBERTI

€.01000280207 - ESPANHA10 € CENTENÁRIO DO NASCIMENTO DE RAFAEL ALBERTI, por Esther Gonzalez

01000 280207	Data	Série	Metal	Módulo	Peso	Qtd.	Preço emissão	Cot.
1	2002	Proof	PRATA 925 ‰	40 mm	27 g	*25 000*	41,76	42

Série 2002 / 8 : SÉRIE IBÉRO-AMERICANA V

€.01000280208 - ESPANHA 10 € ESPANHA : ENCONTRO DOIS MUNDOS, por Garbiñe Lòpez

01000 280208	Data	Série	Metal	Módulo	Peso	Qtd.	Preço emissão	Cot.
1	2002	Proof	PRATA 925 ‰	40 mm	27 g	*12 000*	41,76	85

Série 2003 / 1 : PRIMEIRO ANIVERSÁRIO DO EURO

€.01000280301 - ESPANHA 10 € EUROPA E ZEUS, por Begoña Castellanos Garcia

01000 280301	Data	Série	Metal	Módulo	Peso	Qtd.	Preço emissão	Cot.
1	2003	Proof	PRATA 925 ‰	40 mm	27 g	*50 000*	41,76	42

€.05000280301 - ESPANHA 50 € ARQUITECTURA ESPANHOLA

05000 280301	Data	Série	Metal	Módulo	Peso	Qtd.	Preço emissão	Cot.
1	2003	Proof	PRATA 925 ‰	73 mm	168,75 g	*20 000*	139,20	155

€.20000280301 - ESPANHA 200 € EUROPA E ZEUS

20000 280301	Data	Série	Metal	Módulo	Peso	Qtd.	Preço emissão	Cot.
1	2003	Proof	OURO 999 ‰	30 mm	13,5 g	*20 000*	417,60	380

Série 2003 / 2 : 25º ANIVERSÁRIO DA CONSTITUIÇÃO ESPANOLA

€.01000280302 - ESPANHA 10 € 25º ANIVERSÁRIO DA CONSTITUIÇÃO ESPANOLA

01000 280302	Data	Série	Metal	Módulo	Peso	Qtd.	Preço emissão	Cot.
1	2003	Proof	PRATA 925 ‰	40 mm	27 g	*30 000*	41,76	42

€.01200280302 - ESPANHA 12 € 25º ANIVERSÁRIO DA CONSTITUIÇÃO ESPANHOLA, por Manuel Martinez Tornero

01200 280302	Data	Série	Metal	Módulo	Peso	Qtd.	Preço emissão	Cot.
1	2003	BNC	PRATA 925 ‰	33 mm	18 g	*50 000*	16	25
2	2003	Proof	PRATA 925 ‰	33 mm	18 g	*8 904*	87	25

01200280302/2 : Somente na caixa Proof. Preço de emisão ; cotação da moeda isolada.

€.20000280302 - ESPANHA 200 € 225º ANIVERSÁRIO DA CONSTITUIÇÃO ESPANOLA

20000 280302	Data	Série	Metal	Módulo	Peso	Qtd.	Preço emissão	Cot.
1	2003	Proof	OURO 999 ‰	30 mm	13,5 g	*4 000*	417,60	380

Série 2003 / 3 : 500º ANIVERSÁRIO DO NASCIMENTO DE MIGUEL LOPEZ DE LEGAZPI

€.01000280303 - ESPANHA 10 € 500º ANIVERSÁRIO DO NACIMENTO DE MIGUEL LOPEZ DE LEGAZPI, por Garbine Lopez

01000 280303	Data	Série	Metal	Módulo	Peso	Qtd.	Preço emissão	Cot.
1	2003	Proof	PRATA 925 ‰	42 mm	33,62 g	*25 000*	41,76	47

Série 2003 / 4 : 10º CAMPEONATO DO MUNDO DE NATAÇÃO

€.01000280304 - ESPANHA 10 € 10º CAMPEONATO DO MUNDO DE NATAÇÃO, por Garbine Lopez

01000 280304	Data	Série	Metal	Módulo	Peso	Qtd.	Preço emissão	Cot.
1	2003	Proof	PRATA 925 ‰	40 mm	27 g	*30 000*	41,76	42

Série 2003 / 5 : 75º ANIVERSÁRIO DE JUAN SEBASTIAN EL CANO

€.01000280305 - ESPANHA 10 € 75º ANIVERSÁRIO DE JUAN SEBASTIAN EL CANO, por Alfonso Morales

01000 280305	Data	Série	Metal	Módulo	Peso	Qtd.	Preço emissão	Cot.
1	2003	Proof	PRATA 925 ‰	40 mm	27 g	*50 000*	41,76	42

Série 2003 / 6 : COPA DO MUNDO DE FUTEBOL 2006 NA ALEMANHA

€.01000280306 - ESPANHA 10 € COPA DO MUNDO DE FUTEBOL 2006 NA ALEMANHA

01000 280306	Data	Série	Metal	Módulo	Peso	Qtd.	Preço emissão	Cot.
1	2003	Proof	PRATA 925 ‰	40 mm	27 g	*50 000*	41,76	47
2	2004	Proof	PRATA 925 ‰	40 mm	27 g	*50 000*	41,76	47

€.10000280306 - ESPANHA 100 € COPA DO MUNDO DE FUTEBOL 2006 NA ALEMANHA por Alfonso Morales Muñoz

10000 280306	Data	Série	Metal	Módulo	Peso	Qtd.	Preço emissão	Cot.
1	2003	Proof	OURO 999 ‰	23 mm	6,75 g	*25 000*	232	250
2	2004	Proof	OURO 999 ‰	23 mm	6,75 g	*25 000*	232	250

Série 2003 / 7 : CENTENÁRIO DO NASCIMENTO DE SALVADOR DALI

€.01000280307 - ESPANHA 10 € LÉDA ATÓMICA, por Garbiñe Lopez Garcia e Garcilaso Rollan

01000 280307	Data	Série	Metal	Módulo	Peso	Qtd.	Preço emissão	Cot.
1	2003	Proof	PRATA 925 ‰	40 mm	27 g	*25 000*	41,76	42

€.01000280307 - ESPANHA 10 € O GRANDE MASTURBADOR, por Garbiñe Lopez Garcia e Esther Gonzalez

01000 280307	Data	Série	Metal	Módulo	Peso	Qtd.	Preço emissão	Cot.
2	2003	Proof	PRATA 925 ‰	40 mm	27 g	*25 000*	41,76	42

€.01000280307 - ESPANHA 10 € AUTO-RETRATO SUAVE COM BACON FRITO, por Garbiñe Lopez Garcia e Esther Gonzalez

01000 280307	Data	Série	Metal	Módulo	Peso	Qtd.	Preço emissão	Cot.
3	2003	Proof	PRATA 925 ‰	40 mm	27 g	*25 000*	41,76	42

€.05000280307 - ESPANHA 50 € SONHO CAUSADO PELO VÔO DE UMA ABELHA AO REDOR DE UM POMAR-ROMÃ, UM SEGUNDO ANTES DO DESPERTAR, por Begoña Castellanos Garcia e Alfonso Morales Muñoz

05000 280307	Data	Série	Metal	Módulo	Peso	Qtd.	Preço emissão	Cot.
1	2003	Proof	PRATA 925 ‰	73 mm	168,75 g	*12 000*	145	165

€.40000280307 - ESPANHA 400 € VISÃO DE MENINA À JANELA, por Luis José Diaz Salas e Garcilaso Rollan

40000 280307	Data	Série	Metal	Módulo	Peso	Qtd.	Preço emissão	Cot.
1	2003	Proof	OURO 999 ‰	38 mm	27 g	*5 000*	812	850

Série 2004 / 1 : XACOBEO 2004

€.01000280401 - ESPANHA 10 € XACOBEO 2004

01000 280401	Data	Série	Metal	Módulo	Peso	Qtd.	Preço emissão	Cot.
1	2004	Proof	PRATA 925 ‰	40 mm	27 g	*20 000*	41,76	47

Série 2004 / 2 : JOGOS OLÍMPICOS DE ATENAS 2004

€.01000280402 - ESPANHA 10 € JOGOS OLÍMPICOS DE ATENAS 2004

01000 280402	Data	Série	Metal	Módulo	Peso	Qtd.	Preço emissão	Cot.
1	2004	Proof	PRATA 925 ‰	40 mm	27 g	*30 000*	41,76	47

Série 2004 / 3 : ALARGAMENTO DA UNIÃO EUROPEIA

€.01000280403 - ESPANHA 10 € ALARGAMENTO DA UNIÃO EUROPEIA

01000 280403	Data	Série	Metal	Módulo	Peso	Qtd.	Preço emissão	Cot.
1	2004	Proof	PRATA 925 ‰	40 mm	27 g	*50 000*	41,76	47

€.20000280403 - ESPANHA 200 € ALARGAMENTO DA UNIÃO EUROPEIA

20000 280403	Data	Série	Metal	Módulo	Peso	Qtd.	Preço emissão	Cot.
1	2004	Proof	OURO 999 ‰	30 mm	13,5 g	*5 000*	435	400

Série 2004 / 4 : CASAMENTO DO PRÍNCIPE FELIPE E LETIZIA

€.01000280404 - ESPANHA 10 € CASAMENTO DO PRÍNCIPE FELIPE E LETIZIA, por Manuel Martinez-Tornero, Begoña Castellanos Garcia e Luis-José Diaz Salas

01000 280404	Data	Série	Metal	Módulo	Peso	Qtd.	Preço emissão	Cot.
1	2004	Proof	OURO 925 ‰	40 mm	27 g	*100 000*	41,76	42

€.01200280404 - ESPANHA 12 € CASAMENTO DO PRÍNCIPE FELIPE E LETIZIA, por Manuel Martinez-Tornero, Begoña Castellanos Garcia e Luis-José Diaz Salas

01200 280404	Data	Série	Metal	Módulo	Peso	Qtd.	Preço d'émission	Cot.
1	2004	BNC	PRATA 925 ‰	33 mm	18 g	*50 000*	16	22

€.20000280404 - ESPANHA 200 € CASAMENTO DO PRÍNCIPE FELIPE E LETIZIA

20000 280404	Data	Série	Metal	Módulo	Peso	Qtd.	Preço d'émission	Cot.
1	2004	Proof	OURO 999 ‰	30 mm	13,5 g	*30 000*	435	380

Série 2004 / 5 : 500º ANIVERSÁRIO DA MORTE DE RAINHA ISABEL I DE CASTELA

€.01000280405 - ESPANHA 10 € 500º ANIVERSÁRIO DA MORTE DE RAINHA ISABEL I DE CASTELA

01000 280405	Data	Série	Metal	Módulo	Peso	Qtd.	Preço d'émission	Cot.
1	2004	Proof	PRATA 925 ‰	40 mm	27 g	*20 000*	41,76	42

€.01200280405 - ESPANHA 12 € 500º ANIVERSÁRIO DA MORTE DE RAINHA ISABEL I DE CASTELA, por Manuel Martinez-Tornero e Esther Gonzalez

01200 280405	Data	Série	Metal	Módulo	Peso	Qtd.	Preço emissão	Cot.
1	2004	BNC	PRATA 925 ‰	33 mm	18 g	*20 000*	16	24

€.05000280405 - ESPANHA 50 € 500º ANIVERSÁRIO DA MORTE DE RAINHA ISABEL I DE CASTELA

05000 280405	Data	Série	Metal	Módulo	Peso	Qtd.	Preço emissão	Cot.
1	2004	Proof	PRATA 925 ‰	73 mm	168,75 g	*8 000*	145	165

€.20000280405 - ESPANHA 200 € 500º ANIVERSÁRIO DA MORTE DE RAINHA ISABEL I DE CASTELA

20000 280405	Data	Série	Metal	Módulo	Peso	Qtd.	Preço emissão	Cot.
1	2004	Proof	PRATA 999 ‰	30 mm	13,5 g	*5 000*	435	380

Série 2005 / 1 : JOGOS OLÍMPICOS DE INVERNO 2006

€.01000280501 - ESPANHA 10 € JOGOS OLIMPICOS DE INVERNO 2006

01000 280501	Data	Série	Metal	Módulo	Peso	Qtd.	Preço emissão	Cot.
1	2005	Proof	PRATA 925 ‰	40 mm	27 g	*25 000*	41,76	42

Série 2005 / 2 : 400º ANIVERSÁRIO DE DON QUIXOTE

€.00200280502 - ESPANHA 2 € A AVENTURA DOS MOINHOS DE VENTO

00200 280502	Data	Série	Metal	Módulo	Peso	Qtd.	Preço emissão	Cot.
1	2005	BNC	CU / NIQUEL	25,75 mm	8,50 g	*30 000*	19	8

€.01000280502 - ESPANHA 10 € A AVENTURA DOS MOINHOS DE VENTO

01000 280502	Data	Série	Metal	Módulo	Peso	Qtd.	Preço emissão	Cot.
1	2005	Proof	PRATA 925 ‰	40 mm	27 g	*18 000*	41,76	42

€.01000280502 - ESPANHA 10 € A BATALHA CONTRA OS ODRES DE VINHO

01000 280502	Data	Série	Metal	Módulo	Peso	Qtd.	Preço emissão	Cot.
2	2005	Proof	PRATA 925 ‰	40 mm	27 g	*18 000*	41,76	42

€.01000280502 - ESPANHA 10 € CHEGADA DE CLAVILEÑO E O FIM DA LONGA AVENTURA

01000 280502	Data	Série	Metal	Módulo	Peso	Qtd.	Preço emissão	Cot.
3	2005	Proof	PRATA 925 ‰	40 mm	27 g	*18 000*	41,76	42

€.01200280502 - ESPANHA 12 € 400º ANIVERSÁRIO DE DON QUIXOTE

01200 280502	Data	Série	Metal	Módulo	Peso	Qtd.	Preço emissão	Cot.
1	2005	BNC	PRATA 925 ‰	33 mm	18 g	*30 000*	19	19

€.05000280502 - ESPANHA 50 € MIGUEL DE CERVANTES

05000 280502	Data	Série	Metal	Módulo	Peso	Qtd.	Preço emissão	Cot.
1	2005	Proof	PRATA 925 ‰	73 mm	168,75 g	*12 000*	145	165

€.40000280502 - ESPANHA400 € DON QUIXOTE, SANCHO PANÇA

40000 280502	Data	Série	Metal	Módulo	Peso	Qtd.	Preço emissão	Cot.
1	2005	Proof	OURO 999 ‰	38 mm	27 g	*3 000*	812	800

Série 2005 / 3 : 60º ANIVERSÁRIO DO FIM DA SEGUNDA GUERRA MUNDIAL

€.01000280503 - ESPANHA 10 € PAZ E LIBERDADE

01000 280503	Data	Série	Metal	Módulo	Peso	Qtd.	Preço emissão	Cot.
1	2005	Proof	PRATA 925 ‰	40 mm	27 g	*40 000*	41,76	42

€.20000280503 - ESPANHA 200 € PAZ E LIBERDADE

20000 280503	Data	Série	Metal	Módulo	Peso	Qtd.	Preço emissão	Cot.
1	2005	Proof	OURO 999 ‰	30 mm	13,5 g	*4 000*	435	400

Série 2005 / 4 : 25º ANIVERSÁRIO DO « PRÍNCIPE DAS ASTÚRIAS »

€.01000280504 - ESPANHA 10 € 25º ANIVERSÁRIO DO « PRÍNCIPE DAS ASTURIAS »

01000 280504	Data	Série	Metal	Módulo	Peso	Qtd.	Preço emissão	Cot.
1	2005	Proof	PRATA 925 ‰	40 mm	27 g	*20 000*	41,76	42

€.20000280504 - ESPANHA 200 € ANIVERSARIO DO « PRÍNCIPE DAS ASTURIAS »

20000 280504	Data	Série	Metal	Módulo	Peso	Qtd.	Preço emissão	Cot.
1	2005	Proof	OURO 999 ‰	30 mm	13,5 g	*3 000*	435	400

Série 2005 / 5 : COPA DO MUNDO 2006 DE FUTEBOL NA ALEMANHA

€.30000280505 - ESPANHA 300 € COPA DO MUNDO 2006 DE FUTEBOL NA ALEMANHA

30000 280505	Data	Série	Metal	Módulo	Peso	Qtd.	Preço emissão	Cot.
1	2005	Proof	PRATA / OURO	40 mm	28,8 g	*8 000*	580	550

Série 2005 / 6 : SERIE IBÉRO-AMERICANA VI

€.01000280506 - ESPANHA 10 € A ESPANHA : ENCONTRO DOIS MUNDOS

01000 280506	Data	Série	Metal	Módulo	Peso	Qtd.	Preço emissão	Cot.
1	2005	Proof	PRATA 925 ‰	40 mm	27 g	*12 000*	41,76	65

Série 2006 / 1 : 20º ANIVERSÁRIO DA ADESÃO DA ESPANHA E DE PORTUGAL À UNIÃO EUROPEIA

€.01000280601 - ESPANHA 10 € 20º ANIVERSÁRIO DA ADESÃO DA ESPANHA E DE PORTUGAL À UNIÃO EUROPEIA

01000 280601	Data	Série	Metal	Módulo	Peso	Qtd.	Preço emissão	Cot.
1	2006	Proof	PRATA 925 ‰	40 mm	27 g	*12 000*	46,40	42

Série 2006 / 2 : CARLOS V, REI DE ESPANHA

€.01000280602 - ESPANHA 10 € CARLOS V, REI DE ESPANHA

01000 280602	Data	Série	Metal	Módulo	Peso	Qtd.	Preço emissão	Cot.
1	2006	Proof	PRATA 925 ‰	40 mm	27 g	*35 000*	41,76	42

€.20000280602 - ESPANHA 200 € ESPANHA 10 € CARLOS V, REI DE ESPANHA

20000 280602	Data	Série	Metal	Módulo	Peso	Qtd.	Preço emissão	Cot.
1	2006	Proof	OURO 999 ‰	30 mm	13,5 g	*3 500*	435	400

Série 2006 / 3 : 500º ANIVERSÁRIO DA MORTE DE CRISTOVÃO COLOMBO

€.01000280603 - ESPANHA 10 € LA PINTA

01000 280603	Data	Série	Metal	Módulo	Peso	Qtd.	Preço emissão	Cot.
1	2006	Proof	PRATA 925 ‰	40 mm	27 g	*12 000*	46,40	42

€.01000280603 - ESPANHA 10 € LA NIÑA

01000 280603	Data	Série	Metal	Módulo	Peso	Qtd.	Preço emissão	Cot.
2	2006	Proof	PRATA 925 ‰	40 mm	27 g	*12 000*	46,40	42

€.01000280603 - ESPANHA 10 € LA SANTA MARIA

01000 280603	Data	Série	Metal	Módulo	Peso	Qtd.	Preço emissão	Cot.
3	2006	Proof	PRATA 925 ‰	40 mm	27 g	*12 000*	46,40	42

€.01200280603 - ESPANHA 12 € 500º ANIVERSÁRIO DA MORTE DE CRISTOVÃO COLOMBO

01200 280603	Data	Série	Metal	Módulo	Peso	Qtd.	Preço emissão	Cot.
1	2006	BNC	PRATA 925 ‰	33 mm	18 g	*20 000*	17	19

€.05000280603 - ESPANHA 50 € 500º ANIVERSÁRIO DA MORTE DE CRISTOVÃO COLOMBO

05000 280603	Data	Série	Metal	Módulo	Peso	Qtd.	Preço emissão	Cot.
1	2006	Proof	PRATA 925 ‰	73 mm	168,75 g	*5 000*	156,60	165

€.40000280603 - ESPANHA 400 € 500º ANIVERSÁRIO DA MORTE DE CRISTOVÃO COLOMBO

40000 280603	Data	Série	Metal	Módulo	Peso	Qtd.	Preço emissão	Cot.
1	2006	Proof	OURO 999 ‰	38 mm	27 g	*3 000*	846,80	800

Série 2006 / 4 : CAMPEONATO DO MUNDO 2006 DE BASQUETEBOL NO JAPÃO

€.01000280604 - ESPANHA 10 € CAMPEONATO DO MUNDO 2006 DE BASQUETEBOL NO JAPÃO

01000 280604	Data	Série	Metal	Módulo	Peso	Qtd.	Preço emissão	Cot.
1	2006	Proof	PRATA 925 ‰	40 mm	27 g	*15 000*	46,4	42

€.30000280604 - ESPANHA 300 € CAMPEONATO DO MUNDO 2006 DE BASQUETEBOL NO JAPÃO

30000 280604	Data	Série	Metal	Módulo	Peso	Qtd.	Preço emissão	Cot.
1	2006	Proof	PRATA / OURO	40 mm	28,8 g	*2 006*	580	600

FINLÂNDIA

Série 2002 / 1 : BICENTENÁRIO DO NASCIMENTO DE ELIAS LÖNNROT

€.01000380201 - FINLÂNDIA 10 € BICENTENÁRIO DO NACIMENTO DE ELIAS LÖNNROT, por Pertti Mäkinen

01000 380201	Data	Série	Metal	Módulo	Peso	Qtd.	Preço emissão	Cot.
1	2002	BNC	PRATA 925 ‰	38,6 mm	27 g	*40 000*	20	38
2	2002	Proof	PRATA 925 ‰	38,6 mm	27 g	*40 000*	35	50

Série 2002 / 2 : CINQUENTENÁRIO DOS JOGOS OLÍMPICOS DE HELSINQUIA 1952

€.01000380202 - FINLÂNDIA 10 € CINQUENTENÁRIO DOS JOGOS OLÍMPICOS DE HELSINKI 1952, por Erkki Vainio et Hannu Veijalainen

01000 380202	Data	Série	Metal	Módulo	Peso	Qtd.	Preço emissão	Cot.
1	2002	BNC	PRATA 925 ‰	38,6 mm	27,4 g	*10 000*	20	38
2	2002	Proof	PRATA 925 ‰	38,6 mm	27,4 g	*34 800*	35	50

Série 2002 / 3 : O SOL DA MEIA-NOITE

€.10000380203 - FINLÂNDIA 100 € O SOL DA MEIA-NOITE, por Toivo Jaatinen

10000 380203	Data	Série	Metal	Módulo	Peso	Qtd.	Preço emissão	Cot.
1	2002	Proof	OURO 900 ‰	22 mm	8,64 g	*25 000*	nc	350

Série 2003 / 1 : BICENTENÁRIO DA MORTE DE ANDERS CHYDENIUS

€.01000380301 - FINLÂNDIA 10 € BICENTENÁRIO DA MORTE DE ANDERS CHYDENIUS, por Tero Lounas

01000 380301	Data	Série	Metal	Módulo	Peso	Qtd.	Preço emissão	Cot.
1	2003	BNC	PRATA 925 ‰	38,6 mm	27,4 g	30 000	nc	35
2	2003	Proof	PRATA 925 ‰	38,6 mm	27,4 g	30 000	nc	45

Série 2003 / 2 : CARL GUSTAV MANNERHEIM - 300º ANIVERSÁRIO DA CIDADE DE SÃO PETERSBURGO

€.01000380302 - FINLÂNDIA 10 € CARL GUSTAV MANNERHEIM - 300º ANIVERSÁRIO DA CIDADE DE SÃO PETERSBURGO, por Anneli Sipiläinen

01000 380302	Data	Série	Metal	Módulo	Peso	Qtd.	Preço emissão	Cot.
1	2003	BNC	PRATA 925 ‰	38,6 mm	27,4 g	7 100	32	38
2	2003	Proof	PRATA 925 ‰	38,6 mm	27,4 g	27 900	54	45

Série 2003 / 3 : 125º ANIVERSÁRIO DA PRIMEIRA MOEDA DE OURO FINLANDESA

€.05000380303 - FINLÂNDIA 50 € 125º ANIVERSÁRIO DA PRIMEIRA MOEDA DE OURO FINLANDESA, por Matti Peltokangas

05000 380303	Data	Série	Metal	Módulo	Peso	Qtd.	Preço emissão	Cot.
1	2003	Proof	PRATA/OURO	13,25 mm	12,8 g	10 600	285	300

05000380303 : O toque desta moeda é 925‰ para a prata e de 750‰ para o ouro.

Série 2004 / 1 : BICENTENÁRIO DO NASCIMENTO DE JOHAN LUDVIG RUNEBERG

€.01000380401 - FINLÂNDIA 10 € BICENTENÁRIO DO NASCIMENTO DE JOHAN LUDVIG RUNEBERG, por Heli Kauhanen

01000 380401	Data	Série	Metal	Módulo	Peso	Qtd.	Preço emissão	Cot.
1	2004	BNC	PRATA 925 ‰	38,6 mm	27,4 g	6 500	32	38
2	2004	Proof	PRATA 925 ‰	38,6 mm	27,4 g	23 500	54	45

Série 2004 / 2 : 90º ANIVERSÁRIO DO NASCIMENTO DE TOVE JANSSON (MOOMIN)

€.01000380402 - FINLÂNDIA 10 € 90º ANIVERSÁRIO DO NASCIMENTO DE TOVE JANSSON (MOOMIN), por Pertti Mäkinen

01000 380402	Data	Série	Metal	Módulo	Peso	Qtd.	Preço emissão	Cot.
1	2004	BNC	PRATA 925 ‰	38,6 mm	27,4 g	50 000	32	38
2	2004	Proof	PRATA 925 ‰	38,6 mm	27,4 g	20 000	54	45

Série 2004 / 3 : 150º ANIVERSÁRIO DO NASCIMENTO DE ALBERT EDELFELT

€.10000380403 - FINLÂNDIA 100 € 150º ANIVERSARIO DO NASCIMENTO DE ALBERT EDELFELT, por Pertti Mäkinen

10000 380403	Data	Série	Metal	Módulo	Peso	Qtd.	Preço emissão	Cot.
1	2004	Proof	OURO 900 ‰	22 mm	8,64 g	*8 500*	315	310

Série 2005 / 1 : 60 ANOS DE PAZ

€.01000380501 - FINLÂNDIA 10 € 60 ANOS DE PAZ, por Pertti Mäkinen

01000 380501	Data	Série	Metal	Módulo	Peso	Qtd.	Preço emissão	Cot.
1	2005	BNC	PRATA 925 ‰	38,6 mm	25,5 g	*5 000*	32	38
2	2005	Proof	PRATA 925 ‰	38,6 mm	25,5 g	*55 000*	54	48

Série 2005 / 2 : 10º CAMPEONATO DO MUNDO DE ATLÉTISMO DE HELSINQUIA

€.00500380502 - FINLÂNDIA 5 € 10º CAMPEONATO DO MUNDO DE ATLETISMO DE HELSINQUIA, por Tapio Kettunen

00500 380502	Data	Série	Metal	Módulo	Peso	Qtd.	Preço emissão	Cot.
1	2005	Proof	CU / NIQUEL	35,00 mm	19,8 g	*5 005*	195	40

00500380502/1 : Para um total de 5005 moedas, 2 005 moedas estão em carteira com a de 20 euro « Campeonato do mundo de atletismo » e com a de 50 markka finlandesas de 1983 (prata 500‰ ; 22,00 gr ; 35,00 mm ; BNC). O preço e emissão é o indicado para essa mesma carteira. Os outros 3 000 exemplares estão em carteiras Proof de nove moedas.

€.02000380502 - FINLÂNDIA 20 € 10º CAMPEONATO DO MUNDO DE ATLÉTISMO DE HELSINQUIA, por Pertti Mäkinen

02000 380502	Data	Série	Metal	Módulo	Peso	Qtd.	Preço emissão	Cot.
1	2005	Proof	OURO 900 ‰	13,9 mm	1,73 g	*32 005*	99	80

02000380502/1 : num total de 32 005 moedas, 2 005 moedas estão em carteira com a moeda de 5 euro "Campeonato do mundo de Atletismo" e as 50 markka finlandesas de 1983

Série 2005 / 3 : O SOLDADO DESCONHECIDO

€.01000380503 - FINLÂNDIA 10 € O SOLDADO DESCONHECIDO, por Reijo Paavilainen

01000 380503	Data	Série	Metal	Módulo	Peso	Qtd.	Preço emissão	Cot.
1	2005	BNC	PRATA 925 ‰	38,6 mm	25,5 g	*25 000*	32	38
2	2005	Proof	PRATA 925 ‰	38,6 mm	25,5 g	*15 000*	54	48

Série 2006 / 1 : BICENTENÁRIO DO NASCIMENTO DE J.V. SNELLMAN

€.01000380601 - FINLÂNDIA 10 € BICENTENÁRIO DO NASCIMENTO DE J.V. SNELLMAN, por Tapio Kettunen

01000 380601	Data	Série	Metal	Módulo	Peso	Qtd.	Preço emissão	Cot.
1	2006	BNC	PRATA 925 ‰	38,6 mm	25,5 g	*7 000*	32	36
2	2006	Proof	PRATA 925 ‰	38,6 mm	25,5 g	*48 000*	54	45

Série 2006 / 2 : CENTENÁRIO DA REFORMA DO PARLAMENTO FINLÂNDES

€.01000380602 - FINLÂNDIA 10 € CENTENARIO DA REFORMA DO PARLAMENTO FINLÂNDES, por Pertti Mäkinen

01000 380602	Data	Série	Metal	Módulo	Peso	Qtd.	Preço emissão	Cot.
1	2006	BNC	PRATA 925 ‰	38,6 mm	25,5 g	*10 000*	32	38
2	2006	Proof	PRATA 925 ‰	38,6 mm	25,5 g	*20 000*	54	45

Série 2006 / 3 : 150º ANOS DA DESMILITARIZAÇÃO DO ARQUIPÉLAGO DE AHVENANMAAN (ALAND)

€.00500380603 - FINLÂNDIA 5 € 150º ANOS DA DESMILITARIZAÇÃO DO ARQUIPÉLAGO DE AHVENANMAAN (ALAND), por Pertti Mäkinen

00500 380603	Data	Série	Metal	Módulo	Peso	Qtd.	Preço emissão	Cot.
1	2006	BNC	CU / NIQUEL	35 mm	18,7 g	*55 000*	12,20	15

00500380603/1 : A legenda está em finlândes no reverso e no anverso em sueco.

Série 2006 / 4 : PRESIDÊNCIA DA UNIÃO EUROPEIA

€.00500380604 - FINLÂNDIA 5 € PRESIDÊNCIA DA UNIÃO EUROPEIA, por Reijo Paavilainen

00500 380604	Data	Série	Metal	Módulo	Peso	Qtd.	Preço emissão	Cot.
1	2006	BNC	CU / NIQUEL	27,25 mm	9,81 g	*100 000*	13,50	16

€.05000380604 - FINLÂNDIA 50 € PRESIDÊNCIA DA UNIÃO EUROPEIA, por Reijo Paavilainen

05000 380604	Data	Série	Metal	Módulo	Peso	Qtd.	Preço emissão	Cot.
1	2006	Proof	PRATA / OURO	13,25 mm	12,8 g	*8 000*	348	330

FRANÇA

Série 2002 / 1 : « O EURO DAS CRIANÇAS»

€.00025410201 - FRANÇA 1/4 € «O EURO DAS CRIANÇAS», pelos alunos da escola Jean Jaurès com Bort e Orgues (Corrèze)

00025 410201	Data	Série	Metal	Módulo	Peso	Qtd.	Preço emissão	Cot.
1	2002	Proof	OURO 999 ‰	15 mm	3,11 g	*5 000*	99	-
2	2002	Proof	PRATA 900 ‰	30 mm	13 g	*10 000*	33	28
3	2002	BNC	CU / NIQUEL	30 mm	12,5 g	*1000 000*	5	6

Série 2002 / 2 : A EUROPA

€.00025410202 - FRANÇA 1/4 € A EUROPA, por Fabienne Courtiade

00025 410202	Data	Série	Metal	Módulo	Peso	Qtd.	Preço emissão	Cot.
1	2002	Proof	PRATA 900 ‰	30 mm	13 g	*20 000*	20	20

€.00025410202 - FRANÇA 1/4 € A EUROPA - PRIMEIRO ANIVERSÁRIO DO EURO, por Fabienne Courtiade

00025 410202	Data	Série	Metal	Módulo	Peso	Qtd.	Preço emissão	Cot.
2	2003	Proof	PRATA 900 ‰	30 mm	13 g	*16 035*	20	15

€.00025410202 - FRANÇA 1/4 € A EUROPA - ALARGAMENTO DA UNIÃO EUROPEIA, por Fabienne Courtiade

00025 410202	Data	Série	Metal	Módulo	Peso	Qtd.	Preço emissão	Cot.
3	2004	Proof	PRATA 900 ‰	30 mm	13 g	*20 000*	20	18

€.00150410202 - FRANÇA 1 € 1/2 A EUROPA, por Fabienne Courtiade

00150 410202	Data	Série	Metal	Módulo	Peso	Qtd.	Preço emissão	Cot.
1	2002	Proof	PRATA 900 ‰	37 mm	22,2 g	*50 000*	41	32

€.00150410202 - FRANÇA 1 € 1/2 A EUROPA - PRIMEIRO ANIVERSÁRIO DO EURO, por Fabienne Courtiade

00150 41$0202	Data	Série	Metal	Módulo	Peso	Qtd.	Preço emissão	Cot.
2	2003	Proof	PRATA 900 ‰	37 mm	22,2 g	*24 501*	41	22

€.00150410202 - FRANÇA 1 € 1/2 A EUROPA - ALARGAMENTO DA UNIÃO EUROPEIA, por Fabienne Courtiade

00150 410202	Data	Série	Metal	Módulo	Peso	Qtd.	Preço emissão	Cot.
3	2004	Proof	PRATA 900 ‰	37 mm	22,2 g	*40 000*	41	45

€.00150410202 - FRANÇA 1 € 1/2 A EUROPA - CINQUENTENÁRIO DA BANDEIRA EUROPEIA, por Fabienne Courtia de

00150 410202	Data	Série	Metal	Módulo	Peso	Qtd.	Preço emissão	Cot.
4	2005	Proof	PRATA 900 ‰	37 mm	22,2 g	*15 000*	41	25

€.00150410202 - FRANÇA 1 € 1/2 A EUROPA - 9 MAIO : DIA DA EUROPA, por Fabienne Courtiade

00150 410202	Data	Série	Metal	Módulo	Peso	Qtd.	Preço emissão	Cot.
5	2006	Proof	PRATA 900 ‰	37 mm	22,2 g	*40 000*	41	30

€.01000410202 - FRANÇA 10 € A EUROPA, por Fabienne Courtiade

01000 410202	Data	Série	Metal	Módulo	Peso	Qtd.	Preço emissão	Cot.
1	2002	Proof	OURO 920 ‰	22 mm	8,45 g	*3 000*	221	190

€.01000410202 - FRANÇA 10 € A EUROPA - PRIMEIRO ANIVERSÁRIO DO EURO, por Fabienne Courtiade

01000 410202	Data	Série	Metal	Módulo	Peso	Qtd.	Preço emissão	Cot.
2	2003	Proof	OURO 920 ‰	22 mm	8,45 g	*7 000*	244	-

€.01000410202 - FRANÇA 10 € A EUROPA - ALARGAMENTO DA UNIÃO EUROPEIA, por Fabienne Courtiade

01000 410202	Data	Série	Metal	Módulo	Peso	Qtd.	Preço emissão	Cot.
3	2004	Proof	OURO 920 ‰	22 mm	8,45 g	*5 000*	269	-

€.01000410202 - FRANÇA 10 € A EUROPA - CINQUENTENÁRIO DA BANDEIRA EUROPEIA, por Fabienne Courtiade

01000 410202	Data	Série	Metal	Módulo	Peso	Qtd.	Preço emissão	Cot.
4	2005	Proof	OURO 920 ‰	22 mm	8,45 g	*3 000*	269	-

€.01000410202 - FRANÇA 10 € A EUROPA - 9 MAIO : DIA DA EUROPA, por Fabienne Courtiade

01000 410202	Data	Série	Metal	Módulo	Peso	Qtd.	Preço emissão	Cot.
5	2006	Proof	OURO 920 ‰	22 mm	8,45 g	*3 000*	289	-

€.02000410202 - FRANÇA 20 € A EUROPA, par Fabienne Courtiade

02000 410202	Data	Série	Metal	Módulo	Peso	Qtd.	Preço emissão	Cot.
1	2002	Proof	OURO 920 ‰	31 mm	17 g	*3 000*	434	440

€.02000410202 - FRANÇA 20 € A EUROPA - PRIMEIRO ANIVERSÁRIO DO EURO, por Fabienne Courtiade

02000 410202	Data	Série	Metal	Módulo	Peso	Qtd.	Preço emissão	Cot.
2	2003	Proof	OURO 920 ‰	31 mm	17 g	*2 322*	479	-

€.02000410202 - FRANÇA 20 € A EUROPA - ALARGAMENTO DA UNIÃO EUROPEIA, por Fabienne Courtiade

02000 410202	Data	Série	Metal	Módulo	Peso	Qtd.	Preço emissão	Cot.
3	2004	Proof	OURO 920 ‰	31 mm	17 g	*3 000*	527	-

€.05000410202 - FRANÇA 50 € A EUROPA, por Fabienne Courtiade

05000 410202	Data	Série	Metal	Módulo	Peso	Qtd.	Preço emissão	Cot.
1	2002	Proof	OURO 999 ‰	37 mm	31,1 g	*2 000*	755	840

€.05000410202 - FRANÇA 50 € A EUROPA - PRIMEIRO ANIVERSÁRIO DO EURO, por Fabienne Courtiade

05000 410202	Data	Série	Metal	Módulo	Peso	Qtd.	Preço emissão	Cot.
2	2003	Proof	OURO 999 ‰	37 mm	31,1 g	*2 000*	829	-
3	2003	Proof	PRATA 925 ‰	100 mm	1000 g	*10 000*	859	-

€.05000410202 - FRANÇA 50 € A EUROPA - ALARGAMENTO DA UNIÃO EUROPEIA, por Fabienne Courtiade

05000 410202	Data	Série	Metal	Módulo	Peso	Qtd.	Preço emissão	Cot.
4	2004	Proof	OURO 999 ‰	37 mm	31,1 g	*2 000*	912	-

€.05000410202 - FRANÇA 50 € A EUROPA - CINQUENTENÁRIO DA BANDEIRA EUROPEIA, por Fabienne Courtiade

05000 410202	Data	Série	Metal	Módulo	Peso	Qtd.	Preço emissão	Cot.
5	2005	Proof	OURO 999 ‰	37 mm	31,1 g	*500*	999	940

€.05000410202 - FRANÇA 50 € A EUROPA - 9 MAIO : DIA DA EUROPA, por Fabienne Courtiade

05000 410202	Data	Série	Metal	Módulo	Peso	Qtd.	Preço emissão	Cot.
6	2006	Proof	OURO 999 ‰	37 mm	31,1 g	*500*	1 049	-

€.10000410202 - FRANÇA 100 € A EUROPA, por Fabienne Courtiade

10000 410202	Data	Série	Metal	Módulo	Peso	Qtd.	Preço emissão	Cot.
1	2002	Proof	OURO 999 ‰	50 mm	155,5 g	*99*	3 660	-

€.10000410202 - FRANÇA 100 € A EUROPA - PRIMEIRO ANIVERSÁRIO DO EURO, por Fabienne Courtiade

10000 410202	Data	Série	Metal	Módulo	Peso	Qtd.	Preço emissão	Cot.
2	2003	Proof	OURO 999 ‰	50 mm	155,5 g	*99*	nc	-

€.10000410202 - FRANÇA 100 € A EUROPA - ALARGAMENTO DA UNIÃO EUROPEIA, por Fabienne Courtiade

10000 410202	Data	Série	Metal	Módulo	Peso	Qtd.	Preço emissão	Cot.
3	2004	Proof	OURO 999 ‰	50 mm	155,5 g	*99*	4 835	-

€.10000410202 - FRANÇA 100 € A EUROPA - CINQUENTENÁRIO DA BANDEIRA EUROPEIA, por Fabienne Courtiade

10000 410202	Data	Série	Metal	Módulo	Peso	Qtd.	Preço emissão	Cot.
4	2005	Proof	OURO 999 ‰	50 mm	155,5 g	*99*	4 999	-

€.10000410202 - FRANÇA 100 € A EUROPA - 9 MAIO : DIA DA EUROPA, por Fabienne Courtiade

10000 410202	Data	Série	Metal	Módulo	Peso	Qtd.	Preço emissão	Cot.
5	2006	Proof	OURO 999 ‰	50 mm	155,5 g	*99*	5 249	-

€.50000410202 - FRANÇA 500 € A EUROPA - ALARGAMENTO DA UNIÃO EUROPEIA, por Fabienne Courtiade

50000 410202	Data	Série	Metal	Módulo	Peso	Qtd.	Preço emissão	Cot.
1	2004	Proof	OURO 999 ‰	85 mm	1000 g	*200*	26 950	-

Série 2002 / 3 : A COPA DO MUNDO

€.00025410203 - FRANÇA 1/4 € ALLEZ LA FRANCE, por Joaquin Jimenez

00025 410203	Data	Série	Metal	Módulo	Peso	Qtd.	Preço emissão	Cot.
1	2002	BNC	PRATA 900 ‰	30 mm	13 g	*9 033*	23	25

Série 2002 / 4 : GAVROCHE DE VICTOR HUGO

€.00150410204 - FRANÇA 1 € 1/2 GAVROCHE DE VICTOR HUGO

00150 410204	Data	Série	Metal	Módulo	Peso	Qtd.	Preço emissão	Cot.
1	2002	Proof	PRATA 900 ‰	37 mm	22,2 g	*10 000*	46	40

€.02000410204 - FRANÇA 20 € GAVROCHE DE VICTOR HUGO

02000 410204	Data	Série	Metal	Módulo	Peso	Qtd.	Preço emissão	Cot.
1	2002	Proof	OURO 920 ‰	31 mm	17 g	*2 000*	434	-
2	2002	Proof	PRATA 950 ‰	50 mm	155,5 g	*500*	250	950

Série 2002 / 5 : MONUMENTOS DE FRANÇA

€.00150410205 - FRANÇA 1 € 1/2 MONTMARTRE

00150 410205	Data	Série	Metal	Módulo	Peso	Qtd.	Preço emissão	Cot.
1	2002	Proof	PRATA 900 ‰	37 mm	22,2 g	*10 000*	41	32

€.00150410205 - FRANÇA 1 € 1/2 MONTE SAINT-MICHEL

00150 410205	Data	Série	Metal	Módulo	Peso	Qtd.	Preço emissão	Cot.
2	2002	Proof	PRATA 900 ‰	37 mm	22,2 g	*10 000*	41	32

€.00150410205 - FRANÇA 1 € 1/2 CHAMBORD

00150 410205	Data	Série	Metal	Módulo	Peso	Qtd.	Preço emissão	Cot.
3	2003	Proof	PRATA 900 ‰	37 mm	22,2 g	*10 000*	41	32

€.00150410205 - FRANÇA 1 € 1/2 AVIGNON E O PALÁCIO DOS PAPAS

00150 410205	Data	Série	Metal	Módulo	Peso	Qtd.	Preço emissão	Cot.
4	2004	Proof	PRATA 900 ‰	37 mm	22,2 g	*10 000*	41	34

€.00150410205 - FRANÇA 1 € 1/2 ARCO DO TRIUNFO

00150 410205	Data	Série	Metal	Módulo	Peso	Qtd.	Preço emissão	Cot.
5	2006	Proof	PRATA 900 ‰	37 mm	22,2 g	*10 000*	41	34

€.00150410205 - FRANÇA 1 € 1/2 DÔME DES INVALIDES

00150 410205	Data	Série	Metal	Módulo	Peso	Qtd.	Preço d'émission	Cot.
6	2006	Proof	PRATA 900 ‰	37 mm	22,2 g	*10 000*	41	34

€.01000410205 - FRANÇA 10 € ARCO DO TRIUNFO

01000 410205	Data	Série	Metal	Módulo	Peso	Qtd.	Preço d'émission	Cot.
1	2006	Proof	OURO 920 ‰	22 mm	8,45 g	*500*	289	-

€.01000410205 - FRANÇA 10 € DÔME DES INVALIDES

01000 410205	Data	Série	Metal	Módulo	Peso	Qtd.	Preço emissão	Cot.
2	2006	Proof	OURO 920 ‰	22 mm	8,45 g	*500*	289	-

€.02000410205 - FRANÇA 20 € MONTMARTRE

02000 410205	Data	Série	Metal	Módulo	Peso	Qtd.	Preço emissão	Cot.
1	2002	Proof	OURO 920 ‰	31 mm	17 g	*1 000*	434	-

€.02000410205 - FRANÇA 20 € MONTE SAINT-MICHEL

02000 410205	Data	Série	Metal	Módulo	Peso	Qtd.	Preço emissão	Cot.
2	2002	Proof	OURO 920 ‰	31 mm	17 g	*1 000*	434	-

€.02000410205 - FRANÇA 20 € CHAMBORD

02000 410205	Data	Série	Metal	Módulo	Peso	Qtd.	Preço emissão	Cot.
3	2003	Proof	OURO 920 ‰	31 mm	17 g	*1 000*	479	-

€.02000410205 - FRANÇA 20 € AVIGNON E O PALÁCIO DOS PAPAS

02000 410205	Data	Série	Metal	Módulo	Peso	Qtd.	Preço emissão	Cot.
4	2004	Proof	OURO 920 ‰	31 mm	17 g	*1 000*	527	-

Série 2002 / 6 : 75º ANIVERSÁRIO DA TRAVESSIA DO ATLÂNTICO

€.00150410206 - FRANÇA 1 € 1/2 A TRAVESSIA DE LINDBERG

00150 410206	Data	Série	Metal	Módulo	Peso	Qtd.	Preço emissão	Cot.
1	2002	Proof	PRATA 900 ‰	37 mm	22,2 g	*10 000*	41	34

€.02000410206 - FRANÇA 20 € A TRAVESSIA DE LINDBERG

02000 410206	Data	Série	Metal	Módulo	Peso	Qtd.	Preço emissão	Cot.
1	2002	Proof	OURO 920 ‰	31 mm	17 g	*1 000*	434	470

€.10000410206 - FRANÇA 100 € A TRAVESSIA DE LINDBERG

10000 410206	Data	Série	Metal	Módulo	Peso	Qtd.	Preço emissão	Cot.
1	2002	Proof	OURO 999 ‰	50 mm	155,5 g	*99*	3 660	-

Série 2002 / 7 : CONTOS INFANTIS DA EUROPA

€.00150410207 - FRANÇA 1 € 1/2 BRANCA DE NEVE

00150 410207	Data	Série	Metal	Módulo	Peso	Qtd.	Preço emissão	Cot.
1	2002	Proof	PRATA 900 ‰	37 mm	22,2 g	*15 000*	46	32

€.00150410207 - FRANÇA 1 € 1/2 CINDERELA

00150 410207	Data	Série	Metal	Módulo	Peso	Qtd.	Preço emissão	Cot.
2	2002	Proof	PRATA 900 ‰	37 mm	22,2 g	*15 000*	46	32

€.00150410207 - FRANÇA 1 € 1/2 PINÓQUIO

00150 410207	Data	Série	Metal	Módulo	Peso	Qtd.	Preço emissão	Cot.
3	2002	Proof	PRATA 900 ‰	37 mm	22,2 g	*15 000*	46	32

€.00150410207 - FRANÇA 1 € 1/2 A BELA ADORMECIDA

00150 410207	Data	Série	Metal	Módulo	Peso	Qtd.	Preço emissão	Cot.
4	2003	Proof	PRATA 900 ‰	37 mm	22,2 g	*10 000*	46	32

€.00150410207 - FRANÇA 1 € 1/2 HANSEL E GRETEL

00150 410207	Data	Série	Metal	Módulo	Peso	Qtd.	Preço emissão	Cot.
5	2003	Proof	PRATA 900 ‰	37 mm	22,2 g	*10 000*	46	32

€.00150410207 - FRANÇA 1 € 1/2 ALICE NO PAÍS DAS MARAVILHAS

00150 410207	Data	Série	Metal	Módulo	Peso	Qtd.	Preço emissão	Cot.
6	2003	Proof	PRATA 900 ‰	37 mm	22,2 g	*10 000*	46	32

€.00150410207 - FRANÇA 1 € 1/2 PETER PAN

00150 410207	Data	Série	Metal	Módulo	Peso	Qtd.	Preço emissão	Cot.
7	2004	Proof	PRATA 900 ‰	37 mm	22,2 g	*10 000*	46	32

€.00150410207 - FRANÇA 1 € 1/2 ALADINO

00150 410207	Data	Série	Metal	Módulo	Peso	Qtd.	Preço emissão	Cot.
8	2004	Proof	PRATA 900 ‰	37 mm	22,2 g	*10 000*	46	32

€.02000410207 - FRANÇA 20 € BRANCA DE NEVE

02000 410207	Data	Série	Metal	Módulo	Peso	Qtd.	Preço emissão	Cot.
1	2002	Proof	OURO 920 ‰	31 mm	17 g	*1 000*	479	-

€.02000410207 - FRANÇA 20 € CINDERELA

02000 410207	Data	Série	Metal	Módulo	Peso	Qtd.	Preço emissão	Cot.
2	2002	Proof	OURO 920 ‰	31 mm	17 g	*1 000*	479	-

€.02000410207 - FRANÇA 20 € PINÓQUIO

02000 410207	Data	Série	Metal	Módulo	Peso	Qtd.	Preço emissão	Cot.
3	2002	Proof	OURO 920 ‰	31 mm	17 g	*1 000*	479	-

€.02000410207 - FRANÇA 20 € A BELA ADORMECIDA

02000 410207	Data	Série	Metal	Módulo	Peso	Qtd.	Preço emissão	Cot.
4	2003	Proof	OURO 920 ‰	31 mm	17 g	*1 000*	479	-

€.02000410207 - FRANÇA 20 € HANSEL E GRETEL

02000 410207	Data	Série	Metal	Módulo	Peso	Qtd.	Preço emissão	Cot.
5	2003	Proof	OURO 920 ‰	31 mm	17 g	*1 000*	479	-

€.02000410207 - FRANÇA 20 € ALICE NO PAÍS DAS MARAVILHAS

02000 410207	Data	Série	Metal	Módulo	Peso	Qtd.	Preço emissão	Cot.
6	2003	Proof	OURO 920 ‰	31 mm	17 g	*1 000*	479	-

€.02000410207 - FRANÇA 20 € PETER PAN

02000 410207	Data	Série	Metal	Módulo	Peso	Qtd.	Preço emissão	Cot.
7	2004	Proof	OURO 920 ‰	31 mm	17 g	*1 000*	527	-

€.02000410207 - FRANÇA 20 € ALADINO

02000 410207	Data	Série	Metal	Módulo	Peso	Qtd.	Preço emissão	Cot.
8	2004	Proof	OURO 920 ‰	31 mm	17 g	*1 000*	527	-

Série 2002 / 8 : A SEMEADORA

€.00150410208 - FRANÇA 1 € 1/2 A SEMEADORA

00150 410208	Data	Série	Metal	Módulo	Peso	Qtd.	Preço emissão	Cot.
1	2003	Proof	PRATA 900 ‰	37 mm	22,2 g	*6 100*	41	35
2	2004	Proof	PRATA 900 ‰	37 mm	22,2 g	*5 000*	41	35

€.00150410208 - FRANÇA 1 € 1/2 A SEMEADORA - SEPARAÇÃO DAS IGREJAS E DO ESTADO, por Hervé Duetthe

00150 410208	Data	Série	Metal	Módulo	Peso	Qtd.	Preço emissão	Cot.
3	2005	Proof	PRATA 900 ‰	37 mm	22,2 g	*15 000*	41	32

€.00150410208 - FRANÇA 1 € 1/2 A SEMEADORA - ABOLIÇÃO DA PENA DE MORTE

00150 410208	Data	Série	Metal	Módulo	Peso	Qtd.	Preço emissão	Cot.
4	2006	Proof	PRATA 900 ‰	37 mm	22,2 g	*10 000*	41	35

€.00500410208 - FRANÇA 5 € MERCI LE FRANC

00500 410208	Data	Série	Metal	Módulo	Peso	Qtd.	Preço emissão	Cot.
1	2002	Proof	PRATA / OURO	37 mm	24,9 g	*8 408*	109	-

€.00500410208 - FRANÇA 5 € A SEMEADORA

00500 410208	Data	Série	Metal	Módulo	Peso	Qtd.	Preço emissão	Cot.
2	2003	Proof	PRATA / OURO	37 mm	24,9 g	*2 504*	120	-
3	2004	Proof	PRATA / OURO	37 mm	24,9 g	*3 000*	129	-

€.01000410208 - FRANÇA 10 € A SEMEADORA

01000 410208	Data	Série	Metal	Módulo	Peso	Qtd.	Preço emissão	Cot.
1	2003	Proof	OURO 920 ‰	22 mm	8,45 g	*5 779*	244	-

€.02000410208 - FRANÇA 20 € MERCI LE FRANC

02000 410208	Data	Série	Metal	Módulo	Peso	Qtd.	Preço emissão	Cot.
1	2002	Proof	OURO 920 ‰	31 mm	17 g	*4 182*	434	-

€.02000410208 - FRANÇA 20 € A SEMEADORA

02000 410208	Data	Série	Metal	Módulo	Peso	Qtd.	Preço emissão	Cot.
2	2003	Proof	OURO 920 ‰	31 mm	17 g	*1 166*	479	-
3	2004	Proof	OURO 920 ‰	31 mm	17 g	*3 000*	527	-

€.02000410208 - FRANÇA 20 € A SEMEADORA - SEPARAÇÃO DAS IGREJAS E DO ESTADO, por Hervé Duetthe

02000 410208	Data	Série	Metal	Módulo	Peso	Qtd.	Preço emissão	Cot.
4	2005	Proof	OURO 920 ‰	31 mm	17 g	*1 500*	527	-

€.02000410208 - FRANÇA 20 € A SEMEADORA - ABOLIÇÃO DA PENA DE MORTE

02000 410208	Data	Série	Metal	Módulo	Peso	Qtd.	Preço emissão	Cot.
5	2006	Proof	OURO 920 ‰	31 mm	17 g	*1 000*	566	-

€.05000410208 - FRANÇA 50 € A SEMEADORA - ABOLIÇÃO DA PENA DE MORTE

05000 410208	Data	Série	Metal	Módulo	Peso	Qtd.	Preço emissão	Cot.
1	2006	Proof	OURO 999 ‰	37 mm	31,35 g	*500*	1 049	-

€.10000410208 - FRANÇA 100 € A SEMEADORA - ABOLIÇÃO DA PENA DE MORTE

10000 410208	Data	Série	Metal	Módulo	Peso	Qtd.	Preço emissão	Cot.
1	2006	Proof	OURO 99 ‰	50 mm	156 g	*99*	5 249	-

Série 2003 / 1 : CENTENÁRIO DA VOLTA A FRANÇA

€.00025410301 - FRANÇA 1/4 € CENTENÁRIO DA VOLTA A FRANÇA

00025 410301	Data	Série	Metal	Módulo	Peso	Qtd.	Preço emissão	Cot.
1	2003	Proof	PRATA 900 ‰	30 mm	13 g	*71 257*	20	12

€.00150410301 - FRANÇA 1 € 1/2 CENTENÁRIO DA VOLTA A FRANÇA

00150 410301	Data	Série	Metal	Módulo	Peso	Qtd.	Preço emissão	Cot.
1	2003	Proof	PRATA 900 ‰	37 mm	22,2 g	*22 905*	41	22

€.00150410301 - FRANÇA 1 € 1/2 CONTRA - RELÓGIO

00150 410301	Data	Série	Metal	Módulo	Peso	Qtd.	Preço emissão	Cot.
2	2003	Proof	PRATA 900 ‰	37 mm	22,2 g	*16 063*	41	22

€.00150410301 - FRANÇA 1 € 1/2 O SPRINT

00150 410301	Data	Série	Metal	Módulo	Peso	Qtd.	Preço emissão	Cot.
3	2003	Proof	PRATA 900 ‰	37 mm	22,2 g	*15 934*	41	22

€.00150410301 - FRANÇA 1 € 1/2 ETAPA DE MONTANHA

00150 410301	Data	Série	Metal	Módulo	Peso	Qtd.	Preço emissão	Cot.
4	2003	Proof	PRATA 900 ‰	37 mm	22,2 g	*16 317*	41	22

€.00150410301 - FRANÇA 1 € 1/2 CHEGADA AOS CAMPOS ELÍSIOS

00150 410301	Data	Série	Metal	Módulo	Peso	Qtd.	Preço emissão	Cot.
5	2003	Proof	PRATA 900 ‰	37 mm	22,2 g	*16 532*	41	22

€.01000410301 - FRANÇA 10 € CENTENÁRIO DA VOLTA A FRANÇA

01000 410301	Data	Série	Metal	Módulo	Peso	Qtd.	Preço emissão	Cot.
1	2003	Proof	OURO 920 ‰	22 mm	8,45 g	*4 364*	221	-

€.02000410301 - FRANÇA 20 € CENTENÁRIO DA VOLTA A FRANÇA

02000 410301	Data	Série	Metal	Módulo	Peso	Qtd.	Preço emissão	Cot.
1	2003	Proof	OURO 920 ‰	31 mm	17 g	*3 057*	434	-

€.02000410301 - FRANÇA 20 € CONTRA - RELÓGIO

02000 410301	Data	Série	Metal	Módulo	Peso	Qtd.	Preço emissão	Cot.
2	2003	Proof	OURO 920 ‰	31 mm	17 g	*2 107*	434	-

€.02000410301 - FRANÇA 20 € O SPRINT

02000 410301	Data	Série	Metal	Módulo	Peso	Qtd.	Preço emissão	Cot.
3	2003	Proof	OURO 920 ‰	31 mm	17 g	*2 100*	434	-

€.02000410301 - FRANÇA 20 € ETAPA DA MONTANHA

02000 410301	Data	Série	Metal	Módulo	Peso	Qtd.	Preço emissão	Cot.
4	2003	Proof	OURO 920 ‰	31 mm	17 g	*2 103*	434	-

€.02000410301 - FRANÇA 20 € CHEGADA AOS CAMPOS ELÍSIOS

02000 410301	Data	Série	Metal	Módulo	Peso	Qtd.	Preço emissão	Cot.
5	2003	Proof	OURO 920 ‰	31 mm	17 g	*2 127*	434	-

€.05000410301 - FRANÇA 50 € CENTENÁRIO DA VOLTA A FRANÇA

05000 410301	Data	Série	Metal	Módulo	Peso	Qtd.	Preço emissão	Cot.
1	2003	Proof	OURO 999 ‰	37 mm	31,04 g	*2 002*	755	-

Série 2003 / 2 : CAMPEONATO DO MUNDO DE ATLÉTISMO EM PARIS

€.00150410302 - FRANÇA 1 € 1/2 CORRIDA

00150 410302	Data	Série	Metal	Módulo	Peso	Qtd.	Preço emissão	Cot.
1	2003	Proof	PRATA 900 ‰	37 mm	22,2 g	*4 425*	46	27

€.00150410302 - FRANÇA 1 € 1/2 SALTO

00150 410302	Data	Série	Metal	Módulo	Peso	Qtd.	Preço emissão	Cot.
2	2003	Proof	PRATA 900 ‰	37 mm	22,2 g	*4 169*	46	27

€.00150410302 - FRANÇA 1 € 1/2 LANÇAMENTO

00150 410302	Data	Série	Metal	Módulo	Peso	Qtd.	Preço emissão	Cot.
3	2003	Proof	PRATA 900 ‰	37 mm	22,2 g	*4 195*	46	27

€.02000410302 - FRANÇA 20 € CORRIDA

02000 410302	Data	Série	Metal	Módulo	Peso	Qtd.	Preço emissão	Cot.
1	2003	Proof	OURO 920 ‰	31 mm	17 g	*1 165*	479	-

€.02000410302 - FRANÇA 20 € SALTO

02000 410302	Data	Série	Metal	Módulo	Peso	Qtd.	Preço emissão	Cot.
2	2003	Proof	OURO 920 ‰	31 mm	17 g	*863*	479	-

€.02000410302 - FRANÇA 20 € LANÇAMENTO

02000 410302	Data	Série	Metal	Módulo	Peso	Qtd.	Preço emissão	Cot.
3	2003	Proof	OURO 920 ‰	31 mm	17 g	*867*	479	-

€.10000410302 - FRANÇA 100 € CORRIDA

10000 410302	Data	Série	Metal	Módulo	Peso	Qtd.	Preço emissão	Cot.
1	2003	Proof	OURO 999 ‰	50 mm	155,5 g	*369*	4 029	-

Série 2003 / 3 : DE ATENAS 1896 A ATENAS 2004

€.00150410303 - FRANÇA 1 € 1/2 DE ATENAS 1896 A ATENAS 2004, por Fabienne Courtiade

00150 410303	Data	Série	Metal	Módulo	Peso	Qtd.	Preço emissão	Cot.
1	2003	Proof	PRATA 900 ‰	37 mm	22,2 g	*21 788*	41	28

€.01000410303 - FRANÇA 10 € DE ATENAS 1896 A ATENAS 2004, por Fabienne Courtiade

01000 410303	Data	Série	Metal	Módulo	Peso	Qtd.	Preço emissão	Cot.
1	2003	Proof	OURO 920 ‰	22 mm	8,45 g	*1 635*	244	-

€.02000410303 - FRANÇA 20 € DE ATENAS 1896 A ATENAS 2004, por Fabienne Courtiade

02000 410303	Data	Série	Metal	Módulo	Peso	Qtd.	Preço emissão	Cot.
1	2003	Proof	OURO 920 ‰	31 mm	17 g	*334*	479	-

Série 2003 / 4 : BICENTENÁRIO DA VENDA DE LOUISIANA AOS ESTADOS UNIDOS

€.00150410304 - FRANÇA 1 € 1/2 BICENTENÁRIO DA VENDA DE LOUISIANA AOS ESTADOS UNIDOS

00150 410304	Data	Série	Metal	Módulo	Peso	Qtd.	Preço emissão	Cot.
1	2003	Proof	PRATA 900 ‰	37 mm	22,2 g	*10 000*	41	30

€.02000410304 - FRANÇA 20 € BICENTENÁRIO DA VENDA DE LOUISIANA AOS ESTADOS UNIDOS

02000 410304	Data	Série	Metal	Módulo	Peso	Qtd.	Preço emissão	Cot.
1	2003	Proof	OURO 920 ‰	31 mm	17 g	*1 000*	479	-

€.10000410304 - FRANÇA 100 € BICENTENÁRIO DA VENDA DE LOUISIANA AOS ESTADOS UNIDOS

10000 410304	Data	Série	Metal	Módulo	Peso	Qtd.	Preço emissão	Cot.
1	2003	Proof	OURO 999 ‰	50 mm	155,5 g	*99*	4 029	-

Série 2003 / 5 : CENTENÁRIO DA MORTE DE PAUL GAUGUIN

€.00150410305 - FRANÇA 1 € 1/2 CENTENÁRIO DA MORTE DE PAUL GAUGUIN, por Fabienne Courtiade

00150 410305	Data	Série	Metal	Módulo	Peso	Qtd.	Preço emissão	Cot.
1	2003	Proof	PRATA 900 ‰	37 mm	22,2 g	*3 198*	46	30

€.02000410305 - FRANÇA 20 € CENTENÁRIO DA MORTE DE PAUL GAUGUIN, por Fabienne Courtiade

02000 410305	Data	Série	Metal	Módulo	Peso	Qtd.	Preço emissão	Cot.
1	2003	Proof	OURO 920 ‰	31 mm	17 g	*628*	479	-

Série 2003 / 6 : 500º ANIVERSÁRIO DE MONA LISA

€.00150410306 - FRANÇA 1 € 1/2 500º ANIVERSÁRIO DE MONA LISA

00150 410306	Data	Série	Metal	Módulo	Peso	Qtd.	Preço emissão	Cot.
1	2003	Proof	PRATA 900 ‰	37 mm	22,2 g	*8 139*	41	30

€.02000410306 - FRANÇA 20 € 500º ANIVERSÁRIO DE MONA LISA

02000 410306	Data	Série	Metal	Módulo	Peso	Qtd.	Preço emissão	Cot.
1	2003	Proof	OURO 920 ‰	31 mm	17 g	*808*	479	-
2	2003	Proof	PRATA 950 ‰	50 mm	155,5 g	*999*	265	-

€.10000410306 - FRANÇA 100 € 500º ANIVERSÁRIO DE MONA LISA

10000 410306	Data	Série	Metal	Módulo	Peso	Qtd.	Preço emissão	Cot.
1	2003	Proof	OURO 999 ‰	50 mm	155,5 g	*99*	4 029	-

Série 2003 / 7 : VIAGEM À VOLTA DO MUNDO

€.00150410307 - FRANÇA 1 € 1/2 O EXPRESSO ORIENTE, por Cécile Renault

00150 410307	Data	Série	Metal	Módulo	Peso	Qtd.	Preço emissão	Cot.
1	2003	Proof	PRATA 900 ‰	37 mm	22,2 g	*15 000*	46	30

€.00150410307 - FRANÇA 1 € 1/2 A NORMANDIA, por Cécile Renault

00150 410307	Data	Série	Metal	Módulo	Peso	Qtd.	Preço emissão	Cot.
2	2003	Proof	PRATA 900 ‰	37 mm	22,2 g	*15 000*	46	30

€.00150410307 - FRANÇA 1 € 1/2 VOO PARIS - TÓQUIO, por Cécile Renault

00150 410307	Data	Série	Metal	Módulo	Peso	Qtd.	Preço emissão	Cot.
3	2003	Proof	PRATA 900 ‰	37 mm	22,2 g	*15 000*	46	30

€.00150410307 - FRANÇA 1 € 1/2 GRANDES EXPRESSOS AÉREOS

00150 410307	Data	Série	Metal	Módulo	Peso	Qtd.	Preço emissão	Cot.
4	2004	Proof	PRATA 900 ‰	37 mm	22,2 g	*10 000*	46	30

€.00150410307 - FRANÇA 1 € 1/2 MENSAGEIROS MARÍTIMOS

00150 410307	Data	Série	Metal	Módulo	Peso	Qtd.	Preço emissão	Cot.
5	2004	Proof	PRATA 900 ‰	37 mm	22,2 g	*10 000*	46	30

€.00150410307 - FRANÇA 1 € 1/2 O TRANS-SIBERIANO

00150 410307	Data	Série	Metal	Módulo	Peso	Qtd.	Preço emissão	Cot.
6	2004	Proof	PRATA 900 ‰	37 mm	22,2 g	*10 000*	46	32

€.00150410307 - FRANÇA 1 € 1/2 O CRUZEIRO AMARELO

00150 410307	Data	Série	Metal	Módulo	Peso	Qtd.	Preço emissão	Cot.
7	2004	Proof	PRATA 900 ‰	37 mm	22,2 g	*10 000*	46	30

€.02000410307 - FRANÇA 20 € O EXPRESSO ORIENTE, por Cécile Renault

02000 410307	Data	Série	Metal	Módulo	Peso	Qtd.	Preço emissão	Cot.
1	2003	Proof	OURO 920 ‰	31 mm	17 g	*1 000*	479	-

€.02000410307 - FRANÇA 20 € A NORMANDIA, por Cécile Renault

02000 410307	Data	Série	Metal	Módulo	Peso	Qtd.	Preço emissão	Cot.
2	2003	Proof	OURO 920 ‰	31 mm	17 g	*1 000*	479	-

€.02000410307 - FRANÇA 20 € VOO PARIS - TÓQUIO, por Cécile Renault

02000 410307	Data	Série	Metal	Módulo	Peso	Qtd.	Preço emissão	Cot.
3	2003	Proof	OURO 920 ‰	31 mm	17 g	*1 000*	479	-

€.02000410307 - FRANÇA 20 € GRANDES EXPRESSOS AÉRIOS

02000 410307	Data	Série	Metal	Módulo	Peso	Qtd.	Preço emissão	Cot.
4	2004	Proof	OURO 920 ‰	31 mm	17 g	*1 000*	527	-

€.02000410307 - FRANÇA 20 € MENSAGEIROS MARITIMOS

02000 410307	Data	Série	Metal	Módulo	Peso	Qtd.	Preço emissão	Cot.
5	2004	Proof	OURO 920 ‰	31 mm	17 g	*1 000*	527	-

€.02000410307 - FRANÇA 20 € O TRANS-SIBERIANO

02000 410307	Data	Série	Metal	Módulo	Peso	Qtd.	Preço emissão	Cot.
6	2004	Proof	OURO 920 ‰	31 mm	17 g	*1 000*	527	-

€.02000410307 - FRANÇA 20 € CRUZEIRO AMARELO

02000 410307	Data	Série	Metal	Módulo	Peso	Qtd.	Preço emissão	Cot.
7	2004	Proof	OURO 920 ‰	31 mm	17 g	*1 000*	527	-

Série 2003 / 8 : BICENTENÁRIO DO FRANCO GERMINAL

€.00025410308 - FRANÇA 1/4 € BICENTENÁRIO DO FRANCO GERMINAL

00025 410308	Data	Série	Metal	Módulo	Peso	Qtd.	Preço emissão	Cot.
1	2003	Proof	OURO 999 ‰	15 mm	3,11 g	*1 143*	109	-

€.00150410308 - FRANÇA 1 € 1/2 BICENTENÁRIO DO FRANCO GERMINAL

00150 410308	Data	Série	Metal	Módulo	Peso	Qtd.	Preço emissão	Cot.
1	2003	Proof	PRATA 900 ‰	37 mm	22,2 g	*7 713*	41	33

€.01000410308 - FRANÇA 10 € BICENTENÁRIO DO FRANCO GERMINAL

01000 410308	Data	Série	Metal	Módulo	Peso	Qtd.	Preço emissão	Cot.
1	2003	Proof	OURO 920 ‰	22 mm	8,45 g	*1 761*	244	-

Série 2004 / 1 : CENTENÁRIO DA FIFA

€.00150410401 - FRANÇA 1 € 1/2 CENTENÁRIO DA FIFA, por Joaquin Jimenez

00150 410401	Data	Série	Metal	Módulo	Peso	Qtd.	Preço emissão	Cot.
1	2004	Proof	PRATA 900 ‰	37 mm	22,2 g	*15 572*	46	38

€.01000410401 - FRANÇA 10 € CENTENÁRIO DA FIFA, por Joaquin Jimenez

01000 410401	Data	Série	Metal	Módulo	Peso	Qtd.	Preço emissão	Cot.
1	2004	Proof	OURO 920 ‰	22 mm	8,45 g	*3 097*	269	-

Série 2004 / 2 : CENTENÁRIO DO ENTENTE CORDIALE

€.00150410402 - FRANÇA 1 € 1/2 ENTENÁRIO DO ENTENTE CORDIALE

00150 410402	Data	Série	Metal	Módulo	Peso	Qtd.	Preço emissão	Cot.
1	2004	Proof	PRATA 900 ‰	37 mm	22,2 g	*4 022*	41	35

€.02000410402 - FRANÇA 20 € CENTENÁRIO DO ENTENTE CORDIALE

02000 410402	Data	Série	Metal	Módulo	Peso	Qtd.	Preço emissão	Cot.
1	2004	Proof	OURO 920 ‰	31 mm	17 g	*339*	527	950

Série 2004 / 3 : DIA-D

€.00150410403 - FRANÇA 1 € 1/2 DIA-D

00150 410403	Data	Série	Metal	Módulo	Peso	Qtd.	Preço emissão	Cot.
1	2004	Proof	PRATA 900 ‰	37 mm	22,2 g	*8 343*	41	30

€.02000410403 - FRANÇA 20 € DIA-D

02000 410403	Data	Série	Metal	Módulo	Peso	Qtd.	Preço emissão	Cot.
1	2004	Proof	OURO 920 ‰	31 mm	17 g	*531*	527	-

€.10000410403 - FRANÇA 100 € DIA-D

10000 410403	Data	Série	Metal	Módulo	Peso	Qtd.	Preço emissão	Cot.
1	2004	Proof	OURO 999 ‰	50 mm	155,5 g	*65*	4 835	-

Série 2004 / 4 : OS ACADÉMICOS

€.00025410404 - FRANÇA 1/4 € 400º ANIVERSÁRIO DA CHEGADA DE SAMUEL DE CHAMPLAIN A AMERICA DO NORTE

00025 410404	Data	Série	Metal	Módulo	Peso	Qtd.	Preço emissão	Cot.
1	2004	Proof	PRATA 900 ‰	37 mm	22,2 g	*15 105*	25	20

Série 2004 / 5 : CENTENÁRIO DA MORTE DE FRÉDÉRIC BARTHOLDI

€.00150410405 - FRANÇA 1 € 1/2 CENTENÁRIO DA MORTE DE FRÉDÉRIC BARTHOLDI

00150 410405	Data	Série	Metal	Módulo	Peso	Qtd.	Preço emissão	Cot.
1	2004	Proof	PRATA 900 ‰	37 mm	22,2 g	*15 000*	41	35

€.02000410405 - FRANÇA 20 € CENTENÁRIO DA MORTE DE FRÉDÉRIC BARTHOLDI

02000 410405	Data	Série	Metal	Módulo	Peso	Qtd.	Preço emissão	Cot.
1	2004	Proof	OURO 920 ‰	31 mm	17 g	*2 000*	527	-
2	2004	Proof	PRATA 950 ‰	50 mm	155,5 g	*999*	265	-

€.10000410405 - FRANÇA 100 € CENTENÁRIO DA MORTE DE FRÉDÉRIC BARTHOLDI

10000 410405	Data	Série	Metal	Módulo	Peso	Qtd.	Preço emissão	Cot.
1	2004	Proof	OURO 999 ‰	50 mm	155,5 g	*99*	4 835	-

Série 2004 / 6 : BICENTENÁRIO DA COROAÇÃO DE NAPOLEÃO

€.00150410406 - FRANÇA 1 € 1/2 BICENTENÁRIO DA COROAÇÃO DE NAPOLEÃO

00150 410406	Data	Série	Metal	Módulo	Peso	Qtd.	Preço emissão	Cot.
1	2004	Proof	PRATA 900 ‰	37 mm	22,2 g	*20 000*	41	37

€.01000410406 - FRANÇA 10 € BICENTENÁRIO DA COROAÇÃO DE NAPOLEÃO

01000 410406	Data	Série	Metal	Módulo	Peso	Qtd.	Preço emissão	Cot.
1	2004	Proof	OURO 900 ‰	21 mm	6,41 g	*5 000*	269	-

€.05000410406 - FRANÇA 50 € BICENTENÁRIO DA COROAÇÃO DE NAPOLEÃO

05000 410406	Data	Série	Metal	Módulo	Peso	Qtd.	Preço emissão	Cot.
1	2004	Proof	OURO 999 ‰	37 mm	31,1 g	*3 000*	912	-

€.10000410406 - FRANÇA 100 € BICENTENÁRIO DA COROAÇÃO DE NAPOLEÃO

10000 410406	Data	Série	Metal	Módulo	Peso	Qtd.	Preço emissão	Cot.
1	2004	Proof	OURO 999 ‰	50 mm	155,5 g	*99*	4 835	-

Série 2004 / 7 : O ANO DA FRANÇA NA CHINA

€.00025410407 - FRANÇA 1/4 € O ANO DA FRANÇA NA CHINA

00025 410407	Data	Série	Metal	Módulo	Peso	Qtd.	Preço emissão	Cot.
1	2004	Proof	PRATA 900 ‰	37 mm	22,2 g	*10 000*	25	70

€.00025410407 - FRANÇA 1/4 € SHANGHAI

00025 410407	Data	Série	Metal	Módulo	Peso	Qtd.	Preço emissão	Cot.
2	2005	Proof	PRATA 900 ‰	37 mm	22,2 g	*10 000*	25	22

Série 2004 / 8 : PANTEÃO

€.00500410408 - FRANÇA 5 € PANTEÃO

00500 410408	Data	Série	Metal	Módulo	Peso	Qtd.	Preço emissão	Cot.
1	2004	Proof	PRATA 900 ‰	29 mm	12 g	*20 000*	97	12
2	2005	Proof	PRATA 900 ‰	29 mm	12 g	*10 000*	97	15
3	2006	Proof	PRATA 900 ‰	29 mm	12 g	*10 000*	97	15

NOTE : Só em caixa Proof. Preço de emissão da caixa.

Série 2005 / 1 : JULIO VERNE

€.00025410501 - FRANÇA 1/4 € JULIO VERNE - O MUNDO FANTÁSTICO

00025 410501	Data	Série	Metal	Módulo	Peso	Qtd.	Preço emissão	Cot.
1	2005	BNC	CU / NIQUEL	30 mm	11 g	*50 000*	5	6

€.00150410501 - FRANÇA 1 € 1/2 JULIO VERNE - A VOLTA AO MUNDO EM 80 DIAS

00150 410501	Data	Série	Metal	Módulo	Peso	Qtd.	Preço emissão	Cot.
1	2005	Proof	PRATA 900 ‰	37 mm	22,2 g	*5 000*	41	35

€.00150410501 - FRANÇA 1 € 1/2 JULIO VERNE - 20 000 LÉGUAS SUBMARINAS

00150 410501	Data	Série	Metal	Módulo	Peso	Qtd.	Preço emissão	Cot.
2	2005	Proof	PRATA 900 ‰	37 mm	22,2 g	*5 000*	41	35

€.00150410501 - FRANÇA 1 € 1/2 JULIO VERNE - DA TERRA À LUA

00150 410501	Data	Série	Metal	Módulo	Peso	Qtd.	Preço emissão	Cot.
3	2005	Proof	PRATA 900 ‰	37 mm	22,2 g	*5 000*	41	35

€.00150410501 - FRANÇA € 1 € 1/2 JULIO VERNE - MICHEL STROGOFF

00150 410501	Data	Série	Metal	Módulo	Peso	Qtd.	Preço emissão	Cot.
4	2006	Proof	PRATA 900 ‰	37 mm	22,2 g	*5 000*	41	35

€.00150410501 - FRANÇA 1 € 1/2 JULIO VERNE - CINCO SEMANAS NO BALÃO DE AR

00150 410501	Data	Série	Metal	Módulo	Peso	Qtd.	Preço emissão	Cot.
5	2006	Proof	PRATA 900 ‰	37 mm	22,2 g	*5 000*	41	35

€.00150410501 - FRANÇA 1 € 1/2 JULIO VERNE - VIAGEM AO CENTRO DA TERRA

00150 410501	Date	Série	Métal	Module	Poids	Quantité	Prix d'émission	Cote
6	2006	Proof	PRATA 900 ‰	37 mm	22,2 g	*5 000*	41	35

€.01000410501 - FRANÇA 10 € JULIO VERNE - A VOLTA AO MUNDO EM 80 DIAS

01000 410501	Data	Série	Metal	Módulo	Peso	Qtd.	Preço emissão	Cot.
1	2005	Proof	OURO 920 ‰	22 mm	8,45 g	*2 000*	269	-

€.01000410501 - FRANÇA 10 € JULIO VERNE - 20 000 LÉGUAS SUBMARINAS

01000 410501	Data	Série	Metal	Módulo	Peso	Qtd.	Preço emissão	Cot.
2	2005	Proof	OURO 920 ‰	22 mm	8,45 g	*2 000*	269	-

€.01000410501 - FRANÇA 10 € JULIO VERNE - DA TERRA À LUA

01000 410501	Data	Série	Metal	Módulo	Peso	Qtd.	Preço emissão	Cot.
3	2005	Proof	OURO 920 ‰	22 mm	8,45 g	*2 000*	269	-

€.01000410501 - FRANÇA 10 € JULIO VERNE - MICHEL STROGOFF

01000 410501	Data	Série	Metal	Módulo	Peso	Qtd.	Preço emissão	Cot.
4	2006	Proof	OURO 920 ‰	22 mm	8,45 g	*500*	269	-

€.01000410501 - FRANÇA 10 € JULIO VERNE - CINCO SEMANAS NO BALÃO DE AR

01000 410501	Data	Série	Metal	Módulo	Peso	Qtd.	Preço emissão	Cot.
5	2006	Proof	OURO 920 ‰	22 mm	8,45 g	*500*	269	-

€.01000410501 - FRANÇA 10 € JULIO VERNE - VIAGEM AO CENTRO DA TERRA

01000 410501	Data	Série	Metal	Módulo	Peso	Qtd.	Preço emissão	Cot.
6	2006	Proof	OURO 920 ‰	22 mm	8,45 g	*500*	269	-

€.02000410501 - FRANÇA 20 € JULIO VERNE - A VOLTA AO MUNDO EM 80 DIAS

02000 410501	Data	Série	Metal	Módulo	Peso	Qtd.	Preço emissão	Cot.
1	2005	Proof	PRATA 950 ‰	50 mm	155,5 g	*500*	265	-

€.02000410501 - FRANÇA 20 € JULIO VERNE - 20 000 LÉGUAS SUBMARINAS

02000 410501	Data	Série	Metal	Módulo	Peso	Qtd.	Preço emissão	Cot.
2	2005	Proof	PRATA 950 ‰	50 mm	155,5 g	*500*	265	-

€.02000410501 - FRANÇA 20 € JULIO VERNE - DA TERRA À LUA

02000 410501	Data	Série	Metal	Módulo	Peso	Qtd.	Preço emissão	Cot.
3	2005	Proof	PRATA 950 ‰	50 mm	155,5 g	*500*	265	-

€.02000410501 - FRANÇA 20 € JULIO VERNE - CINCO SEMANAS NO BALÃO DE AR

02000 410501	Data	Série	Metal	Módulo	Peso	Qtd.	Preço emissão	Cot.
4	2006	Proof	PRATA 950 ‰	50 mm	155,5 g	*500*	285	-

€.02000410501 - FRANÇA 20 € JULIO VERNE - MICHEL STROGOFF

02000 410501	Data	Série	Metal	Módulo	Peso	Qtd.	Preço emissão	Cot.
5	2006	Proof	PRATA 950 ‰	50 mm	155,5 g	*500*	285	-

€.02000410501 - FRANÇA 20 € JULIO VERNE - VIAGEM AO CENTRO DA TERRA

02000 410501	Data	Série	Metal	Módulo	Peso	Qtd.	Preço emissão	Cot.
6	2006	Proof	PRATA 950 ‰	50 mm	155,5 g	*500*	285	-

€.10000410501 - FRANÇA 100 € JULIO VERNE - A VOLTA AO MUNDO EM 80 DIAS

10000 410501	Data	Série	Metal	Módulo	Peso	Qtd.	Preço emissão	Cot.
1	2005	Proof	OURO 999 ‰	50 mm	155,5 g	*99*	4 835	-

€.10000410501 - FRANÇA 100 € JULIO VERNE - 20 000 LÉGUAS SUBMARINAS

10000 410501	Data	Série	Metal	Módulo	Peso	Qtd.	Preço emissão	Cot.
2	2005	Proof	OURO 999 ‰	50 mm	155,5 g	*99*	4 835	-

€.10000410501 - FRANÇA 100 € JULIO VERNE - DA TERRA A LUA

10000 410501	Data	Série	Metal	Módulo	Peso	Qtd.	Preço emissão	Cot.
3	2005	Proof	OURO 999 ‰	50 mm	155,5 g	*99*	4 835	-

€.10000410501 - FRANÇA 100 € JULIO VERNE - VIAGEM AO CENTRO DA TERRA

10000 410501	Data	Série	Metal	Módulo	Peso	Qtd.	Preço emissão	Cot.
4	2006	Proof	OURO 999 ‰	50 mm	155,5 g	*99*	4 994	-

Série 2005 / 2 : FUTEBOL

€.00150410502 - FRANÇA 1 € 1/2 FUTEBOL

00150 410502	Data	Série	Metal	Módulo	Peso	Qtd.	Preço emissão	Cot.
1	2005	Proof	PRATA 900 ‰	37 mm	22,2 g	*30 000*	41	35

€.01000410502 - FRANÇA 10 € FUTEBOL

01000 410502	Data	Série	Metal	Módulo	Peso	Qtd.	Preço emissão	Cot.
1	2005	Proof	OURO 920 ‰	22 mm	8,45 g	*10 000*	269	-

€.02000410502 - FRANÇA 20 € FUTEBOL

02000 410502	Data	Série	Metal	Módulo	Peso	Qtd.	Preço emissão	Cot.
1	2005	Proof	OURO 920 ‰	31 mm	17 g	*3 000*	527	-

Série 2005 / 3 : A BATALHA DE AUSTERLITZ

€.00150410503 - FRANÇA 1 € 1/2 A BATALHA DE AUSTERLITZ

00150 410503	Data	Série	Metal	Módulo	Peso	Qtd.	Preço emissão	Cot.
1	2005	Proof	PRATA 900 ‰	37 mm	22,2 g	*15 000*	41	33

€.01000410503 - FRANÇA 10 € A BATALHA DE AUSTERLITZ

01000 410503	Data	Série	Metal	Módulo	Peso	Qtd.	Preço emissão	Cot.
1	2005	Proof	OURO 900 ‰	21 mm	6,41 g	*3 000*	269	-

€.02000410503 - FRANÇA 20 € A BATALHA DE AUSTERLITZ

02000 410503	Data	Série	Metal	Módulo	Peso	Qtd.	Preço emissão	Cot.
1	2005	Proof	OURO 920 ‰	31 mm	17 g	*4 000*	527	-

€.10000410503 - FRANÇA 100 € A BATALHA DE AUSTERLITZ

10000 410503	Data	Série	Metal	Módulo	Peso	Qtd.	Preço emissão	Cot.
1	2005	Proof	OURO 999 ‰	50 mm	155,5 g	*99*	4 835	-

Série 2005 / 4 : BIATLON

€.00150410504 - FRANÇA 1 € 1/2 BIATLON

00150 410504	Data	Série	Metal	Módulo	Peso	Qtd.	Preço emissão	Cot.
1	2005	Proof	PRATA 900 ‰	37 mm	22,2 g	*30 000*	41	33

€.01000410504 - FRANÇA 10 € BIATLON

01000 410504	Data	Série	Metal	Módulo	Peso	Qtd.	Preço emissão	Cot.
1	2005	Proof	OURO 920 ‰	22 mm	8,45 g	*3 000*	269	-

Série 2005 / 5 : 60º ANIVERSÁRIO DO FIM DA SEGUNDA GUERRA MUNDIAL

€.00150410505 - FRANÇA 1 € 1/2 60º ANIVERSÁRIO DO FIM DA SEGUNDA GUERRA MUNDIAL

00150 410505	Data	Série	Metal	Módulo	Peso	Qtd.	Preço emissão	Cot.
1	2005	Proof	PRATA 900 ‰	37 mm	22,2 g	*50 000*	41	33

€.01000410505 - FRANÇA 10 € 60º ANIVERSÁRIO DO FIM DA SEGUNDA GUERRA MUNDIAL

01000 410505	Data	Série	Metal	Módulo	Peso	Qtd.	Preço emissão	Cot.
1	2005	Proof	OURO 920 ‰	22 mm	8,45 g	*3 000*	269	-

€.10000410505 - FRANÇA 100 € 60º ANIVERSÁRIO DO FIM DA SEGUNDA GUERRA MUNDIAL

10000 410505	Data	Série	Metal	Módulo	Peso	Qtd.	Preço emissão	Cot.
1	2005	Proof	OURO 999 ‰	50 mm	155,5 g	*99*	4 835	-

Série 2005 / 6 : FRÉDÉRIC CHOPIN

€.00150410506 - FRANÇA 1 € 1/2 FRÉDÉRIC CHOPIN

00150 410506	Data	Série	Metal	Módulo	Peso	Qtd.	Preço emissão	Cot.
1	2005	Proof	PRATA 900 ‰	37 mm	22,2 g	*3 000*	41	75

€.02000410506 - FRANÇA 20 € FRÉDÉRIC CHOPIN

02000 410506	Data	Série	Metal	Módulo	Peso	Qtd.	Preço emissão	Cot.
1	2005	Proof	OURO 920 ‰	31 mm	17 g	*500*	527	1 450

Série 2005 / 7 : HELLO KITTY

€.00150410507 - FRANÇA 1 € 1/2 KITTY NOS CAMPOS ELÍSIOS

00150 410507	Data	Série	Metal	Módulo	Peso	Qtd.	Preço emissão	Cot.
1	2005	Proof	PRATA 900 ‰	37 mm	22,2 g	*4 000*	41	55

€.00150410507 - FRANÇA 1 € 1/2 KITTY NO CAFÉ

00150 410507	Data	Série	Metal	Módulo	Peso	Qtd.	Preço emissão	Cot.
2	2005	Proof	PRATA 900 ‰	37 mm	22,2 g	*4 000*	41	55

€.00150410507 - FRANÇA 1 € 1/2 KITTY VOA SOBRE PARIS

00150 410507	Data	Série	Metal	Módulo	Peso	Qtd.	Preço emissão	Cot.
3	2005	Proof	PRATA 900 ‰	37 mm	22,2 g	*4 000*	41	55

€.01000410507 - FRANÇA 10 € KITTY O ESPETÁCULO

01000 410507	Data	Série	Metal	Módulo	Peso	Qtd.	Preço emissão	Cot.
1	2005	Proof	OURO 920 ‰	22 mm	8,45 g	*1 000*	269	-

€.05000410507 - FRANÇA 50 € KITTY A VERSAILLES

05000 410507	Data	Série	Metal	Módulo	Peso	Qtd.	Preço emissão	Cot.
1	2005	Proof	OURO 999 ‰	37 mm	31,1 g	*1 000*	912	-

Série 2005 / 8 : 150º ANIVERSÁRIO DAS VINDIMAS DE BORDEUS

€.00150410508 - FRANÇA 1 € 1/2 150º ANIVERSÁRIO DAS VINDIMAS DE BORDEUS, por Magdalena Dobrucka

00150 410508	Data	Série	Metal	Módulo	Peso	Qtd.	Preço emissão	Cot.
1	2005	Proof	PRATA 900 ‰	37 mm	22,2 g	*5 000*	41	33

€.01000410508 - FRANÇA 10 € 150º ANIVERSÁRIO DAS VINDIMAS DE BORDEUS, por Magdalena Dobrucka

01000 410508	Data	Série	Metal	Módulo	Peso	Qtd.	Preço emissão	Cot.
1	2005	Proof	OURO 920 ‰	22 mm	8,45 g	*500*	269	280

Série 2006 / 1 : 300º ANIVERSÁRIO DO NASCIMENTO BENJAMIN FRANKLIN

€.00025410601 - FRANÇA 1/4 € 300º ANIVERSÁRIO DO NASCIMENTO BENJAMIN FRANKLIN, por Quentin Sternberg

00025 410601	Data	Série	Metal	Módulo	Peso	Qtd.	Preço emissão	Cot.
1	2006	BNC	PRATA 900 ‰	37 mm	22,2 g	*15 000*	25	25

€.01000410601 - FRANÇA 10 € 300º ANIVERSÁRIO DO NASCIMENTO BENJAMIN FRANKLIN, por Quentin Sternberg

01000 410601	Data	Série	Metal	Módulo	Peso	Qtd.	Preço emissão	Cot.
1	2006	Proof	OURO 920 ‰	22 mm	8,45 g	*1 000*	265	300

€.02000410601 - FRANÇA 20 € 300º ANIVERSÁRIO DO NASCIMENTO BENJAMIN FRANKLIN, por Quentin Sternberg

02000 410601	Data	Série	Metal	Módulo	Peso	Qtd.	Preço emissão	Cot.
2	2006	Proof	PRATA 950 ‰	50 mm	155,5 g	*500*	269	280

€.10000410601 - FRANÇA 100 € 300º ANIVERSÁRIO DO NASCIMENTO BENJAMIN FRANKLIN, por Quentin Sternberg

10000 410601	Data	Série	Metal	Módulo	Peso	Qtd.	Preço emissão	Cot.
1	2006	Proof	OURO 999 ‰	50 mm	155,5 g	*84*	nc	-

Série 2006 / 2 : FÁBULAS DE LA FONTAINE

€.00025410602 - FRANÇA 1/4 € O ANO DO CÃO

00025 410602	Data	Série	Metal	Módulo	Peso	Qtd.	Preço emissão	Cot.
1	2006	BNC	PRATA 900 ‰	37 mm	22,2 g	*10 000*	25	22

Série 2006 / 3 : JOGOS OLIMPICOS DE VERÃO 2008

€.00150410603 - FRANÇA 1 € 1/2 A ESGRIMA

00150 410603	Data	Série	Metal	Módulo	Peso	Qtd.	Preço emissão	Cot.
1	2006	Proof	PRATA 900 ‰	37 mm	22,2 g	*10 000*	41	35

€.01000410603 - FRANÇA 10 € ESGRIMA

01000 410603	Data	Série	Metal	Módulo	Peso	Qtd.	Preço emissão	Cot.
1	2006	Proof	OURO 920 ‰	22 mm	8,45 g	*1 000*	289	-

Série 2006 / 4 : RENAULT F1 - CAMPEONATO DO MUNDO

€.00150410604 - FRANÇA 1 € 1/2 RENAULT F1 - CAMPEONATO DO MUNDO

00150 410604	Data	Série	Metal	Módulo	Peso	Qtd.	Preço emissão	Cot.
5	2006	Proof	PRATA 900 ‰	37 mm	22,2 g	*10 000*	41	45

Série 2006 / 5 : CENTENÁRIO DA MORTE DE PAUL CÉZANNE

€.00150410605 - FRANÇA 1 € 1/2 CENTENÁRIO DA MORTE DE PAUL CÉZANNE

00150 410605	Data	Série	Metal	Módulo	Peso	Qtd.	Preço emissão	Cot.
1	2006	Proof	PRATA 900 ‰	37 mm	22,2 g	*5 000*	41	35

€.02000410605 - FRANÇA 20 € CENTENÁRIO DA MORTE DE PAUL CÉZANNE

02000 410605	Data	Série	Metal	Módulo	Peso	Qtd.	Preço emissão	Cot.
1	2006	Proof	OURO 920 ‰	31 mm	17 g	*500*	566	800
2	2006	Proof	PRATA 950 ‰	50 mm	155,5 g	*500*	285	-

€.10000410605 - FRANÇA 100 € CENTENÁRIO DA MORTE DE PAUL CÉZANNE

10000 410605	Data	Série	Metal	Módulo	Peso	Qtd.	Preço emissão	Cot.
1	2006	Proof	OURO 999 ‰	50 mm	155,5 g	*99*	nc	-

Série 2006 / 6 : FUNDAÇÃO DOS HOSPITAIS DE FRANÇA

€.00025410606 - FRANÇA 1/4 € 10 ANIVERSÁRIO DO TGV

00025 410606	Data	Série	Metal	Módulo	Peso	Qtd.	Preço emissão	Cot.
1	2006	BNC	PRATA 900 ‰	37 mm	22,2 g	*50 000*	25	20

Série 2006 / 7 : 500º ANIVERSÁRIO DA BASILICA SÃO PEDRO

€.00150410607 - FRANÇA 1 € 1/2 500º ANIVERSÁRIO DA BASILICA SÃO PEDRO

00150 410607	Data	Série	Metal	Módulo	Peso	Qtd.	Preço emissão	Cot.
1	2006	Proof	PRATA 900 ‰	37 mm	22,2 g	*5 000*	41	35

€.01000410607 - FRANÇA 10 € 500º ANIVERSÁRIO DA BASILICA SÃO PEDRO

01000 410607	Data	Série	Metal	Módulo	Peso	Qtd.	Preço emissão	Cot.
1	2006	Proof	OURO 920 ‰	22 mm	8,45 g	*1 000*	269	-

€.05000410607 - FRANÇA 50 € 500º ANIVERSÁRIO DA BASILICA SÃO PEDRO

05000 410607	Data	Série	Metal	Módulo	Peso	Qtd.	Preço emissão	Cot.
1	2006	Proof	OURO 999 ‰	37 mm	31,10 g	*500*	979	-

€.10000410607 - FRANÇA 100 € 500º ANIVERSÁRIO DA BASILICA SÃO PEDRO

10000 410607	Data	Série	Metal	Módulo	Peso	Qtd.	Preço emissão	Cot.
1	2006	Proof	OURO 999 ‰	50 mm	155,5 g	*99*	nc	-

Série 2006 / 8 : JEAN-BAPTISTE BERNADOTTE

€.00025410608 - FRANÇA 1/4 € JEAN-BAPTISTE BERNADOTTE

00025 410608	Data	Série	Metal	Módulo	Peso	Qtd.	Preço emissão	Cot.
1	2006	BNC	PRATA 900 ‰	37 mm	22,2 g	*10 000*	25	22

€.01000410608 - FRANÇA 10 € JEAN-BAPTISTE BERNADOTTE

01000 410608	Data	Série	Metal	Módulo	Peso	Qtd.	Preço emissão	Cot.
1	2006	Proof	OURO 920 ‰	22 mm	8,45 g	*1 000*	289	-

Série 2006 / 9 : CENTENÁRIO DO PRIMEIRO GRANDE PRÉMIO DE AUTOMÓVEL CLUBE DE FRANÇA

€.00150410609 - FRANÇA 1 € 1/2 CENTENÁRIO DO PRIMEIRO GRANDE PRÉMIO DE ACF

00150 410609	Date	Série	Métal	Module	Poids	Quantité	Prix emissão	Cote
1	2006	Proof	PRATA 900 ‰	37 mm	22,2 g	*5 000*	41	35

€.01000410609 - FRANÇA 10 € CENTENÁRIO DO PRIMEIRO GRANDE PRÉMIO DE ACF

01000 410609	Data	Série	Metal	Módulo	Peso	Qtd.	Preço emissão	Cot.
1	2006	Proof	OURO 920 ‰	22 mm	8,45 g	*500*	289	-

Série 2006 / 10 : 100º ANIVERSÁIO DO PRIMEIRO ENSINO DADO POR UMA MULHER

€.02000410610 - FRANÇA 20 € MARIE CURIE

02000 410610	Data	Série	Metal	Módulo	Peso	Qtd.	Preço emissão	Cot.
1	2006	Proof	OURO 920 ‰	31 mm	17 g	*500*	566	800
2	2006	Proof	PRATA 950 ‰	50 mm	155,5 g	*500*	285	-

Série 2006 / 11 : 250º ANIVERSÁRIO DO NASCIMENTO DE MOZART

€.00025410611 - FRANÇA 1/4 € 250º ANIVERSÁRIO DO NASCIMENTO DE MOZART

00025 410611	Data	Série	Metal	Módulo	Peso	Qtd.	Preço emissão	Cot.
1	2006	BNC	PRATA 900 ‰	37 mm	22,2 g	*5 000*	25	22

€.01000410611 - FRANÇA 10 € 250º ANIVERSÁRIO DO NASCIMENTO DE MOZART

01000 410611	Data	Série	Metal	Módulo	Peso	Qtd.	Preço emissão	Cot.
1	2006	Proof	OURO 920 ‰	22 mm	8,45 g	*1 000*	289	-

€.02000410611 - FRANÇA 20 € 250º ANIVERSÁRIO DO NASCIMENTO DE MOZART

02000 410611	Data	Série	Metal	Módulo	Peso	Qtd.	Preço emissão	Cot.
1	2006	Proof	PRATA 950 ‰	50 mm	155,5 g	*500*	285	-

Série 2006 / 12 : RAINHA D. AMÉLIA DE PORTUGAL

€.00150410612 - FRANÇA 1 1/2 € RAINHA D. AMÉLIA DE PORTUGAL

00150 410612	Data	Série	Metal	Módulo	Peso	Qtd.	Preço emissão	Cot.
1	2006	Proof	PRATA 900 ‰	37 mm	22,2 g	*3 000*	41	60

€.01000410612 - FRANÇA 10 € RAINHA D. AMÉLIA DE PORTUGAL

01000 410612	Data	Série	Metal	Módulo	Peso	Qtd.	Preço emissão	Cot.
1	2006	Proof	OURO 920 ‰	22 mm	8,45 g	*500*	289	500

GRÉCIA

Série 2003 / 1 : JOGOS OLÍMPICOS DE ATENAS 2004 - SÉRIE I

€.01000490301 - GRÉCIA 10 € DISCO

01000 490301	Data	Série	Metal	Módulo	Peso	Qtd.	Preço emissão	Cot.
1	2003	Proof	PRATA 925 ‰	40 mm	34 g	*68 000*	44	60

€.01000490301 - GRÉCIA 10 € CORRIDA

01000 490301	Data	Série	Metal	Módulo	Peso	Qtd.	Preço emissão	Cot.
2	2003	Proof	PRATA 925 ‰	40 mm	34 g	*68 000*	44	55

€.10000490301 - GRÉCIA 100 € PALÁCIO DE KNOSSOS

10000 490301	Data	Série	Metal	Módulo	Peso	Qtd.	Preço emissão	Cot.
1	2003	Proof	OURO 999 ‰	25 mm	10 g	*28 000*	440	450

Série 2003 / 2 : JOGOS OLÍMPICOS DE ATENAS 2004 - SÉRIE II

€.01000490302 - GRÉCIA 10 € DARDO

01000 490302	Data	Série	Metal	Módulo	Peso	Qtd.	Preço emissão	Cot.
1	2003	Proof	PRATA 925 ‰	40 mm	34 g	*68 000*	44	55

€.01000490302 - GRÉCIA 10 € SALTO EM COMPRIMENTO

01000 490302	Data	Série	Metal	Módulo	Peso	Qtd.	Preço emissão	Cot.
2	2003	Proof	PRATA 925 ‰	40 mm	34 g	*68 000*	44	55

€.10000490302 - GRÉCIA 100 € CRÍPTA OLÍMPICA

10000 490302	Data	Série	Metal	Módulo	Peso	Qtd.	Preço emissão	Cot.
1	2003	Proof	OURO 999 ‰	25 mm	10 g	*28 000*	440	450

Série 2003 / 3 : JOGOS OLÍMPICOS DE ATENAS 2004 - SÉRIE III

€.01000490303 - GRÉCIA 10 € CAVALO DE MUDA

01000 490303	Data	Série	Metal	Módulo	Peso	Qtd.	Preço emissão	Cot.
1	2003	Proof	PRATA 925 ‰	40 mm	34 g	*68 000*	44	55

€.01000490303 - GRÉCIA 10 € EQUITAÇÃO

01000 490303	Data	Série	Metal	Módulo	Peso	Qtd.	Preço emissão	Cot.
2	2003	Proof	PRATA 925 ‰	40 mm	34 g	*68 000*	44	55

€.10000490303 - GRÉCIA 100 € ESTÁDIO DE PANATHINAIKOS

10000 490303	Data	Série	Metal	Módulo	Peso	Qtd.	Preço emissão	Cot.
1	2003	Proof	OURO 999 ‰	25 mm	10 g	*28 000*	440	450

Série 2003 / 4 : JOGOS OLÍMPICOS DE ATENAS 2004 - SÉRIE IV

€.01000490304 - GRÉCIA 10 € GINÁSTICA RITMICA

01000 490304	Data	Série	Metal	Módulo	Peso	Qtd.	Preço emissão	Cot.
1	2003	Proof	PRATA 925 ‰	40 mm	34 g	*68 000*	44	50

€.01000490304 - GRÉCIA 10 € NATAÇÃO

01000 490304	Data	Série	Metal	Módulo	Peso	Qtd.	Preço emissão	Cot.
2	2003	Proof	PRATA 925 ‰	40 mm	34 g	*68 000*	44	50

€.10000490304 - GRÉCIA 100 € ZAPPEION - CIDADE OLÍMPICA

10000 490304	Data	Série	Metal	Módulo	Peso	Qtd.	Preço emissão	Cot.
1	2003	Proof	OURO 999 ‰	25 mm	10 g	*28 000*	440	430

Série 2003 / 5 : PRESIDÊNCIA GREGA DA UNIÃO EUROPEIA

€.01000490305 - GRÉCIA 10 € PRESIDÊNCIA GREGA DA UNIÃO EUROPEIA, por Georgios Stamatopoulos

01000 490305	Data	Série	Metal	Módulo	Peso	Qtd.	Preço emissão	Cot.
1	2003	BNC	PRATA 925 ‰	28,25 mm	9,75 g	*50 000*	50	20
2	2003	Proof	PRATA 925 ‰	28,25 mm	9,75 g	*50 000*	25	50

01000490305/1 : Caixa Proof da Presidência. Preço de emissão; cotação em separado.

Série 2003 / 6 : 75º ANIVERSÁRIO DO BANCO DA GRECIA

€.02000490306 - GRÉCIA 20 € 75º ANIVERSÁRIO DO BANCO DA GRÉCIA, por Nikos Nikolaou

02000 490306	Data	Série	Metal	Módulo	Peso	Qtd.	Preço emissão	Cot.
1	2003	Proof	PRATA 925 ‰	37 mm	24 g	*14 000*	nc	240

02000490306/1 : Algumas carteiras são para oferta aos empregados do Banco da Grécia.

€.20000490306 - GRÉCIA 200 € 75º ANIVERSÁRIO DO BANCO DA GRÉCIA, por Nikos Nikolaou

20000 490306	Data	Série	Metal	Módulo	Peso	Qtd.	Preço emissão	Cot.
1	2003	Proof	OURO 900 ‰	mm	31,1 g	*1 000*	0	2 100

20000490306/1 : Algumas carteiras são para oferta aos empregados do Banco da Grécia.

Série 2004 / 1 : JOGOS OLÍMPICOS DE ATENAS 2004 - SÉRIE V

€.01000490401 - GRÉCIA 10 € LUTA

01000 490401	Data	Série	Metal	Módulo	Peso	Qtd.	Preço emissão	Cot.
1	2004	Proof	PRATA 925 ‰	40 mm	34 g	*68 000*	44	50

€.01000490401 - GRÉCIA 10 € HALTÉROFILIA

01000 490401	Data	Série	Metal	Módulo	Peso	Qtd.	Preço emissão	Cot.
2	2004	Proof	PRATA 925 ‰	40 mm	34 g	*68 000*	44	50

€.10000490401 - GRÉCIA 100 € ACRÓPOLE DE ATENAS

10000 490401	Data	Série	Metal	Módulo	Peso	Qtd.	Preço emissão	Cot.
1	2004	Proof	OURO 999 ‰	25 mm	10 g	*28 000*	440	420

Série 2004 / 2 : JOGOS OLÍMPICOS DE ATENAS 2004 - SÉRIE VI

€.01000490402 - GRÉCIA 10 € ANDEBOL

01000 490402	Data	Série	Metal	Módulo	Peso	Qtd.	Preço emissão	Cot.
1	2004	Proof	PRATA 925 ‰	40 mm	34 g	*68 000*	44	50

€.01000490402 - GRÉCIA 10 € FUTEBOL, por Panagiotis Gravvalos

01000 490402	Data	Série	Metal	Módulo	Peso	Qtd.	Preço emissão	Cot.
2	2004	Proof	PRATA 925 ‰	40 mm	34 g	*68 000*	44	50

€.10000490402 - GRÉCIA 100 € ACADEMIA DE ATENAS, por Panagiotis Gravvalos

10000 490402	Data	Série	Metal	Módulo	Peso	Qtd.	Preço emissão	Cot.
1	2004	Proof	OURO 999 ‰	25 mm	10 g	*28 000*	440	420

Série 2004 / 3 : JOGOS OLÍMPICOS DE ATENAS 2004 - SÉRIE TOCHA OLÍMPICA

€.01000490403 - GRÉCIA 10 € A AMÉRICA

01000 490403	Data	Série	Metal	Módulo	Peso	Qtd.	Preço emissão	Cot.
1	2004	Proof	PRATA 925 ‰	40 mm	34 g	*10 000*	nc	55

€.01000490403 - GRÉCIA 10 € A ÁFRICA

01000 490403	Data	Série	Metal	Módulo	Peso	Qtd.	Preço emissão	Cot.
2	2004	Proof	PRATA 925 ‰	40 mm	34 g	*10 000*	nc	55

€.01000490403 - GRÉCIA 10 € A ÁSIA

01000 490403	Data	Série	Metal	Módulo	Peso	Qtd.	Preço emissão	Cot.
3	2004	Proof	PRATA 925 ‰	40 mm	34 g	*10 000*	nc	55

€.01000490403 - GRÉCIA 10 € A OCEÂNIA

01000 490403	Data	Série	Metal	Módulo	Peso	Qtd.	Preço emissão	Cot.
4	2004	Proof	PRATA 925 ‰	40 mm	34 g	*10 000*	nc	55

€.10000490403 - GRÉCIA 100 € SAÍDA DA TOCHA

10000 490403	Data	Série	Metal	Módulo	Peso	Qtd.	Preço emissão	Cot.
1	2004	Proof	OURO 999 ‰	25 mm	10 g	*10 000*	nc	4

€.10000490403 - GRÉCIA 100 € CHEGADA DA TOCHA AO ESTÁDIO

10000 490403	Data	Série	Metal	Módulo	Peso	Qtd.	Preço emissão	Cot.
2	2004	Proof	OURO 999 ‰	25 mm	10 g	*10 000*	nc	430

Série 2004 / 4 : JOGOS OLÍMPICOS DE ATENAS 2004

€.00200490404 - GRÉCIA 2 € JOGOS OLÍMPICOS DE ATENAS 2004, por Konstantinos Kazakos

00200 490404	Data	Série	Metal	Módulo	Peso	Qtd.	Preço emissão	Cot.
1	2004	BNC	CU / NIQUEL	25,75 mm	8,50 g	*500 000*	nc	9

00200490404/1 : Nós pensávamos que quando saiu esta moeda, não era oficial devido a ausência de informação em nome do Banco da Grécia. Nós entramos porém em 2006 a confirmação oficial que estas moeda tinha sido mandada fazer pelo instituto grego, mas vendido exclusivamente pelo promotor de comitê de Olimpíadas.

Série 200E / 1 : COMBATE DE TITANS

€.01000490501 - GRÉCIA 10 € COMBATE DE TITANS, por Georgios Stamatopoulos

01000 490501	Data	Série	Metal	Módulo	Peso	Qtd.	Preço emissão	Cot.
1	2005	BNC	PRATA 925 ‰	28,25 mm	9,75 g	*50 000*	35	16

Série 2006 / 1 : CIDADE DE PATRAS

€.01000490601 - GRÉCIA 10 € CIDADE DE PATRAS

01000 490601	Data	Série	Metal	Módulo	Peso	Qtd.	Preço emissão	Cot.
1	2006	BNC	PRATA 925 ‰	28,25 mm	9,75 g	*25 000*	35	16

Série 2006 / 2 : PARQUE NACIONAL OLÍMPICO

€.01000490602 - GRÉCIA 10 € LOCAL ANTIGO DE DION

01000 490602	Data	Série	Metal	Módulo	Peso	Qtd.	Preço emissão	Cot.
1	2006	Proof	PRATA 925 ‰	40 mm	34 g	*5 000*	40	80

€.01000490602 - GRÉCIA 10 € DIAS (NOM GREC DE ZEUS)

01000 490602	Data	Série	Metal	Módulo	Peso	Qtd.	Preço emissão	Cot.
2	2006	Proof	PRATA 925 ‰	40 mm	34 g	*5 000*	40	80

IRLANDA

Série 2003 / 1 : JOGOS OLÍMPICOS PARA - OLÍMPICOS

€.00500530301 - IRLANDA 5 € JOGOS OLÍMPICOS PARA - OLÍMPICOS

00500 530301	Data	Série	Metal	Módulo	Peso	Qtd.	Preço emissão	Cot.
1	2003	BNC	CU / NIQUEL	28,40 mm	14,19 g	*60 000*	10	18

00500530301/1 : Os 60 000 exemplares íncluem as 35 000 carteira.

€.01000530301 - IRLANDA 10 € JOGOS OLÍMPICOS PARA -OLÍMPICOS

01000 530301	Data	Série	Metal	Módulo	Peso	Qtd.	Preço emissão	Cot.
1	2003	Proof	PRATA 925 ‰	38,61 mm	28,28 g	*30 000*	30	40

Série 2004 / 1 : ALARGAMENTO DA UNIÃO EUROPEIA

€.01000530401 - IRLANDA 10 € ALARGAMENTO DA UNIÃO EUROPEIA, por Thomas Emmet Mullins e Paul Regan

01000 530401	Data	Série	Metal	Módulo	Peso	Qtd.	Preço emissão	Cot.
1	2004	Proof	PRATA 925 ‰	38,61 mm	28,28 g	*50 000*	30	38

Série 2005 / 1 : BICENTENÁRIO DO NASCIMENTO DE WILLIAM ROWAN HAMILTON

€.01000530501 - IRLANDA 10 € BICENTENÁRIO DO NASCIMENTO DE WILLIAM ROWAN HAMILTON, por Michael Guilfoyle

01000 530501	Data	Série	Metal	Módulo	Peso	Qtd.	Preço emissão	Cot.
1	2005	Proof	PRATA 925 ‰	38,61 mm	28,28 g	*30 000*	32	43

Série 2006 / 1 : SAMUEL BECKETT

€.01000530601 - IRLANDA 10 € SAMUEL BECKETT, por Emmet Mullins

01000 530601	Data	Série	Metal	Módulo	Peso	Qtd.	Preço emissão	Cot.
1 €	2006	Proof	PRATA 925 ‰	38,61 mm	28,28 g	*40 000*	32	43

01000530601/1 : Os 40 000 carteiras correspodem a 35 000 carteiras e mais 5 000 carteiras com as moedas de « 10 € + 20 € Samuel Bekett » (preço de emissão : 80 euros).

€.02000530601 - IRLANDA 20 € SAMUEL BECKETT, por Emmet Mullins

02000 530601	Data	Série	Metal	Módulo	Peso	Qtd.	Preço emissão	Cot.
1	2006	Proof	OURO 999 ‰	13,92 mm	1,24 g	*25 000*	50	60

02000530601/1 : As 25 000 carteiras correspondem a 20 000 carteiras mais 5 000 carteiras com as moedas de « 10 € + 20 € Samuel Bekett » (preço de emissão : 80 euros).

ITÁLIA

Série 2003 / 1 : A EUROPA DOS POVOS

€.00500560301 - ITÁLIA 5 € A EUROPA DOS POVOS, por Uliana Pernazza

00500 560301	Data	Série	Metal	Módulo	Peso	Qtd.	Preço emissão	Cot.
1	2003	BNC	PRATA 925 ‰	32 mm	18 g	*50 000*	50	30
2	2003	Proof	PRATA 925 ‰	32 mm	18 g	*8 000*	70	40

01000560301/1 e 2 : Vendidas em conjunto 5€ e 10€, mas aqui cotamos índividualmente.

€.01000560301 - ITÁLIA 10 € A EUROPA DOS POVOS, por Uliana Pernazza

01000 560301	Data	Série	Metal	Módulo	Peso	Qtd.	Preço emissão	Cot.
1	2003	BNC	PRATA 925 ‰	34 mm	22 g	*50 000*	50	45
2	2003	Proof	PRATA 925 ‰	34 mm	22 g	*8 000*	70	60

01000560301/1 e 2 : Vendidas em conjunto 5€ e 10€, mas aqui cotamos índuvidualmente.

Série 2003 / 2 : A EUROPA DAS ARTES

€.02000560302 - ITÁLIA 20 € A ÍTALIA, por Ettore Lorenzo Frapiccini

02000 560302	Data	Série	Metal	Módulo	Peso	Qtd.	Preço emissão	Cot.
1	2003	Proof	OURO 900 ‰	21 mm	6,45 g	*6 000*	200	260

€.02000560302 - ITÁLIA 20 € A BÉLGICA, por Ettore Lorenzo Frapiccini et Claudia Momoni

02000 560302	Data	Série	Metal	Módulo	Peso	Qtd.	Preço emissão	Cot.
2	2004	Proof	OURO 900 ‰	21 mm	6,45 g	*6 000*	200	250

€.02000560302 - ITÁLIA 20 € A FINLÂNDIA, por Ettore Lorenzo Frapiccini

02000 560302	Data	Série	Metal	Módulo	Peso	Qtd.	Preço emissão	Cot.
3	2005	Proof	OURO 900 ‰	21 mm	6,45 g	*5 000*	200	250

€.02000560302 - ITÁLIA 20 € A ALEMANHA, por Ettore Lorenzo Frapiccini

02000 560302	Data	Série	Metal	Módulo	Peso	Qtd.	Preço emissão	Cot.
4	2006	Proof	OURO 900 ‰	21 mm	6,45 g	*5 000*	215	260

€.05000560302 - ITÁLIA 50 € A ÁUSRTIA, por Ettore Lorenzo Frapiccini

05000 560302	Data	Série	Metal	Módulo	Peso	Qtd.	Preço emissão	Cot.
1	2003	Proof	OURO 900 ‰	28 mm	16,13 g	*6 000*	450	500

€.05000560302 - ITÁLIA 50 € A DINAMARCA, por Ettore Lorenzo Frapiccini et Claudia Momoni

05000 560302	Data	Série	Metal	Módulo	Peso	Qtd.	Preço emissão	Cot.
2	2004	Proof	OURO 900 ‰	28 mm	16,13 g	*3 200*	450	500

€.05000560302 - ITÁLIA 50 € A FRANÇA, por Ettore Lorenzo Frapiccini

05000 560302	Data	Série	Metal	Módulo	Peso	Qtd.	Preço emissão	Cot.
3	2005	Proof	OURO 900 ‰	28 mm	16,13 g	*5 000*	450	500

€.05000560302 - ITÁLIA 50 € A GRÉCIA, por Ettore Lorenzo Frapiccini

05000 560302	Data	Série	Metal	Módulo	Peso	Qtd.	Preço emissão	Cot.
4	2006	Proof	OURO 900 ‰	28 mm	16,13 g	*3 000*	480	520

Série 2003 / 3 : A EUROPA DO TRABALHO

€.00500560303 - ITÁLIA 5 € A EUROPA DO TRABALHO, por Roberto Mauri

00500 560303	Data	Série	Metal	Módulo	Peso	Qtd.	Preço emissão	Cot.
1	2003	BNC	PRATA 925 ‰	32 mm	18 g	*50 000*	42	12
2	2003	Proof	PRATA 925 ‰	32 mm	18 g	*12 000*	80	18

00500560303/1 : Somente vendidas em BNC. Preço de emissão em caixa; cotação de cada moeda individual.

00500560303/2 : Somente vendidas em Proof. Preço de emissão em caixa; cotação de cada moeda individual.

Série 2003 / 4 : PRESIDÊNCIA ITALIANA

€.01000560304 - ITÁLIA 10 € PRESIDÊNCIA ITALIANA, por Laura Cretara

01000 560304	Data	Série	Metal	Módulo	Peso	Qtd.	Preço emissão	Cot.
1	2003	BNC	PRATA 925 ‰	34 mm	22 g	*50 000*	29	40
2	2003	Proof	PRATA 925 ‰	34 mm	22 g	*8 000*	42	95

Série 2004 / 1 : GÉNOVA, CAPITAL EUROPEIA DA CULTURA

€.01000560401 - ITÁLIA 10 € GÉNOVA, CAPITAL EUROPEIA DA CULTURA, por Maria Carmela Colaneri

01000 560401	Data	Série	Metal	Módulo	Peso	Qtd.	Preço emissão	Cot.
1	2004	BNC	PRATA 835 ‰	34 mm	22 g	*20 000*	32	40
2	2004	Proof	PRATA 835 ‰	34 mm	22 g	*10 500*	45	60

Série 2004 / 2 : GIACOMO PUCCINI

€.00500560402 - ITÁLIA 5 € CENTENÁRIO DA PRIMEIRA REPRESENTAÇÃO DE MME BUTTERFLY, por Luciana de Simoni

00500 560402	Data	Série	Metal	Módulo	Peso	Qtd.	Preço emissão	Cot.
1	2004	BNC	PRATA 925 ‰	32 mm	18 g	*13 500*	50	25
2	2004	Proof	PRATA 925 ‰	32 mm	18 g	*8 000*	70	35

00500560402/1 e 2 : Vendido com a moeda de 10 euro; preço de imissão cotado individualmente.

€.01000560402 - ITÁLIA 10 € CENTENÁRIO DA PRIMEIRA REPRESENTAÇÃO DE MME BUTTERFLY, por Luciana de Simoni

01000 560402	Data	Série	Metal	Módulo	Peso	Qtd.	Preço emissão	Cot.
1	2004	BNC	PRATA925 ‰	34 mm	22 g	*13 500*	50	40
2	2004	Proof	PRATA 925 ‰	34 mm	22 g	*8 000*	70	55

01000560402/1 e 2 : Vendido com a moeda de 5 euro; preço de emissão cotado individualmente.

Série 2004 / 3 : COPA DO MUNDO DE FUTEBOL 2006 NA ALEMANHA - SÉRIE I

€.00500560403 - ITÁLIA 5 € COPA DO MUNDO DE FUTEBOL 2006 NA ALEMANHA, por Robert Mauri

00500 560403	Data	Série	Metal	Módulo	Peso	Qtd.	Preço emissão	Cot.
1	2004	Proof	PRATA 835 ‰	32 mm	18 g	*35 000*	nc	75

00500560403/1 : Das 35 000 moedas, só 5 000 foram vendidas pelo Instituto Italiano; a outra parte pela FIFA.

€.02000560403 - ITÁLIA 20 € COPA DO MUNDO DE FUTEBOL 2006 NA ALEMANHA, por Robert Mauri

02000 560403	Data	Série	Metal	Módulo	Peso	Qtd.	Preço emissão	Cot.
1	2004	Proof	OURO 900 ‰	21 mm	6,451 g	*7 500*	200	310

Série 2004 / 4 : 50º ANOS DA TELEVISÃO NA ITÁLIA

€.00500560404 - ITÁLIA 5 € 50º ANOS DA TELEVISÃO NA ITÁLIA, por Uliana Pernazza

00500 560404	Data	Série	Metal	Módulo	Peso	Qtd.	Preço emissão	Cot.
1	2004	BNC	PRATA 925 ‰	32 mm	18 g	*40 000*	42	12
2	2004	Proof	PRATA 925 ‰	32 mm	18 g	*15 000*	80	18

00500560404/1 : Somente vendidas em BNC. Preço de emissão em caixa; cotação de cada moeda individual.
00500560404/2 : Somente vendidas em PROOF. Preço de emissão em caixa; cotação de cada moeda individual.

Série 2005 / 1 : JOGOS OLÍMPICOS DE INVERNO DE TURINO 2006 - SÉRIE I

€.00500560501 - ITÁLIA 5 € PATINAGEM ARTISTICA, por Robert Mauri e Claudia Momoni

00500 560501	Data	Série	Metal	Módulo	Peso	Qtd.	Preço emissão	Cot.
1	2005	Proof	PRATA 925 ‰	32 mm	18 g	*40 000*	75	45

00500560501/1 : Vendido com a moeda de 10 euro; preço de emissão cotado indlvidialmente.

€.01000560501 - ITÁLIA 10 € SKI ALPINO, por Robert Mauri e Claudia Momoni

01000 560501	Data	Série	Metal	Módulo	Peso	Qtd.	Preço emissão	Cot.
1	2005	Proof	PRATA 925 ‰	34 mm	22 g	*40 000*	75	65

01000560501/1 : Vendido com a moeda de 5 euro; preço de emissão cotado indlvidialmente.

Série 2005 / 1 : JOGOS OLÍMPICOS DE INVERNO DE TURINO 2006 - SÉRIE I

€.02000560501 - ITÁLIA 20 € PORTE PALATINE - TURINO, por Robert Mauri e Uliana Pernazza

02000 560501	Data	Série	Metal	Módulo	Peso	Qtd.	Preço emissão	Cot.
1	2005	Proof	OURO 900 ‰	21 mm	6,451 g	*10 000*	210	245

Série 2005 / 2 : JOGOS OLÍMPICOS DE INVERNO DE TURINO 2006 - SÉRIE II

€.00500560502 - ITÁLIA 5 € SKI DE FUNDO, por Robert Mauri e Claudia Momoni

00500 560502	Data	Série	Metal	Módulo	Peso	Qtd.	Preço emissão	Cot.
1	2005	Proof	PRATA 925 ‰	32 mm	18 g	*35 000*	75	40

00500560502/1 : Vendido com a moeda de 10 euro; preço de emissão cotado induvidualmente.

€.01000560502 - ITÁLIA 10 € HOQUEI SOBRE O GELO, por Robert Mauri e Claudia Momoni

01000 560502	Data	Série	Metal	Módulo	Peso	Qtd.	Preço emissão	Cot.
1	2005	Proof	PRATA 925 ‰	34 mm	22 g	*35 000*	75	60

01000560502/1 : Vendido com a moeda de 5 euro; preço de emissão cotado individualmente.

Série 2005 / 2 : JOGOS OLÍMPICOS DE INVERNO DE TURINO 2006 - SÉRIE II

€.02000560502 - ITÁLIA 20 € HOTEL MADAMA - TURINO, por Robert Mauri e Uliana Pernazza

02000 560502	Data	Série	Metal	Módulo	Peso	Qtd.	Preço emissão	Cot.
1	2005	Proof	OURO 900 ‰	21 mm	6,451 g	*10 000*	210	245

€.05000560502 - ITÁLIA 50 € CHAMA OLÍMPICA, por Robert Mauri e Claudia Momoni

05000 560502	Data	Série	Metal	Módulo	Peso	Qtd.	Preço emissão	Cot.
1	2006	Proof	OURO 900 ‰	28 mm	16,13 g	*6 000*	460	520

Série 2005 / 3 : JOGOS OLÍMPICOS DE INVERNO DE TURINO 2006 - SÉRIE III

€.00500560503 - ITÁLIA 5 € SALTO DE SKI, por Robert Mauri e Claudia Momoni

00500 560503	Data	Série	Metal	Módulo	Peso	Qtd.	Preço emissão	Cot.
1	2005	Proof	PRATA 925 ‰	32 mm	18 g	*35 000*	75	40

00500560503/1 : Vendido com a moeda de 10 euro; preço de emissão cotado individualmente.

€.01000560503 - ITÁLIA 10 € PATINAGEM DE VELOCIDADE, por Robert Mauri e Claudia Momoni

01000 560503	Data	Série	Metal	Módulo	Peso	Qtd.	Preço emissão	Cot.
1	2005	Proof	PRATA 925 ‰	34 mm	22 g	*35 000*	75	60

01000560503/1 : Vendido com a moeda de 5 euro; preço de emissão cotado individualmente.

Série 2005 / 3 : JOGOS OLÍMPICOS DE INVERNO DE TURINO 2006 - SÉRIE III

€.02000560503 - ITÁLIA 20 € PALAZZINA STUPINIGI, por Robert Mauri e Uliana Pernazza

02000 560503	Data	Série	Metal	Módulo	Peso	Qtd.	Preço emissão	Cot.
1	2005	Proof	OURO 900 ‰	21 mm	6,451 g	*10 000*	210	250

€.05000560503 - ITÁLIA 50 € EMANUELE FILIBERTO DE SAVOIE, por Robert Mauri e Uliana Pernazza

05000 560503	Data	Série	Metal	Módulo	Peso	Qtd.	Preço emissão	Cot.
1	2005	Proof	OURO 900 ‰	28 mm	16,13 g	*6 000*	460	480

Série 2005 / 4 : 60º ANIVERSÁRIO DA ONU

€.01000560504 - ITÁLIA 10 € 60º ANIVERSÁRIO DA ONU, por Luciana de Simoni

01000 560504	Data	Série	Metal	Módulo	Peso	Qtd.	Preço emissão	Cot.
1	2005	BNC	PRATA 925 ‰	34 mm	22 g	*25 000*	32	45

Série 2005 / 5 : 85º ANIVERSÁRIO DO NASCIMENTO DE FEDERICO FELLINI

€.00500560505 - ITÁLIA 5 € 85º ANIVERSÁRIO DO NASCIMENTO DE FEDERICO FELLINI, por Maria Carmela Colaneri

00500 560505	DData	Série	Metal	Módulo	Peso	Qtd.	Preço emissão	Cot.
1	2005	BNC	PRATA 925 ‰	32 mm	18 g	*35 000*	42	12
2	2005	Proof	PRATA 925 ‰	32 mm	18 g	*12 000*	83	18

00500560505/1 : Somente vendidas em BNC. Preço de emissão em caixa; cotação de cada moeda individual.

00500560505/2 : Somente vendidas em Proof. Preço de emissão em caixa; cotação de cada moeda individual.

Série 2005 / 6 : PAZ E LIBERDADE NA EUROPA

€.01000560506 - ITÁLIA 10 € PAZ E LIBERDADE NA EUROPA, por Uliana Pernazza

01000 560506	Data	Série	Metal	Módulo	Peso	Qtd.	Preço emissão	Cot.
1	2005	Proof	PRATA 925 ‰	34 mm	22 g	*20 000*	45	65

Série 2006 / 1 : COPA DO MUNDO DE FUTEBOL 2006 NA ALEMANHA - SÉRIE II

€.00500560601 - ITÁLIA 5 € COPA DO MUNDO DE FUTEBOL 2006 NA ALEMANHA, por Robert Mauri

00500 560601	Data	Série	Metal	Módulo	Peso	Qtd.	Preço emissão	Cot.
1	2006	Proof	PRATA 835 ‰	32 mm	18 g	*25 000*	36	45

€.02000560601 - ITÁLIA 20 € COPA DO MUNDO DE FUTEBOL 2006 NA ALEMANHA, por Robert Mauri

02000 560601	Data	Série	Metal	Módulo	Peso	Qtd.	Preço emissão	Cot.
1	2006	Proof	OURO 900 ‰	21 mm	6,451 g	*8 000*	215	260

Série 2006 / 2 : LEONARDO DA VINCI

€.01000560602 - ITÁLIA 10 € LEONARDO DA VINCI, por Uliana Pernazza

01000 560602	Data	Série	Metal	Módulo	Peso	Qtd.	Preço emissão	Cot.
1	2006	Proof	PRATA 925 ‰	34 mm	22 g	*25 000*	46	55

Série 2006 / 3 : A ITÁLIA CAMPEÃ DO MUNDO DE FUTEBOL

€.01000560603 - ITÁLIA 10 € A ÍTALIA CAMPEÃ DO MUNDO DE FUTEBOL, por Luciana de Simoni

01000 560603	Data	Série	Metal	Módulo	Peso	Qtd.	Preço emissão	Cot.
1	2006	Proof	PRATA 925 ‰	34 mm	22 g	*20 000*	36	45

Série 2006 / 4 : 500º ANIVERSÁRIO DA MORTE DE ANDREA MANTEGNA

€.01000560604 - ITÁLIA 10 € 500º ANIVERSÁRIO DA MORTE DE ANDREA MANTEGNA, por Uliana Pernazza

01000 560604	Data	Série	Metal	Módulo	Peso	Qtd.	Preço emissão	Cot.
1	2006	Proof	PRATA 925 ‰	34 mm	22 g	*8 000*	46	95

Série 2006 / 5 : 60º ANIVERSÁRIO DA UNICEF

€.01000560605 - ITÁLIA 10 € 60º ANIVERSÁRIO DA UNICEF, por Uliana Pernazza

01000 560605	Data	Série	Metal	Módulo	Peso	Qtd.	Preço emissão	Cot.
1	2006	Proof	PRATA 925 ‰	34 mm	22 g	*15 000*	36	45

Série 2006 / 6 : 60º ANIVERSÁRIO DA REPUBLICA ITALIANA

€.00500560606 - ITÁLIA 5 € 60º ANIVERSÁRIO DA REPUBLICA ITALIANA, por Maria Carmela Colaneri

00500 560606	Data	Série	Metal	Módulo	Peso	Qtd.	Preço emissão	Cot.
1	2006	BNC	PRATA 925 ‰	32 mm	18 g	*25 000*	43	12
2	2006	Proof	PRATA 925 ‰	32 mm	18 g	*10 000*	85	18

00500560606/1 : Somente vendidas em BNC. Preço de emissão em caixa; cotação de cada moeda individual.

00500560606/2 : Somente vendidas em Proof. Preço de emissão em caixa; cotação de cada moeda individual.

LUXEMBURGO

Série 2002 / 1 : INSTITUIÇÕES EUROPEIAS

€.00500610201 - LUXEMBURGO 5 € QUINTO ANIVERSÁRIO DO BANCO CENTRAL DO LUXEMBURGO E DO SISTEMA EUROPEU DOS BANCOS CENTRAIS, por Yvette Gastauer-Claire

00500 610201	Data	Série	Metal	Módulo	Peso	Qtd.	Preço emissão	Cot.
1	2003	Proof	OURO 999 ‰	20 mm	6,22 g	*20 000*	120	170

€.02500610201 - LUXEMBURGO 25 € 50º ANOS DO TRIBUNAL DE JUSTIÇA DAS COMUNIDADES EUROPEIAS, por Yvette Gastauer-Claire

02500 610201	Data	Série	Metal	Módulo	Peso	Qtd.	Preço emissão	Cot.
1	2002	Proof	PRATA 925 ‰	37 mm	22,85 g	*20 000*	60	75

€.02500610201 - LUXEMBURGO 25 € 25º ANOS DAS ELEIÇÕES PARA O PARLAMENTO EUROPEU, por Yvette Gastauer-Claire

02500 610201	Data	Série	Metal	Módulo	Peso	Qtd.	Preço emissão	Cot.
2	2004	Proof	PRATA 925 ‰	37 mm	22,85 g	*10 000*	60	75

€.02500610201 - LUXEMBURGO 25 € CONSELHO DA UNIÃO EUROPEIA, por Yvette Gastauer-Claire

02500 610201	Data	Série	Metal	Módulo	Peso	Qtd.	Preço emissão	Cot.
3	2005	Proof	PRATA 925 ‰	37 mm	22,85 g	*10 000*	60	75

€.02500610201 - LUXEMBURGO 25 € COMISSÃO EUROPEIA, por Yvette Gastauer-Claire

02500 610201	Data	Série	Metal	Módulo	Peso	Qtd.	Preço emissão	Cot.
4	2006	Proof	PRATA 925 ‰	37 mm	22,85 g	*10 000*	60	75

Série 2004 / 1 : MONOGRAMA DO GRÃO DUQUE HENRI

€.00200610401 - LUXEMBURGO 2 € MONOGRAMA DO GRÃO DUQUE HENRI, por Yvette Gastauer-Claire e Patrice Bernabei

00200 610401	Data	Série	Metal	Módulo	Peso	Qtd.	Preço emissão	Cot.
1	2004	BNC	CU / NIQUEL	25,75 mm	8,50 g	*10 000*	8	28

Série 2004 / 2 : HISTÓRIA CULTURAL DO GRÃO DUCADO DO LUXEMBURGO

€.01000610402 - LUXEMBURGO 10 € MÁSCARA DE HELLANGE, por Yvette Gastauer-Claire

01000 610402	Data	Série	Metal	Módulo	Peso	Qtd.	Preço emissão	Cot.
1	2004	Proof	OURO 999 ‰	16 mm	3,12 g	*5 000*	70	95

€.01000610402 - LUXEMBURGO 10 € O JAVALI DO TITELBERG, par Yvette Gastauer-Claire

01000 610402	Data	Série	Metal	Módulo	Peso	Qtd.	Preço emissão	Cot.
2	2006	Proof	OURO 999 ‰	16 mm	3,12 g	*5 000*	75	110

Série 2005 / 1 : GRÃOS-DUQUES DO LUXEMBURGO

€.00200610501 - LUXEMBURGO 2 € GRÃOS DUQUES DO LUXEMBURGO, por Yvette Gastauer-Claire

00200 610501	Data	Série	Metal	Módulo	Peso	Qtd.	Preço emissão	Cot.
1	2005	BNC	CU / NIQUEL	25,75 mm	8,50 g	*10 000*	8	38

Série 2006 / 1 : INSTITUIÇÕES NACIONAIS

€.01000610601 - LUXEMBURGO 10 € 150º ANIVERSÁRIO DO BANCO E CAIXA ECONÓMICA DO ESTADO, por Yvette Gastauer-Claire

01000 610601	Data	Série	Metal	Módulo	Peso	Qtd.	Preço emissão	Cot.
1	2006	Proof	PRATA / TITÂNIO	26 mm	8 g	*7 500*	50	100

€.02000610601 - LUXEMBURGO 20 € 150º ANIVERSÁRIO DO CONSELHO DE ESTADO, por Yvette Gastauer-Claire

02000 610601	Data	Série	Metal	Módulo	Peso	Qtd.	Preço emissão	Cot.
1	2006	Proof	PRATA / TITÂNIO	34 mm	13,5 g	*4 000*	60	95

Série 2006 / 2 : GRÃO-DUQUE HÉRITIER GUILLAUME

€.00200610602 - LUXEMBURGO 2 € GRÃO-DUQUE HÉRITIER GUILLAUME, por Yvette Gastauer-Claire

00200 610602	Data	Série	Metal	Módulo	Peso	Qtd.	Preço emissão	Cot.
1	2006	BNC	CU / NIQUEL	25,75 mm	8,50 g	*15 000*	8	22

MONACO

Série 2002 / 1 : RAINIER III

€.01000630201 - MONACO 10 € RAINIER III - ALBERT PRÍNCIPE HERDEIRO

01000 630201	Data	Série	Metal	Módulo	Peso	Qtd.	Preço emissão	Cot.
1	2003	Proof	PRATA 925 ‰	37 mm	20 g	*4 000*	40	220

€.02000630201 - MONACO 20 € RAINIER III - PRÍNCIPE DO MONACO, por Pierre Javaudin e Claude Lesot

02000 630201	Data	Série	Metal	Módulo	Peso	Qtd.	Preço emissão	Cot.
1	2002	Proof	OURO 900 ‰	21 mm	6,45 g	*3 500*	199	770

€.10000630201 - MONACO 100 € RAINIER III - PRINCÍPE DO MÓNACO

10000 630201	Data	Série	Metal	Módulo	Peso	Qtd.	Preço emissão	Cot.
1	2003	Proof	OURO 900 ‰	35 mm	32 g	*1 000*	nc	1 800

Série 2004 / 1 : SANTO DEVOTO

€.00500630401 - MONACO 5 € SANTO DEVOTO, por Franck Renault

00500 630401	Data	Série	Metal	Módulo	Peso	Qtd.	Preço emissão	Cot.
1	2004	Proof	PRATA900 ‰	29 mm	12 g	*14 999*	198	60

00500630401/1 : Somente em caixa Proof. Preço de emissão da caixa.

Série 2005 / 1 : SOVENIR DE RAINIER III

€.01000630501 - MONACO 10 € SOVENIR DE RAINIER III

01000 630501	Data	Série	Metal	Módulo	Peso	Qtd.	Preço emissão	Cot.
1	2005	Proof	OURO 900 ‰	18 mm	3,22 g	*3 313*	175	430

HOLANDA

Série 2002 / 1 : CASAMENTO DE GUILLAUME E MAXIMA

€.01000700201 - HOLANDA 10 € CASAMENTO DE GUILLAUME E MAXIMA, por Hans van Houwelingen

01000 700201	Data	Série	Metal	Módulo	Peso	Qtd.	Preço emissão	Cot.
1	2002	Proof	PRATA 925 ‰	33 mm	17,8 g	*88 000*	29,95	35
2	2002	Proof	OURO 900 ‰	22,5 mm	6,72 g	*33 000*	148	165

Série 2003 / 1 : ANO DE VAN GOGH

€.00500700301 - HOLANDA 5 € ANO DE VAN GOGH, por Karel Martens

00500 700301	Data	Série	Metal	Módulo	Peso	Qtd.	Preço emissão	Cot.
1	2003	Proof	PRATA 925 ‰	29 mm	11,9 g	*100 000*	19,95	28

€.01000700301 - HOLANDA 10 € ANO DE VAN GOGH, por Karel Martens

01000 700301	Data	Série	Metal	Módulo	Peso	Qtd.	Preço emissão	Cot.
1	2003	Proof	OURO 900 ‰	22,5 mm	6,72 g	*20 000*	135	150

Série 2004 / 1 : NASCIMENTO DA PRÍNCESA CATHARINA AMALIA

€.01000700401 - HOLANDA 10 € NASCIMENTO DA PRÍNCESA CATHARINA AMALIA, por Driessens et Verstappen

01000 700401	Data	Série	Metal	Módulo	Peso	Qtd.	Preço emissão	Cot.
1	2004	Proof	PRATA 925 ‰	33 mm	17,8 g	*50 000*	29,95	40

€.02000700401 - HOLANDA 20 € NASCIMENTO DA PRÍNCESA CATHARINA AMALIA, por Erwin Driessens e Maria Verstappen

02000 700401	Data	Série	Metal	Módulo	Peso	Qtd.	Preço emissão	Cot.
1	2004	Proof	OURO 900 ‰	25+ mm	8,5 g	*5 345*	249,95	275

€.05000700401 - HOLANDA 50 € NASCIMENTO DA PRÍNCESA CATHARINA AMALIA, por Erwin Driessens e Maria Verstappen

05000 700401	DData	Série	Metal	Módulo	Peso	Qtd.	Preço emissão	Cot.
1	2004	Proof	OURO 900 ‰	27 mm	13,44 g	*3 500*	399,95	440

Série 2004 / 2 : ALARGAMENTO DA UNIÃO EUROPEIA

€.00500700402 - HOLANDA 5 € ALARGAMENTO DA UNIÃO EUROPEIA, por Mirjam e Hester Mieras

00500 700402	Data	Série	Metal	Módulo	Peso	Qtd.	Preço emissão	Cot.
1	2004	Proof	PRATA 925 ‰	29 mm	11,9 g	*55 000*	24,95	43

€.01000700402 - HOLANDA 10 € ALARGAMENTO DA UNIÃO EUROPEIA, por Mirjam e Hester Mieras

01000 700402	Data	Série	Metal	Módulo	Peso	Qtd.	Preço emissão	Cot.
1	2004	Proof	OURO 900 ‰	22,5 mm	6,72 g	*6 000*	139,95	330

Série 2004 / 3 : CINQUENTENÁRIO DA UNIFICAÇÃO DO REINO DA HOLANDA E ARUBA E DAS ANTILHAS HOLANDESAS INDEPENDENTES

€.00500700403 - HOLANDA 5 € CINQUENTENÁRIO DA UNIFICAÇÃO DO REINO DA HOLANDA E ARUBA E DAS ANTILHAS HOLANDESAS INDEPENDENTES, por Rudy J. Luijters

00500 700403	Data	Série	Metal	Módulo	Peso	Qtd.	Preço emissão	Cot.
1	2004	Proof	PRATA 925 ‰	29 mm	11,9 g	*26 900*	24,95	35

€.01000700403 - HOLANDA 10 € CINQUENTENÁRIO DA UNIFICAÇÃO DO REINO DA HOLANDA E ARUBA E DAS ANTILHAS HOLANDESAS INDEPENDENTES, por Rudy J. Luijters

01000 700403	Data	Série	Metal	Módulo	Peso	Qtd.	Preço emissão	Cot.
1	2004	Proof	OURO 900 ‰	22,5 mm	6,72 g	*3 300*	139,95	165

Série 2005 / 1 : 25º ANIVERSÁRIO DO JUBILEU DA RAINHA BEATRIX

€.01000700501 - HOLANDA 10 € 25º ANIVERSÁRIO DO JUBILEU DA RAINHA BEATRIX, por Germaine Kruip

01000 700501	Data	Série	Metal	Módulo	Peso	Qtd.	Preço emissão	Cot.
1	2005	Proof	PRATA 925 ‰	33 mm	17,8 g	*59 754*	29,95	40

€.02000700501 - HOLANDA 20 € 25º ANIVERSÁRIO DO JUBILEU DA RAINHA BEATRIX, por Germaine Kruip

02000 700501	Data	Série	Metal	Módulo	Peso	Qtd.	Preço emissão	Cot.
1	2005	Proof	OURO 900 ‰	25+ mm	8,5 g	*5 001*	252	260

€.05000700501 - HOLANDA 50 € 25º ANIVERSÁRIO DO JUBILEU DA RAINHA BEATRIX, por Germaine Kruip

05000 700501	Data	Série	Metal	Módulo	Peso	Qtd.	Preço emissão	Cot.
1	2005	Proof	OURO 900 ‰	27 mm	13,44 g	*3 500*	399,95	430

Série 2005 / 2 : PAZ E LIBERDADE

€.00500700502 - HOLANDA 5 € PAZ E LIBERDADE, por Suzan Drummen

00500 700502	Data	Série	Metal	Módulo	Peso	Qtd.	Preço emissão	Cot.
1	2005	Proof	PRATA 925 ‰	29 mm	11,9 g	*40 000*	24,95	35

€.01000700502 - HOLANDA 10 € PAZ E LIBERDADE, por Suzan Drummen

01000 700502	Data	Série	Metal	Módulo	Peso	Qtd.	Preço emissão	Cot.
1	2005	Proof	OURO 900 ‰	22,5 mm	6,72 g	*6 000*	134,95	180

Série 2006 / 1 : 400º ANIVERSÁRIO DA DESCOBERTA DA COSTA AUSTRALIANA

€.00500700601 - HOLANDA 5 € 400º ANIVERSÁRIO DA DESCOBERTA DA COSTA AUSTRALIANA, por Irma Boom

00500 700601	Data	Série	Metal	Módulo	Peso	Qtd.	Preço emissão	Cot.
1	2006	Proof	PRATA 925 ‰	29 mm	11,9 g	*22 500*	27,95	40

€.01000700601 - HOLANDA 10 € 400º ANIVERSÁRIO DA DESCOBERTA DA COSTA AUSTRALIANA, por Irma Boom

01000 700601	Data	Série	Metal	Módulo	Peso	Qtd.	Preço emissão	Cot.
1	2006	Proof	OURO 900 ‰	22,5 mm	6,72 g	*3 500*	154,95	180

Série 2006 / 2 : 400º ANIVERSÁRIO DO NASCIMENTO DE REMBRANDT

€.00500700602 - HOLANDA 5 € 400º ANIVERSÁRIO DO NASCIMENTO DE REMBRANDT, por Berend Strik

00500 700602	Data	Série	Metal	Módulo	Peso	Qtd.	Preço emissão	Cot.
1	2006	Proof	PRATA 925 ‰	29 mm	11,9 g	*35 000*	27,95	40

€.01000700602 - HOLANDA 10 € 400º ANIVERSÁRIO DO NASCIMENTO DE REMBRANDT, por Berend Strik

01000 700602	Data	Série	Metal	Módulo	Peso	Qtd.	Preço emissão	Cot.
1	2006	Proof	OURO 900 ‰	22,5 mm	6,72 g	*8 500*	197,95	220

Série 2006 / 3 : BICENTENÁRIO DA AUTORIDADE FINANCEIRA DA HOLANDA

€.00500700603 - HOLANDA 5 € BICENTENÁRIO DA AUTORIDADE FINANCEIRA DA HOLANDA, por Hennie Bouwe

00500 700603	Data	Série	Metal	Módulo	Peso	Qtd.	Preço emissão	Cot.
1	2006	Proof	PRATA 925 ‰	29 mm	11,9 g	*15 000*	27,95	35

€.01000700603 - HOLANDA 10 € BICENTENÁRIO DA AUTORIDADE FINANCEIRA DA HOLANDA, por Hennie Bouwe

01000 700603	Data	Série	Metal	Módulo	Peso	Qtd.	Preço emissão	Cot.
1	2006	Proof	OURO 900 ‰	22,5 mm	6,72 g	*5 500*	164,95	190

PORTUGAL

Série 2003 / 1 : SÉRIE IBERO-AMERICANA V

€.01000770301 - PORTUGAL 10 € PORTUGAL : NAUTICA, por Raul de Sousa Machado

01000 770301	Data	Série	Metal	Módulo	Peso	Qtd.	Preço emissão	Cot.
1	2003	Proof	PRATA 925 ‰	40 mm	27 g	*20 000*	51	80

Série 2003 / 2 : 150º ANIVERSÁRIO SELO POSTAL EM PORTUGAL

€.00500770302 - PORTUGAL 5 € 150º ANIVERSÁRIO SELO POSTAL EM PORTUGAL, por Vitor Manuel Fernades dos Santos e Francisco de Borja Freire

00500 770302	Data	Série	Metal	Módulo	Peso	Qtd.	Preço emissão	Cot.
1	2003	BNC	PRATA 925 ‰	30 mm	14 g	*20 000*	35,70	40
2	2003	Proof	PRATA 925 ‰	30 mm	14 g	*20 000*	41,65	45
3	2003	Proof	OURO 916,6 ‰	30 mm	14 g	*10 000*	290	470

Série 2003 / 3 : EURO 2004 DE FUTEBOL - OS VALORES DO FUTEBOL

€.00800770303 - PORTUGAL 8 € O FUTEBOL É PAIXÃO, por José Teixeira

00800 770303	Data	Série	Metal	Módulo	Peso	Qtd.	Preço emissão	Cot.
1	2003	BNC	PRATA 925 ‰	36 mm	31,1 g	*30 000*	71,4	30
2	2003	Proof	PRATA 925 ‰	36 mm	31,1 g	*15 000*	47,60	50
3	2003	Proof	OURO 916,6 ‰	36 mm	31,1 g	*10 000*	500	540

€.00800770303 - PORTUGAL 8 € O FUTEBOL É FESTA, por João Duarte

00800 770303	Data	Série	Metal	Módulo	Peso	Qtd.	Preço emissão	Cot.
4	2003	BNC	PRATA 925 ‰	36 mm	31,1 g	*30 000*	71,4	30
5	2003	Proof	PRATA 925 ‰	36 mm	31,1 g	*15 000*	47,60	50
6	2003	Proof	OURO 916,6 ‰	36 mm	31,1 g	*10 000*	500	540

€.00800770303 - PORTUGAL 8 € O FUTEBOL É FAIR-PLAY, por José Simão

00800 770303	Data	Série	Metal	Módulo	Peso	Qtd.	Preço emissão	Cot.
7	2003	BNC	PRATA 925 ‰	36 mm	31,1 g	*30 000*	71,4	30
8	2003	Proof	PRATA 925 ‰	36 mm	31,1 g	*15 000*	47,60	50
9	2003	Proof	OURO 916,6 ‰	36 mm	31,1 g	*10 000*	500	540

Série 2004 / 1 : EURO 2004 DE FUTEBOL - O ESPECTÁCULO DE FUTEBOL

€.00800770401 - PORTUGAL 8 € O FUTEBOL - É FESTA, por José Simão

00800 770401	Data	Série	Metal	Módulo	Peso	Qtd.	Preço emissão	Cot.
1	2004	BNC	PRATA 925 ‰	36 mm	31,1 g	*30 000*	71,4	30
2	2004	Proof	PRATA 925 ‰	36 mm	31,1 g	*15 000*	47,60	50
3	2004	Proof	OURO 917 ‰	36 mm	31,1 g	*10 000*	500	540

€.00800770401 - PORTUGAL 8 € O FUTEBOL - A DEFESA, por João Duarte

00800 770401	Data	Série	Metal	Módulo	Peso	Qtd.	Preço emissão	Cot.
4	2004	BNC	PRATA 925 ‰	36 mm	31,1 g	*30 000*	71,4	30
5	2004	Proof	PRATA 925 ‰	36 mm	31,1 g	*15 000*	47,60	50
6	2004	Proof	OURO 917 ‰	36 mm	31,1 g	*10 000*	500	540

€.00800770401 - PORTUGAL 8 € O FUTEBOL - O GOLO, por José Teixeira

00800 770401	Data	Série	Metal	Módulo	Peso	Qtd.	Preço emissão	Cot.
7	2004	BNC	PRATA 925 ‰	36 mm	31,1 g	*30 000*	71,4	30
8	2004	Proof	PRATA 925 ‰	36 mm	31,1 g	*15 000*	47,60	50
9	2004	Proof	OURO 917 ‰	36 mm	31,1 g	*10 000*	500	540

Série 2004 / 2 : JOGOS OLÍMPICOS DE ATENAS 2004

€.01000770402 - PORTUGAL 10 € JOGOS OLÍMPICOS DE ATENAS 2004, por José Aurélio

01000 770402	Data	Série	Metal	Módulo	Peso	Qtd.	Preço emissão	Cot.
1	2004	Proof	PRATA 925 ‰	40 mm	27 g	*15 000*	51	60

Série 2004 / 3 : ALARGAMENTO DA UNIÃO EUROPEIA

€.00800770403 - PORTUGAL 8 € ALARGAMENTO DA UNIÃO EUROPEIA, por José João de Brito

00800 770403	Data	Série	Metal	Módulo	Peso	Qtd.	Preço emissão	Cot.
1	2004	Proof	PRATA 925 ‰	36 mm	31,1 g	*35 000*	47,60	60

Série 2004 / 4 : UNESCO

€.00500770404 - PORTUGAL 5 € CENTRO HISTORICO DE ÉVORA, por Eloisa Byrne

00500 770404	Data	Série	Metal	Módulo	Peso	Qtd.	Preço emissão	Cot.
1	2004	Proof	PRATA 925 ‰	30 mm	14 g	*10 000*	45,22	50

€.00500770404 - PORTUGAL 5 € CONVENTO DE TOMAR, por José Cândido

00500 770404	Data	Série	Metal	Módulo	Peso	Qtd.	Preço emissão	Cot.
2	2004	Proof	PRATA 925 ‰	30 mm	14 g	*10 000*	45,22	50

€.00500770404 - PORTUGAL 5 € CONVENTO DE BATALHA, por Antonio Marinho

00500 770404	Data	Série	Metal	Módulo	Peso	Qtd.	Preço emissão	Cot.
3	2005	Proof	PRATA 925 ‰	30 mm	14 g	*15 000*	45,22	50

€.00500770404 - PORTUGAL 5 € CENTRO HISTORICO DE ANGRA DO HEROÍSMO, por Alvaro França

00500 770404	Data	Série	Metal	Módulo	Peso	Qtd.	Preço emissão	Cot.
4	2005	Proof	PRATA 925 ‰	30 mm	14 g	*15 000*	45,22	50

€.00500770404 - PORTUGAL 5 € PAÍSAGEM CULTURAL DE SINTRA, por Eloisa Byrne

00500 770404	Data	Série	Metal	Módulo	Peso	Qtd.	Preço emissão	Cot.
5	2006	Proof	PRATA 925 ‰	30 mm	14 g	*6 000*	45,22	55

€.00500770404 - PORTUGAL 5 € MOSTEIRO DE ALCOBAÇA, por Fernando Conduto

00500 770404	Data	Série	Metal	Módulo	Peso	Qtd.	Preço emissão	Cot.
6	2006	Proof	PRATA 925 ‰	30 mm	14 g	*6 000*	45,22	55

Série 2005 / 1 : 800º ANIVERSÁRIO DO NASCIMENTO DO PAPA JOÃO XXI

€.00500770501 - PORTUGAL 5 € 800º ANIVERSÁRIO DO NASCIMENTO DO PAPA JOÃO XXI, por Isabel Carriço Amalda e Fernando Branco

00500 770501	Data	Série	Metal	Módulo	Peso	Qtd.	Preço emissão	Cot.
1	2005	Proof	PRATA 925 ‰	30 mm	14 g	*15 000*	45,22	50
2	2005	Proof	OURO 916,6 ‰	30 mm	14 g	*7 500*	308	340

Série 2005 / 2 : 60ºANIVERSÁRIO DO FIM DA SEGUNDA GUERRA MUNDIAL

€.00800770502 - PORTUGAL 8 € 60º ANIVERSÁRIO DO FIM DA SEGUNDA GUERRA MUNDIAL, por João Duarte

00800 770502	Data	Série	Metal	Módulo	Peso	Qtd.	Preço emissão	Cot.
1	2005	Proof	PRATA 925 ‰	36 mm	31,1 g	*35 000*	47,60	55

Série 2005 / 3 : SÉRIE IBÉRO-AMERICANA VI

€.01000770503 - PORTUGAL 10 € ARQUITECTURA E MONUMENTOS - CATEDRAL DO PORTO, por Vitor Nogueira da Silva

01000 770503	Data	Série	Metal	Módulo	Peso	Qtd.	Preço emissão	Cot.
1	2005	Proof	PRATA 925 ‰	40 mm	27 g	*20 000*	51	60

Série 2006 / 1 : 20 ANIVERSÁRIO DA ADESÃO DE PORTUGAL E ESPANHA A UNIÃO EUROPEIA

€.01000770601 - PORTUGAL 10 € 20 ANIVERSÁRIO DA ADESÃO DE PORTUGAL E ESPANHA A UNIÃO EUROPEIA, por José Cândido

01000 770601	Data	Série	Metal	Módulo	Peso	Qtd.	Preço emissão	Cot.
1	2006	Proof	PRATA 925 ‰	40 mm	27 g	*12 000*	48,40	55

Série 2006 / 2 : COPA DO MUNDO DE FUTEBOL - FIFA 2006

€.01000770602 - PORTUGAL 10 € COPA DO MUNDO DE FUTEBOL - FIFA 2006, por José Teixeira

01000 770602	Data	Série	Metal	Módulo	Peso	Qtd.	Preço emissão	Cot.
1	2006	Proof	PRATA 925 ‰	40 mm	27 g	*25 000*	51	60

Série 2006 / 3 : AFONSO HENRIQUES

€.00025770603 - PORTUGAL 1/4 € AFONSO HENRIQUES, por José João de Brito

00025 770603	Data	Série	Metal	Módulo	Peso	Qtd.	Preço emissão	Cot.
1	2006	Proof	OURO 999 ‰	14 mm	1,56 g	*30 000*	43,50	65

Série 2006 / 4 : PRÍNCIPE HENRIQUE, O NAVEGADOR

€.00800770604 - PORTUGAL 8 € PRINCÍPE HENRIQUE, O NAVEGADOR, por João Cutileiro

00800 770604	Data	Série	Metal	Módulo	Peso	Qtd.	Preço emissão	Cot.
1	2006	Proof	PRATA 925 ‰	36 mm	31,1 g	*35 000*	47,60	55

Série 2006 / 5 : 150º ANIVERSÁRIO DA 1.º LINHA DE FERRO, LISBOA - CARREGADO

€.00800770605 - PORTUGAL 8 € 150º ANIVERSÁRIO DA 1.º LINHA DE FERRO, LISBOA - CARREGADO, por Helder Batista

00800 770605	Data	Série	Metal	Módulo	Peso	Qtd.	Preço emissão	Cot.
1	2006	Proof	PRATA 925 ‰	36 mm	31,1 g	*6 000*	47,60	55

SÃO MARINO

Série 2002 / 1 : BENVINDO AO EURO

€.00500850201 - SÃO MARINO 5 € BENVINDO AO EURO, por Uliana Pernazza

00500 850201	Data	Série	Metal	Módulo	Peso	Qtd.	Preço emissão	Cot.
1	2002	Proof	PRATA 925 ‰	32 mm	18 g	*37 000*	40	40

00500850201/1 : Vendida com a moeda de 10 Euro ; preço de emissão da caixa mas com cotação individual.

€.01000850201 - SÃO MARINO 10 € BENVINDO AO EURO, por Uliana Pernazza

01000 850201	Data	Série	Metal	Módulo	Peso	Qtd.	Preço emissão	Cot.
1	2002	Proof	PRATA 925 ‰	34 mm	22 g	*37 000*	40	60

01000850201/1 : Vendida com a moeda de 5 Euro ; preço de emissão da caixa mas com cotação individual.

Série 2002 / 2 : 1600º ANIVERSÁRIO DE RAVENA COMO CIDADE CAPITAL DO IMPÉRIO ROMANO (402 - 2002)

€.02000850202 - SÃO MARINO 20 € 1600º ANIVERSÁRIO DE RAVENA COMO CIDADE CAPITAL DO IMPÉRIO ROMANO (402 - 2002), por Luciana De Simoni

02000 850202	Data	Série	Metal	Módulo	Peso	Qtd.	Preço emissão	Cot.
1	2002	Proof	OURO 900 ‰	21 mm	6,451 g	*4 550*	370	320

02000850202/1 : Vendida com a moeda de 50 Euro ; preço de emissão da caixa mas com cotação individual.

€.05000850202 - SÃO MARINO 50 € 1600º ANIVERSÁRIO DE RAVENA COMO CIDADE CAPITAL DO IMPÉRIO ROMANO (402 - 2002), por Luciana De Simoni

05000 850202	Data	Série	Metal	Módulo	Peso	Qtd.	Preço emissão	Cot.
1	2002	Proof	OURO 900 ‰	28 mm	16,13 g	*4 550*	370	630

05000850202/1 : Vendida com a moeda de 50 Euro ; preço de emissão da caixa mas com cotação individual.

Série 2003 / 1 : REPRESENTAÇÃO DE INDEPENDÊNCIA, TOLERÂNCIA E LIBERDADE

€.00500850301 - SÃO MARINO 5 € REPRESENTAÇÃO DE INDEPENDÊNCIA, TOLERÂNCIA E LIBERDADE, por Ettore Lorenzo Frapiccini

00500 850301	Data	Série	Metal	Módulo	Peso	Qtd.	Preço emissão	Cot.
1	2003	Proof	PRATA 925 ‰	32 mm	18 g	*70 000*	40	20

00500850301/1 : Somente em caixa Proof. Preço de emissão da caixa.

Série 2003 / 2 : JOGOS OLIMPÍCOS DE ATENAS 2004

€.00500850302 - SÃO MARINO 5 € JOGOS OLÍMPICOS DE ATENAS 2004, por Maria Carmela Colaneri

00500 850302	Data	Série	Metal	Módulo	Peso	Qtd.	Preço emissão	Cot.
1	2003	Proof	PRATA 925 ‰	32 mm	18 g	*37 766*	45	30

00500850302/1 : Vendida com a moeda de 10 Euro ; preço de emissão da caixa mas com cotação individual.

€.01000850302 - SÃO MARINO 10 € JOGOS OLÍMPICOS DE ATENAS 2004, por Maria Carmela Colaneri

01000 850302	Data	Série	Metal	Módulo	Peso	Qtd.	Preço emissão	Cot.
1	2003	Proof	PRATA 925 ‰	34 mm	22 g	*37 766*	45	40

01000850302/1 : Vendida com a moeda de 5 Euro ; preço de emissão da caixa mas com cotação individual.

Série 2003 / 3 : CRISTIANISMO

€.02000850303 - SÃO MARINO 20 € CRISTIANISMO, por Roberto Mauri

02000 850303	Data	Série	Metal	Módulo	Peso	Qtd.	Preço emissão	Cot.
1	2003	Proof	OURO 900 ‰	21 mm	6,451 g	*7 300*	370	210

02000850303/1 : Vendida com a moeda de 50 Euro ; preço de emissão da caixa mas com cotação individual.

€.05000850303 - SÃO MARINO 50 € CRISTIANISMO, por Roberto Mauri

05000 850303	Data	Série	Metal	Módulo	Peso	Qtd.	Preço emissão	Cot.
1	2003	Proof	OURO 900 ‰	28 mm	16,13 g	*7 300*	370	260

05000850303/1 : Vendida com a moeda de 20 Euro ; preço de emissão da caixa mas com cotação individual.

Série 2004 / 1 : BARTOLOMEU BORGHESI

€.00200850401 - SÃO MARINO 2 € BARTOLOMEU BORGHESI, por Ettore Lorenzo Frapiccini

00200 850401	Data	Série	Metal	Módulo	Peso	Qtd.	Preço emissão	Cot.
1	2004	BNC	CU / NIQUEL	25,75 mm	8,50 g	*110 000*	10	85

Série 2004 / 2 : CENTENÁRIO DAS CELEBRAÇÕES EM MEMÓRIA DE BARTOLOMEU BORGHESI

€.00500850402 - SÃO MARINO 5 € CENTENÁRIO DAS CELEBRAÇÕES EM MEMÓRIA DE BARTOLOMEU BORGHESI, por Ettore Lorenzo Frapiccini

00500 850402	Data	Série	Metal	Módulo	Peso	Qtd.	Preço emissão	Cot.
1	2004	BNC	PRATA 925 ‰	32 mm	18 g	*70 000*	40	18

00500850402/1 : Somente em caixa Proof. Preço de emissão da caixa.

Série 2004 / 3 : COPA DO MUNDO DE FUTEBOL 2006 NA ALEMANHA

€.00500850403 - SÃO MARINO 5 € COPA DO MUNDO DE FUTEBOL 2006 NA ALEMANHA, por Luciana De Simoni

00500 850403	Data	Série	Metal	Módulo	Peso	Qtd.	Preço emissão	Cot.
1	2004	Proof	PRATA 925 ‰	32 mm	18 g	*30 000*	45	27

00500850403/1 : Vendida com a moeda de 10 Euro ; preço de emissão da caixa mas com cotação individual.

€.01000850403 - SÃO MARINO 10 € COPA DO MUNDO DE FUTEBOL 2006 NA ALEMANHA, por Luciana De Simoni

01000 850403	Data	Série	Metal	Módulo	Peso	Qtd.	Preço emissão	Cot.
1	2004	Proof	PRATA 925 ‰	34 mm	22 g	*30 000*	45	38

01000850403/1 : Vendida com a moeda de 5 Euro ; preço de emissão da caixa mas com cotação individual.

Série 2004 / 4 : 750º ANIVERSÁRIO DA VIAGEM DE MARCO POLO

€.02000850404 - SÃO MARINO 20 € 750º ANIVERSÁRIO DA VIAGEM DE MARCO POLO, por Maria Carmela Colaneri

02000 850404	Data	Série	Metal	Módulo	Peso	Qtd.	Preço emissão	Cot.
1	2004	Proof	OURO 900 ‰	21 mm	6,451 g	*6 000*	380	210

02000850404/1 : Vendida com a moeda de 50 Euro ; preço de emissão da caixa mas com cotação individual.

€.05000850404 - SÃO MARINO 50 € 750º ANIVERSÁRIO DA VIAGEM DE MARCO POLO, por Maria Carmela Colaneri

05000 850404	Data	Série	Metal	Módulo	Peso	Qtd.	Preço emissão	Cot.
1	2004	Proof	OURO 900 ‰	28 mm	16,13 g	*6 000*	380	260

05000850404/1 : Vendida com a moeda de 20 Euro ; preço de emissão da caixa mas com cotação individual.

Série 2005 / 1 : MILÍCIA DE SÃO MARINO EM UNIFORME

€.01000850501 - SÃO MARINO 10 € MILÍCIA DE SÃO MARINO EM UNIFORME, por Roberto Mauri

01000 850501	Data	Série	Metal	Módulo	Peso	Qtd.	Preço emissão	Cot.
1	2005	Proof	PRATA 925 ‰	34 mm	22 g	*22 000*	25	40

Série 2005 / 2 : TURINO 2006

€.00500850502 - SÃO MARINO 5 € TURINO 2006, por Roberto Mauri

00500 850502	Data	Série	Metal	Módulo	Peso	Qtd.	Preço emissão	Cot.
1	2005	Proof	PRATA 925 ‰	32 mm	18 g	*26 800*	20	40

Série 2005 / 3 : ANTÓNIO ONOFRI

€.00500850503 - SÃO MARINO 5 € ANTÓNIO ONOFRI, por Uliana Pernazza

00500 850503	Data	Série	Metal	Módulo	Peso	Qtd.	Preço emissão	Cot.
1	2005	BNC	PRATA 925 ‰	32 mm	18 g	*70 000*	40	18

00500850503/1 : Somente em caixa Proof. Preço de emissão da caixa.

Série 2005 / 4 : ANO MUNDIAL DA FISÍCA

€.00200850504 - SÃO MARINO 2 € GALILEU, por Luciana De Simoni

00200 850504	Data	Série	Metal	Módulo	Peso	Qtd.	Preço emissão	Cot.
1	2005	BNC	CU / NIQUEL	25,75 mm	8,50 g	*130 000*	10	45

Série 2005 / 5 : 60º ANIVERSÁRIO DA ONU

€.02000850505 - SÃO MARINO 20 € 60º ANIVERSÁRIO DA ONU, por Maria Carmela Colaneri

02000 850505	Data	Série	Metal	Módulo	Peso	Qtd.	Preço emissão	Cot.
1	2005	Proof	OURO 900 ‰	21 mm	6,451 g	*5 300*	390	220

€.05000850506 - SÃO MARINO 50 € 60º ANIVERSÁRIO DA ONU, por Maria Carmela Colaneri

05000 850506	Data	Série	Metal	Módulo	Peso	Qtd.	Preço emissão	Cot.
1	2005	Proof	OURO 900 ‰	28 mm	16,13 g	*5 300*	390	280

Série 2006 / 1 : MELCHIORRE DELFICO

€.00500850601 - SÃO MARINO 5 € MELCHIORRE DELFICO, por Roberto Mauri

00500 850601	Data	Série	Metal	Módulo	Peso	Qtd.	Preço emissão	Cot.
1	2006	BNC	PRATA 925 ‰	32 mm	18 g	*65 000*	40	16

00500850601/1 : Somente em caixa Proof. Preço de emissão da caixa.

Série 2006 / 2 : 500º ANIVERSÁRIO DE ANDREA MANTEGNA

€.00500850602 - SÃO MARINO 5 € 500º ANIVERSÁRIO DE ANDREA MANTEGNA, por Uliana Pernazza

00500 850602	Data	Série	Metal	Módulo	Peso	Qtd.	Preço emissão	Cot.
1	2006	Proof	PRATA 925 ‰	32 mm	18 g	*19 000*	20	35

Série 2006 / 3 : ANTONIO CANOVA 1816 - 2006

€.01000850603 - SÃO MARINO 10 € ANTONIO CANOVA 1816 - 2006, por Claudia Momoni

01000 850603	Data	Série	Metal	Módulo	Peso	Qtd.	Preço emissão	Cot.
1	2006	Proof	PRATA 925 ‰	34 mm	22 g	*19 000*	25	40

Série 2006 / 4 : 500º ANIVERSÁRIO DA MORTE DE CRISTOVÃO COLOMBO

€.00200850604 - SÃO MARINO 2 € 500º ANIVERSÁRIO DA MORTE DE CRISTOVÃO COLOMBO, por Luciana De Simoni

00200 850604	Data	Série	Metal	Módulo	Peso	Qtd.	Preço emissão	Cot.
1	2006	BNC	CU / NIQUEL	25,75 mm	8,50 g	*120 000*	10	55

VATICANO

Série 2002 / 1 : A EUROPA, UM PROJECTO DE PAZ E FRATERNIDADE

€.00500930201 - VATICANO 5 € A EUROPA, UM PROJECTO DE PAZ E FRATERNIDADE, por Maria Angela Cassiol

00500 930201	Data	Série	Metal	Módulo	Peso	Qtd.	Preço emissão	Cot.
1	2002	Proof	PRATA 925 ‰	32 mm	18 g	*10 000*	37	270

Série 2002 / 2 : MENSAGEM DE JOÃO-PAULO II PELA OCASIÃO DA JORNADA MUNDIAL DA PAZ 1 DE JANEIRO 2002

€.01000930202 - VATICANO 10 € MENSAGEM DE JOÃO-PAULO II PELA OCASIÃO DA JORNADA MUNDIAL DA PAZ 1 DE JANEIRO 2002, por Ettore Lorenzo Frapiccini

01000 930202	Data	Série	Metal	Módulo	Peso	Qtd.	Preço emissão	Cot.
1	2002	Proof	PRATA 925 ‰	34 mm	22 g	*10 000*	45	250

Série 2002 / 3 : AS ORIGENS DA FÉ: VELHO TESTAMENTO

€.02000930203 - VATICANO 20 € A ARCA DE NOÉ, por Maria Angela Cassiol

02000 930203	Data	Série	Metal	Módulo	Peso	Qtd.	Preço emissão	Cot.
1	2002	Proof	OURO 917 ‰	21 mm	6 g	*2 800*	152	1 100

€.02000930203 - VATICANO 20 € O NASCIMENTO DE MOISÉS, por Luciana De Simoni

02000 930203	Data	Série	Metal	Módulo	Peso	Qtd.	Preço emissão	Cot.
2	2003	Proof	OURO 917 ‰	21 mm	6 g	*2 800*	152	500

€.02000930203 - VATICANO 20 € DAVID E GOLIAS, por Luciana De Simoni

02000 930203	Data	Série	Metal	Módulo	Peso	Qtd.	Preço emissão	Cot.
3	2004	Proof	OURO 917 ‰	21 mm	6 g	*3 050*	152	450

€.05000930203 - VATICANO 50 € O SACRIFÍCIO DE ABRAÃO, por Maria Angela Cassiol

05000 930203	Data	Série	Metal	Módulo	Peso	Qtd.	Preço emissão	Cot.
1	2002	Proof	OURO 917 ‰	28 mm	15 g	*2 800*	380	1 400

€.05000930203 - VATICANO 50 € OS DEZ MANDAMENTOS DE MOISÉS, por Luciana De Simoni

05000 930203	Data	Série	Metal	Módulo	Peso	Qtd.	Preço emissão	Cot.
2	2003	Proof	OURO 917 ‰	28 mm	15 g	*2 800*	380	900

€.05000930203 - VATICANO 50 € O JUGAMENTO DE SALOMÃO, por Luciana De Simoni

05000 930203	Data	Série	Metal	Módulo	Peso	Qtd.	Preço emissão	Cot.
3	2004	Proof	OURO 917 ‰	28 mm	15 g	*3 050*	380	800

Série 2003 / 1 : O ANO ECLESEÁSTICO

€.00500930301 - VATICANO 5 € O ANO ECLESEÁSTICO, por Roberto Mauri

00500 930301	Data	Série	Metal	Módulo	Peso	Qtd.	Preço emissão	Cot.
1	2003	Proof	PRATA 925 ‰	32 mm	18 g	*10 000*	40	110

Série 2003 / 2 : 25º ANO DO PONTIFICADO PAPA DO JOÃO-PAULO II

€.01000930302 - VATICANO 10 € 25º ANO DO PONTIFICADO DO PAPA JOÃO-PAULO II, por Maria Angela Cassiol

01000 930302	Data	Série	Metal	Módulo	Peso	Qtd.	Preço emissão	Cot.
1	2003	Proof	PRATA 925 ‰	34 mm	22 g	*10 000*	40	120

Série 2004 / 1 : 75º ANIVERSÁRIO DA FUNDAÇÃO DA CIDADE DO VATICANO

€.00200930401 - VATICANO 2 € 75º ANIVERSARIO DA FUNDAÇÃO DA CIDADE DO VATICANO, por Luciana De Simoni

00200 930401	Data	Série	Metal	Módulo	Peso	Qtd.	Preço emissão	Cot.
1	2004	BNC	CU / NIQUEL	25,75 mm	8,50 g	*85 000*	11	100

Série 2004 / 2 : 150º ANIVERSÁRIO DA PROCLAMAÇÃO DA IMACULADA CONCEIÇÃO

€.00500930402 - VATICANO 5 € 150º ANIVERSÁRIO DA PROCLAMAÇÃO DA IMACULADA CONCEIÇÃO, por Claudia Momoni

00500 930402	Data	Série	Metal	Módulo	Peso	Qtd.	Preço emissão	Cot.
1	2004	Proof	PRATA 925 ‰	32 mm	18 g	*13 000*	43	75

Série 2004 / 3 : JORNADA MUNDIAL DA PAZ 2004

€.01000930403 - VATICANO 10 € JORNADA MUNDIAL DA PAZ 2004, por Maria Carmela Colaneri

01000 930403	Data	Série	Metal	Módulo	Peso	Qtd.	Preço emissão	Cot.
1	2004	Proof	PRATA 925 ‰	34 mm	22 g	*13 000*	51	85

Série 2005 / 1 : SEDE VACANTE

€.00500930501 - VATICANO 5 € SEDE VACANTE, por Claudia Momoni

00500 930501	Data	Série	Metal	Módulo	Peso	Qtd.	Preço emissão	Cot.
1	2005	Proof	PRATA 925 ‰	32 mm	18 g	*13 440*	50	140

Série 2005 / 2 : 60º ANIVERSÁRIO DO FIM DA SEGUNDA GUERRA MUNDIAL

€.00500930502 - VATICANO 5 € 60º ANIVERSÁRIO DO FIM DA SEGUNDA GUERRA MUNDIAL, por Luciana de Simoni

00500 930502	Data	Série	Metal	Módulo	Peso	Qtd.	Preço emissão	Cot.
1	2005	Proof	PRATA 925 ‰	32 mm	18 g	*13 000*	50	70

Série 2005 / 3 : ANO EUCARÍSTICO

€.01000930503 - VATICANO 10 € ANO EUCARÍSTICO, por Claudia Momoni

01000 930503	Data	Série	Metal	Módulo	Peso	Qtd.	Preço emissão	Cot.
1	2005	Proof	PRATA 925 ‰	34 mm	22 g	*13 000*	60	80

Série 2005 / 4 : 20º JORNADA MUNDIAL DA JUVENTUDE EM COLÓNIA

€.00200930504 - VATICANO 2 € 20º JORNADA MUNDIAL DA JUVENTUDE EM COLÓNIA, por Ettore Lorenzo Frapiccini

00200 930504	Data	Série	Metal	Módulo	Peso	Qtd.	Preço emissão	Cot.
1	2005	BNC	CU / NIQUEL	25,75 mm	8,50 g	*100 000*	11	90

Série 2005 / 5 : OS SACRAMENTOS DA INICIAÇÃO CRISTÃ

€.02000930505 - VATICANO 20 € O BAPTISMO, por Maria Angela Cassol

02000 930505	Data	Série	Metal	Módulo	Peso	Qtd.	Preço emissão	Cot.
1	2005	Proof	OURO 917 ‰	21 mm	6 g	*3 046*	160	500

€.02000930505 - VATICANO 20 € A CONFIRMAÇÃO, por Maria Angela Cassol

02000 930505	Data	Série	Metal	Módulo	Peso	Qtd.	Preço emissão	Cot.
2	2006	Proof	OURO 917 ‰	21 mm	6 g	*3 326*	160	450

€.05000930505 - VATICANO 50 € O BAPTISMO, por Maria Angela Cassol

05000 930505	Data	Série	Metal	Módulo	Peso	Qtd.	Preço emissão	Cot.
1	2005	Proof	OURO 917 ‰	28 mm	15 g	*3 044*	400	850

€.05000930505 - VATICANO 50 € A CONFIRMAÇÃO, por Maria Angela Cassol

05000 930505	Data	Série	Metal	Módulo	Peso	Qtd.	Preço emissão	Cot.
2	2006	Proof	OURO 917 ‰	28 mm	15 g	*3 324*	400	800

Série 2006 / 1 : 500º ANOS DA GUARDA SUÍÇA

€.00200930601 - VATICANO 2 € 500º ANOS DA GARDA SUÍÇA, por Maria Carmela Colaneri

00200 930601	Data	Série	Metal	Módulo	Peso	Qtd.	Preço emissão	Cot.
1	2006	BNC	CU / NIQUEL	25,75 mm	8,50 g	*100 000*	11	100

Série 2006 / 2 : DIA DA PAZ NO MUNDO

€.00500930602 - VATICANO 5 € DIA DA PAZ NO MUNDO, por Claudia Momoni

00500 930602	Data	Série	Metal	Módulo	Peso	Qtd.	Preço emissão	Cot.
1	2006	Proof	PRATA 925 ‰	32 mm	18 g	*14 160*	50	75

Série 2006 / 3 : 450º DO ANIVERSÁRIO DA PRAÇA SÃO PEDRO

€.01000930603 - VATICANO 10 € 450º DO ANIVERSÁRIO DA PRAÇA SÃO PEDRO, por Maria Carmela Colaneri

01000 930603	Data	Série	Metal	Módulo	Peso	Qtd.	Preço emissão	Cot.
1	2006	Proof	PRATA 925 ‰	34 mm	22 g	*14 160*	60	85

Estas quatro páginas que se seguem apresentam-nos o que chamamos, à falta de melhor, « objectos do €uro ». Estes « objectos » podem ser ou moedas ou notas, feitas ou não com o nome de euro mas com estreita ligação à sua entrada em circulação. Os « preços referência » que aqui se indicam, correspondem geralmente a preços constatados no mercado, porém não passam de valores indicativos, já que a frequência de venda destes itens é deveras reduzida ... A sinalização de um « R », antes da cotação, indica, teoricamente o grau de raridade do objecto: quantos mais « R », mais raro será o objecto em questão (de « R » : raro a « RRRR » : raríssimo).

MOEDAS PROVA DO EURO FRANÇÊS

Já no €3 apresentamos as primeiras provas em euro. Feito em Novembro de 1992, tinha por objectivo apresentar a primeira proposta francesa das moedas versão euro (então ainda denominado ecu) ao Comité que teria a cargo a decisão de escolher o tipo de moeda a adoptar.

Algumas caixas de apresentação foram fabricadas, mas somente duas não foram restituídas nessa ocasião, exactamente as que aqui podemos ver.
No anverso das noves moedas figura uma balança e a inscrição « ESSAI DE FRAPPE MONETAIRE » (ensaio para cunhagem monetária) e o símbolo da Monnaie de Paris desde 1880, a cornucópia da abundância. No reverso, encontramos, o estabelecimento de Pessac (Instituto que fabrica moeda em França), dentro da inscrição « MONNAIE DE PARIS / ETABLISSEMENT DE PESSAC ». O módulo corresponde ao adoptado, menos para as moedas de 2 euro, que aumentou 0,45 mm, pois já não estava limitada pela inicial moeda prevista de 5 euro ... O site de internet http://www.monnaies-rares.com informa-nos que por estranho que pareça, os « cents de ecu » são cunhados com eixo às 12h (vertical), e os valores 1, 2 e 5 « ecus » com eixo normal (6 horas), uma mistura das tradições francesa com alemã! No que concerne aos bordos, os 1, 2 e 5 cent são lisos (o que não seguido para as moedas de 2 euro, com ranhura circular), os 10, 20 e 50 cent são serrilhados (igual à que se encontra nos 10 cent Semeadora primeiro tipo, €.044100) ; os 1, 2 e 5 « ecus » têm nos três casos um bordo liso e serrilhado, tal como se apresenta hoje a moeda de euro.

50 CENT SPECIMEN

Algumas provas isoladas, podem também se ver à venda, porém com características por vezes diferentes das constantes no estojo antes descrito. Estas foram provavelmente «esquecidas» pelos gestores de máquinas automáticas que as tinham recebido para proceder à calibração das mesmas, aqui aprsentamos a prova dos 50 cent.

50 CENT PROVA DE CALIBRAÇÃO

STARTER-KITS COM MOEDAS DE AÇO

Pascal Cuisson informa-nos que antes do fabrico (e distribuição) dos starter-kits de pré-alimentação oficiais, uma empresa de embalagens recebeu estas chapas não cunhadas para testar o método de acondicionamento. Estas chapas têm as mesmas características que as moedas de €uro, mas sem qualquer tipo de inscrição. Estes kits tão particulares foram desta forma criados e alguns guardados.

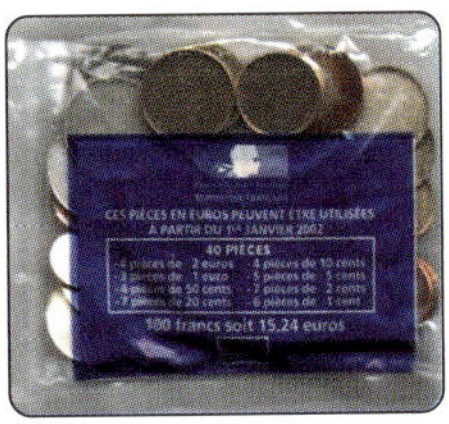

RR - Cot. : 150 €

CARTEIRA « MINI-EURO » HOLANDA 2002

Uma curiosidade emitida pela moeda da holanda em 2002,(isto não é oficial).

A moeda da Holanda produziu 2 000 exemplares,para comercio, mas as autoridades Europeias proíbuiram a sua comercialização.Por isso nós não a incluimos, porqe este set não é oficial e aqui só encontra o que é oficial !

R - Cot. : 115 €

MOEDAS ALEMÃS « ESTRELAS DIFERENTES »

No final de Agosto de 1998 iniciava-se nos cinco ateliers alemães, a cunhagem das moedas euro desse mesmo país... O Ministro das finanças Theo Waigel estava orgulhoso de tal acontecimento. Contudo, uns dias mais tarde é contactado por um funcionário de Bona, que constata que as estrelas que contornam tanto a Águia Heráldica, as portas de Brandenburg ou a folha de carvalho, estão viradas para fora quando deveriam estar apontadas para cima tal como as estrelas constantes na bandeira europeia, e como tal ao contrários das instruções do Banco Europeu. Embora as estrelas viradas para fora tenham sido inicialmente aceites pelo «Júri artístico», o ministro mandou rapidamente emendar o desenho e iniciar-se nova cunhagem.

Contudo, entre o início da cunhagem errónea e a ordem de paragem, houve tempo suficiente para existirem cerca de um milhão de moedas (com data de 2002) já cunhadas! Certo será que mais de 99,9 % das moedas inicialmente cunhadas foram destruídas ou deformadas, mas claro que alguns exemplares terão sido guardados após serem deformados ... e alguns mesmo antes de o serem!

Classificamos essas moedas, após terem percorrido um caminho desconhecido em três categorias:

- as moedas deformadas que foram já recenseadas: 1 cent F, 2 cent F, 5 cent A e F, 10 cent D, F e J, 20 cent A e F, 50 cent D e F. Sendo este os menos raros.

minímo : R - Cot. : 40 € *maxímo :* RR - Cot. : 90 €

50 cent 2002 D *5 cent 2002 F*

- As moedas sem deformações : 2 cent F, 5 cent A, 50 euro F, 2 euro A et F

RRR - Cot. : 900 €

cotação de 1 € 2002 F

- as moedas não deformadas, não datadas e sem atelier, certamente moedas de ensaio: 2 euro sem data com serrilha igual aos 5 Marcos Alemães (apenas um exemplar assinalado)

RRRR - sem cotação

Foto « Münzen Revue »

MOEDAS « TRAINING TOKEN »

A 8 de Maio de 2001 em Bruxelas, a Comissão Europeia, pôs as moedas de «teste» nas mãos dos responsáveis que se ocupariam das disposições para invisuais, surdos ou com deficiências mentais, de forma a estudar a maneira a familiarizar estes com as características das novas moedas de euro. A Comissão Europeia produziu 37 000 séries de oito moedas, encomendadas à Monnaie de Paris e fabricadas no atelier de Pessac (duplo punção do cornucópia em oval, específico para esta emissão). O seu aspecto é parecido ao das moedas que começaram a circular desde de 1 de Janeiro de 2002, com o objectivo de permitir aos portadores de deficiências estudarem as novas moedas. As características do bordo e cor são idênticas às do euro normais. Contudo a composição do metal e as dimensões são ligeiramente diferentes, para que, por exemplo, estas moedas não pudessem ser utilizadas em máquinas automáticas. O desenho na face comum apresenta características de base, como o número indicando o valor facial e um relevo que faz lembrar o das moedas euro; na outra face, a menção inglesa « training token » (ficha de treino) também cunhada em relevo. Estas moedas foram devolvidas cerca de 99% pelos representantes dos grupos de população preocupadas com esta realidade e sob a orientação da Comissão. As moedas de « 1 cent », « 2 cent », « 1 euro » e « 2 euro » escaparam, todavia, à devolução.

BOLSA DE MOEDAS DA MONNAIE DE PARIS

É uma realidade sobre uma bolsa contendo oito moedas de «euro» correntes em plástico... até lá, nada extraordinário. Mas o que faz a originalidade desta bolsa é que ela foi emitida pela Monnais de Paris. Na bolsa para confirmar isto, vem especialmente com um certificado de autenticidade, que vem atestar isto realmente: «A Monnais de Paris fez estas bolsas com 8 moedas francesas do euro para alcançar uma meta de informação as pessoas, a quem foram destinadas estas bolsas? Elas foram vendidas ou dadas?

Como muitas das perguntas para as quais nós não temos resposta... Se você sabe mais um pouco, não hesite nos contactar em :president@amisdeleuro.org !

TIJOLOS DE NOTAS DESTRUÍDAS

O primeiro poderia valer 250 000 francos (mais de 38 000 euros) e o segundo quase tanto... se as notas estivessem inteiras! Esses tijolos contêm, com efeito notas emitidas em Francos, destruídas e compactadas. Oferecidas pelo Banco de França, são assinados por Jean-Claude Trichet, então Director do Banco de França B. de França, actual do BCE.

Bloco de 500 notas de 500 francos

R - Cot. : 180 €

Bloco de 1 000 notas de 100 e 200 francos

R - Cot. : 150 €

SÉRIES DE CHAPAS VIRGENS

Sabemos que de agora em diante, e após análise do bordo de 2 euro, que se trata de chapas de origem Austríaca, e que são postas à venda no mercado com preços exorbitantes. Uma moeda de 2 euro cujo bordo não seja proveniente da Áustria poderá valer mais ou pelo menos mais procurada...

R - Cot. : 70 €

Cotação da série completa de 2 € da Áustria.

CARTEIRAS EMITIDAS EM 1 DE JANEIRO DE 2002 NO LOUVRE

A 1 de Janeiro de 2002, seria preciso um pouco de paciência para adquirir esta carteira nos postos de correio do Louvre... Três notas: uma de 100 francos, uma de 5 euro e uma de 10 euro, ou seja uma correspondência quase exacta do valor de francos para euros. Falta contudo indicar que esta carteira foi emitida a 1.000 exemplares somente e que os coleccionadores mais corajosos aguentaram mais de 4 horas de fila antes do início da venda fixada ao minuto. A inscrição « 31-12-2001 » na nota em francos e « 01-01-2002 » na nota em euros marcava as datas de transição entre as duas moedas.

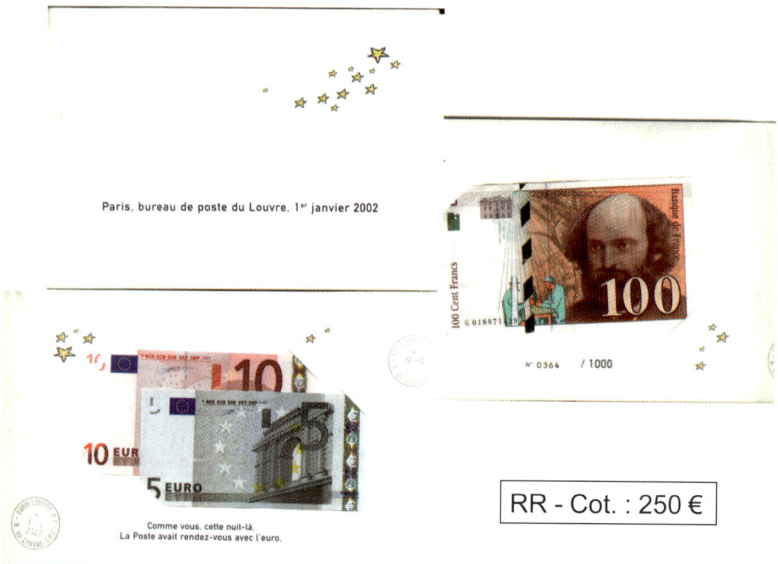

RR - Cot. : 250 €

LER UMA €NOTA

VALOR FACIAL POR SOBREPOSIÇÃO
BANDEIRA EUROPEIA
COPYRIGHT
ASSINATURA PRESIDENTE DO BCE
© BCE ECB EZB EKT EKP 2002
20
20 EURO
MARCA DE ÁGUA
CÓDIGO DE IMPRESSÃO, SÉRIE E POSIÇÃO
HOLOGRAMA
FILIGRANA CODÍGO DE BARRAS
FILETE DE SEGURANÇA
LETRA DO PAÍS
VALOR FACIAL POR SOBREPOSIÇÃO
VALOR FACIAL
U20356377134
LETRA DO PAÍS
VALOR FACIAL
NUMÉRO DE SÉRIE
AS €ILHAS E €TERRITÓRIOS QUE NÃO CONSTAM DO MAPAGERAL
BANDA FLUORESCENTE
NUMÉRO DE SÉRIE
MARCA ÁGUA

AS €NOTAS

Pela primeira vez na história do papel-moeda, os coleccionadores podem (quase) tudo saber acerca das notas que utilizam, e não somente quem imprimiu, ou a série de fabricação, mas também a sua posição na folha de fabrico ou onde é materialmente feita! Poderá haver um dia em que os coleccionadores terão interesse por folhas completas tal como os filatelistas para os blocos de selos...

As marcas que nos dão a conhecer e determinar quem mandou imprimir (e o impressor) permitem-nos saber quais as séries raras.

É claro que a situação pode mudar caso séries inteiras depois de impressas e conservadas em reserva sejam postas a circular sem aviso prévio.

Um país, o Luxemburgo, não teve ainda emissão oficial nem circulam notas com a sua letra característica (R) e os 46 milhões de notas em maços que são utilizadas no Luxemburgo têm as letras da Áustria e Holanda.

É possivel que esta situação evolua e possamos um dia apreciar as notas com letra efectivamente R. Também é possível que os novos métodos de «pooling» e a concorrência entre impressores faça com que no futuro haja menos variantes de impressores nas notas.

Os estudos que fizemos para determinar o que foi impresso e por quem, permitiu-nos conhecer algumas placas que já são raras de encontrar.

Claro que a situação poderá mudar, caso estas emissões que se julgam agora raras tenham sido guardadas em grandes quantidades nos bancos emissores e que depois poderão surgir a circular.

Recomendamos aos amadores de observar as notas que lhes passam nas mãos e apontar no seu exemplar de €1 todas as novas séries, e é claro os novos impressores. Seria prudente conservar as variantes que se encontram mesmo que as notas não estejam no estado de conservação novo, pois as séries iniciais não foram guardadas em grandes quantidades e deverão brevemente ser difíceis de se encontrar.

TERMOS UTILIZADOS

ASSINATURA

Todas as €notas até 1 de Novembro de 2003 têm a assinatura Dr Wim Duisenberg, Presidente do Banco Central Europeu. A sucessão de Presidênte, a partir dessa data, assina Jean-Claude Trichet, o que provocou uma alteração também ao nível da assinatura constante na nota. Com efeito, a produção de notas assinadas Trichet, demorou pouco tempo após sua entrada em funções; emitidas pelos bancos centrais nacionais da zona euro através das normas habituais, ambas as assinaturas circulam em comum, e os seus valores são, para já, indiferentes uma da outra.

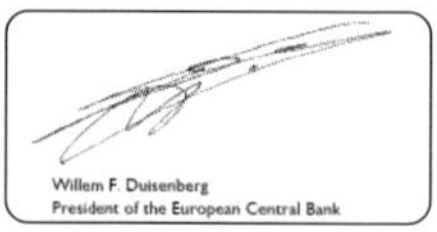

Depósito oficial de assinaturas

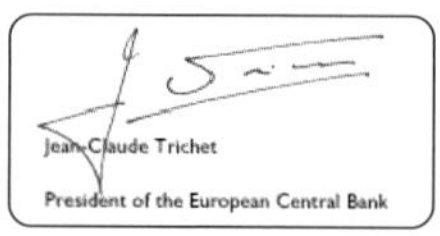

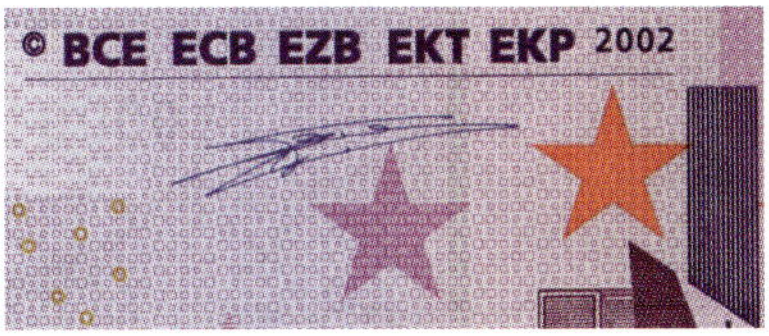

Assinatura Duisenberg

AssinaturaTrichet

CÓDIGO CURTO

No seguimento da exploração de uma nota descobrimos que (nós indicamos com ilustrações das notas ou so quando se encontra código), uma série de letras e números do tipo L010E1, assim como, letra, três números, letra, número.

A primeira letra indica emissor da nota. Segundo os nossos apontamentos estes são D, E, F, G, H, J, K, L, M, N, P, R, T e U.

Os impressores actualmente conhecidos, incluíndo impressores de países não euro, pela ordem alfabética das letras símbolo:

		5 €	10 €	20 €	50 €	100 €	200 €	500 €
Bank of England Printing Works	A	-	-	-	-	-	-	-
AB Tumba Bruk (Suède)	C	-	-	-	-	-	-	-
Setec Oy (Vantaa, Finlande)	D	L-Finlãndia	L-Finlãndia	L-Finlãndia	L-Finlãndia	L-Finlãndia	L-Finlãndia	L-Finlãndia
F.C. Oberthur (Chantepie, France)	E	-	-	U- Frãnça	-	U- Frãnça	-	-
Oesterreischische Nationalban (Vienne, Autriche)	F	N- Áustria P- Holanda	N- Áustria Y-Grécia	N-Áustria	N-Áustria	N-Áustria	-	N- Áustria P- Holanda T-Irlanda
John Enschedé Security Printing (Haarlem, Pays-bas)	G	P-Holanda	P-Holanda V-Espanha	P-Holanda	Y- Grécia P- Holanda	Y- Grécia P- Holanda	N-Áustria P-Holanda	-
Thomas De La Rue (Gateshead, Angleterre)	H	-	-	M- Portugal T- Irlanda	L-Finlãndia M-Portugal P-Holanda	-	-	-
Banca d'Italia (Rome, Italie)	J	S-Itália	S-Itália	S-Itália	S-Itália	S-Itália	S-Itália	S-Itália
Central Bank of Ireland (Dublin, Irlande)	K	T-Irlanda	T-Irlanda	T-Irlanda	T-Irlanda	T-Irlanda	-	-
Banque de France (Chamalières, France)	L	U-Frãnça	U-Frãnça	U-Frãnça	U-Frãnça	-	-	-
Fabrica Nacional de Moneda y Timbre (Madrid, Espagne)	M	V-Espanha	V-Espanha	V-Espanha	V-Espanha	V-Espanha	-	-
Banque de Grèce (Athènes, Grèce)	N	Y-Grécia	Y-Grécia	Y-Grécia	Y-Grécia	-	-	-
Giesecke & Devrient (Munich et Leipzig, Allemagne)	P	X-Alemanha Y-Grécia P-Holanda	X-Alemanha P-Holanda	X-Alemanha P-Holanda L-Finlãndia	X-Alemanha V-Espanha	X-Alemanha U-Frãnça Y-Grécia M- Portugal	-	-
Bundesdruckerei, Berlin	R	-	X-Alemanha	-	X-Alemanha	-	X-Alemanha Y-Grécia	X-Alemanha Y-Grécia
Danmarks Nationalbank	S	-	-	-	-	-	-	-
Banque Nationale de Belgique	T	Z-Bélgica	Z-Bélgica	Z-Bélgica	Z-Bélgica	Z-Bélgica	Z-Bélgica U-Frãnça V-Espanha	Z-Bélgica V-Espanha U-Frãnça
Casa da Moeda (Carregado, Portugal)	U	M-Portugal	M-Portugal	M-Portugal	-	-	-	-

Os três números que seguem indicam a placa de fabrico desta nota. Estamos no início do fabrico das notas em euro, e a maior parte das placas têm numerações de 001, 002... sendo o número mais alto visto o 033 (20 € de França impressos pelo Banco de França). Descriminamos estes números (de placas de fabrico), na tabela para o efeito e com valor facial correspondente. Em seguida as séries são por vezes interrompidas ou não começam por 001. Nunca esquecer, que um grande número de notas impressas são postas de lado e não circulam, de forma a responder a uma procura inesperada: assim, certas placas ainda não conhecidas a circular, podem estar em stock nos bancos centrais.

O código termina por uma letra e um número que indicam a posição da nota na folha onde é originalmente impressa. A letra indica a linha onde se encontra a nota, e o número indica a coluna.

OS NÚMEROS DE PLACAS DE FABRICO

Este é o nome, à falta de melhor, que damos aos números no centro do código-curto de cada nota. Exemplo: numa nota de 5€ « L004F3 », «L» é o impressor, «F3» é a posição duma nota numa folha e «004» indica que esta nota provém da quarta placa. Estas placas de impressão são substituídas quando muito usadas ou partidas: não é pois possível determinar sem acesso aos arquivos ou outras notas minuciosas as quantidades fabricadas para cada placa, ou suas raridades.

MAÇOS NOVOS

Em cada país, segundo os algarismos escolhidos localmente para codificação dos números de série, as notas são separadas pelos múltiplos do algarismo escolhido. Por exemplo, em França, as notas em maços novos são separadas por nove ou múltiplos de nove. Em cada maço novo, todas as notas trazem não só os mesmos códigos do impressor e séries mas ainda o mesmo número de posição na folha, o que é lógico porque várias espessuras de folhas são cortadas simultaneamente.

« POOLING »

Este termo inglês é utilizado para qualificar as deslocações de uma grande quantidade de notas de uma mesma placa entre dois bancos nacionais de diferentes países, afim de completar as falhas de um certo corte.

« As faltas afectas a um corte particular e a nível regional serão compensadas pelos excedentes de stocks provenientes de um outro Banco Central Nacional. O stock estratégico não é utilizado se não, para uma procura inesperada de um, não podendo ser satisfeita pelas transferências dos excedentes dos stocks logísticos ».

O pooling diz respeito a uma parte ou totalidade da produção de uma placa.

AS FOLHAS DE NOTAS

Nós recalculámos o tamanho das pranchas pela observação dos pares letras/ números mais elevados, e para cada facial, damos os pares máximos conhecidos e o tamanho de cada folha de nota.

O Bundesbank vende em caixas de cartão, folhas completas de notas de 5 € (6 colunas x 10 linhas; 74 x 66 cm ; cotação: 540 €), 10 € (6 colunas x 9 linhas; 75 x 60 cm ; cotação: 900 €) e 20 € (5 colunas x 9 linhas ; 68 x 65 cm ; cotação 1 470 €) com margens, sem contudo precisarem as quantidades à venda.

Existe assim as notas que poderão ter escapado ao corte: as folhas do Bundesbank de 5 e 10 €. É preciso contudo, desconfiar das « variantes de corte » de notas alemãs destes dois valores faciais, já que se tratam na maior parte de cortes fraudulentos a partir destas folhas originais, para enganar os coleccionadores. Mais informações em http://www.billetfaute.com/ . O preço destas folhas cortadas aleatóriamente de folhas originais não podem valer mais do que o seu valor facial.

ESPÉCIMES

Devemos ao grande notafilista Walter Nasi (*Catalogo Euro-unificado della carta-moneta italiana*, 28ª edição- trabalho excepcional para as notas italianas, mas também no campo do euro, analisando origens e motivos das notas em euro) pela descoberta não somente, que existem notas espécime em euro mas ainda porquê estas foram ignoradas em alguns países como é o caso Francês: o Banco de França não as produz.

Os espécimes - notas normais marcadas SPECIMEN em oblíquo e em côr vermelha, têm números de tipo S0000000007, e a letra do país emissor seguido de zero e de um algarismo de ordem. Os espécimes são numerados no anverso com quatro algarismos e cada valor é feito por cada país. Os países são : 5 € Espanha, 10 € Alemanha, 20 € Bélgica, 50 € Alemanha, 100 € Itália, 200 € Holanda, 500 € Itália. Não se entende porquê o Banco de França não tenha emitido um só valor, Alemanha e Itália fizeram cada país dois valores que se conhecem. Ninguém duvida que esses espécimes ficarão excessivamente raros e serão um dia a fina- flôr para os coleccionadores. Walter Nasi cita um preço de 9.000 € por uma série completa de espécimes.

CASO DA ESLOVÉNIA

Como anunciado pelos jornais alemães, os 42 milhões de notas em euro entregues para a Eslovênia durante 1 de janeiro de 2007, simplesmente eram os ingressos que já tinham circulado . De acordo com a população de cerca de 55 000 "esloveno". Notas essas que entraram em circulação no mês janeiro de 2007, mais informação em http://www.eurobilltracker.com, aqui a pessoa observa a distribuição e origem das notas :

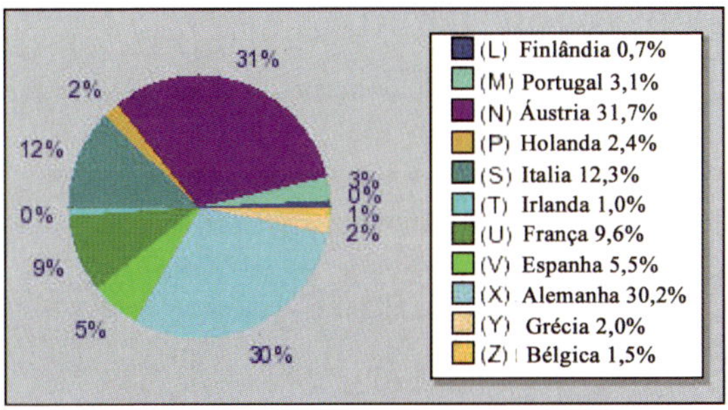

Numa primeira vez, são distribuidas notas de 10 e 20 euro. A Eslovênia prevê fazer uma impressão de notas em 2008, quando a nova série for lançada.

CASO DA FINLÂNDIA

O caso da Finlândia é muito especial, a sua casa de impressão já não fabrica mais uma nota, este país agora recebe notas impressas noutros países. As notas com a letra L da Finlândia são da casa impressora E (5 euro), P (20 euro) e H (100 euro).

AS «MARCAS» NAS NOTAS ?

São numerosas as «marcas» que existêm nas notas,pede-se para quem as encontrar nos enviar fotografia, por isso aqui damos um exemplo com duas fotografias ilustradas, mas interrogamo-nos a origem delas :

A explicação é a seguinte e na realidade: quando aparecem notas em casas de câmbio em certos países onde a dificuldade em conhecer bem as notas de euro, eles marcam as notas com símbolo, para quando elas são enviadas para as sedes destas empresas ou passadas de mão seja facil a sua indentificação como nota original.

Aqui temos dois exemplos, o símbolo da esquerda é uma flor e a direita tem um símbolo de duas linhas, mas o símbolo pode ser um qualquer.

Mas isto das «MARCAS» também tem um problema por causa das falsificações, por isso é preciso ter cuidado, não é por uma nota ter uma «Marca» que é verdadeira.

AS QUANTIDADES TEÓRICAS DE NOTAS PRODUZIDAS POR FACIAL (previsão 2007 entre parêntheses)

5€	6 006 000 000 (+ 980 000 000) notas
10€	8 443 000 000 (+ 1 280 000 000) notas
20€	8 962 000 000 (+ 1 890 000 000) notas
50€	8 385 000 000 (+ 1 730 000 000) notas
100€	2 154 000 000 (+ 230 000 000) notas
200€	356 000 000 (+ 0) notas
500€	665 000 000 (+ 190 000 000) notas

QUANTIDADES DE NOTAS EM CIRCULAÇÃO POR FACIAL

5€	1 346 000 000 notas
10€	1 900 000 000 notas
20€	2 337 000 000 notas
50€	4 078 000 000 notas
100€	1 116 000 000 notas
200€	153 000 000 notas
500€	419 000 000 notas

Todas, 34,971 mil milhões de notas (ou seja mais de 1.332 mil milhões de euros!) foram impressas entre 1999 e 2006 e 11,349 mil milhões circulam certamente (número BCE a 31 de Dezembro de 2006. As outras foram destruídas desde a sua entrada em circulação ou colocadas nas reservas (logísticas ou estratégicas) do BCE.O objectivo destas reservas de notas é assegurar que a qualquer momento e em cada país participante, a distribuição desejada esteja disponível e por conseguinte entregável aos bancos a pedido.Ignoramos se o BCE tem um programa "de notas de reserva" (notas secretas imprimidas para permitir uma troca imediata no caso de falsificação maciça de um corte) mas parece pouco provável porque tal reserva de notas deve permitir substituir e retirar um valor facial sem dificuldade.

OS OUTROS PROJECTOS DAS NOTAS EURO

Agradecemos ao Banco Nacional Grego de ter feito o site de internet que nos chamou à atenção, **consagrado ao concurso de notas em Euro, com a publicação de todos os projectos recebidos pela Comissão. Este site mostra todas as possibilidades que foram propostas, e pode-se bem ter pena de que a escolha não tenha sido outra.**

http://www.bankofgreece.gr/en/exhibition-euro/brief/brief.html

A nosso ver, as notas de Roger PFUND são não somente belas, mas encarnam a ideia de Europa. Com estas notas a circular, seriam menos as vozes que se ergueriam contra o euro. Uma sondagem de 13 de Junho de 2005, realizada pela Ifop em França (através do método por quotas sobre1006 pessoas) dão resultados aterradores: 61% dos Franceses têm saudades do Franco, este número era de 39% em Fevereiro 2002 (aquando do início do euro). Certos que o €uro só trouxe males, a situação económica não era porém melhor com as moedas nacionais, já que estaria sobre a gestão das mesmas cabeças. Quanto às notas em concreto estas seriam então verticais, algo que não estamos habituados, mas repare-se que os códigos por cores e o aspecto histórico respeitam na íntegra todas as directivas fixadas pelo BCE. Porém a escolha foi outra.

É dificil de se encontrar notas de outros países especialmente novas e particularmente de países pequenos . Não hesite pois em guardar notas novas com letra do seu país para que desta forma possa depois trocar com pessoas de outros países as suas respectivas notas!

COLECCIONAR AS €NOTAS

Pode-se admitir que as €notas da série actual não são muito bonitas, sobretudo quando achamos que a nota mais bonita do mundo são os 500$00 chapa 10 de 1966 ou 1979, nota produzida nas oficinas do Banco de Portugal.

Porém, nunca antes na história da Notafilia, uma emissão fora tão complexa, como também rica e variada para se coleccionar. É de facto espectacular. Evidentemente, nenhuma informação- ou quase- está oficialmente disponível e temos de estudar entre milhares de notas usadas para sabermos o que está em circulação.Com alguns resultados.

Como coleccionar notas ?

Comecemos pelo mais simples, uma colecção limitada aos tipos : sete consoante o facial- 5, 10, 20, 50, 100, 200 e 500€.

Em seguida, pode-se coleccionar por países. Temos actualmente onze países (já que o Luxemburgo, letra R, não tem notas próprias) que emitiram cada um, todos os valores. Consegue-se desde já, constituir uma colecção de 71 notas, diferentes por valor facial e país de emissão.

Depois, pode-se introduzir a variante do país impressor. Cada nota tem um código com a forma « letra número número número letra número » onde a primeira letra indica o país impressor da nota. Temos actualmente 14 impressores que fabricam notas, certos valores faciais são fabricados por vários impressores o que nos faz ter desde logo mais 90 notas diferentes na colecção. É a escolha de numeração que fazemos depois do €1 : parece ser um mínimo considerar como diferentes as notas que não têm um mesmo valor facial, o mesmo país, ou impressor.

Pode-se portanto, ir um pouco mais além, quando se sabe que no famoso código curto do anverso das notas, os três números seguintes indicam a série de fabrico. Se nos numerosos valores faciais dos pequenos países não temos uma única série de emissão, noutros temos à partida 25 diferentes. Desta feita ao possuirmos todas as notas de todos os países com todos os impressores diferentes, temos uma colecção de 258 notas, o que se torna impressionante para uma colecção tão recente.

Mas isto não é tudo.

Pode-se ainda ir mais longe.

A última letra e o último número do código indicam a posição da nota na folha de impressão. Assim sendo, quase impossível, mas pode-se reconstituir para um valor facial, um país , um impressor e para uma emissão, toda a mesma folha tal como foi impressa antes de ser cortada...

existem muitos formatos de folhas, tendo em conta os valores faciais e os impressores. Ao se procurar por uma colecção completa por folhas temos um número total aproximado de 11.048 notas. Terrível não é?

Não, o futuro sim será terrível!

A partir de 2004, a Comunidade terá oficialmente mais dez países : farão partida zona euro ? Quem sabe ? Cada vez mais, multiplica-se os impressores e as emissões... Três países da Comunidade recusaram a moeda única : Suécia, Inglaterra, Dinamarca. As populações estão agora reticentes quanto à visão dos grandes países - França e Alemanha - que se preocupam com as directivas de Maastricht sobre divida e défice. A entrada destes novos países será de grande importância para a colecção de €notas e mesmo sem um impressor aceite pelo BCE para estes países pode-se aceitar ofertas do Banco da Inglaterra, Banco Nacional da Dinamarca ou o AB Tumba Bruk da Suécia que imprimam estas notas para si e para os futuros países : o que resultaria num aumento significativo de notas no nosso catálogo.

Depois de 2002, as novas regras de concorrência europeia vão permitir a cada país lançar um pedido de oferta aos vários impressores pré determinados para produzir as suas notas, dentro de um limite de três valores faciais por impressor e de cinco bancos centrais por cada valor facial. Pode-se depois encontrar novas variantes de impressores para cada país.

O problema das raridades e os estados de conservação já são actuais e não mais será possível no futuro de se arranjar notas novas para certos países, impressores e muito menos séries de impressão. Com efeito, tendo em vista o nosso conhecimento, ninguém guardou, uma quantidade razoável de notas, pelo simples facto de não saber o que guardar...ou onde encontrar o que pensa valer no futuro. Por exemplo, ninguém parece saber em França, que seria melhor guardar os 20€ com código a começar por E (Impressora Oberthur, duas emissões em 2002) em vez das notas com «código L» (Banco de França, com vinte e cinco emissões e data 2002). Outro exemplo será a procura ingrata pela primeira nota de 100€ impressa por França quando se sabe que o Banco de França não imprimiu este valor. Se gosta de coleccionar ou «juntar» euros, aprenda sobre o que lhe passa pelas mãos, não se prenda somente com a procura de notas novas mas com as verdadeiras raridades, pois um dia estará contente por ter a nota ...

É claro que será pouco provável que os coleccionadores se lancem a coleccionar todas as notas de 500€... mas é possível reconstituir séries completas de 5 e 10€.

Em todo o caso, todos são da opinião que o euro revolucionou o mundo da colecção de notas.

Michel Prieur

OS ESTADOS DE CONSERVAÇÃO DAS NOTAS

Para o €3 e mais do que para o €2, a questão dos estados de conservação das notas é cada vez mais importante. Há três anos atrás, todas as notas existiam - teóricamente - existiam disponíveis todas as notas de qualquer parte e em estado novo. Porém a realidade é outra e hoje-em-dia várias séries já não existem no estado novo, salvo em casa daqueles que construiu, desde o início, a sua colecção com seriedade, assiduidade...e numerosos correspondentes.
Acima de tudo, deve-se **observar o estado de uma nota** ao olhar-se para esta à luz **rasante** : à mínima deformação do papel nota-se uma onda. E pode-se também aperceber-se de outros defeitos como sejam sujidade, manchas, vincos de contagem etc...

Definição :
Para simplificar, existem duas grandes famílias :
- a nota não circulou e mal foi manipulada, pode estar entre NOVA a Soberba.
- a nota circulou, pode-se encontrar entre Bela e BC.

Uma nota **NOVA é ...nova**. Nunca foi rigorosamente utilizada e terá sempre sido manipulada com precaução, apresenta os cantos perfeitos, sem o mínimo de vincos ou mesmo dobras e nem mesmo sujidade. Mesmo pela contagem manual que provoca uma ligeira dobra no canto superior direito (ou esquerdo em relação aos caixas esquerdinos !) ou pela contagem das máquinas que podem marcar com negro o alto da nota, é pois necessário ver e observar muito bem o papel. Todos estes pequenos defeitos insignificantes tornam a nota no estado de conservação Q. Nova.
A **Q.Nova** apresenta um pequeno defeito visível e/ou ligeira dobra mesmo presente num maço não insertado.
Esta **dobra de maço** é a marca devida ao papel que prende as notas em maço novo de cem notas : as notas da parte de fora, apertada pelas outras notas. Será assim «Q.Nova». Em contra partida, a nota interior irá ter uma dobra mais notória devido a uma contagem de caixa que agride com mais frequência as notas do meio. As melhores podem-se considerar Sob.

BELA - poderá se definir como uma nota aparentemente nova mas que tem um pequeno vinco ou várias dobras mas nunca vários vincos.
Desde que uma nota não apresente falta de papel ou vincos, no fundo, testemunho de alguma circulação, chama-se **MBC** (+ ou-).

Você sabe que está perante uma nota **BC** (Bem Conservada) quando ao olhar para ela fica indeciso em colocá-la na colecção...

Compreenda-se que a fronteira entre Nova e Q. Nova é muito ténue mas existe diferença, nada melhor que a experiência e um sentido de observação apurado, para se eliminar as características que eventualmente possam faltar na nota Nova para fazer dela uma Q. Nova.
Se a sua nota tem o mínimo defeito, mesmo ínfima, não é NOVA.
Se a sua nota tem uma dobra, mesmo ligeiramente marcada já não será Q. Nova.
Se a sua nota tem uma dobra não é Bela.
Se a sua nota tem um vinco ou várias dobras não é sequer MBC.
As manchas, sujidade diversa, carimbos, ou escritos juntam-se ás características íntrinsicas da nota. Pode-se ter uma nota «nova» com uma mancha e uma nota Bela com a mesma mancha : é evidente que a mancha não é um sinal de uso.

Códigos de fábrica, série e posição na folha

€.100 - 5 euro - Arquitectura Clássica

Desenho: Robert Kalina
Dimensões da nota : 120 x 62 mm - papel fiduciário 85 g/m².

Tamanho das folhas dos 5 € por país / impressor:

L/D	M/U	N/F	P/G	P/P	P/F	S/J	T/K	U/L	V/M	X/P	Y/N	Y/P	Z/T
5x7	6x10	6x10	6x10	6x10	6x10	6x10	6x10	4x8	6x10	6x10	5x7	6x10	6x10

NOTA : O Banco de França (L) utiliza dois formatos diferentes : as placas de L001 a L017 são de 32 notas (8x4) e as placas a partir de L018 são 60 de notas (10x6).

Marca de Água: as colunas do anverso.
Data de criação: 3 Maio 1998. CEE 975/98
Total de impressão : 6 006 000 000
Séries constatadas a circular : 67 (53 séries W.D. e 14 séries J-C.T)

Assinatura Wim Duisenberg

€100	Cod. letra	País	Cod. impr.			Séries vistas	BELA	Q.NOVA	Nova
1	L	Finlândia	**D**			001	-	**12**	**15**
2*	M	Portugal	**U**			001 à 004	-	7	9
3	N	Austria	**F**			001 à 004	8	10	12
4	P	Holanda	**F**			003	-	6	8
5*	P	Holanda	**G**			001, 003, 004, 006, 007	-	6	8
6*	P	Holanda	**P**			006	6	8	10
7*	S	Itália	**J**			001 à 005	-	7	9
8	T	Irlanda	**K**			001	6	8	10
9*	U	França	**L**			001 à 016	-	6	8
10	V	Espanha	**M**			001 à 003	-	7	9
11	X	Alemanha	**P**			001 à 004, 006 à 010	-	6	8
12	Y	Grécia	**N**			001	-	**12**	**15**
13	Y	Grécia	**P**			005	-	7	9
14	Z	Bélgica	**T**			001	-	7	9

100/2 : « Pooling » da placa 002 em França desde o início deste ano. Igualmente na Alemanha e Bélgica.
100/5 : « Pooling » muito importante para a Finlândia.
100/6 : Grande difusão em toda a Europa e « pooling » importante para a Finlândia.

100/7 : A placa 004 é mais rara.
100/9 : « Pooling » as placas 009 e 010 na Alemanha, 013 na Grécia, 014 na Espanha e Grécia, 015 na Irlanda.

Assinatura Jean-Claude Trichet

€100	Cod. letra	País	Cod. impr.			Séries vistas	BELA	Q.NOVA	Nova
15*	L	Finlândia	**E**			001	-	**12**	**15**
16*	N	Austria	**F**			005	-	7	9
17	T	Irlanda	**K**			002	-	7	9
18*	U	França	**L**			017 à 022	-	6	8
19*	V	Espanha	**M**			004 à 008	-	7	9

100/15 : « Pooling » importante na Bélgica depois de alguns meses da saída na Finlândia
100/16 : « Pooling » importante para a Holanda.
100/18 : « Pooling » a placa 018 na Alemanha e para a Holanda, de 019 na Alemanha e as 017, 018, 019 e 021 para Portugal.
100/19 : A placa 005 encontra-se facilmente na Alemanha.

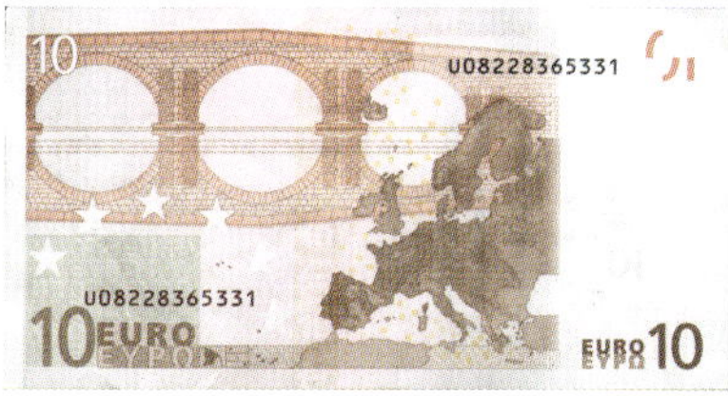

€.110 - 10 euro - Arquitectura romana

Desenho : Robert Kalina
Dimensões da nota : 127 x 67 mm - papel fiduciário 85 g/m².

Tamanho das folhas dos 10 € por país / impressor:

L/D	M/U	N/F	P/G	P/P	S/J	T/K	U/L	V/G	V/M	X/P	X/R	Y/F	Y/N	Z/T
5x7	6x9	6x9	6x9	6x9	6x9	6x9	voir note	5x9 ?	6x9	6x9	6x9	6x9	5x7	6x9

NOTE : O Banco de França (L) utiliza tres formatos diferentes : as placas de L004 a L010 são 28 de notas (7x4), as placas L011 a L021 são de 32 notas (8x4) e as placas a partir de L022 são de 54 notas (9x6),

Marca de Água : pórtico do anverso
Data de criação : 3 maio 1998. CEE 975/98
Total de impressão : 8 443 000 000
Séries constatadas a circular : 100 (67 plaques W.D. e 33 plaques J-C.T)

Assinatura Wim Duisenberg

€110	Cod. letra	País	Cod. impr.			Séries vistas	BELA	Q.NOVA	Nova
1	L	Finlândia	**D**			001	**15**	**18**	**22**
2	M	Portugal	**U**			001	15	18	20
3	N	Áustria	**F**			001 à 005	-	13	15

€110	Cod. letra	País	Cod. impr.	Séries vistas	BELA	Q.NOVA	Nova
4	P	Holanda	G	001, 006, 007, 008, 009	12	14	17
5	P	Holanda	P	001	-	13	15
6*	S	Itália	J	001 à 005	-	13	15
7	T	Irlanda	K	001 à 004	13	15	18
8*	U	França	L	004 à 015	-	12	14
9*	V	Espanha	G	002, 003, 005	**50**	**70**	**90**
10	V	Espanha	M	001 à 003	12	14	17
11*	X	Alemanha	P	001 à 005	-	15	18
12*	X	Alemanha	R	001 à 013, 015	-	12	14
13	Y	Grécia	F	001	**16**	**20**	**25**
14*	Y	Grécia	N	001 à 006	12	14	17
15	Z	Bélgica	T	001	-	12	14

110/6 : A placa 004 é rara.
110/8 : A placa 004 é menos actual que a outra, considerando que a 015 é mais rara.
110/9 : A saida das notas em Espanha no fim de 2005 coincide com uma escassez de notas de 10 euro no país. A placa 005, da qual uma quantidade minuciosa circulou nalguns « pooling » começou na Bélgica desde 2003 esta agora em 9 nos distribuidores espanhóis.
110/11 e 20 : Números de série de X/P 005 : WD de X204 à X223 ; JCT a partir de X240.
110/12 : A placa 003 é muito menos corrente. A 011 é muito mais raro e mais dificil de localizar X11454023*** e X11509427***. A 014 é até mesmo desconhecido (informação http://www.eurotracer.net).
110/14 : « Pooling » na Alemanha a placa 002 ; algumas quantidades muito importantes estão em circulação.

Assinatura Jean-Claude Trichet

€110	Cod. letra	País	Cod. impr.	Séries vistas	BELA	Q.NOVA	Nova
16*	N	Áustria	F	006, 007	-	13	15
17*	P	Holanda	G	010, 011	-	15	18
18*	T	Irlanda	K	005, 006	-	14	17
19*	U	França	L	016 à 022	-	12	14
20*	X	Alemanha	P	005 à 013	-	12	14
21*	X	Alemanha	R	016	-	12	14
22*	Y	Grécia	N	007 à 016	-	14	17

110/16 : As placas 006 e 007 houve uma grande distribuição de notas na Alemanha, na Áustria, na Bélgica e na França.
110/17 : « Pooling » importante na placa 010 na Espanha.
110/18 : As placas 005 e 006 foram distribuidas em França (e na Alemanha em menor quantidade).

110/19 : A placa 016 circula essencialmente na Alemanha.
110/20 : A placa 006 encontra-se facilmente na Holanda, a 007 esta em pouca quantidade na Alemanha, também em França e na Bélgica, as 008 e 009 na França, as 009 à 011 na Espanha.
110/21 : Grande distribuição da placa 016.
110/22 : « Pooling » das placas 009 e 010 na Alemanha e Itália e das 014 à 016 na Ítalia.

€.120 - 20 euro - Arquitectura Gótica

Desenho : Robert Kalina
Dimensões da nota : 133 x 72 mm - papel fiduciário 85 g/m².

Tamanho das folhas dos 20 € por país / impressor:

L/D	L/P	M/U	M/H	N/F	P/G	P/P	S/J	T/K	T/H	U/E	U/L	V/M	X/P	Y/N	Z/T
5x6	5x8 ?	5x9	5x9	5x8	5x9	6x9	6x9	5x9	5x9	6x9	4x7	5x9	5x9	5x7	6x9

Marca de Água : ogiva do anverso
Data de criação : 3 maio 1998. CEE 975/98
Total de impressão : 8 962 000 000
Séries constatadas a circular : 122 (85 placas W.D. e 37 placas J-C.T)

Assinatura Wim Duisenberg

€120	Cod. letra	País	Cod. impr.			Séries vistas	BELA	Q.NOVA	Nova
1	L	Finlândia	D			001	23	26	29
2*	M	Portugal	U			001 à 006	25	30	35
3*	M	Portugal	H			004, 005	**30**	**37**	**45**
4*	N	Áustria	F			001, 002	25	30	35
5	P	Holanda	G			001, 002	23	26	29
6	P	Holanda	P			009	28	34	40
7*	S	itália	J			001 à 010	23	26	29
8	T	Irlanda	K			002	**28**	**34**	**40**
9*	T	Irlanda	H			001 à 004	**28**	**34**	**40**

120/2 : As placas 001 e 003 são raras.
120/3 : « Pooling » confirme esta combinação em Itália.
120/4 e 18 : A placa 002 existe com duas assinaturas.
120/7 : As placas 007 e 008 são raras, a 009 é muito rara.
120/9 : A placa 001 é menos corrente que as outras.

€120	Cod. letra	País	Cod. impr.			Séries vistas	BELA	Q.NOVA	Nova
10*	U	França	**E**			001, 002	**24**	**27**	**30**
11*	U	França	**L**			001 à 029	-	24	28
12	V	Espanha	**M**			001 à 012	-	24	28
13	X	Alemanha	**P**			001 à 010	-	24	28
14	Y	Grécia	**N**			001	23	26	29
15	Z	Bélgica	**T**			001, 002	23	26	29

120/10 : A placa 002 é muito menos frequente que a placa 001.
120/11 : A placa 002 é rara, as placas 020 e 029 são bastantes raras.

Assinatura Jean-Claude Trichet

€120	Cod. letra	País	Cod. impr.			Séries vistas	BELA	Q.NOVA	Nova
16	L	Finlândia	**P**			011	-	34	40
17*	M	Portugal	**U**			007 à 012	-	26	29
18*	N	Áustria	**F**			002	-	30	35
19*	P	Holanda	**G**			003	-	26	29
20*	S	Itália	**J**			011 à 013, 015	-	26	29
21*	U	França	**L**			030 à 035, 037 à 046	-	24	28
22*	V	Espanha	**M**			013 à 016	-	26	29
23*	X	Alemanha	**P**			011 à 014	-	24	28

120/17 : « Pooling » da placa 009 na Bélgica.
120/19 : A placa 003 circula um pouco na Espanha e uma grande quantidade na Alemanha « pooling ».
120/20 : Um « pooling » muito grande das placas 011, 012, 013 et 015 na Bélgica e da placa 011 na Irlanda.
120/21 : A placa031 é menos corrente ; que a placa 036.
120/22 : « Pooling » das placas 013 e 014 na França.
120/23 : « Pooling » das placas 012 e 013 na Espanha.

€.130 - 50 euro - Arquitectura da Renascença

Desenho : Robert Kalina
Dimensões da nota : 140 x 77 mm - papel fiduciário 85 g/m².

Tamanho das folhas dos 50 € por país / impressor:

L/D	L/H	M/H	N/F	P/G	P/H	S/J	T/K	U/L	V/M	V/P	X/P	X/R	Y/G	Y/N	Z/T
4x5	5x8	5x8	5x8	5x8	5x8	5x8	5x8	3x7	5x8	5x8	5x8	5x8	5x8	4x6	5x7

NOTA : O Banco de Bélgica (T) utiliza duas formas diferentes : As placas T001 a T006 com 35 notas (7x5), as placas superiores a T007 com 40 notas (8x5),

Marca de Água :janela no anverso
Data de criação : 3 maio 1998. CEE 975/98
Total de impressão : 8 385 000 000
Séries constatadas a circular : 146 (101 placas W.D. e 45 placas J-C.T)

Assinatura Wim Duisenberg

€130	Cod. letra	País	Cod. impr.	Séries vistas	BELA	Q.NOVA	Nova
1	L	Finlândia	**D**	001	**65**	**75**	**85**
2*	L	Finlândia	**H**	005, 006, 007	60	70	80
3*	M	Portugal	**H**	001 à 004, 007 à 009		65	70
4	N	Áustria	**F**	001	**65**	**75**	**85**
5*	P	Holanda	**G**	001, 002, 004 à 011, 016, 017, 019 à 021	-	60	65
6	P	Holanda	**H**	016	**60**	**70**	**80**
7*	S	Itália	**J**	001 à 014	-	60	65
8	T	Irlanda	**K**	001	**60**	**70**	**80**
9	U	França	**L**	002 à 010	-	60	65
10	V	Espanha	**M**	001 à 015	-	65	70
11	V	Espanha	**P**	001	-	65	70
12	X	Alemanha	**P**	002 à 011	-	65	70
13*	X	Alemanha	**R**	001 à 006, 008, 011 à 020	-	60	65
14*	Y	Grécia	**G**	013, 014	**65**	**75**	**85**
15	Y	Grécia	**N**	001	**75**	**90**	**105**
16	Z	Bélgica	**T**	001 à 005	-	60	65

130/2 : A placa 005, tendo a marca da Finlândia, é rara.
130/3 : A placa002 é muito rara.
130/5 : As placas 003, 005, 012 à 015 e 018 não são comuns.Pode-se supôr que as placas 013 e 014 são utilizadas na Grécia. A 009 é rara. As placas 024 e 025 é bastante raro.
130/7 : As placas 008, 010 e 012 são raras.
130/13 : Ainda nenhum exemplar encontrado 003, 007, 009 e 010.
130/14 : A placa 013é um pouco mais raro que a placa 014.

Assinatura Jean-Claude Trichet

€130	Cod. letra	País	Cod. impr.			Séries vistas	BELA	Q.NOVA	Nova
17	P	Holanda	G			023 à 025	-	65	70
18*	S	Itália	J			015 à 024, 026 à 033, 035	-	60	65
19*	V	Espanha	M			016 à 024	-	60	65
20	X	Alemanha	R			021 à 031	-	60	65
21	Z	Bélgica	T			006 à 008	-	60	65

130/18 : As placa 015, 016 e 020 são raras ; as 017 e 021 são raras. A 025 ainda não encontrado. As placas 019 e 027 circulam principalmente em França, a 026 em França e na Alemanha, as 023, 024 e 028 na Alemanha.
130/19 : A placa 019 é muito frequente, as placas 016 à 018 circulam principalmenete na Alemanha, a 022 em França.

€.140 - 100 euro - Arquitectura Barroca

Desenho: Robert Kalina
Dimensões da nota : 147x 82 mm - papel fiduciário 85 g/m². O Banco de França não imprimiu esta nota.

Tamanho das folhas dos 100 € por país / impressor:

L/D	M/P	N/F	P/G	S/J	T/K	U/E	U/P	V/M	X/P	Y/G	Y/P	Z/T
4x5	5x7 ?	5x8	4x6	5x8	5x7	5x8	5x8	5x7	5x7	4x6	5x7	5x7

Marca de Água : portal do anverso
Data de criação : 3 maio 1998. CEE 975/98
Total de impressão : 2 154 000 000
Séries constatadas a circular : 40 (33 placas W.D. e 7 placas J-C.T)

Assinatura Wim Duisenberg

€140	Cod. letra	País	Cod. impr.			Séries vistas	BELA	Q.NOVA	Nova
1*	L	Finlândia	**D**			001, 002	110	120	130
2	M	Portugal	**P**			005	**125**	**140**	**160**
3*	N	Áustria	**F**			001, 002	110	120	130
4	P	Holanda	**G**			001 à 003	-	115	120
5*	S	Itália	**J**			001 à 010	-	110	115
6	T	Irlanda	**K**			001	**135**	**155**	**175**
7	U	França	**E**			001	110	120	130
8	U	França	**P**			006, 007	110	120	130
9*	V	Espanha	**M**			001, 002	110	120	130
10*	X	Alemanha	**P**			001 à 005, 007	-	110	115
11	Y	Grécia	**G**			006	**115**	**125**	**135**
12	Y	Grécia	**P**			005	**115**	**125**	**135**
13	Z	Bélgica	**T**			001	110	120	130

140/1 : Os numéros de série de 30 milhões de notas fornecidas pelo Banco Central do Luxemburgo de L112 à L141. A placa 002 é um pouco rara.

140/3 et 15 : A placa 002 existe com duas assinaturas.

140/5 : A placa 007 é menos corrente, as 008 e 009 são raras.

140/9 : A placa 001 é menos corrente que a 002.

140/10 : A placa 006 foi utilizado pela França (U) e a placa 005 para Portugal e Grécia.

Assinatura Jean-Claude Trichet

€140	Cod. letra	País	Cod. impr.			Séries vistas	BELA	Q.NOVA	Nova
14*	L	Finlândia	**H**			001, 002	-	120	130
15*	N	Áustria	**F**			002, 003	-	120	130
16*	S	Itália	**J**			011 à 013	-	110	115

140/14 : A placa 001, circula em França, é mais rara. A placa 002 é do Luxemburgo e um pouco na Alemanha e na Bélgica. É difícil entender por que estas notas levam a letra da Finlândia.

140/16 : « Pooling » das placas 011 à 013 na Alemanha, muito importante para o 012.

€.150 - 200 euro - Arquitectura do Ferro e Vidro

Desenho : Robert Kalina
Dimensões da nota : 153 x 82 mm - papel fiduciário 85 g/m².

Tamanho das folhas dos 200 € por país / impressor:

L/D	N/G	P/G	S/J	U/T	V/T	X/R	Y/R	Z/T
nc	4x6	4x6	5x8	5x7	5x7	4x7	nc	5x7

Marca de Água : a porta de vidro no anverso
Data de criação : 3 maio 1998. CEE 975/98
Total de impressão : 356 000 000
Séries constatadas a circular : 12 (12 placas W.D. e não há placas J-C.T)

Assinatura Wim Duisenberg

€150	Cod. letra	País	Cod. impr.			Séries vistas	BELA	Q.NOVA	Nova
1	L	Finlândia	**D**			001	-	**240**	**270**
2	N	Áustria	**G**			001	-	220	240
3	P	Holanda	**G**			001	-	220	240
4	S	Itália	**J**			001	-	220	240
5	U	França	**T**			001	-	220	240
6	V	Espanha	**T**			001	-	**220**	**240**
7	X	Alemanha	**R**			001, 002, 005, 006	-	-	220
8	Y	Grécia	**R**			003	-	**250**	**290**
9	Z	Bélgica	**T**			001	-	220	240

NOTA : Nenhuma nota que leva a assinatura Trichet foi encontrada até agora e a situação não se deverá alterar dado que desde 2003, esta nota não foi impressa. Além disso, o BCE não prevê impressão deste corte para 2007. Esta situação deve-se ao facto de se tratar da nota menos utilizada do euro. Este corte fica cada vez mais difícil de se encontrar nos estados de conservações exigidos em colecção, tendo em conta a sua circulação.

€.160 - 500 euro . Arquitectura Moderna

Desenho : Robert Kalina
Dimensões da nota : 160 x 82 mm - papel fiduciário 85 g/m².

Tamanho das folhas dos 500 € por país / impressor:

L/D	N/F	P/F	S/J	T/F	U/T	V/T	X/R	Y/R	Z/T
nc	4x6	4x6	4x7	nc	5x7	5x7	4x7	nc	5x7

Marca de Água : fachada em vidro no anverso
Data de criação : 3 maio 1998. CEE 975/98
Total de impressão : 665 000 000
Séries constatadas a circular : 20 (13 placas W.D. e 7 placas J-C.T)

Assinatura Wim Duisenberg

€160	Cod. letra	País	Cod. impr.			Séries vistas	BELA	Q.NOVA	Nova
1	L	Finlândia	D			001	-	-	**600**
2	N	Áustria	F			001	-	-	580
3	P	Holanda	F			001	-	-	550
4	S	Itália	J			001	-	-	550
5*	T	Irlanda	F			001	**750**	**900**	**1300**
6	U	França	T			001	-	-	550
7	V	Espanha	T			001	-	-	**600**
8*	X	Alemanha	R			001 à 004	-	-	530
9*	Y	Grécia	R			005	**700**	**850**	**1100**
10	Z	Bélgica	T			001	-	-	550

160/5 : Sem dúvida a mais rara das notas do euro; os exemplares vistos levam números de série relativamente fracos (até à 4 zeros no início do número).

160/8 e 12 : A placa 005 parece ter sido utilizada para a Grécia. Não só 006.

160/9 : O exemplar descoberto por Michel Gilles em Fevereiro de 2005, 9 , levam um número muito fraco e parece que esta emissão, quase de prestígio, levou apenas uma quantidade de cortes ínfima. O início do número comporta até 5 zeros sobre os bilhetes posicionados.

Assinatura Jean-Claude Trichet

€160	Cod. letra	País	Cod. impr.			Séries vistas	BELA	Q.NOVA	Nova
11*	N	Áustria	F			002	-	-	550
12*	X	Alemanha	R			007 à 012	-	-	530

160/11 : O BCE anunciou que 190 milhões de notas foram fabricadas em 2005 para a Alemanha e o Luxemburgo. Novas notas saíram certamente para a Alemanha, não obstante que nenhum bilhete que leva a alínea (R) ,que representa o Luxemburgo, foi assinalado.Na medida em que nenhuma nota estava prevista para a Áustria (N), podemos supôr únicamente que estas notas foram efectivamente destinadas pró Luxemburgo, a produção foi feita pela Áustria que por conseguinte pôs a sua própria marca.
Uma vez mais, podemos interrogar-nos porque tal recusa de utilizar o R do Luxemburgo visto que a marca situada antes do número de série indica o país para o qual o bilhete foi emitido.

NOTA RELATIVA às QUOTAÇÕES das €NOTAS

Aparece claramente a todo aquele que escolhe maços de €notas usadas, onde quer que seja na Europa, que certas conjugações de países, de assinaturas e de impressores são extremamente difíceis de encontrar, sem falar de certos números de placas específicos. Não se pode no entanto atribuir-lhes uma quotação em relação a esta escassez porque possívelmente milhares, ou mesmo milhões de notas desta emissão estão guardadas numa reserva.
Por conseguinte decidimos marcar por quotas em gorduras as emissões que parece-nos urgente e importante encontrar antes da chegada eventual da segunda vaga de €notas de "elevada segurança". Então, as primeiras notas vão para destruição nos bancos centrais e passará a ser possível dar as cotações em relação a raridade da nota. Naturalmente, todas as notas que não existem no nosso catálogo devem guardar ser guardadas e se possível nos enviarem um mail com um scan de elevada resolução.

NOTAS FALSAS

Continuamos a pensar, como no €1 e €2, que o trabalho do BCE, tanto para a manutenção da economia europeia como na qualidade técnica das notas em euro, tem sido conveniente. Porém, algumas vozes começam a soar dissonantes e contra as medidas do BCE.

Primeiro, porque os « elevados » interesses mantidos imperturbavelmente pelo BCE, acusam uma escalada do desemprego estrutural dentro do espaço Europeu. Por outro lado, estas vozes são contra a separação da política em relação à economia, institucionalizada nos tratados fundadores, posta em causa a propósito da mundialização liberal e sustida pelas políticas de Bruxelas, mundialização que custa directamente centenas de milhares de empregos todos os anos sem que por outro lado não se criem novos, em número suficiente.

O BCE não reage a esta mundialização, explicando que não é a sua função. Contudo, será esta situação sustentável com os golpes oriundos das economias competitivas como é o caso da americana e chinesa?

Pior, é que o euro está actualmente sobrevalorizado contra a maior parte das divisas mundiais, atenuando o choque petrolífero e sua inflação. Em contrapartida, esta situação poderá no entanto desembocar numa crise violenta caso os países produtores de petróleo ou os de economias emergentes, troquem as suas reservas de dollar para euro. Desta feita a Europa cairia numa situação grave, e uma vez mais, se constataria que o valor óptimo de uma moeda será uma mediana, nem um topo máximo nem um mínimo. Daí que a economia não é separável da política.

Ora o valor da divisa que se colecciona é antes de tudo de grande importância para o coleccionador de notas recentes. De facto, as notas são adquiridas tendo sempre em conta o seu valor facial. Assim, se o valor internacional da divisa cair, também o valor geral duma colecção perde valor, salvo para as datas intrinsecamente raras. Os coleccionadores de notas que vêm coleccionando notas estrangeiras ao longo de 20 anos, muitas vezes se decepcionam com as grandes desvalorizações das divisas, nomeadamente de países chamados de terceiro- mundo. Contudo, ainda não estamos perante um perigo desse género para as €notas.

A segurança técnica das euro notas continua excelente e ainda não se detectou nenhuma falsificação tão «diabólica» como existe no caso dos dolars Americanos e Canadianos, e praticamente indetectavéis. Têm aparecido apenas boas falsas, com origem Lituana, mas que se notam imediatamente já que o papel é de uma qualidade muito má: nada que possa enganar uma pessoa que retenha o mínimo de atenção ao receber notas dos vários valores.

QUANTIDADES DE NOTAS FALSAS DETECTADAS A 31DE DEZEMBRO DE 2006

	5 €	10 €	20 €	50 €	100 €	200 €	500 €	Total
Quantidade	21 816	85 438	674 274	1 254 630	319 335	70 240	22 067	2 447 800
%	0.89	3.49	27.55	51.26	13.05	2.87	0.90	100,00

O aumento do número das falsificações é impressionante tal como aconteceu com o Escudo ou as outras moedas correntes nacionais. Desde que nós estamos no euro a uma falsificação para 4 600 notas em circulação!

Esta falsa de 200 euro proveniente da Lituânia, não é perigosa quando na nossa mão... Mesmo que a impressão tenha sido feita por um mestre de impressão e hologramas, o papel é suficientemente mau para não passar despercebido, é quase como papel normal de escritório para fotocopiadora... Um teste perfeito: a banda metálica que é impressa; basta amachucar ligeiramente em caso de dúvida!

Esta nota falsa de100 euro lituana, e irmã mais nova da precedente, é a mais bela vista até hoje entre as falsas € notas. Um senão contudo: a letra do país é um B... Lembramos numa tabela (reproduzida mais adiante), que da lista de letras dos países emissores o B não faz parte! Mesmo que ainda se deixe enganar pela letra, será difícil pessoa alguma aceitar esta nota sem desconfiar da qualidade do papel, que é péssima tal como para a de 200€, sendo muito forte, completamente diferente do papel usado nas verdadeiras notas de euro. Em contrapartida, as cores e a impressão são mesmo muito boas, e o holograma é impressionante.

PARA EVITAR AS FALSIFICAÇÕES : PRECAUÇÕES SIMPLES A TER

O BCE dá conselhos. Vamos mostrá-los que a maior parte entre eles já tem sido reproduzida numa qualidade muito inquietante pelos falsificadores e quais são ainda fiáveis.As imagens das falsas que utilizamos não são uma referência para todas as falsas, porque existe muitos modelos diferentes. Em contrapartida, as imagens dos detalhes valem para todos os bilhetes euros!

Exemplo

O NUMERO INCOMPLETO

Falsa

Verdadeira

a filigrana

Falsa

Verdadeira

INCLINAR A NOTA

A tira refletindo

Falsa

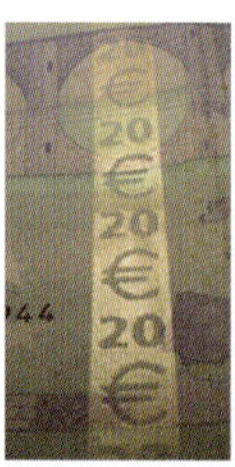
Verdadeira

O holograma

Falsa Verdadeira

O HOLOGRAMA

autêntico é muito luminoso e percorre toda a gama do espectro, desde de ultravioleta ao infravermelho. Se tiver sempre uma nota e uma lâmpada, justaponha os dois hologramas um nas costas do outro e faça jogos com a luz. Não se verá os verdadeiros hologramas nas falsas notas..

TACTO

Relevo

Os melhores falsificadores sabem dar a impressão de tinta em alívio que, além de sua função de sinal de segurança, para fazer a diferença entre os valores diferentes.

O papel

Por outro lado, tocar no papel e atento dos corpos, o usuário pode descobrir normalmente a qualidade táctil do papel das notas com um mínimo de sensibilidade. As notas são impressas em um papel especialmente concebido e só os institutos de moeda e entre eles procuram igualmente para os ultra-violetas fazer a diferença entre os valores diferentes

OS NOSSOS CONCELHOS

Papel

O hábito para " pôr o papel nos dedos" enquanto contando com todos os dedos e a palma da mão uma nota que você vai retirar no banco. Você pensará que parece ridículo ou talvez, mas você" registará" o toque muito particular das notas. Uma falsificação, use para aprender. Ponha com nove" bom ", feche os olhos e tente descobrir isto ao toque.Um dia quando alguém tentar o passar outra falsificação, você tem vantagens boas para sentir imediatamente que há algo anormal e reagir..

Numéro de série

Já temos explicado várias vezes, designadamente no capítulo “As Notas Falsas” de Euro3, como verificar se o número de série do bilhete é verdadeiro. Atenção, o número de série pode igualmente ser uma simples fotocópia, e “bom” um número não garante o bilhete. Em contrapartida, se não respeitar os códigos, o bilhete é necessariamente falso.

20 euro S/H 004... placa inexistante !

O implacável fio de segurança

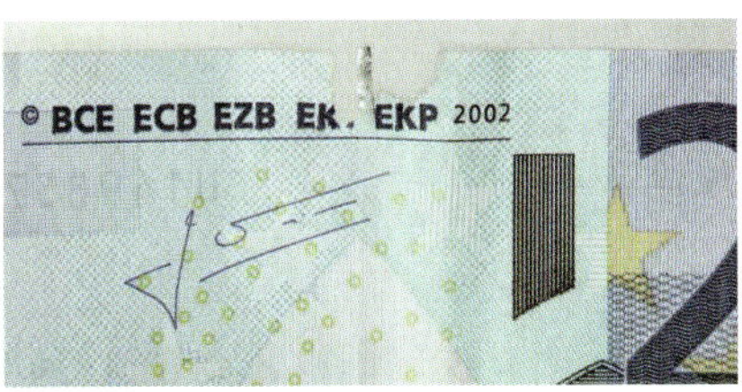

Se realmente a dúvida subsiste ainda após efectivamente ter estudado um bilhete, rasgue devagar no lugar do fio de segurança para assegurár-se da sua presença. Se o papel se rasgar sem dificuldade, não há fio metálico de segurança e o vosso bilhete é falso.

A FILIGRAMA

A autêntica está sempre presente no papel e é feita de espaços diferentes, nunca olhe para um filigrama em transparência, os falsários imprimem o seu desenho em cinzento no reverso da nota dando a ilusão de ser transparente. Tenha, portanto, sempre que possa uma superfície escura e aproxime a nota por cima: a forma do filigrama deve surgir em negativo numa nota verdadeira. Se a nota é falsa e o filigrama impresso, não aparecerá nada..

Fotos em grande formato http://www.bncgb.net/pdf/bn028.pdf.

O QUE É UMA NOTA COM ERRO?

Todas as notas que possuem menos uma característica, qualquer que ela seja, que a torna diferente da nota normal, são notas com erro.
Exclui-se, por razões práticas, pequenas nuances de tinta, o formato do papel (que varia consoante a humidade) e tudo o que foi feito após a sua impressão original (carimbos, marcas várias, sobre-impressões...). Quanto aos formatos, pode-se fazer variar o tamanho de uma nota, e em alguns centímetros através de consequente humidificação e secagem com o ferro de passar: assim estas variantes não podem ser tidas em conta.

O site de referência para as notas de euro com erro é sem contestação o de **Thierry Valet, http:// www.billetfaute.com/** onde são postos *on-line*, consoante a sua descoberta, as €notas com erros. Aqui apresentamos alguns exemplos particularmente impressionantes reunidos por Thierry Valet, que espera pela vossa colaboração através de e-mail: thv2@wanadoo.fr.

IMPORTANTE NOTA: Muitos erros surgem com a letra U e código de impressor L. Isso não significa que o Banco de França tem a maior parte de erros ou que imprime particularmente mal, mas decorre do facto que a maior parte dos correspondentes sejam franceses e que tomem em particular atenção as notas de França. Os erros, notas como moedas, são normalmente raros, fruto da conjungação pouco provável de uma série de erros de falta de atenção, que tornam alguns erros quase um milagre.

ERROS DE CORTE

CANTO DA NOTA DOBRADO

O site de Thierry Valet apresenta um erro «como nos bons velhos tempos» com um bordo da folha dobrado mas cortado. Neste caso, temos uma produção espanhola, V03526160082.

BANDA BRANCA EM BAIXO, DEVIDO A UM CORTE IMPRECISO

Olhe para uma nota de 20€ e verá imediatamente que a ponta da gravura não deveria estar no bordo da nota. Este erro de corte tem menos de três milímetros. Esta curiosidade é fácil de se encontrar.

ERROS DE IMPRESSÃO

PAPEL DOBRADO ANTES DA IMPRESSÃO.

Colecção Bernard Munoz

AUSÊNCIA DA IMPRESSÃO DA COR PRETA NO REVERSO

FALTA DE UMA PASSAGEM DE COR

FALTA DA IMPRESSÃO « TINTA VARIANTE »

Colecção Philippe C., estes 100 euro não possuem os « 100 » habitual em tinta variante à visão, no lado direito em baixo do reverso. Um outro exemplar da colecção Myriam First, é também conhecido. Cot.: cerca de150 euros.

Colecção « André », de Wismar, na Alemanha, a única nota de 500 euro com erro conhecida, neste caso sem a impressão « 500 » a tinta cor variante, que deveria constar no reverso.

BANDA DE SEGURANÇA EM FALTA

A banda transparente impressa no reverso da nota de 20€ corresponde a uma passagem suplementar na máquina que como acontece facilmente para todas as passagens suplementares, pode não ter sido feita ou mal sucedida. Esta curiosidade é, aparentemente pouco comum e detecta-se perfeitamente com uma luz UV, a qual sobressai com esta luz.

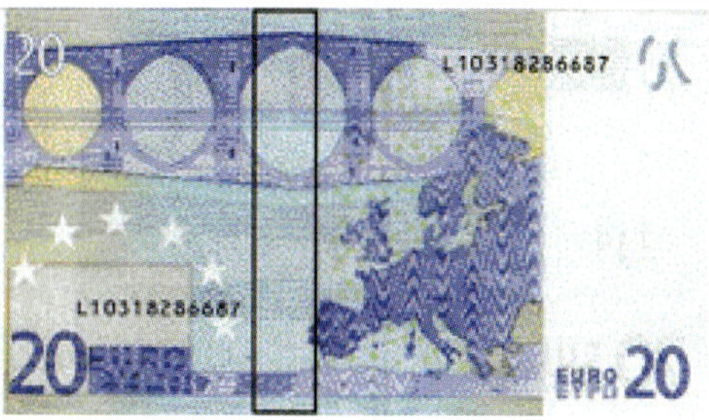

TINTA ESCORRIDA

Esta nota de 10 euro de França (U15025589978) da colecção Philippe C. é caracterizada no anverso por um escorrimento de cerca de 12 mm de tamanho. O reverso encontra-se intacto.

IMPRESSÕES DESALINHADAS

DESVIO SOMENTE NO ANVERSO

Esta nota de 5 euro grega (Y01814391262) tem um desvio de impressão ao alto de cerca de 5 mm. Surgindo em baixo a parte de cima da outra nota da mesma folha. O reverso está apesar de tudo normal.

50 € « COR VARIANTE » DESALINHADA

De grande interesse é este erro relatado por Thierry Valet com o 50 de tinta de cor variável do reverso de uma nota de 50 € (X 01178541848), impresso do lado direito mas mal cortado, faltando parte que possivelmente ficou na nota que se seguia na folha de origem, tal como é demonstrável com a falha no cinquenta do lado esquerdo. Este erro mostra que esta tinta especial é impressa após a nota em si ter sido impressa.

HOLOGRAMA DESVIADO

É esta vez-CI o holograma que é deslocado sobre esta nota da colecção Médina. Vê-se assim por transparência que o holograma da nota em baixo distingue-se já, enquanto que o da nota em questão não é completamente visível. Observa-se além disso que o código de Manchéster vai de par com o holograma dado que também não está no seu lugar sobre a nota.

OS ERROS DE HOLOGRAMA

HOLOGRAMA DESVIADO

No site de Thierry Valet apresentamos também esta nota de 50 euro francesa (U02067610919) com o seu holograma desviado para a direita (exactamente 5 mm).

HOLOGRAMA « A CAVALO »

Nota-se que nestas notas a banda do holograma terá sido mal cortada e que uma pequena parte da banda adjacente da esquerda ou da direita encontra-se presente.

BANDA DO HOLOGRAMA INTEIRA!

O corte do holograma desta nota, contrariamente às anteriores, não teve lugar! A banda está assim completa, medindo cerca de 9mm, o que corresponde a mais de 0,5mm que as bandas das notas normais.

NOTA : Apenas citamos cotações, para as notas que foram transaccionadas, e das quais temos valores fidedignos para informar. Além disso, dada a sua raridade não surgem muitas informações.

Holograma em duas metades

Está nota apresenta um holograma em dois pedaços. Com efeito, trata-se de um problema de desfasamento de holograma. Com efeito, a parte inferior do holograma ilustrado ao lado corresponde ao da nota do abaixo enquanto que a parte superior corresponde ao holograma da nota aqui ilustrado. Ao instaurado, a banda que leva os hologramas é recortada para não deixar em lugar único só um por nota. No caso de desfasamento, por conseguinte é cortado em dois.

NOTAS SEM HOLOGRAMAS

As notas sem holograma devem ser analisadas com alguma prudência visto que esta tira de papel metalizado (holograma), podem ser descolados com recurso a trichloréthylèno sem deixar traço de viciamento no papel.
Aqui temos um exemplo, da colecção Jean-Claude Deroche, a qual estamos certos de ser autêntica. Sabemos pois que a pequena banda côr-de-rosa (onde se lê euro) é impressa após a colocação do holograma, assim sendo ao se retirar o holograma esta pequena banda saíria também. Esta «segurança» existe para as notas de 5, 10 e 20 € mas para os restantes valores não temos nada impresso sobre o holograma. A nota ilustrada é um L010B4. Com uma cotação de mercado de 400€ salvo novas descobertas. *Não temos verdadeiras cotações mas preços vistos na Alemanha : 310 € por um 50 € italiano sem holograma, 420 € por um outro 50 € alemão com um canto de folha não cortado. Uma 50 € (X 02991172772) com corte do reverso desalinhado, 240 €.. ..Dois números de série da nota de 50 € «em maço» : U 19081720157 et U 19081720193.*

Exemplo perfeito de uma nota com um problema duvidoso: o holograma falta mas a banda impressa também: e esta é posta antes da impressão, mas desconhecemos quando. Pode também ter sido mal colada (é bem provável, pois esta nota foi encontrada em circulação) mas contudo, pode ter sido descolada com algum solvente. Um conselho grátis: não pague por este tipo de erro suspeito mais que o seu valor facial. Não encoraje os químicos!

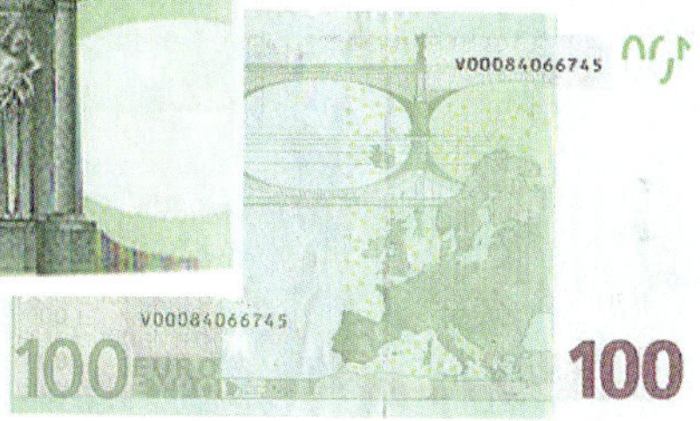

Desta vez os 100 euro, colecção **Santiago Sanroma Ario.O holograma habitualmente posicionado em baixo à direita do anverso está também ausente.**

Notas com numeros diferentes

Nesta nova categoria de bilhetes faltas, distingue-se:
- Notas para os quais os dois números de série são "válidos"
- Notas para os quais um dos dois números de série não é "válido"

NOTA: "válido" significa que um número verifica os critérios apresentados à rubrica "os segredos €das notas"apresentados na rubrica "os segredos €das notas".

DOIS NÚMEROS DIFERENTES,MAS VÁLIDOS !

Trata-se do tipo "mais compreensível". Com efeito, está-se perante uma impressão dos números que é deslocada. Na série ilustrada ao lado, colecção Michel Letourneau, o desfasamento é de uma nota. Assim, se numera as notas de parte superior inferior, o número que é situado em parte superior à direita sobre a nota e número 2 é o mesmo que o situadas inferior em esquerda sobre a nota do número 1.Também, o número que é situado em parte superior à direita sobre a nota número 3 é o mesmo que o situadas inferior em esquerda sobre a nota o número 2.

UM DOS NUMEROS É FALSO !

É muito mais difícil compreender o que pôde passar-se sobre a nota ilustrada ao lado.Só um número altera entre o número da parte superior e o número da parte inferior, o que faz que um dos dois números correspondam aos critérios de validade de uma nota. Erro de programação da máquina? Possível... Mas aquilo torna-se perigoso: poderia-se imaginar verdadeiros bilhetes mas com dois falsos números! Concluiria-se assim que verdadeiras notas... são Falsos. Negócio a seguir.

FALSOS ERROS PARA ENGANAR COLECCIONADORES

DUAS NOTAS NÃO SEPARADAS !

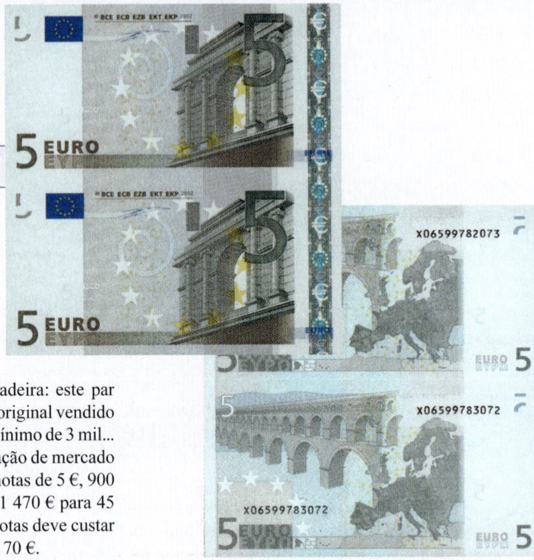

Sim, muito bonita, mas não é verdadeira: este par resulta de um corte da folha de notas original vendido pelo Bundesbank, cuja tiragem é no mínimo de 3 mil... Sabendo que esta folha tem uma cotação de mercado de aproximadamente 540 € para 60 notas de 5 €, 900 € para folhas de 48 notas de 10 € e 1 470 € para 45 notas de 20 €, como tal cada par de notas deve custar apenas e respectivamente 25, 45 € e 70 €.

CORTE « A CAVALO »

Aparentemente um fantástico erro de corte numa nota 10 € alemão com uma nota feita de duas metades. Com código de impressor R005G3 e os números X10172276948 e X10172277947. Um outro exemplar conhecido com o mesmo erro de corte apareceu com os números X 10179508673 e X 10179509672. Infelizmente, é uma produção artificial obtida do corte de folhas inteiras vendidas pelo Bundesbank. O valor de mercado é nulo pois dificilmente serão notas reembolsáveis...

O QUE SE PASSA ??

Esta nota de 20 euro francesa, colecção Marc-Olivier Bernard e levantada num posto de correios em França, tem uma banda de segurança completamente visível e dourada no reverso, não sendo este tão evidente para notas normais. Falso erro ou má impressão da banda de segurança? O mistério para já é total...

OS SEGREDOS DAS €NOTAS

As notas em euro são entre as demais, aquelas que poderão conter mais indicações interessantes para os coleccionadores. Mais ainda, são a última geração de notas produzidas com todas as técnicas de segurança anteriormente utilizadas em parte pelas notas nacionais europeias, sendo todos estes sistemas particularmente complexos.
Pode-se eventualmente repatriar as notas quanto aos seus respectivos bancos centrais nacionais, adicionando que as falsificações são sempre uma preocupação, este tipo de notas permite uma colecção preciosa e segura, próxima das colecções de selos clássicos onde se procura não somente os tipos e variante ou erros mas também reconstituir as folhas de origem e as diferentes emissões.

À primeira vista, reparamos evidentemente no valor facial e na assinatura do presidente do BCE em exercício, o Dr Wim Duisenberg ou J.C. Trichet. Em seguida, sabemos o país de origem da nota se lermos a letra que antecede o número de série no reverso. Existem actualmente doze letras (mas o R, Luxemburgo, ainda não é utilizado) que estão em baixo por ordem alfabética:

LETRA	PAÍS	COD. PELA PROVA DOS NOVE	COD . PELA NUMEROLOGIA
L	FINLÂNDIA	22	5
M	PORTUGAL	23	4
N	ÁUSTRIA	24	3
P	HOLANDA	26	1
S	ITÁLIA	29	7
T	IRLANDA	30	6
U	FRANÇA	31	5
V	ESPANHA	32	4
X	ALEMANHA	34	2
Y	GRÉCIA	35	1
Z	BÉLGICA	36	9

A letra foi escolhida para cada país usando o alfabeto a partir de Z, atribuindo-se as letras em função da posição de cada país em relação ao alfabeto. A fim de evitar problemas de ortografia dado os diferentes idiomas do espaço euro, os nomes são escolhidos com um código de duas letras (Alemanha = de, França = fr, Finlândia = sf...).Uma excepção, a Grécia usa a letra Y, pois trata-se de uma letra que existe no seu próprio alfabeto. Veremos a utilização destes códigos mais à frente. Estes permitem verificar facilmente, sem ser preciso analisar a nota, se esta é falsa. Entenda-se, que pelo facto do número respeitar o código não garante que não seja falsa : é possível que o código seja copiado pelos falsários, da mesma maneira que poderão copiar o papel, o filigrana, o holograma... Mas, se o número não corresponde ao código, esta nota é sem dúvida falsa. É possível que existam outros códigos mas ainda não foram descobertos. As demais letras já escolhidas para os países não- euro são: Inglaterra (J), Suécia (K) e Dinamarca (W).

O código através da numerologia, calcula-se da seguinte maneira :

- escolhe-se uma letra para o país no alfabeto.

Exemplo : o U da França, letra 21 do alfabeto.

- onde juntamos o 64 (8x8), e dividimos por 9 e fixamos o resto.

Exemplo : (21 + 64) / 9 = 9,44444

- retira-se o número repetitivo do resto, 4, de 9, e obtém-se o código numerológico do país : 5

Outro exemplo : o X da Alemanha, letra 24 do alfabeto. 24 + 64 = 88. Dividido por 9, obtêm-se 9,777777. 9 - 7 = 2 que será o código numerológico da Alemanha.

Este método permitirá encontrar os códigos numerológicos dos futuros €países, desde de que conheçamos as suas letras respectivas.

Atenção: na Bélgica, os computadores arredondam a soma 0,9999....para 1. Fazendo-o automáticamente, é necessário reajustar o número de série dividindo-o por 0,0001.

A PROVA POR NUMEROLOGIA

a) Por adição após os valores das letras

Cada letra do país corresponde a um algarismo, por exemplo U = 5. Se a nota U está conforme a adição numerológica dos algarismos do número devem dar 5.

Exemplo: U 09128075765 , começamos pelo fim do número:

5 e 6 = 11 onde 1+1 = 2
2 e 7 = 9
9 e 5 = 14 onde 1+4 = 5
5 e 7 = 12 onde 1+3 = 3
3 e 0 = 3
3 e 8 = 11 onde 1+1 = 2
2 e 2 = 4
4 e 1 = 5
5 e 9 = 14 onde 1+4 = 5, a nota está conforme!

A PROVA NUMEROLÓGICA SIMPLIFICADA

É a mesma regra salvo que se adiciona de seguida todos os dígitos do número de série. Exemplo: U 09128075765 = 50 ; 5 + 0 = 5, a nota está conforme!

b) Pela prova dos nove

Cada €nota possui um número que se decompõe em:

- uma letra do país que corresponde a um valor numérico (ver a tabela). O valor de cada letra corresponde ao seu lugar no alfabeto mais 10.

- um número onde o último algarismo é o dígito de controlo

Para que uma nota esteja conforme, é preciso que a divisão por 9 do número (com no seu início o valor numérico da letra do país e sem o dígito de controlo no final), dê um resultado tal que o resto dessa divisão (esse resto apresenta-se sempre como uma série do mesmo algarismo, por exemplo xyzq,222222 ou zwxy,77777), subtraído de 9, dê o dígito de controlo.

Alguns exemplos:

Tendo uma nota o número S02237119648 . S corresponde à Itália e a 29. 8, o último algarismo, é o dígito de controle. 290223711964 dividido por 9 dá 32247079107,1111111..... O resto dá 1. 9 menos 1 = 8, que é o dígito de controle dessa nota.

Tendo uma nota o número U05219878721 . U corresponde à França e a 31. 1, o último algarismo, é o dígito de controle. 310521987872 dividido por 9 dá 34502443096,88888.... O resto dá 8. 9 menos 8 = 1, que é o número de controle.

Tendo uma nota o número Z90503608338. Z corresponde à Bélgica e 36. 8 é o dígito de controle. 369050360833 dividido por 9 dá 41005595648,1111.... O resto é então 1. 9 menos 1 = 8, que é o número de controle. Essas notas são pois autênticas.

c) A prova pelo resto (obrigado a Juan Fabre !)

- pelo número de série sem letra do país

Se dividirmos o número de série de uma nota sem ter em conta a letra do país, o resto da divisão dá-nos o infinito que é a chave deste país por adição numerológica.

Exemplos :

Seja uma 10 € X10601704901. Ao dividirmos 10601704901 por 9, obtém-se 1177967211,222222.... e 2 é efectivamente o número da Alemanha, letra X.

Seja uma 50 € S03939607798.Divide-se 03939607798 por 9, e temos 437734199,777777.... sendo 7 o número da Itália, letra S.

- pelo número de série com letra do país

Ao dividir-se um número de série de uma €nota em lugar do valor da letra dentro da ordem alfabética, o resto da divisão dá um infinito de 8.

Exemplos :

Seja uma 10 € X12179329175. O lugar no alfabeto para o X é o 24. Com este antes do número de série temos 2412179329175, e na divisão com 9 o resultado é 268019925463,8888888.... o número está bem, mas isto não garante que a nota não seja falsa.

Seja uma 100€ U19018372019. O lugar no alfabeto para o U é o 21. Com este antes do número de série temos 2119018372019, e na divisão com um 9 o resultado é 235446485779,888888.....o número é bom ,não garantido como para a anterior que a nota o seja.

d) A prova dos oito

Troque a letra inicial de um número de nota pelo seu número de alfabeto (A=1, B=2, L=12, M=13, N=14, P=16, S=19, T=20, U=21, V=22, X=24, Y=25 e Z=26). Se quiser programar esta função, pode-se anotar que a posição da letra é igual ao seu código ASCII na maiúscula- Aquele que se utiliza para definir os caracteres que se escolhe menos 64. Exemplo: o código ASCII para o V maiúsculo é 86, assim temos como código 86-64=22.

Adicione numerológicamente o valor da letra seguida dos onze algarismos da nota e encontrarão, qualquer que seja a €nota autêntica que tenham na mão, o mesmo resultado!

Exemplos :

U04292832686, onde 2104292832686 = 71, onde 7+1 = 8
N22000643751, onde 1422000643751 = 35, onde 3+5 = 8
V06434460931, onde 2206434460931 = 44, onde 4+4 = 8
S04510189024, onde 1904510189024 = 44, onde 4+4 = 8
Ao fazer-se esta adição, os 14,5 milhões de €notas fabricadas terão todas 8 como resultado...

e) Zero interdito no final!

Tendo em conta a lógica matemática utilizada, nenhuma €nota pode ter um zero como algarismo final. Se tiver uma nota que termine por zero, é falsa...Para além disso, o último número também serve como controle. O «verdadeiro número» situa-se para o caso de Espanha, entre o quinto (inclusive) e o penúltimo número (inclusive) do número de série

TODAS ESTAS VERIFICAÇÕES SÃO NA REALIDADE DIFERENTES FACETAS DE UMA MESMA LÓGICA DE ÁLGEBRA APRESENTADA EM DIFERENTES ÂNGULOS.

II - A ESTRUTURA DOS NÚMEROS DAS €NOTAS

Os números das €notas são bastante mais sofisticados e complexos do que se imaginava durante o €2 e são provavelmente ainda mais codificadas do que se pensa neste momento. Este é, sem contestação possível, o sistema de numeração de notas mais elaborado alguma vez posto em prática. Pode-se pensar, por exemplo, que todos os Bancos Centrais indicam no número de série a posição na folha onde é originalmente impresso. Como? Talvez daqui algum tempo possamos descobrir tal realidade… Descobrimos, contudo, que certos países codificam o número da placa igualmente no número da nota... Assim, os números de 3 a 5 das notas representam esse número das placas; os resultados destes estudos serão provavelmente publicados no €4. Em seguida apresentamos umas tabelas realizadas por Alexandre Balaÿ, AD€ 266. As notas apresentadas aqui estão em grande parte descodificadas, mas não representam mais que uma ínfima parte das notas em circulação… Tome nota, investigue e transmita todas as estruturas descobertas sem esquecer de registar as suas notas em http://www.eurotracer.net!

5 euro

Relação entre os dígitos 4 e 5 do número de série dos 5 € da Finlândia (L/D) e a posição da nota na folha.

A1	07	A2	14	A3	21	A4	28	A5	35
B1	06	B2	13	B3	20	B4	27	B5	34
C1	05	C2	12	C3	19	C4	26	C5	33
D1	04	D2	11	D3	18	D4	25	D5	32
E1	03	E2	10	E3	17	E4	24	E5	31
F1	02	F2	09	F3	16	F4	23	F5	30
G1	01	G2	08	G3	15	G4	22	G5	29

Relação entre os dois primeiros dígitos do número de série dos 5 € Áustria (N/F) e a posição na folha (dígitos 3 e 4 do número de série = 00 a 04).

A1	11	A2	21	A3	31	A4	41	A5	51	A6	61
B1	12	B2	22	B3	32	B4	42	B5	52	B6	62
C1	13	C2	23	C3	33	C4	43	C5	53	C6	63
D1	14	D2	24	D3	34	D4	44	D5	54	D6	64
E1	15	E2	25	E3	35	E4	45	E5	55	E6	65
F1	16	F2	26	F3	36	F4	46	F5	56	F6	66
G1	17	G2	27	G3	37	G4	47	G5	57	G6	67
H1	18	H2	28	H3	38	H4	48	H5	58	H6	68
I1	19	I2	29	I3	39	I4	49	I5	59	I6	69
J1	10	J2	20	J3	30	J4	40	J5	50	J6	60

Relação entre os dois primeiros dígitos do número de série dos 5 € Áustria (N/F) e a posição da nota na folha (dígitos 3 e 4 do número de série = 05 a 09).

A1	10	A2	20	A3	30	A4	40	A5	50	A6	60
B1	11	B2	21	B3	31	B4	41	B5	51	B6	61
C1	12	C2	22	C3	32	C4	42	C5	52	C6	62
D1	13	D2	23	D3	33	D4	43	D5	53	D6	63
E1	14	E2	24	E3	34	E4	44	E5	54	E6	64
F1	15	F2	25	F3	35	F4	45	F5	55	F6	65
G1	16	G2	26	G3	36	G4	46	G5	56	G6	66
H1	17	H2	27	H3	37	H4	47	H5	57	H6	67
I1	18	I2	28	I3	38	I4	48	I5	58	I6	68
J1	19	J2	29	J3	39	J4	49	J5	59	J6	69

Relação entre os dígitos 3 e 4 do número de série dos 5 € da Holanda (P/F) e a posição da nota na folha (uma só placa conhecida : F003)

A1	10	A2	20	A3	30	A4	40	A5	50	A6	60
B1	11	B2	21	B3	31	B4	41	B5	51	B6	61
C1	12	C2	22	C3	32	C4	42	C5	52	C6	62
D1	13	D2	23	D3	33	D4	43	D5	53	D6	63
E1	14	E2	24	E3	34	E4	44	E5	54	E6	64
F1	15	F2	25	F3	35	F4	45	F5	55	F6	65
G1	16	G2	26	G3	36	G4	46	G5	56	G6	66
H1	17	H2	27	H3	37	H4	47	H5	57	H6	67
I1	18	I2	28	I3	38	I4	48	I5	58	I6	68
J1	19	J2	29	J3	39	J4	49	J5	59	J6	69

Correspondência entre os dois primeiros números do número de série do 5 € de França (U/L) e a posição do nota na folha para as placas 001 à 017 incluída.

A1	01	A2	09	A3	17	A4	25
B1	02	B2	10	B3	18	B4	26
C1	03	C2	11	C3	19	C4	27
D1	04	D2	12	D3	20	D4	28
E1	05	E2	13	E3	21	E4	29
F1	06	F2	14	F3	22	F4	30
G1	07	G2	15	G3	23	G4	31
H1	08	H2	16	H3	24	H4	32

Relação entre os dois primeiros dígitos do número de série dos 5 € de França (U/L) e a posição da nota nas folhas superiores a placas a partir de 018 .

A1	01	A2	11	A3	21	A4	31	A5	41	A6	51
B1	02	B2	12	B3	22	B4	32	B5	42	B6	52
C1	03	C2	13	C3	23	C4	33	C5	43	C6	53
D1	04	D2	14	D3	24	D4	34	D5	44	D6	54
E1	05	E2	15	E3	25	E4	35	E5	45	E6	55
F1	06	F2	16	F3	26	F4	36	F5	46	F6	56
G1	07	G2	17	G3	27	G4	37	G5	47	G6	57
H1	08	H2	18	H3	28	H4	38	H5	48	H6	58
I1	09	I2	19	I3	29	I4	39	I5	49	I6	59
J1	10	J2	20	J3	30	J4	40	J5	50	J6	60

Relação entre os dígitos 2 e 3 do número de série dos 5 € da Bélgica (Z/T) e a posição da nota na folha.

A1	10	A2	20	A3	30	A4	40	A5	50	A6	60
B1	[09]	B2	19	B3	29	B4	39	B5	49	B6	59
C1	[08]	C2	18	C3	28	C4	38	C5	48	C6	58
D1	[07]	D2	17	D3	27	D4	37	D5	47	D6	57
E1	[06]	E2	16	E3	26	E4	36	E5	46	E6	56
F1	[05]	F2	15	F3	25	F4	35	F5	45	F6	55
G1	[04]	G2	14	G3	24	G4	34	G5	44	G6	54
H1	[03]	H2	13	H3	23	H4	33	H5	43	H6	53
I1	[02]	I2	12	I3	22	I4	32	I5	42	I6	52
J1	[01]	J2	11	J3	21	J4	31	J5	41	J6	51

10 euro

Relação dos dígitos 4 e 5 do número de série dos 10 € da Finlândia (L/D) e a posição da nota na folha.

Tabela idêntica para os 5 € da Finlândia (L/D)

Relação entre os dígitos 1 e 2 do número de série dos 10 € Áustria (N/F) e a posição da nota na folha.

A1	11	A2	21	A3	31	A4	41	A5	51	A6	61
B1	12	B2	22	B3	32	B4	42	B5	52	B6	62
C1	13	C2	23	C3	33	C4	43	C5	53	C6	63
D1	14	D2	24	D3	34	D4	44	D5	54	D6	64
E1	15	E2	25	E3	35	E4	45	E5	55	E6	65
F1	16	F2	26	F3	36	F4	46	F5	56	F6	66
G1	17	G2	27	G3	37	G4	47	G5	57	G6	67
H1	18	H2	28	H3	38	H4	48	H5	58	H6	68
I1	19	I2	29	I3	39	I4	49	I5	59	I6	69

Relação dos dígitos 1 e 2 do número de série dos 10 € de França (U/L) e a posição da nota nas folhas superiores a placas 004 a 010

A1	01	A2	08	A3	15	A4	22
B1	02	B2	09	B3	16	B4	23
C1	03	C2	10	C3	17	C4	24
D1	04	D2	11	D3	18	D4	25
E1	05	E2	12	E3	19	E4	26
F1	06	F2	13	F3	20	F4	27
G1	07	G2	14	G3	21	G4	28

Relação entre os dígitos 1 e 2 do número de série dos 10 € de França (U/L) e a posição da nota na folha: placas 011 1 021.

A1	01	A2	09	A3	17	A4	25
B1	02	B2	10	B3	18	B4	26
C1	03	C2	11	C3	19	C4	27
D1	04	D2	12	D3	20	D4	28
E1	05	E2	13	E3	21	E4	29
F1	06	F2	14	F3	22	F4	30
G1	07	G2	15	G3	23	G4	31
H1	08	H2	16	H3	24	H4	32

Relação dos dígitos 1 e 2 do número de série dos 10 € da França (U/L) e a posição da nota nas folhas superiores a placas a 022

A1	01	A2	10	A3	19	A4	28	A5	37	A6	46
B1	02	B2	11	B3	20	B4	29	B5	38	B6	47
C1	03	C2	12	C3	21	C4	30	C5	39	C6	48
D1	04	D2	13	D3	22	D4	31	D5	40	D6	49
E1	05	E2	14	E3	23	E4	32	E5	41	E6	50
F1	06	F2	15	F3	24	F4	33	F5	42	F6	51
G1	07	G2	16	G3	25	G4	34	G5	43	G6	52
H1	08	H2	17	H3	26	H4	35	H5	44	H6	53
I1	09	I2	18	I3	27	I4	36	I5	45	I6	54

Relação dos dígitos 2 e 3 do número de série dos 10 € da Bélgica (Z/T) e a posição da nota na folha.

A1	[09]	A2	18	A3	27	A4	36	A5	45	A6	54
B1	[08]	B2	17	B3	26	B4	35	B5	44	B6	53
C1	[07]	C2	16	C3	25	C4	34	C5	43	C6	52
D1	[06]	D2	15	D3	24	D4	33	D5	42	D6	51
E1	[05]	E2	14	E3	23	E4	32	E5	41	E6	50
F1	[05]	F2	13	F3	22	F4	31	F5	40	F6	49
G1	[03]	G2	12	G3	21	G4	30	G5	39	G6	48
H1	[02]	H2	11	H3	20	H4	29	H5	38	H6	47
I1	[01]	I2	10	I3	19	I4	28	I5	37	I6	46

20 euro

Relação dos dígitos 4 e 5 do número de série dos 20 € da Finlândia (L/D) e a posição da nota na folha.

A1	[06]	A2	12	A3	18	A4	24	A5	30
B1	[05]	B2	11	B3	17	B4	23	B5	29
C1	[04]	C2	10	C3	16	C4	22	C5	28
D1	[03]	D2	[09]	D3	15	D4	21	D5	27
E1	[02]	E2	[08]	E3	14	E4	20	E5	26
F1	[01]	F2	[07]	F3	13	F4	19	F5	25

Relação entre os dígitos 1 e 2 do número de série dos 20 € de França (U/E) e a posição da nota na folha.

A1	06	A2	05	A3	04	A4	03	A5	02	A6	01
B1	12	B2	11	B3	10	B4	09	B5	08	B6	07
C1	18	C2	17	C3	16	C4	15	C5	14	C6	13
D1	24	D2	23	D3	22	D4	21	D5	20	D6	19
E1	30	E2	29	E3	28	E4	27	E5	26	E6	25
F1	36	F2	35	F3	34	F4	33	F5	32	F6	31
G1	42	G2	41	G3	40	G4	39	G5	38	G6	37
H1	48	H2	47	H3	46	H4	45	H5	44	H6	43
I1	54	I2	53	I3	52	I4	51	I5	50	I6	49

Relação entre os dígitos 1 e 2 do número de série dos 20 € de França (U/L) e a posição da nota nas folhas superiores a placas entre 001 a 035

A1	01	A2	08	A3	15	A4	22
B1	02	B2	09	B3	16	B4	23
C1	03	C2	10	C3	17	C4	24
D1	04	D2	11	D3	18	D4	25
E1	05	E2	12	E3	19	E4	26
F1	06	F2	13	G2	20	F4	27
G1	07	G2	14	G3	21	G4	28

Relação entre os dígitos 1 e 2 do número de série dos 20 € de França (U/L) e a posição da nota nas folhas superiores a placas a 035

.

A1	29	A2	36	A3	43	A4	50
B1	30	B2	37	B3	44	B4	51
C1	31	C2	38	C3	45	C4	52
D1	32	D2	39	D3	46	D4	53
E1	33	E2	40	E3	47	E4	54
F1	34	F2	41	F3	48	F4	55
G1	35	G2	42	G3	49	G4	56

NOTA 1 : Nós estamos perante uma placa especial, Realmente, com a placa L035 existe com duas possibilidades de correspondências. Está devido ao facto que os números 3 e 4 do número de série partiram (que mudam de acordo com a placa) para zerar ", sendo determinado a quantidade grande de notas produzidas pela França e que todo número de série deve ser sem igual, donde uma mudança nas correspondências. O primeiro quadro valerá assim para o L035 quando os números 3 e 4 são superiores a 90 e o segundo quadro que valerá quando os números 3 e 4 serão pequenos (*a priori*, inferiores a 10).

NOTA 2 :A placa L039 parece ser uma placa muito particular e em nenhum dos quadros se opera desta maneira ! Négocio a seguir...

Correspondência entre os números 2 e 3 do número de série do 20 € de Bélgica (Z/T) e a posição do bilhete na folha.

Mesma Tabela que os 10 euro de Belgique (Z/T)

<u>50 euro</u>

Relação entre os dígitos 4 e 5 do número de série dos 50 € da Finlândia (L/D) e a posição da nota na folha.

A1	[05]	A2	10	A3	15	A4	20
B1	[04]	B2	[09]	B3	14	B4	19
C1	[03]	C2	[08]	C3	13	C4	18
D1	[02]	D2	[07]	D3	12	D4	17
E1	[01]	E2	[06]	E3	11	E4	16

Relação dos dígitos 1 e 2 do número de série dos 50 € de França (U/L) e a posição da nota na folha..

A1	01	A2	08	A3	15
B1	02	B2	09	B3	16
C1	03	C2	10	C3	17
D1	04	D2	11	D3	18
E1	05	E2	12	E3	19
F1	06	F2	13	F3	20
G1	07	G2	14	G3	21

Relação dos dígitos 2 e 3 do número de série dos 50 € da Bélgica (Z/T) e a posição da nota nas folhas superiores a placas entre 001 e 006

A1	07	A2	14	A3	21	A4	28	A5	35
B1	06	B2	13	B3	20	B4	27	B5	34
C1	05	C2	12	C3	19	C4	26	C5	33
D1	04	D2	11	D3	18	D4	25	D5	32
E1	03	E2	10	E3	17	E4	24	E5	31
F1	02	F2	09	F3	16	F4	23	F5	30
G1	01	G2	08	G3	15	G4	22	G5	29

Relação dos dígitos 2 e 3 do número de série dos 50 € da Bélgica (Z/T) e a posição da nota nas folhas superiores a placas 007

A1	73	A2	65	A3	57	A4	49	A5	41
B1	74	B2	66	B3	58	B4	50	B5	42
C1	75	C2	67	C3	59	C4	51	C5	43
D1	76	D2	68	D3	60	D4	52	D5	44
E1	77	E2	69	E3	61	E4	53	E5	45
F1	78	F2	70	F3	62	F4	54	F5	46
G1	79	G2	71	G3	63	G4	55	G5	47
H1	80	H2	72	H3	64	H4	56	H5	48

<u>100 euro</u>

Relação dos dígitos 2 e 3 do número de série dos 50 € da Bélgica (Z/T) e a posição da nota na folha

A1	[05]	A2	10	A3	15	A4	20
B1	[04]	B2	[09]	B3	14	B4	19
C1	[03]	C2	[08]	C3	13	C4	18
D1	[02]	D2	[07]	D3	12	D4	17
E1	[01]	E2	[06]	E3	11	E4	16

Relação entre os dois primeiros dígitos do número de série dos 100 € França (U/E) e a posição da nota na folha.

A1	05	A2	06	A3	07	A4	08	A5	09
B1	10	B2	11	B3	12	B4	13	B5	14
C1	15	C2	16	C3	17	C4	18	C5	19
D1	20	D2	21	D3	22	D4	23	D5	24
E1	25	E2	26	E3	27	E4	28	E5	29
F1	30	F2	31	F3	32	F4	33	F5	34
G1	35	G2	36	G3	37	G4	38	G5	39
H1	40	H2	41	H3	42	H4	43	H5	44

Relação dos dois primeiros dígitos do número dos 100 € França (U/P) e a posição da nota na folha.

A1	08	A2	16	A3	24	A4	32	A5	40
B1	07	B2	15	B3	23	B4	31	B5	39
C1	06	C2	14	C3	22	C4	30	C5	38
D1	05	D2	13	D3	21	D4	29	D5	37
E1	04	E2	12	E3	20	E4	28	E5	36
F1	03	F2	11	F3	19	F4	27	F5	35
G1	02	G2	10	G3	18	G4	26	G5	34
H1	01	H2	09	H3	17	H4	25	H5	33

200 euro

Relação entre os dois primeiros dígitos do número de série dos 200 €França (U/T) e a posição da nota na folha

A1	07	A2	14	A3	21	A4	28	A5	35
B1	06	B2	13	B3	20	B4	27	B5	34
C1	05	C2	12	C3	19	C4	26	C5	33
D1	04	D2	11	D3	18	D4	25	D5	32
E1	03	E2	10	E3	17	E4	24	E5	31
F1	02	F2	9	F3	16	F4	23	F5	30
G1	01	G2	8	G3	15	G4	22	G5	29

Relação entre os dígitos 8 a 9 do número de série dos 200 € Espanha (V/T) e a posição da nota na folha.

Tabela idêntica aos 200 € de França (U/T)

500 euro

Relação entre os dois primeiros dígitos do número de série dos 500 € França (U/T) e a posição da nota na folha.

Tabela idêntica aos 200 € de França (U/T)

Relação do dígitos 8 a 9 do número de série dos 500 € Espanha (V/T) e a posição da nota na folha.

Tabela idêntica aos 200 € de França (U/T)

III - OS CÓDIGOS DE BARRAS NAS NOTAS...

As €notas trazem ao lado da marca de água, um código de barras em filigrana que permite as máquinas sem intervenção humana detectar o valor da nota. Este código apresenta-se em binário contendo barras escuras que valem 1 e claras valendo 0. Ao lado o código para os 500 €, os demais valores poderão ser vistos no €1.

500 €
10101010

Leuchtturm®
PACTUM ROMANUM
EUROPA
1957–2007
Estojo de alta qualidade. Impressões douradas com interior aveludado azul. Medidas: 304 x 245 x 28 mm.
Para 17 moedas comemorativas "Tratado de Roma". Contem:17 casas (32mm).
Ref.No. HMK C2 EU ROM 17
Tratado de Roma
Album para colecionadores em cartão de alta qualidade,com casas para 17 moedas de 2 Euros. Medidas: 255 x 280 mm.
Ref.No. EURO COL 2 EU ROM
PACTUM ROMANUM
EUROPA
1957–2007
ROMA, 25.03.1957
LEUCHTTURM ALBENVERLAG GMBH & CO. KG · Postfach 13 40 · D-21495 Geesthacht
Tel. +49 (0) 4152 / 8 01 - 0 · Fax +49 (0) 4152 / 801 - 222 · E-Mail: info@leuchtturm.com · www.leuchtturm.com

NUMISMÁTICA ANA

COMPRA E VENDE MOEDAS

RUA BENTO JESUS CARAÇA, 2B
1885-014 MOSCAVIDE
TELEFONE +351 219 440 588

Apontamentos